연구방법론

3판

| 성태제 · 시기자 공저 |

학지사

3판 머리말

“왕관을 쓰려는 자, 그 무게를 견뎌라(One who wants to wear the crown, bear the crown)”. 영국의 대문호 세익스피어가 남긴 명언이다. 여기서 왕관은 명예와 권력을 상징하는 것으로, 이를 누리기 위해서는 많은 책임과 노력이 수반되어야 함을 강조하는 것으로 해석할 수 있다. 연구자의 왕관은 사회에 기여할 수 있는 의미 있고, 가치 있는 연구를 통해 얻을 수 있을 것이다. 그러나 많은 사람이 논문 집필 과정을 산고에 비유할 정도로 연구를 수행하는 과정은 녹록치 않다. 연구 주제 선정부터 연구 결과를 발표하기까지 깊은 고뇌와 고민의 시간을 견뎌내야 하고, 연구 결과에 대해서는 무한 책임을 갖게 된다.

이 책은 학문적 성취를 이루고자 하는 연구자들의 무게를 조금이라도 덜어 주고자 하는 바람으로 집필하였다. 2006년에 초판, 2014년에 개정판을 발행하였으며, 지속적인 관심에 보답하기 위하여 3판을 발간하게 되었다. 이 책의 가장 큰 특징은 학위논문의 기본 체제에 대한 소개와 더불어 연구자들이 쉽게 이해하고 활용할 수 있도록 학위논문 작성에 많이 사용되는 연구 방법을 중심으로 연구 문제와 분석 방법, 결과 작성의 예제를 다양하게 제시하고 있다는 점이다. 특히 SPSS, AMOS, jamovi 등의 통계분석 프로그램 사용법을 소개하고 있는 『알기 쉬운 통계분석』과 연계하여 예제를 제시함으로써 연구자들의 통계분석에 대한 이해를 높이고자 하였다.

3판의 주요 개정 내용을 소개하면 다음과 같다. 5장에서는 국내외 문헌 검색 사이트와 제공 자료의 특징을 업데이트하였으며, 7장에서는 국내외 표준화 검사 목록과 주요 특징을 업데이트하였다. 11장에서는 디지털 환경하에서 폭발적으로 생성되고 있는 다양한 유형의 방대한 자료를 효과적으로 활용하기 위한 빅데이터 분석 연구 동향을 추가하였다. 20장에서는 국내외 연구기관의 연구윤리 규정을 업데이트하고, 최근 이슈가 되고 있는 생명윤리 보호와 관련된 기관생명윤리위원회(Institutional Review Board)에 대한 내용을 추가하였다, 17장과 [부록]에서는 SPSS 분석 예제를 26.0 버전으로 업데이트하고, 연구자들이 무료로 사용할 수 있는 jamovi 프로그램을 활용한 자료 분석 절차를 추가하였다. 21장에서는 APA(2019) 7판의 내용을 토대로 논문 서술 원칙을 보완하였다.

이번 개정 작업에 도움을 준 강남대학교 전경희 교수와 이화여자대학교 박사과정 안선영 선생, 그리고 학지사 관계자 분들께 감사의 마음을 전한다.

연구자의 고뇌와 고민, 노력이 의미 있는 연구 성과로 결실을 맺기를 바라며…….

2020년 1월 31일

성태제, 시기자

1판 머리말

눈 내린 새벽이면 스키를 타고 싶고 맑은 날씨면 산에 오르고 싶다. 그러나 하고 싶다 하여 준비 없이 스키를 타거나 산에 오르면 즐겁기보다는 힘이 들 수 있다. 스키를 탈 때 루트의 경로와 경사도 그리고 눈의 상태를 미리 알아두거나, 산에 오를 때 등산로와 거리, 장애물에 대하여 사전에 알고 있으면 즐거움이 배가 된다. 어떤 행위를 하고자 하는 욕망이 클수록 사전에 준비를 철저히 하여야 목표를 달성하기가 쉽고 성취감도 맛볼 수 있다.

연구도 마찬가지다. 사전에 준비를 잘하여야 연구가 순조롭게 진행되고 기대하는 연구결과를 얻을 수 있으며 학문적 성취감을 맛볼 수 있다. 대부분의 연구자들은 연구 의욕이 앞선 나머지 사전준비가 부족하여 연구를 진행하는 데 어려움을 겪곤 한다. 그러나 연구경험이 풍부한 연구자는 철저한 사전 준비를 통하여 계획대로 연구를 진행할 수 있으며 나아가 우수한 연구결과를 얻게 되고 연구를 지속적으로 수행할 수 있게 된다.

이 책은 경험과학을 전공하는 모든 분들을 위하여 쓰였다. 연구주제를 선정하는 방법, 연구과정, 연구결과를 해석하고 결론을 유도하고 논의하는 방법을 설명하고 있다. 그리고 보고서를 작성하여 연구결과를 발표하거나 학회지에 연구결과를 게재하는 절차와 방법을 설명하고 있다. 뿐만 아니라 연구자가 지녀야 할 연구자의 윤리와 학회에서 규정한 윤리에 대해서도 소개하고 있다.

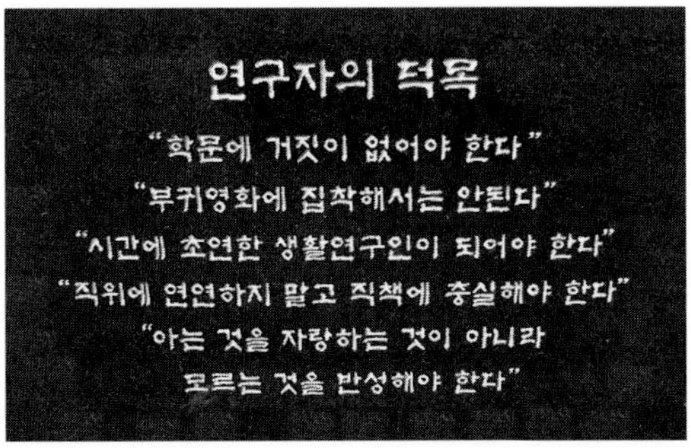

과학은 진리를 체계적으로 밝히는 작업이고 경험과학은 자료에 근거한다. 그러므로 진리와 새로운 사실을 밝히고자 하는 연구자는 정직하고 진지하며 성실하여야 한다. 이 책은 충분하지는 않더라도 최근에 논란이 되고 있는 연구자의 윤리 문제에 대한 규정을 소개하고 있다.

우리나라 과학발전에 크게 이바지하신 최형섭 박사님의 묘비에 새겨진 '연구자의 덕목'이라는 글이 연구를 하는 모든 분에게 좋은 교훈이 되리라 생각되어 여기에 싣는다.

이 책이 출간되기까지 그간 학문적으로, 개인적으로 도움을 주신 모든 분께 감사드린다. 책을 집필하는 과정에서 이해도를 높이기 위하여 조언을 준 대학원생 신진아, 최현주, 최윤정, 박효희에게 그리고 출판을 맡아준 학지사 관계자 분께 감사드린다.

2006년 1월 15일

성태제, 시기자

일러두기

이 책『연구방법론』의 특징은 연구방법상의 구체적이고 세부적인 내용들을 포함하였으며 연구자의 윤리부분을 강조하여 독립된 장으로 구성하였고, 논문의 편집지침을 구체적으로 예를 들어 제시하였다. 특히 대학원생들에게 필요한 고급통계도 포함하였고, 각 통계 방법의 사용목적과 기본 가정 그리고 분석결과를 서술하는 방법도 제시하였다.

『연구방법론』은 6부, 21장으로 이루어졌다. 제1부는 과학과 연구, 제2부는 연구주제 및 연구대상, 제3부는 측정과 검사, 제4부는 연구방법, 제5부는 통계와 자료분석, 제6부는 연구보고서 작성 및 평가다. 제2부는 연구문제 탐색, 연구계획서의 작성, 연구를 위한 문헌연구, 연구대상 선정을 위한 표집방법을 다루고 있다. 제3부에서는 연구대상의 특성을 파악하기 위한 측정과 검사, 검사도구 양호도 검증을 위한 타당도와 신뢰도, 관찰자 내(간) 신뢰도에 대해 다루고 있다. 제4부는 연구방법으로 조사연구, 실험연구, 관찰연구를 설명하고 있으며, 제5부는 연구문제에 따른 통계방법과 관련된 내용으로, 통계의 기본 개념, 집단비교 방법을 위한 통계방법, 관계 분석을 위한 통계방법, 자료분석 절차를 다루고 있다. 특히 각각의 통계적 방법을 설명함에 있어 기본 개념뿐 아니라 실례를 통해 분석 결과를 보고하는 방법까지 제시하였다. 제6부는 연구보고서 작성, 연구에 대한 평가와 논문 게재, 연구와 연구자의 윤리, 논문의 체제 및 작성법을 다루고 있다. 제20장인 연구와 연구자의 윤리 부분은 AERA(2011),

APA(2017) 등 미국의 학계와 연방정부 및 국내 연구기관의 윤리기준을 제시하였으며, 제21장에서는 APA(2019)에서 출간한 논문집필 지침을 참고하여 논문의 편집과 관련된 내용을 설명하였다.

연구를 진행함에 있어 연구 절차 중 한 부분이라도 등한시하면 연구결과의 타당성을 보장받을 수 없다. 그러므로 이 책의 각 장에 설명되어 있는 내용 중 어느 내용이 중요하지 않다고 말할 수 없다. 연구주제를 설정하고 문헌을 연구하며 구체적 연구방법에 따라 자료를 수집 · 분석한 후, 분석 결과를 토대로 논문을 작성하는 모든 절차에서 소홀함이 없어야 한다.

이 책을 통하여 연구에 도움을 얻고자 하는 연구자는 각 장에서 제시하고 있는 내용을 자신의 연구에 어떻게 적용할 수 있는지를 고민하여야 한다. 또한 연습문제를 통하여 기본 개념을 재정리하고 적용문제를 풀어 실제 연구를 수행하는 능력을 키워야 한다. 이 책이 연구자의 연구에 충분한 도움을 주지 못할 경우에는 다른 책을 찾아 보충해서라도 연구를 충실히 하여야 한다. 우수하다고 평가받는 논문은 끝없는 고민과 노력을 통하여 어려움을 하나하나 해결한 논문이라 할 수 있다.

연구논문은 연구자의 능력과 양식에 의하여 작성된다. 논문을 보면 연구자의 개성과 태도 그리고 학문을 대하는 자세를 알 수 있다고 함은 연구논문에 연구자의 모든 것이 녹아 있기 때문이다. 산모가 10개월의 임신 기간과 산고를 통하여 아기를 잉태하듯 오랜 기간의 노력 끝에 완성된 논문은 연구자의 분신이나 다름없다. 더군다나 연구자의 이름 석자가 남기 때문에 올바른 연구, 내적타당도와 외적타당도가 높은 연구를 수행하기 위하여 연구자는 모든 단계에서 정직하고 성실하게 최선을 다하여야 한다. 이 책이 연구자들에게 많은 도움이 되기를 기대한다.

차례

Part 4
연구방법

Part 5
통계와 자료분석

Part 6
연구보고서 작성 및 평가

차례

Part 2 연구주제 및 연구대상

Part 3 측정 및 검사

Part 4 연구방법

Part 1

과학과 연구

Chapter

1 과학과 연구

과학적 방법을 통하여 우주에 존재하는 많은 사실을 발견한다. 어떤 사실을 발견하거나 확인하기 위하여 체계적이고 과학적으로 접근하는 작업을 연구라 한다. 연구의 대상과 목적에 따라 연구방법은 양적연구와 질적연구로 나뉜다. 연구대상이 되는 학문 분야를 학문의 내용에 따라 인문과학, 사회과학, 자연과학 등으로 구분하며 얻어진 자료에 의하여 분석하는 방법을 경험과학이라 한다. 이 장에서는 과학과 연구의 개념, 연구의 절차에 대하여 설명하고자 한다.

1 과학

알려지지 않은 우주의 많은 현상을 밝히고자 할 때 과학적 방법을 사용한다. **과학**이란 어떤 사실이나 현상에 대한 이론을 정립하는 작업이라고 말할 수 있으나 현재까지 과학에 대한 통일된 정의는 없다. Nash(1963)는 과학이란 우주 현상을 보는 방법이라고 하였으며, Dampier(1961)는 과학이란 자연현상에 대한 체계화된 지식이며 현상을 설명하는 개념 간의 관계를 연구하는 작업이라고 정의하였다. 또 Einstein(1940)은 과학이란 우리 자신의 혼란스러운 다양한 경험을 논리적이며 체계화된 사고 구조로 변환하는 작업이라고 정의한 바 있다. 한글학회(1992)에서 발간한 우리말큰사전은 과학이란 사물의 법칙과 이치에 관한 바른 지식체계 또는 그것을 밝히는 학문이라고 정의하였으며, 교육학용어사전(서울대학교 교육연구소, 2004)은 과학을 자연과 인간의 현상을 합리적으로 이해하기 위한 목적의 탐구행위라고 정의하였다. Webster 사전(1988)은 과학을 다음과 같이 정의하고 있다. "*Science is a branch of knowledge or study, especially one concerned with establishing and systematizing facts, principles, and methods, as by experiments and hypotheses.*" 이런 다양한 정의들을 종합해 볼 때 과학은 지식을 얻는 방법 또는 구조화된 지식 그 자체를 말한다고 할 수 있다.

지식을 얻는 과정은 인식론(epistemology)에 의하여 설명되며, 인식론은 이성주의(rationalism)와 경험주의(empiricism)로 구분된다. 어떻게 아느냐는 질문에 **이성주의자**는 문제를 생각하기에 답을 얻는다고 대답한다. 즉, 사고에 의하여 의문을 해결한다고 본다. 이에 비하여 **경험주의자**는 보고, 듣고, 만지고, 냄새 맡기 때문에 안다고 답한다. Plato는 인간이 숙고와 내성(introspection)을 통하여 모든 것을 알게 된다고 주장하였으며, 그의 제자 Aristotle은 Plato의 주장에 동의하면서도 인간이 이성뿐만 아니라 감각을 통해서도 알게 된다고 주장하였다. 이런 관점에서 Plato는 이성주의자로, Aristotle은 경험주의자로 분류된다.

15세기 말, 말의 이가 몇 개인가라는 의문에 많은 수사가 '말은 인간보다 몸집이 크므로 32개의 이를 가진 사람보다 더 많은 수의 이를 가졌을 것'이라고 생각하였다. 말 또한 신의 창조물이며 신은 완전하기 때문에 말이 살아가는 데 충분한 수의 이를 가지도록 창조하였을 것이라고 생각했던 것이다. 토론이 장기화되자 싫증을 느낀 젊은 수사들이 수도원을 벗어나서 실제로 말의 이를 세기 시작하였다. 전자는 이성에 의하여 지식을 얻고자 하는 입장이며, 후자는 경험에 의하여 지식을 얻고자 하는 입장이다. 즉, 지식은 이성과 경험을 통해 얻을 수 있음을 보여 주는 예다.

과학은 대상에 따라 초기에는 인문과학과 자연과학으로 구분되었다. 정치, 경제, 사회, 문화, 교육 등의 학문은 인문과학으로, 물리, 생물, 화학, 지구과학 등은 자연과학으로 분류되었다. 학문의 발전과 더불어 과학은 자연과학, 인문 사회과학 그리고 행동과학으로 구분되기 시작하였다. **자연과학**이란 인간을 제외한 사물들에 관하여 연구하는 학문 분야로서 물리학, 생물학, 화학, 전기공학 등을 말하고, **인문 사회과학**이란 인간을 둘러싼 제반 문제들을 연구하는 학문분야로서 문학, 역사, 정치, 경제 등이 이에 포함된다. **인문 사회과학**은 인문과학과 사회과학으로 다시 세분되는데, **인문과학**에는 국문학, 영문학, 불문학, 독문학 등의 문학과 철학, 역사학 등이 포함되고 **사회과학**에는 사회학, 심리학, 신문방송학, 정치학, 경제학 등이 포함된다. **행동과학**은 인간의 행위에 관한 학문으로서 교육학, 심리학 등이 포함된다.

Borg와 Gall(1989)은 과학이라 규정하기 위해서는 그 학문 자체의 이론, 구인, 연구방법에 있어 현상을 설명하는 독자적 영역을 구성해야 한다고 주장하였으며 심리학, 인류학, 경제학, 화학 등이 과학의 한 예라고 하였다.

과학은 인간이나 우주와 사회의 많은 현상을 설명하기 위하여 개념과 구인들로 관련된 법칙을 구체화하는 작업을 통해 이론을 도출한다. 그리고 정립된 이론은 항상 그대로 있는 것이 아니라 계속해서 변화되므로 과학은 날로 발전해 가게 된다. 과학이라는 작업에 의하여 도출된 **이론의 기능**은 다음과 같다.

첫째, 독립된 현상이나 개념의 공통점을 발견한다.
둘째, 현상을 설명 · 조작 · 예언한다.
셋째, 독립된 현상을 전체 구조의 연결망 속에 조직화한다.
넷째, 다음 연구 영역을 확장시킨다.

Kerlinger(1973)는 이론을 도출하는 과학적 방법의 특징으로 문제해결을 위한 체계적 접근을 통하여 이론을 검토하고, 가설을 검증하는 절차를 거치며, 통제가 가능하고, 연구자의 가치 중립이 유지되며, 연구결과에 대하여 객관적이고 타당한 해석이 있다는 점을 들었다.

연구대상의 속성에 따라 과학의 분야가 구분되나, 과학의 특징에 비추어 보았을 때 과학적 방법은 유사한 절차를 거친다. Borg와 Gall(1989)은 과학적 방법의 일반적 절차에 대해 연구문제를 도출하고, 자료를 수집한 다음 자료분석 결과가 이론을 지지하는지를 결정하는 과정으로 진행된다고 보았다. 과학적 방법의 절차를 세분하여 단계적으로 설명하면 [그림 1-1]과 같다.

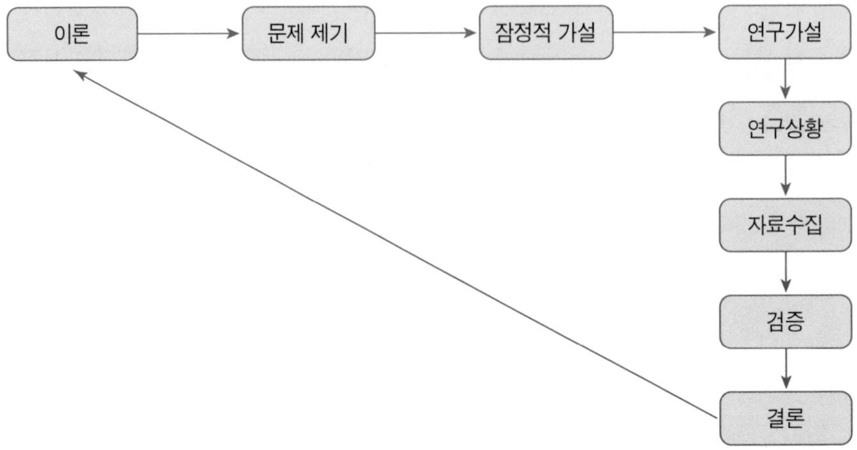

그림 1-1 과학적 방법의 절차

한편 Wiersma(1995)는 과학적 방법의 연구절차를 문제선정, 정보검토, 자료수집, 수집한 자료의 분석, 결론 유도의 5단계 과정으로 설명하였다.

영원한 진리는 존재하지 않으며 연구자가 우주에서 일어나는 모든 현상을 알 수 없기 때문에 자연과 사회 현상을 설명하는 이론에 대한 의문과 반증은 계속 이어지게 된다. 의문을 제기하였을 때는 밝히고자 하는 어떤 진술이 있게 되며, 이와 같은 진술이 연구를 통해 검증되어야 할 잠정적인 가설이 된다. 연구는 자연상황에서 진행될 수도 있으며, 인위적으로 조작된 상황에서 진행될 수도 있다.

자료를 수집하는 연구상황은 연구과제, 연구대상, 연구절차에 따라 다양하게 전개된다. 자료라고 하면 일반적으로 양적 자료를 의미하는 것으로 인식되나, 질적인 자료도 연구자료가 된다. 자료를 수집하는 방법에 따라 연구를 크게 양적연구와 질적연구로 구분한다. **양적연구**의 경우 많은 자료를 수집하여야 하므로 조사나 실험, 관찰 등의 방법을 사용한다. **질적연구**는 수량화되지 않는 자료에 의존하므로 일반적으로 관찰에 의하여 서술하는 방법에 의존한다. 그러나 양적연구이든 질적연구이든 상관없이 모든 연구는 수집된 자료에 의하여 잠정적으로 설정한 가설이 옳은지 그른지를 검증하고 검증된 사실에 의하여 결론을 유도하여 그에 따라 그 이론의 지지 혹은 거부 여부를 결정함으로써 새로운 이론을 창출하게 된다.

우주의 역사가 곧 과학의 역사라고 생각할 수도 있겠으나 근대과학은 14세기 이후에 발달되기 시작하였다. 고대에도 과학적 사실의 발견과 새로운 기기의 발명이 있기는 하였으나 14세기 이전, 특히 종교개혁 이전에는 우주 만물의 이치를 신으로부터 찾는 신 중심주의 세계관이 지배하고 있었으므로 근대적인 의미에서의 과학의 발현은 엄두도 낼 수 없는 일이었다. 인간에 대해 과학적인 접근을 시도할 수 없었을 뿐만 아니라 종교적 교리에 의한 우주관에 사로잡혀 전지전능한 절대자에 의하여 모든 것이 형성되었고 존재한다고 믿을 수밖에 없었다. 갈릴레오의 지동설은 당시 지배적이었던 신 중심주의 세계관을 벗어난 과학적 접근에 의한 연구결과였으나, 재판을 받은 사실에서도 알 수 있듯이, 종교개혁 이전의 시기는 절대적인 신에 의하여 우주가 창조되었기 때문에 자연만물은 연구의 대상이 될 수 없다는 우주관이 지배하고 있던 시기였다. 14세기 이후 종교개혁으로 인하여 인간이 신으로부터 해방됨으로써 신 중심의 세계관으로부터 탈피하여 인간과 자연에 대한 과학적 접근이 본격적으로 시도되었다고 할 수 있다.

2 연구

1) 정의

연구는 과학적 방법에 의하여 이루어진다. 가만히 있다가 발견한 사실은 연구라고 하지 않는다. **연구**(research)란 증거가 없는 상식을 체계적 · 구체적 · 논리적인 방법으로 증거를 확인하여 이론을 정립하여 주는 작업이다. 연구는 문제해결을 위해 체계적이고 과학적인 방법을 이용하며, 그러한 방법에 의하여 도출된 결과를 이론이라고 한다. McMillan과 Schumacher(1989)는 연구란 어떤 목적을 위해서 정보나 자료를 수집하고 분석하는 체계적인 절차라고 하였으며, Kerlinger(1986)는 과학적 연구란 가설이나 이론에 의하여 유도된 자연현상에 대한 체계적이며 경험적인 탐구라고 정의하였다.

예를 들어, 부모의 교육수준이 높을 때 자녀의 학업성취도가 높다고 한다면 이는 상식일 수도 있고 이론일 수도 있다. **상식**(common sense)이란 많은 사람이 공유하는 공통된 인식을 말한다. 이론은 상식과 내용 면에서 같을 수 있으나, 과학적이고 체계적인 연구방법에 의한 결과라는 점에서 상식과 차이가 있다. 즉, 부모와 자녀의 모집단으로부터 부모와 자녀를 대표하는 표본을 추출하여 부모의 교육수준이 높을 때 자녀의 학업성취도가 높다는 사실을 발견하여 부모의 학력과 자녀의 학업성취도 사이에 관계가 있음을 밝혔다면 이는 이론이 된다.

상식과 이론의 관계를 살펴보면 과학적 방법을 동원한 연구는 존재하는 사실을 밝혀내는 작업이므로 일반적으로 연구의 결과가 상식과 부합되는 경우가 많다. 그러나 상식이 언제나 올바른 것은 아니므로 상식이 잘못된 경우 연구가 새로운 사실을 발견하여 새로운 상식을 유도할 수도 있다. 그러므로 연구는 기존에 존재하는 상식 또는 사실들을 입증하기도 하며, 기존의 사실이나 인정받고 있는 이론들을 반박하기도 한다.

Kerlinger(1986)는 **과학과 상식의 차이점**들로서, 첫째, 개념적 수준과 이론적 구조가 다르고, 둘째, 이론과 가설의 검증방법이 다르며, 셋째, 과학은 통제의 개념이 강조되고, 넷째, 현상이나 사실을 설명하는 방법이 다름을 열거하고 있다.

연구가 체계적이고 과학적인 절차를 무시하여 과학성을 상실할 때, 연구의 가치는 저하된다. 연구의 가치는 연구결과의 크고 작음에서 비롯되는 것이 아니며 그 절차가 얼마나 과학적이고 체계적인가에 달려 있다.

Best(1981)는 **연구의 특징**을 다음과 같이 열거하였다.

첫째, 문제해결과 연관되어야 한다.
둘째, 원리와 이론의 정립으로 현상과 사실을 예측하여야 한다.
셋째, 실증적인 증거에 기초하여야 한다.
넷째, 정확한 관찰력과 서술에 의한다.
다섯째, 조직적이고 체계적이어야 한다.
여섯째, 전문지식이나 경험을 보유하여야 한다.
일곱째, 객관성이나 논리성을 유지하여야 한다.
여덟째, 문제지향적이어야 한다.
아홉째, 지속적이어야 한다.
열째, 연구결과가 왜곡되지 않아야 한다.

2) 목적

연구의 목적은 사회와 자연에 존재하는 사실 및 현상들을 고도의 압축된 이론으로 묘사 · 설명 · 예언 · 통제하는 데 있다. 현상에 대한 사실을 알게 됨으로써 앞으로 일어날 일에 대한 대비나 통제를 할 수 있다. 예를 들어, 기상관측 결과 기후에 많은 변화를 줄 수 있는 평범하지 않은 현상을 발견하였다면 앞으로 닥칠 재해를 예방하거나 그 재해를 피하기 위한 기상학적인 방법의 강구에 도움을 줄 수 있다. 학교에서 따돌림을 당하는 학생들의 특성을 연구를 통해 밝혀낼 수 있다면 따돌림 받을 가능성이 있는 학생들을 미리 판별하여 그들이 따돌림 받는 학생이 되지 않도록 가정이나 학교에서 지도할 수 있다. 연구의 목적인 묘사 · 설명 · 예언 · 통제는 각각 분리된 것이 아니라 통합적인 경우가 많다.

현상에 대한 묘사를 통하여 숨겨진 사실들에 대한 설명을 전개하며, 이 설명에 의하여 앞으로 전개될 현상들을 예측하고, 보다 나은 결과를 위하여 때로는 통제를 가할 수 있다. 현대 자본주의 사회에서 삶의 질을 결정하는 많은 변수가 있다. 삶의 질이 무엇인가에 대한 과학적 규명을 위하여 구인에 의한 조작적 정의가 우선되어야 하겠지만 일반적으로 개인의 수입이 삶의 질에 영향을 주는 요인 중의 하나라고 여겨지고 있다. 따라서 개인의 수입에 영향을 주는 많은 변수에 대한 연구가 수행되어 왔으며, 학력, 직업의 종류, 근무연수, 자격증 소유, 성별 등이 개인의 수입에 영향을 주는 변수로 드러났다. 많은 변수 중 수입에 가장 큰 영향을 미치는 변수는 학력이었으며 이는 많은 사람이 대학교육을 받기를 희망하고 있는 현상을 설명한다. 이와 같은 연구결과는 이제 상식화되어 당연시되고 있으나 전문화를 지향하는 현대사회에서 학력이 개인의 수입에 예전처럼 영향을 미치고 있는지는 연구해 볼 필요가 있다.

3) 절차

연구의 종류에 따라 연구절차는 다양하나 Crowl(1996)은 **연구의 일반적인 절차**를 다음과 같이 제시하였다.

첫째, 연구주제를 선택한다.
둘째, 연구문제를 만든다.
셋째, 연구문제와 관련된 문헌을 참고한다.
넷째, 참고문헌에 기초하여 여러 개의 연구가설을 만든다.

다섯째, 연구를 설계한다.

연구대상과 연구대상의 수를 결정한다.

연구 변수를 규명한다.

변수의 측정방법을 고안한다.

분석방법을 결정한다.

여섯째, 소수의 연구대상으로 사전연구를 실시한다.

일곱째, 사전연구를 통하여 문제점을 수정, 보완한다.

여덟째, 연구를 실시한다.

아홉째, 연구보고서를 작성한다.

열째, 연구보고서를 제출한다.

첫째부터 다섯째 단계는 문헌연구에 의존한다. 연구자의 연구관심은 연구자의 경험을 통해서도 얻을 수 있으나 교과서나 학술지 등의 문헌을 통하여 얻어지는 것이 더 일반적이다. 그러므로 문헌연구를 많이 한 연구자는 상대적으로 연구를 용이하게 진행할 수 있다. 연구방법까지 설정되었으면 사전연구를 실시하는 것이 바람직하다. 사전연구의 실시가 중요한 이유는 사전연구를 통해 연구진행 중 발생할 수 있는, 미처 생각하지 못했던 점이나 문제점을 사전에 발견함으로써 연구를 보다 성공적으로 진행할 수 있기 때문이다. 이론적 배경이 강하면 사전연구를 실시하지 않을 수도 있으나 학위논문을 작성하는 연구자는 소수의 연구대상으로 사전연구를 실시하는 것이 바람직하다. 연구를 진행한 다음에는 연구를 통해 얻어진 자료를 분석하여 연구의 결론을 도출하며 이를 연구보고서로 작성한다. 연구보고서의 작성은 연구를 수행하는 것 못지않게 중요한 부분으로서 연구 진행과정을 충실하게 서술하여야 한다. 연구보고서가 작성되면 연구보고서의 목적에 따라 연구보고서를 제출한다.

이상에서 설명한 연구절차는 연구의 일반적인 절차로서, 연구유형에 따라 구체적인 연구절차를 참고하는 것이 연구를 진행하는 데 도움이 된다.

연습문제

01 다음 단어를 설명하시오.

과학

연구

이론

상식

이성주의

경험주의

행동과학

경험과학

02 연구의 목적에 대해 설명하시오.

03 Wiersma(1995)의 과학적 방법의 절차를 설명하시오.

04 양적연구 논문을 읽고 Crowl(1996)이 제시한 연구의 일반적인 절차에 의하여 비판하고 수정하시오.

Chapter

2 연구의 유형

교육연구를 분류하는 절대적인 기준은 없으며, 일반적으로 연구의 기초가 되는 인식론적 접근방법, 연구목적, 연구방법, 가설검증 여부 등에 따라 다음과 같이 분류될 수 있다.

☑ 인식론적 접근방법

양적연구

질적연구

☑ 연구목적

기초연구

응용연구

실행연구(현장연구)

평가연구

☑ 연구방법

실험연구

조사연구

관찰연구
문화기술적 연구
역사연구

☑ 가설검증 여부에 따른 분류

확인적 연구
탐색적 연구

1 인식론적 접근방법에 따른 분류

연구는 인식론적 접근방법에 따라서 실증주의에 입각한 양적연구와 후기 실증주의에 입각한 질적연구로 크게 양분된다.

1) 양적연구

근대과학은 종교개혁 이후에 발전하기 시작하였으며, Newton의 만유인력법칙 발견에 힘입어 자연과 우주, 사회현상에 대해 객관적이고 과학적으로 접근하고자 하는 시도가 급격히 증가하였다. 자연과학에 대한 연구가 활발히 진행되면서 19세기 Comte를 위시한 **실증주의자**들은 다음과 같은 **주장**을 하였다.

첫째, 과학의 대상은 현상들 간의 일반적인 관계를 탐색하는 것이다.
둘째, 지식을 구성하는 진술은 보편적인 법칙에 의하여 서술되어야 한다.
셋째, 가치 중립적이어야 한다.

이와 같은 실증주의자들의 주장으로 객관적인 관찰을 통하여 증명 가능한 원리의 연구가 활발해져 기능주의 사회학, 행동주의 심리학, 논리 실증주의가 발달하게 되었다. **실증주의**에 입각한 연구는 다량의 객관적인 자료에 의존하므로 **양적연구**(quantitative research)라고 한다. 양적연구는 **전통적 연구**(traditional research), **관례적 연구**(conventional research), **실증주의적 연구**(positivism research)라고도 한다.

실증주의에 입각한 **양적연구의 절차**는 일반적으로 다음과 같다. 첫째, 가설을 설정한다. 가설이란 변수들 간의 관계에 대한 잠정적인 진술을 말하며 이 같은 가설은 이론적 · 경험적 배경에 의하여 선정된다. 둘째, 가설의 경험적 결과를 추론하기 위하여 실제 상황이나 유사 상황을 만든다. 연구의 결과를 얻기 위하여 실제 상황이 존재하면 별문제가 없으나 그렇지 않은 경우에서는 연구 상황을 만들어야 한다. 때로는 다른 변수의 영향을 배제하기 위하여 인위적으로 연구 상황을 만드는 경우도 있다. 셋째, 실제 상황이나 유사 상황에서 발생하는 자료를 수집한다. 실증주의에 입각한 양적연구는 객관적 절차에 의하여 증명 가능한 원리를 발견하는 것이 목적이므로 가시적으로 드러나는 자료를 수집하여야 한다. 넷째, 수집된 자료를 분석하여 잠정적으로 서술된 가설이 참인지 거짓인지를 밝힌다. **경험과학**(empirical science)은 양적 자료의 자료분석 결과에 의하여 가설을 지지하거나 반박하기 때문이다.

2) 질적연구

양적인 자료에 의존하는 연구가 계속적으로 발전하자 연구가 기계적이라는 비판이 제기되면서 후기 실증주의에 기반을 둔 **질적연구**가 출현하게 되었다. 실증주의에 근거한 **양적연구에 대한 비판**은, 첫째, 연구가 이론에 구속된다는 것이다. 양적연구는 가설을 설정하여 연구를 진행하므로 가설을 설정할 때부터 이미 어떤 특정 이론에 의존한다는 것이다. 둘째, 객관성과 가치 중립성을 유지하기 힘들다는 것이다. 연구자는 연구자 스스로가 추구하는 방향으로 어떤 이론에 대하여 결론을 내리는 경향이 있을 뿐 아니라 과학적 지식의 패러다임이 내포하고 있는 가치와 주관에 영향을 받는다는 것이다. 셋째, 연구주제가 제한되어 있다는 것이다. 양적연구는 관찰이나 질문 등을 통해 자료수집이 가능한 것만 연구주제로 선택한다는 것이다. 넷째, 연구결과를 일반화하는 데 문제가 있다는 비판이다. 즉, 연구대상으로부터 얻은 결과를 다른 집단에 적용하여 일반화하는 것은 무리가 있다는 것이다. 다섯째, 사회현상 연구를 위하여 다양한 연구방법이 동원되어야 한다는 주장이다. 사회현상은 자연현상과 구별되며 복잡하게 얽혀 있으므로 사회현상의 특성을 파악하기 위해서는 연구방법이 다양해야 한다는 비판이 대두되기 시작하였다.

이와 같은 실증주의에 근거한 양적연구에 대한 비판과 더불어 **후기 실증주의**가 부상하게 되었으며, 후기 실증주의에 의거한 질적 연구방법이 출현하게 되었다. 특히 후기 실증주의자들은 Newton의 기계론적 우주관을 비판하면서 민속학과 인류학을 예로 들어 인간과 사회연구를 위해서는 다양한 연구방법이 필요함을 주장하였다.

질적연구는 다양하기 때문에 연구절차의 기본 틀이 없는 것이 특징이다. 연구내용, 연구대상, 연구시기에 따라서 연구가 다양하게 진행되므로 연구자의 연구능력이 우선되어야 하는 어려움이 있다. 기계적인 접근방법의 한계를 지적하며 다양한 연구방법의 사용을 주장하는 질적연구는 연구방법, 연구절차, 자료수집 등이 주관적이기 때문에 연구자의 주관적인 판단이 연구결과에 영향을 준다는 점이 단점으로 지적되고 있다. 그래서 질적연구(qualitative research)를 **주관적 접근**(subjective approach), **예술적 접근**(artistic approach), **문화기술적 접근**(ethnographical approach)이라고도 부른다. 이와 같은 질적연구는 인류학자와 사회학자에 의하여 주도되었으며, 양적연구는 실험심리학자와 행동주의자에 의하여 주도되었다.

3) 양적연구와 질적연구의 비교

양적연구와 질적연구는 실증주의와 후기실증주의라는 각기 다른 철학적 배경을 근거로 하고 있기 때문에 서로 다른 견해를 가지고 있다. 양적연구와 질적연구를 실재의 본질, 인과관계, 연구목적, 연구대상, 연구자와 연구대상과의 관계, 자료수집, 자료분석, 연구방법, 일반화의 측면에서 비교하면 〈표 2-1〉과 같다.

양적연구는 실재가 존재하기 때문에 객관적인 연구가 가능하다고 보는 반면 질적연구는 일반화시킬 수 있는 본질은 없으므로 총체적 연구를 하여야 한다고 주장한다. 현상들 간의 인과관계에 있어서도 양적연구에서는 결과에 시간적으로 선행하거나 동시에 일어나는 원인이 실재한다고 보는 반면, 질적연구에서는 원인과 결과의 구분이 불가능하다고 본다. 양적연구에서는 변수들 간의 인과관계나 상관관계에 대한 분석을 통해 일반적 원리와 법칙을 발견하는 데에 연구의 목적이 있는 반면, 질적연구에서는 특정 현상에 대한 해석이나 의미의 차이를 이해하는 데 연구의 목적이 있다. 양적연구에서는 대표성을 갖는 많은 수의 표본을 필요로 하며 확률적 표집방법을 주로 사용하는 반면, 질적연구에서는 적은 수의 표본을 심층적으로 연구하며 비확률적 표집방법을 주로 사용한다.

연구자와 연구대상과의 관계에 있어 양적연구는 연구자와 연구대상이 거리를 유지할 때 객관적 자료 수집이 가능하다고 보는 반면, 질적연구는 연구대상과 밀접한 관계를 유지해야만 연구의 타당성을 높일 수 있다고 본다. 즉, 양적연구는 가치 중립적이지만, 질적연구는 가치개입적이라고 할 수 있다. 양적연구에서는 다양한 측정도구를 활용하여 객관적 방법과 객관적 절차를 통해 구조화된 양적인 자료를 수집하며, 자료분석에 있어서도 기술통계 혹은 추리통계 방법을 활용한다. 양적연구의 예로는 설문지를 활용한 조사연구, 실험설계에 의한 실험연구, 점검표를 활용한 관찰연구 등을 들 수 있다. 반면, 질적연구에서는 연구자가 중요한 연구도구가 되며, 연구절차나 방법이 연구자의 주관에 의해 결정되므로 주로 비구조화된 질적 자료가 수집된다. 따라서 자료분석에 있어서도 내용분석을 포함한 질적인 분석을 하거나 간단한 기술통계 분석

표 2-1 양적연구와 질적연구의 비교

	양적연구	질적연구
실재의 본질	객관적 실재를 형성하는 인간의 특성과 본질이 존재한다고 가정 따라서 복잡한 패러다임에 관계된 변인들에 대한 연구가 가능	객관적 실재라고 일반화시킬 수 있는 인간의 속성과 본성은 없다고 가정 따라서 단편적인 연구가 아닌 총체적인 연구의 필요성을 주장
인과관계	결과에 시간적으로 선행하거나 동시에 일어나는 원인이 실재	원인과 결과의 구분이 불가능
연구목적	일반적 원리와 법칙 발견 인과관계 혹은 상관관계 파악	특정 현상에 대한 이해 특성 현상에 대한 해석이나 의미의 차이 이해
연구대상	대표성을 갖는 많은 수의 표본, 확률적 표집방법 주로 사용	적은 수의 표본, 비확률적 표집방법 주로 사용
연구자와 연구대상과의 관계	연구자와 연구대상의 관계가 밀접하게 되면 연구결과가 왜곡될 수 있어 거리 유지: 가치 중립적	연구자와 연구대상이 서로 밀접한 관계 유지: 가치개입적
자료수집	다양한 측정도구 사용 구조화된 양적자료 수집	연구자가 중요한 연구도구 비구조화된 질적 자료 수집
자료분석	통계적 분석 (기술통계, 추리통계 방법 활용)	질적 분석(내용분석), 혹은 기술통계 분석
연구방법의 예	설문지를 활용한 조사연구, 실험설계에 의한 실험연구, 점검표를 활용한 관찰연구 등	관찰법, 면접법을 활용한 사례연구, 문화기술적 연구 등
일반화	일반화 가능	연구가 고유하므로 일반화시킬 수 없음

방법을 활용한다. 질적연구의 예로는 관찰이나 면접법을 활용한 사례연구, 문화기술적 연구 등을 들 수 있다. 양적연구는 일반적 원리와 법칙의 발견을 목적으로 하므로 연구결과의 일반화에 관심이 있지만, 특정 현상에 대한 이해를 목적으로 하는 질적연구는 그 상황에만 적용되며 다른 상황에까지 일반화하여 적용시킬 수 없다는 특성이 있다.

4) 양적연구와 질적연구의 관계

양적연구와 질적연구를 대비시켜 두 연구방법을 전혀 별개의 것으로 간주할 수도 있으나, 사실 두 연구방법이 서로 이질적인 것만은 아니며 연구상황 및 자료의 특성에 따라 연속선상에 존재하고 있는 것으로 보아야 한다. 자료가 양적 자료인지 질적 자료인지, 연구 상황이 자연 상황인지 조작적 상황인지에 따라 두 연구를 구분하지만 이 구분은 정도에 따라 결정되는 것일 뿐이다. 양적연구와 질적연구의 관계는 [그림 2-1]과 같다.

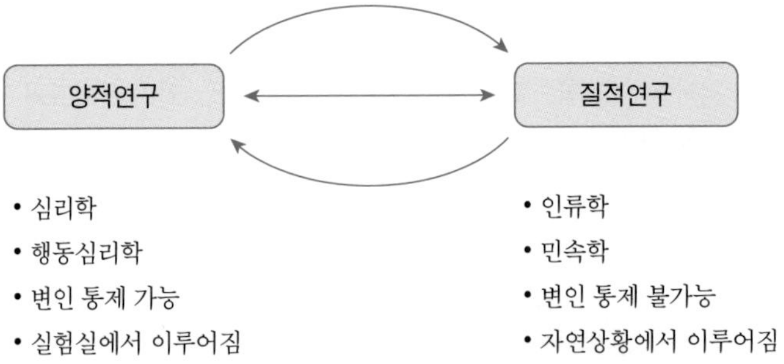

그림 2-1 **양적연구와 질적연구의 관계**

양적연구는 보다 통제된 상황에서 양적 자료에 의존한 연구이고 질적연구는 자연적 상황에서 질적 자료에 의존한 연구를 말한다. 그러나 양적연구와 질적연구를 양분하기보다는 연속선상에 놓고 조망하는 것이 바람직하다. 양적연구에서 깊이 분석하지 못한 내용을 질적연구가 보완하여 줄 수 있으며, 양적연구는 주관적이기 쉬운 질적연구의 연구결과에 객관적인 근거를 제공하여 질적연구를 보완할 수 있다. 즉, 양적연구는 질적연구를 유도하고, 질적연구는 양적연구를 유도하는 상호보완적 관계라고 보는 것이 바람직하다. 예를 들어, 특정한 교수법과 유아들의 어휘력 발달과의 관계에 대한 연구를 실시하였을 때, 매우 특이한 유아를 발견하였다면 이 유아를 대상으로 질적연구를 실시할 수 있다. 특정한 연구대상인 유아에 대하여 관찰을 통한 질적연구를 실시하여 특이한 유아에 대한 특성을 발견할 수 있다. 또한 특이한 유아들을 대상으로 하는 질적연구가 많이 이루어졌을 때 이 유아들을 대상으로 하여 양적연구를 할 수 있으며 양적연구는 이들의 특성에 대한 객관적인 사실을 발견하여 이를 일반화할 수 있다.

양적연구를 추종하는 학자들과 질적연구를 추종하는 학자들 사이에 학문적 연구 경향에 대한 경쟁과 각자의 연구방법의 우월성에 대한 논쟁 및 갈등이 나타나고 있으나 이는 부질없는 일이라고 할 수 있다. 특정한 연구방법이 다른 연구방법보다 무조건 더 좋은 방법이라는 주장은 연구의 특성을 파악하지 못한 데서 비롯된 것이다. 연구의 목적, 연구대상, 연구상황에 따라 적절한 연구방법을 선택한다.

최근 일부 학자들을 중심으로 양적연구 방법론과 질적연구 방법론을 통합하기 위한 노력들이 이루어지고 있는데, Tashakkori와 Teddlie(1998)에 의하면 **통합연구방법론**은 크게 통합방법연구와 통합모형연구로 구별된다. **통합방법연구**는 자료수집 단계와 같은 연구방법 단계에서 질적인 접근과 양적인 접근방법을 결합시키는 것을 의미하며, **통합모형연구**는 연구의 여러 국면, 즉 연구문제 설정, 자료수집, 자료분석 및 추론 등 연구의 여러 단계에서 두 가지 접근방법의 통합을 시도하는 것을 의미한다(염시창 역, 2001).

(1) 통합방법연구의 분류

통합방법연구를 위한 설계는 일반적으로 다음과 같이 분류될 수 있다.

- 순차적 통합방법설계(sequential mixed method designs): 질적연구를 먼저 수행하고, 다음에 양적연구를 수행하거나 또는 그 반대의 순서를 따르는 이국면 설계(two-phase design)다.
- 병렬적/동시적 통합방법설계(parallel/simultaneous mixed method designs): 질적 · 양적 자료를 동시에 수집하고 상호보완적인 방식으로 분석하는 설계다.
- 등위 통합방법설계(equal status mixed designs): 연구 중인 현상을 이해하기 위하

여 질적 · 양적 접근을 대등하게 수행하는 설계다.

- 주-부 패러다임 혼합설계(dominant-less dominant mixed method designs): 하나의 패러다임과 방법이 지배적이지만 일부분에 대안적인 방법을 적용시킨 설계다.
- 다층접근방법을 사용한 설계(designs with multilevel use of approaches): 학생 수준에서는 자료를 양적으로 분석하고, 학급 수준에서는 질적으로 분석하며, 학교 수준에서는 양적으로 분석하는 등 전체 자료에 대하여 수준별로 상이한 유형의 방법을 사용한 설계다.

(2) 통합모형연구의 분류

Tashakkori와 Teddlie(1998)는 연구단계와 각 단계별 연구차원의 결합유형에 따라 〈표 2-2〉와 같은 8가지 연구모형을 제시하였다. 연구단계는 연구문제의 설정, 자료수집, 분석 및 추론의 단계로 구분되며, 각 단계는 다시 2가지 차원으로 분류된다. 연구문제 설정의 단계에서는 연구가설을 검증하기 위한 확인적 연구와 새로운 아이디어나 사실을 발견하기 위한 탐색적 연구로 분류되며, 자료수집과 분석 및 추론의 단계에서는 양적인 차원과 질적인 차원으로 분류된다.

〈표 2-2〉의 연구모형 중에서 첫 번째 모형은 전통적인 양적 연구모형을, 마지막 모형은 전통적인 질적 모형을 의미하며 나머지 모형들이 연구과정의 여러 단계에 걸쳐

표 2-2 연구단계와 연구차원에 따른 연구모형의 분류

연구 단계			연구모형
연구문제 설정의 차원	자료수집의 차원	분석 및 추론의 차원	
확인적 연구	양적 자료수집	통계적 분석/추론	순수양적모형
	양적 자료수집	질적 분석/추론	통합모형
	질적 자료수집	통계적 분석/추론	통합모형
	질적 자료수집	질적 분석/추론	통합모형
탐색적 연구	양적 자료수집	통계적 분석/추론	통합모형
	양적 자료수집	질적 분석/추론	통합모형
	질적 자료수집	통계적 분석/추론	통합모형
	질적 자료수집	질적 분석/추론	순수질적모형

출처: Tashakkori, A., & Teddlie, C. (1998). *Mixed methodology: Combining qualitative and quantitative approaches*, p. 57. Sage Publications.

표 2-3 연구방법론의 변화 과정

시기	특징	유형
제1기 (~1950년대)	단일방법 시대	1) 순수 양적 연구 a. 단일 양적 자료원 활용 b. 단일 패러다임/모형 내 다중 자료 활용 • 순차적 연구(양적/양적) • 병렬적/동시적 연구(양적+양적)
		2) 순수 질적 연구 a. 단일 질적 자료원 활용 b. 단일 패러다임/모형 내 다중 자료 활용 • 순차적 연구(질적/질적) • 병렬적/동시적 연구(질적+질적)
제2기 (1960년대~ 1980년대)	통합방법 연구의 출현	1) 등위설계 a. 순차적 등위설계(이국면 순차적 연구) • 질적/양적 • 양적/질적 b. 병렬적/동시적 등위설계 • 질적+양적 • 양적+질적
		2) 주-부 패러다임설계 a. 순차적 주-부 패러다임 혼합설계 • 질적(주)/양적(부) • 양적(주)/질적(부) b. 병렬적/동시적 등위설계 주-부 패러다임 혼합설계 • 질적(주)+양적(부) • 양적(주)+질적(부)
		3) 다층접근방법설계
제3기 (1990년대~)	통합모형 연구의 출현	1) 연구단계별 단일 접근방법 적용 a. 연구의 유형: 질적 혹은 양적 b. 자료의 수집/조작: 질적 혹은 양적 c. 분석/추론: 질적 혹은 양적
		2) 연구단계별 다중 접근방법 적용 a. 연구의 유형: 질적 그리고(혹은) 양적 b. 자료의 수집/조작: 질적 그리고(혹은) 양적 c. 분석/추론: 질적 그리고(혹은) 양적

출처: Tashakkori, A., & Teddlie, C. (1998). *Mixed methodology: Combining qualitative and quantitative approaches*, p. 15. Sage Publications.

질적-양적의 특성을 통합하는 통합모형연구에 해당된다. 각 모형에 대한 자세한 설명과 구체적 예는 Tashakkori와 Teddlie(1998)의 저서를 참고하기 바란다.

Tashakkori와 Teddlie(1998)는 사회과학 및 행동과학 내에서의 연구방법론의 변화 과정을 〈표 2-3〉과 같이 요약 · 정리하였다. 이를 통해 통합모형연구가 점차 증가하는 추세임을 알 수 있다.

연구자는 인간으로서 지녀야 할 기본적인 윤리뿐만 아니라 철학을 지니고 있어야 한다. 자신의 주장이나 이론, 방법만이 옳다는 생각은 버려야 하며, 사물이나 현상을 제삼자적 입장에서 조망하는 자세를 가져야 한다. 다양한 학문이 존재하듯이 학문마다 제각기 독특한 연구방법이 존재할 수 있는 것이다. 질적연구를 추종하는 일련의 학자들이 양적연구는 수의 놀음이라고 비난하고, 양적연구를 추종하는 일련의 학자들이 질적연구는 일기나 소설이라고 비난하는 것은 연구자로서의 올바른 자세가 아니다. 물론 타당하지 않은 양적연구는 자료를 가지고 연구결과를 오도하는 수의 놀음이 될 것이며, 과학적인 절차를 거치지 않은 질적연구는 소설이나 구호에 불과할 것이다. 그러나 선호하지 않는 연구방법에 의하여 연구가 진행되었다고 하여 잘못된 연구라고 매도하는 것은 학문하는 사람의 기본 자세가 아니다.

2 연구목적에 따른 분류

연구는 연구목적에 따라 기초연구, 응용연구, 실행연구, 평가연구로 구분된다.

1) 기초연구(basic research, fundamental research)

기초연구는 어떤 사실에 대한 이론을 규명하여 지식을 확장시키는 역할을 하는 연구로서, 원리 또는 특정한 사실을 발견하거나 이론을 발전시키고자 하는 목적을 가지고 있다. 그러므로 기초연구는 세심한 연구절차를 거치나, 현장의 문제점을 해결하기 위한 연구결과의 응용에는 관심이 부족하다. 기초연구는 일반적으로 실험실에서 동물을 대상으로 연구가 이루어지는 경우가 많은데, 고등정신 기능 및 작용에 대한 실험연구를 기초연구의 예로 들 수 있다. 알려지지 않은 사실이나 새로운 이론을 도출하고자 하는 기초연구의 연구결과는 여러 연구에 적용될 수 있다.

2) 응용연구(applied research)

응용연구는 실제 문제상황에서 이론적 개념을 검토하거나 어떤 상황의 진행과 결과를 개선시키는 데 그 목적이 있다. 응용연구의 예로는 여러 가지 교수법에 대한 선호도 조사를 통해 어느 것이 학교현장에 적합한 교수법이며 각 교수법의 장단점은 무엇인지 파악하여 현장에 적용하고자 하는 연구를 들 수 있다.

연구방법이 복잡하면 기초연구이고 단순하면 응용연구라는 인식은 잘못된 것이며, 기초연구는 이론가나 철학자들에 의한 연구이고 응용연구는 철학적 배경이 부족한 연구라는 인식 또한 잘못된 것이다. 기초연구와 응용연구 사이에는 위계가 있는 것이 아니며, 어떤 연구가 더 중요하다고 말할 수도 없다. 연구의 목적에 따라 선택되는 것이므로 두 연구 모두 중요하다.

3) 실행연구(action research)

최근 일부학자들은 연구를 기초연구와 응용연구 이외에 실행연구로 분류하기도 한다. **실행연구**는 1930년대 말 사회심리학과 교육학 분야에서 관심을 모았던 연구로서 교육분야에서 실행연구란 교육상황에서 일어나는 문제를 해결하기 위하여 연구자와 교사가 공동으로 진행하는 형태의 연구로서 지역단위 학교에서 발생하는 교육문제에 대한 해결방안을 제시하거나 의사결정을 하기 위하여 실시하는 연구다. 실행연구는 이론의 전개나 이론의 일반적인 응용이 아니라 학급 상황에의 즉각적인 적용에 관심을 두고 있다. 그러므로 실행연구는 연구의 결과를 일반화시키는 데 있어서 제한점을 지니고 있으며, 따라서 연구결과의 해석은 연구대상에게만 국한된다. 즉, 실행연구에서는 연구결과를 일반화하는 것보다는 어떤 지역이나 관심대상에 적용하는 것이 강조된다. 실행연구의 연구대상은 접촉이 용이한 기존집단(intact group)이 된다.

4) 평가연구(assessment research, evaluation research)

평가연구는 특정 프로그램 혹은 특정 정책의 효과를 분석하기 위한 연구로서, 목표에 도달한 정도를 측정하여 의사결정을 하기 위하여 실시되는 연구다. 교육분야의 경우 평가연구를 통하여 학생들의 학업 진행 속도와 정도를 분석할 수 있으며, 이를 토대로 교육과정의 개선, 교재 개발, 교수법 개선 등과 관련된 정책을 결정할 수 있다. 뿐만 아니라 교육의 제 분야를 평가하므로 새로운 제도의 수립과 개선에 도움을 준다. 학생들의 학업 수준에 대한 정보를 제공하기 위해 1960년부터 Committee on Assessment of the Progress of Education에서 실시하는 NAEP(National Assessment of Educational Progress) 및 우리나라의 국가수준 학업성취도 평가를 평가연구의 예로 들 수 있다.

3 연구방법에 따른 분류

연구는 일반적인 연구방법에 따라 실험연구, 조사연구, 관찰연구, 문화기술적 연구, 역사연구 등으로 분류될 수 있다.

1) 실험연구

실험연구는 특정 변수를 변화 또는 조작한 결과로 생기는 효과를 검증하기 위한 연구로서 특정한 문제를 개선하기 위한 가장 타당한 연구방법이다. 실험은 계획적, 체계적, 객관적인 조작과 통제를 투입하는 과정이며 이러한 절차의 완벽성이나 치밀성 정도에 따라 실험연구의 질이 결정된다. 연구자는 최소한 하나 또는 그 이상의 독립변수를 조작하고 다른 관련변수를 통제하며 하나 또는 두 개 이상의 종속변수에 미치는 영향이나 효과를 측정하게 된다.

2) 조사연구

조사연구는 사회학적, 심리학적, 교육학적 변수들의 상대적 영향력, 분포 및 상호관련성을 밝히기 위한 것이다. 조사연구는 현재 상태에 관한 문제들을 다루는 연구로서 전집으로부터 표본을 추출하여 이들을 대상으로 설문지, 면접 등의 체계적인 방법을 통하여 특정한 연구문제에 관련된 사람들의 속성이나 행동 또는 태도 등을 연구하는 것이다.

3) 관찰연구

관찰연구는 시각, 청각 등 관찰자의 감각을 통해 관찰대상의 행동특성을 직접 객관적, 계획적으로 관찰해서 분석하는 연구방법이다. 그러므로 관찰자가 어떻게 보고 들으며 기록하는가에 따라 관찰연구의 질이 결정되며 직접성과 현재성의 특징을 갖는다. 관찰은 도구를 사용하지 않는 측정이며 도구를 사용하더라도 그것을 측정하는 사람에게는 영향을 미치지만 관찰대상에게는 영향을 미치지 않는 방법이다. 관찰연구는 통제 여부에 따라 통제적 관찰과 비통제적 관찰로, 관찰의 조직성 여부에 따라 자연관찰과 조직적 관찰로, 연구자의 참여 여부에 따라 참여관찰과 비참여관찰로 구분된다. 관찰자의 역할은 관찰결과를 명료하게 파악하고 이를 객관적으로 활용할 수 있도록 관찰하는 데 있다. 그러므로 관찰을 위해서는 관찰목표, 내용, 방법 등에 대한 충분한 숙지와 훈련이 요구된다.

4) 문화기술적 연구

문화기술적 연구는 질적 연구방법 중 인류학적 성격이 강한 연구기법으로서 여기서 문화기술학은 특정한 문화적 상황에 대한 상세하고 분석적인 기술을 의미한다. 그러므로 문화기술적 연구는 특정 집단 구성원들의 생활양식과 문화에 대한 폭넓은 자료를 찾아내기 위하여 연구자가 현지에서 장기간 머물면서 참여자의 관점에서 상황을 파악하는 연구방법이다. 문화기술적 연구는 구성원들의 의미구조에 관심이 있고, 이 의미구조와 관련된 사회적 맥락의 이해에 관심이 있다. 문화기술적 연구는 대체로 자연상황에서 진행되므로 연구가 수행되기 이전에 이론적 배경이나 가정이 명확하지 않을 수 있으며 현상에 대한 관찰, 기술 그리고 질적 판단 또는 해석에 상당한 시간과 노력이 투입되고 전체적 윤곽을 잡기 위한 과정에 초점을 둔다.

5) 역사연구

역사연구는 과거에 대한 사실을 발견하고 해석하며 의미를 부여하고 더 나아가 미래에 전개될 현상을 역사에 비추어 예견하고자 하는 데 그 목적이 있다. 역사연구는 과거사에 대한 자료를 수집하여 종합하고 설명하며 해석하는 귀납적 방법을 사용한다. 역사학은 인간의 과거 사실에 대한 체계적 연구라는 점에서 자연과학과 다르다. 역사연구는 어떤 특정시대에 사람들을 둘러싸고 일어난 일들이나, 특정 사람에 대한 연구로써 자연현상을 연구대상으로 하는 자연과학 연구와는 다르다. 과거에 일어난 사건들은 재연될 수 없기 때문에 역사연구는 제한된 시대에 국한하며 대부분 사료에 의존한다. 역사 연구를 위해서는 주로 서류나 서적 등을 참고하며, 그렇게 수집된 역사자료에 대한 해석에 중점을 둔다. 그러므로 연구자는 비판적 탐구의 과정을 통해 가능한 한 과거의 문제들을 정확하게 기술해야 한다.

4 가설검증 여부에 따른 분류

연구는 가설검증 여부에 따라 확인적 연구와 탐색적 연구로 분류될 수 있다.

1) 확인적 연구

확인적 연구는 구체적인 연구문제 및 이에 따른 연구가설이 설정되어 있을 때, 이를 확인하기 위한 목적으로 이루어지는 연구다. 연구가설은 이론적 지지를 받고 있지만 입증되지 않은 잠정적인 결론을 의미한다. 확인적 연구에서는 이론적 배경에 기초한 변수들 간의 관계나 차이에 대한 검증에 중점을 두므로 연구를 위해 필요한 측정변수 및 연구절차가 비교적 명확한 편이다.

2) 탐색적 연구

탐색적 연구는 연구주제에 대한 선행연구나 사전지식이 거의 없는 상태에서 새로운 아이디어나 사실을 발견하기 위한 목적으로 이루어지는 연구다. 따라서 탐색적 연구에서는 가설설정보다는 질문의 형식으로 연구목적이나 연구의 내용을 진술하게 되며, 연구방법 및 연구절차가 융통적인 편이다. 탐색적 연구의 예로 관찰연구, 사례연구, 역사연구 등을 들 수 있다.

연습문제

01 다음 단어를 설명하시오.

양적연구

질적연구

기초연구

응용연구

실행연구

평가연구

확인적 연구

탐색적 연구

02 양적연구의 특징을 설명하시오.

03 질적연구의 특징을 설명하시오.

04 양적연구와 질적연구의 관계를 설명하시오.

05 실증주의와 후기실증주의의 철학적 배경을 비교하시오.

06 양적연구의 논문을 찾아 읽고 질적연구를 유도할 수 있는지 설명하시오.

07 질적연구의 논문을 찾아 읽고 양적연구를 유도할 수 있는지 설명하시오.

08 연구방법의 선택은 무엇에 의하여 결정되는지 논하시오.

09 어느 초등학교 교사가 학생들의 텔레비전 시청과 학업성적 간의 관계를 연구하고자 한다.

1) 어떤 형태의 연구를 할 것인지 서술하시오.

2) 양적연구를 한다면 어떤 자료를 수집해야 하는지 서술하시오.

Part 2

연구주제 및 연구대상

Chapter

3 연구주제

연구자에게 가장 어려운 일은 연구문제를 선정하는 것이다. 문제를 제기하여야 주제를 선정하고 연구제목을 설정할 수 있다. 이 장에서는 연구주제를 찾기 위해 연구자가 해야 할 일을 설명하고, 연구제목을 서술하는 방법을 기술한다. 또한 연구주제와 연구제목에 맞추어 연구목적을 서술하는 방법을 설명한다.

1 연구주제

연구의 대상은 무궁무진하며, 연구 분야 역시 매우 다양하다. 이 중에서 연구의 주제를 선택하는 것은 매우 중요하다. 연구주제 선택에서 가장 중요한 역할을 하는 것은 연구자의 직관력, 분석력, 비판력, 창의력이라고 할 수 있다. 연구자만이 지니고 있는 직관력으로 관심 있는 사회현상을 통찰하여 어떤 사실을 발견할 수도 있으며, 연구자만이 가지고 있는 분석력으로 특정 사회현상의 원인이 무엇인지를 밝힐 수도 있다. 뿐만 아니라 새로운 이론이나 사실을 발견하는 능력 또한 연구자에게 필요한 자질이다.

연구자의 전공분야에 의하여 연구 영역이 결정되며, 연구자의 연구 관심에 따라 연구주제가 선정된다. 일반적으로 연구자의 축적된 지식에 의하여 내면화된 내용이 연구주제가 되는 것이 바람직하다. 어떤 영역의 특별한 주제라고 할지라도 연구자 자신이 내면화 또는 자기화할 수 없는 주제는 좋은 연구주제라 할 수 없다. 어떤 연구주제든 그것을 내면화하기 위해서는 학문적 성숙이 필요하다. 학문적 성숙은 단시간에 이루어지는 것이 아니라 오랜 시간 동안의 성실한 학문적 태도와 노력을 통해 이루어진다.

연구주제는 연구자의 학문적 성숙에 의한 직관력, 분석력, 비판력, 창의력 등에 의하여 선택되는데, 연구자가 **연구주제를 선택할 수 있는 다양한 자원**으로는 다음과 같은 것을 들 수 있다.

첫째, 연구자의 관심과 흥미
둘째, 문헌연구
셋째, 공동연구의 참여
넷째, 새로운 학설이나 이론
다섯째, 학술대회 참여
여섯째, 사회적 경험
일곱째, 전문가 혹은 지도교수

첫째, 연구자의 관심과 흥미이다. 연구자는 각자의 흥미와 관심에 따라 전공을 선택하고 넓은 전공 분야 중 관심 있는 연구내용을 연구주제로 구체화할 수 있다. 예를 들어, 청소년 문제에 관하여 예전부터 관심을 가지고 있었던 연구자는 연구주제로 청소년 문제를 선택할 것이다. 평소에 창의성에 관심이 있었던 연구자는 세부전공으로 교육심리학을 쉽게 선택할 것이고, 학위논문의 주제로 창의성과 관련된 주제를 선정할 것이다. 따라서 연구자는 공부를 하는 과정에서 일어나는 특정한 분야에 대한 관심과 흥미를 그 수준에서 머무르게 할 것이 아니라, 그것을 구체화하고 의문을 제기하며 답을 얻으려는 노력을 게을리 하지 말아야 한다. 즉, 일반적 혹은 상식적 수준에서의 흥미와 관심을 보다 구체화하고 체계화하는 과학적 자세를 지녀야 한다.

둘째, 문헌연구다. 문헌연구의 대상은 전공분야에 관련된 교과서, 전문서적, 학술지 및 기타 인쇄된 모든 매체가 된다. 교과목을 수강하면서 얻은 전문지식에 대한 학문적 정보뿐 아니라 학회지를 읽음으로써 알게 된 새로운 연구영역이나 연구동향, 연구방법에 의하여 연구주제를 선택할 수도 있다. 최근 연구논문을 통해 연구가 어디까지 진행되었으며 앞으로 어떤 연구들이 진행될 것인지를 가장 용이하게 알 수 있으므로, 최근 논문들을 참고할 때 그 분야의 개척자(frontier)가 될 수 있을 뿐 아니라 보다 우수한 논문을 쓸 수 있게 된다. 학회지에 게재되는 논문들은 최근의 이론을 포함하고 있으며 연구의 제한점과 시사점, 또 후속연구를 위한 제언을 하고 있기 때문에 연구주제를 선정하는 데 많은 도움이 된다. 대학원 강의에서 최근 논문으로 수업을 하는 경우가 많으므로 새로운 이론과 연구주제에 대한 연구동향을 신속히 알 수 있어 연구주제의 선정에 도움을 받을 수 있다. 일반적으로 다수의 문헌을 참고함으로써 연구주제와 연구범위를 보다 손쉽게 결정할 수 있다. 그러므로 문헌연구만큼 연구주제를 선택하기에 바람직한 자원은 없다.

셋째, 공동연구나 연구 프로젝트에 참여하는 것이다. 석 · 박사과정에 있는 학생들은 가끔 연구보조원으로 연구를 돕는 기회가 있다. 일의 종류는 서류를 만들어 보내는 작은 일에서부터 실험에 참여하고 자료수집을 도우며 자료를 해석하는 일에 이르기까지 그 종류가 다양하여, 연구과제에 참여함으로써 많은 연구 경험을 쌓을 수 있을 뿐 아니라 연구주제를 선택하는 데도 도움이 된다. 미국 유학 중 어떤 연구기관에서 진행하는 중 · 고등학교 학생들의 자퇴에 대한 연구에 연구조교로 참여하다가 관련 내용으로 학위논문의 주제를 설정한 경우가 이에 해당한다.

공동연구에 참여하여 얻는 장점으로는 연구방법에 관한 전문 지식을 습득할 수 있다는 것이다. 예를 들어, 실험연구일 경우 집단을 설정하는 방법이나 처치를 가하는 방법을 배울 수 있고, 사회조사 연구일 경우 설문지 제작이나 표집 등 자료를 수집하고 분석하는 능력을 배양할 수 있으며, 기술적인 면까지도 습득할 수 있게 된다. 또한 공동연구 시 다른 분야의 전문가들이 참여하게 되는 경우가 많으므로 새로운 지식을 접하는 기회가 되기도 한다. 반면 단점으로는 공동연구에 참여하다 보면 자신의 문제를 발견할 수 있는 기회가 줄어들고 공동연구의 주제가 연구자의 흥미나 관심과 거리가 먼 경우에는 연속적인 연구를 기대하기 힘들다는 점을 들 수 있다. 또한 연구과제에 대한 이해 없이 단순 사무에 시간을 보내게 되는 경우도 적지 않다. 그러므로 공동연구에 참여하면서 연구주제를 설정하려면 연구에 능동적인 자세로 참여하여야 한다.

넷째, 새로운 학설이나 이론이 연구의 자원이 된다. 이론에 대한 비판이나 새로운 이론의 사실 여부를 검증하는 것 또한 해당 분야 전문가들의 몫이기 때문에 현재의 사실이나 이론, 학설 또한 연구주제 선택의 중요한 자원이 된다. 예를 들어, 식품공학분야에서 참치를 먹으면 머리가 좋아진다는 학설이 제기되었을 때 그것이 사실인지를 검증하는 것 또한 연구가 될 수 있다. 즉, 연구를 통해 참치의 어느 성분이 뇌의 어느 부분에 영향을 주어 어떤 내용의 공부를 잘할 수 있게 한다거나, 참치를 먹는 것이 인간의 두뇌에 아무런 영향도 주지 않는다는 사실을 발견할 수 있다. 또 다른 예로 교육측정 분야에서 차별기능 문항을 추출하는 Raju 방법이 제안되었을 때 이 방법의 타당성을 검증하고자 했던 연구와 이를 이용하여 교사 재임용시험에 차별기능 문항이 존재하는지를 밝히는 연구들이 계속되었던 경우를 들 수 있다. 또 다른 예로 현재는 널리 사용되고 있는 Cronbach α 계수가 1951년 처음 제안되었을 당시 그 이론에 대한 타당성 연구가 활발히 이루어진 바 있다.

다섯째, 학회활동 참여도 연구주제 선택의 자원이다. 특히, 각 전공 분야에서 개최되는 국제학술대회 및 국내학술대회에서는 현재까지 발표되지 않은 논문이 소개되므로 학회에 참여함으로써 좋은 주제를 선택할 수도 있다. 예를 들어, 매년 4월에 개최되는 **미국교육학회**(American Educational Research Association: AERA)에서는 만 명 이상이 참여하여 논문을 발표하므로 학회 참여는 새로운 연구주제를 선택할 수 있는 좋은 기회다. 또한 세미나나 워크숍을 통하여 전문가들이 서로 의견을 교환하고 전수하는 과정에서 연구주제를 얻을 수도 있다.

여섯째, 전공과 관련된 사회 현장에서의 관찰과 경험을 통하여 연구주제를 설정할 수 있다. 공식적 기관은 물론, 비공식적 기관에서 발생하는 모든 상황을 관찰하면서 연구주제를 선택할 수 있다. 예를 들어, 어느 교사가 유별나게 수줍음을 타는 학생들을 보고 수줍음을 타는 원인이 무엇인가에 대한 연구를 하면서 경험적으로 많은 연구내용을 얻을 수 있다. 또 젊은이들의 가치관이 변화되는 것을 직접 학생들로부터 느끼면서 우리나라 고전에 대한 교육의 실태가 어떤지, 그리고 논어, 맹자, 중용 등에 대한 고전교육을 실시할 때 학생들의 도덕성에 어떤 변화가 일어나는지를 과학적으로 접근하여 밝히는 연구를 진행할 수도 있다.

일곱째, 연구 영역의 전문가와 교수로부터 연구주제에 대한 아이디어를 얻을 수 있다. 지도교수나 해당 연구 영역 전문가들과의 학문적 만남을 통하여 새로운 지식을 획득할 수 있을 뿐만 아니라 연구자가 지니고 있는 연구내용을 보다 구체화시킬 수 있게 된다. 미국의 경우 학위 과정을 끝낸 대학원생들이 논문의 주제를 설정하기 위하여 지도교수나 여타의 다른 교수와 개인연구(independent reading)를 하는 경우가 있다. 이를 통해 연구주제를 보다 세부적으로 발전시킬 수 있으며, 경우에 따라서는 지도교수가 연구주제를 제시하는 경우도 있다. 연구자가 연구주제 선택에 어려움이 있을 때 교수가 평소 관심을 갖던 연구주제를 학생에게 알려 주어 연구가 수행되는 경우도 있다.

이상에서 언급된 자원 이외의 다른 곳에서도 연구주제를 선택할 수 있다. 정기 간행물인 잡지나 신문 등의 매체를 통하여, 또 여행이나 답사를 통하여 연구주제를 선택하게 되는 경우도 있다. 연구자원이 풍부한 만큼 연구자의 연구주제를 구체화시키는 노력도 체계적이어야 한다.

교과목을 수강하거나 학회에 참여하면서 혹은 연구논문을 읽으면서 일어나는 의문점을 구체화하기 위하여 기록하는 습관을 기르는 것이 좋다. 좋은 논문은 많은 고민을 한 논문이므로 체계적으로 그리고 점진적으로 주제를 발전시킬 때 좋은 논문이 될 가능성이 크다. 그러므로 어떤 관심이나 흥미수준을 벗어나 근본적인 사실을 밝히고자 할 때 이는 연구주제로 발전될 가능성이 있는 내용이므로, 연구노트를 만들어 기록하여 두는 것이 바람직하다. 때로는 직감적으로 흥미 있는 생각이 떠오를 수도 있으며, 해결되지 않은 문제가 우연히 풀리는 경우도 있기 때문에 그때마다 기록하여 두는 것이 생각을 발전시키는 데 도움이 된다. 인간의 기억력은 완벽하지 못하기 때문에 생각한 연구주제와 그 주제를 해결하는 방법을 기록하면서 체계적으로 정리하면 연구계획서를 작성하기도 용이하다. 연구의 대상이 되는 주제를 생각했더라도 잊고 지내다가 보면 정작 연구주제를 선택할 때 연구주제를 설정하지 못하여 당황하게 되는 경우가 많다. 특히 학문을 계속하고자 하는 사람은 **연구노트**(research note)를 가까이 두고 관심 있는 주제가 떠오를 때마다 기록하여 두면 연구주제의 빈곤을 면할 수 있으므로 연구를 계속적으로 행할 수 있다. 대학원 학생들도 연구노트를 만들어 항상 생각을 발전시킨다면 연구주제 선택의 폭이 넓어지고 연구를 구체적으로 이행할 수 있다.

2 연구제목

연구제목은 연구의 내용을 간결 · 명확하게 표현한 것이다. 모든 개인은 이름이 있어서 성과 이름을 들으면 그 사람에 대하여 연상을 하게 되고, 물건의 경우도 이름을 들으면 그 제품의 특성이나 형태를 짐작할 수 있다. 신상품에 이름을 붙일 때 그 상품의 특성에 맞지 않는 이름을 부여한다면 상품 소개에 실패하고 상품 판매에까지 영향을 주어 기업이 손실을 입게 되는 것과 마찬가지로 논문의 제목을 정하는 일은 매우 중요하다.

수없이 발표되는 논문을 모두 읽을 수는 없다. 아무리 다독을 한다고 해도 모든 논문을 읽는다는 것은 불가능하다. 그러므로 연구자들은 일단 논문의 제목을 보고 읽어볼 것인가의 여부를 결정하게 된다. 이때 논문제목이 연구내용을 대변하지 못한다면 그 논문은 팔리지 않는 상품과 같은 신세가 된다. 그러므로 논문의 제목은 연구의 독립변수와 종속변수의 이름을 포함시키는 것이 바람직하다. 예를 들어, '전통적 교실과 열린 교실이 학생의 학업성취도와 창의성에 주는 영향'이 연구제목이라면 교실 형태가 독립변수이고 학업성취도와 창의성이 종속변수임을 쉽게 알 수 있으므로 연구를 위하여 참고할 내용인지를 쉽게 판단할 수 있다.

좋은 논문제목을 제시하고자 할 때의 주의점은 다음과 같다.

첫째, 구체적이며 간결 · 명확하게 서술한다.
둘째, 주제어(keyword)를 포함시킨다.
셋째, 특수용어(jargon)를 사용하지 않는다.
넷째, 가치 중립적인 단어를 사용한다.
다섯째, 가능하면 부제를 원제에 포함시킨다.
여섯째, '____에 관한 연구', '____의 실험연구'라는 관용구를 사용하지 않는다.
일곱째, 지나치게 길어지지 않도록 한다.

첫째, 연구내용을 설명해 줄 수 있도록 분명하고 구체적이면서 간결 · 명확하게 서술하여야 한다. 연구제목을 통해 연구내용을 쉽게 알 수 있어야 하므로 연구제목이 연구목적이나 연구가설을 대표하도록 한다. 예를 들어, '시험불안이 학습과 시험단계에 미치는 효과'라는 제목을 보았을 때 연구가 무엇을 밝히려고 하는지를 쉽게 알 수 있다. 그러므로 시험불안에 대하여 관심 있는 연구자들이 이 논문을 읽게 될 것이다. 반대로 '초등 교사에 관한 연구'라는 연구제목이 있다면 도대체 초등 교사의 무엇에 관하여 연구를 하였는지를 제목만으로는 알 수가 없다. 이와 같은 모호한 연구제목은 사용하지 않도록 해야 한다.

둘째, 연구내용을 대표하는 주제어(keyword)를 포함시켜야 한다. 주제어를 보면 전공분야는 물론 세부영역까지 쉽게 알 수 있기 때문에 관련 논문의 참조를 용이하게 한다. 또 연구제목에 주제어가 포함되면 막연성과 모호성이 줄어들게 된다. 예를 들어, '95학년도 대학수학능력시험 언어영역검사의 차별기능 문항 추출'이라는 제목에서 주제어는 대학수학능력시험과 차별기능 문항이다. 이 두 주제어에 의하여 대학수학능력시험의 언어영역 문제에 관심을 가지고 있는 독자, 특히 차별기능 문항에 관심을 가지고 있는 독자는 이 논문을 참고할 것이다. 외국학회에 발표를 위하여 논문을 발송하거나 학회지 게재를 위하여 논문을 투고할 때 주제어 몇 개를 쓰도록 하는 것도 전공분야와 전공영역을 쉽게 구분하기 위해서다.

셋째, 연구제목에 전문가 집단만이 사용하는 특수용어(jargon)를 쓰지 말아야 한다. 이는 해당 전문가 집단만이 알 수 있는 용어이므로 연구제목에 특수용어를 사용할 경우 그 집단에 속하지 않는 독자는 연구의 내용을 짐작할 수가 없다. 따라서 연구의 제목에 특수한 전문용어를 사용하는 것은 가능하면 피하는 것이 바람직하다. 인접영역에서 이해하지 못하는 특수한 전문용어로 논문제목을 표현할 경우 인접 학문분야에서 참고하기가 어려워 학문적 유관성을 저해하는 요인으로 작용할 수 있다. 그러므로 특수한 전문용어를 대치할 수 있는 다른 용어로 바꾸어 줄 때 그 연구와 관련된 많은 연구자가 참고할 수 있다. 연구는 발표된 후 다른 연구에 참고가 되어 많이 인용될수록 학문적 공헌도가 높은 논문이라고 평가된다.

넷째, 연구제목에는 가치 중립적인 단어를 사용하여야 한다. 연구자는 객관적이고 과학적인 방법으로 연구를 진행하여 연구결과를 도출하고 그 결과에 대하여 순응하는 자세를 가져야 한다. 이와 같은 연구자의 기본자세에 비추어 보았을 때 연구제목, 논문제목이 감정적이거나 부정적으로 표현되는 것은 바람직하지 않다. '한국의 대학 입시제도가 고등학교 교육을 황폐화시킨 이유 분석'이라는 논문제목이 있다면, 연구자가 무엇을 밝히고자 의도하는지를 알 수 있을 뿐더러 주관이 개입되었다는 인상을 받게 된다. 그보다는 '한국의 대학 입학제도가 고등학교 교육에 미친 영향'이라는 표현이 보다 가치 중립적이고 연구논문다운 제목이 될 것이다. 연구자가 해방 이후 우리나라의 대학 입학제도가 많은 문제점을 지니고 있다는 데 대해 이론적이며 경험적인 확신을 가지고 있다고 하더라도 가치 중립적인 제목으로 연구의 결과를 유도해 나갈 때, 연구결과의 객관성이 보장된다. 지난 1980년대 교육연구에서 비판적 탐구에 기초한 연구들의 제목에 부정적이거나 학문적이지 않은 파격적인 단어가 사용된 적이 있었으나 점차 과학적인 제목으로 바뀌어 가고 있다.

다섯째, 부제를 원제에 포함시키는 것이 바람직하다. 논문제목을 표기할 때 내용, 혹은 연구의 대상을 구체화하기 위하여 원제목 뒤에 :(콜론)으로 부제를 다는 경우를 종종 볼 수 있다. 그러나 부제를 붙이는 것보다는 부제에 해당되는 내용을 압축하여 원제에 포함시키는 것이 논문제목의 성격상 바람직하다. 예를 들어, '교육체제 구성집단 간의 역할 갈등: 대학의 역할 구조를 중심으로'라는 제목은 많은 교육관련집단 중 대학을 구성하는 집단 사이에 일어나는 역할 갈등이 연구내용임을 알 수 있게 한다. 이 경우에는 '대학 구성집단 간의 역할구조 갈등 분석'이라고 제목을 표현하는 것이 보다 적절할 것이다. 또 '어머니의 양육태도와 유아의 기질과의 관계: 서울시 유치원을 중심으로'라는 제목이 있다면, 서울 소재 유아라는 연구대상을 나타내고 있는 부제를 원제에 포함시켜 '서울 거주 어머니의 양육태도와 유아의 기질과의 관계'로 제목을 고치는 것이 바람직하다.

여섯째, '_____에 관한 연구', '_____의 실험연구', '_____방법', '_____결과'라는 관용구를 사용하지 않도록 한다. 연구가 체계적이고 과학적으로 진행되었다면 이는 당연히 연구가 되는 것이므로 굳이 '_____의 연구' 혹은 '_____의 실험연구'라는 제목을 붙일 필요가 없을 뿐 아니라, 연구가 체계적이고 과학적이 아니었기에 '연구이다'라고 주장하는 것으로 비칠 수도 있다. 국내 논문 중에 '_____에 관한 연구' 또는 '_____에 관한 일 연구'라는 논문제목이 적지 않으나, 이와 같은 표현은 삼가는 것이 좋다. APA(American Psychological Association, 2019)가 발행한 출판 지침서(Publication Manual)에서는 방법(method)이나 결과(result)와 같은 단어를 연구제목에 포함시키지 않도록 권유하고 있다. 연구논문에는 당연히 방법과 결과가 포함되는 것이므로 이와 같은 단어를 굳이 제목에 넣을 필요가 없다고 여기기 때문이다. 또한 영문 연구제목의 앞에 'A study of' 혹은 'An experimental investigation of'도 부연설명이라 지적한다.

일곱째, 연구제목은 길지 않도록 하여야 한다. 연구나 논문의 제목이 길어지면 산만해져서 주제나 내용의 초점을 상실하게 된다. 논문제목이 산만하거나 길면 연구논문의 매력이 상실된다. 그렇다고 하여 논문제목을 가능하면 짧게 하는 것이 좋다는 것은 아니다. 연구논문 제목의 길이를 제한할 수는 없으나 경험상 15자에서 30자 내외로 하는 것이 적절한 것으로 생각된다. 연구제목이 간결 · 명확한 것이 좋다고 하여 너무 짧아서 연구내용을 대표하지 못하는 것은 바람직하지 않으며, 연구내용을 모두 표현하기 위하여 논문제목을 지나치게 길게 하는 것도 바람직하지 않다. 연구제목이 연구에서 가장 중요하다고 생각되는 것을 대표할 때 독자들이 관심을 가지게 되고 해당 논문을 참고하게 된다.

좋은 논문제목의 예는 다음과 같다.

- 서울시 초등학교의 수행평가 실시현황과 교사들의 인식
- 자아개념, 귀인, 학습지속력의 관계
- 어머니와 자녀의 애착관계가 유아의 행동발달에 미치는 영향
- 협동학습유형이 학습장애아동의 학업성취와 사회적 수용에 미치는 영향
- 컴퓨터화 적응검사와 지필검사에 의한 피험자 능력 추정의 정확성 비교
- 농업계 학생들의 교과활동과 교내외의 일상생활에 대한 문화기술적 연구
- 한국 유치원 교육과정의 변천 과정

이상의 연구제목들은 연구의 내용이 무엇인지를 구체적으로 알려 줄 뿐만 아니라 어느 분야와 관련된 연구인지를 쉽게 짐작할 수 있도록 한다.

3 연구목적

연구목적이 분명할 때 연구주제와 연구제목을 쉽게 결정할 수 있다. 연구제목을 보면 연구내용과 연구결과를 추측할 수 있다. **연구의 목적은 크게 세 가지**로 구분된다.

- 집단 간의 비교연구
- 인과관계 및 상호관계 연구
- 현상을 설명하기 위한 모형 혹은 이론의 구축

집단 비교연구는 교수법 연구에서 흔히 이용되며, 어떤 처치를 가한 집단과 다른 처치를 가한 집단 혹은 어떤 처치도 가하지 않은 집단에서 처치변수의 효과를 알아보기

위한 연구를 예로 들 수 있다. 즉, 전통적 교수법과 동영상 등의 멀티미디어를 이용한 교수법, 소집단 토론을 실시한 수업을 실시하였을 때 세 집단 간에 학업성취도의 차이가 있는지를 밝히고자 하는 연구가 이에 해당이 된다.

인과관계 연구는 무엇이 원인이고 어떤 결과가 있었느냐를 밝히는 연구로서, 학업성취도와의 관계를 밝히는 연구를 예로 들 수 있다. 관계분석을 위한 연구는 두 가지 측면에서 설명될 수 있다. 하나는 인과관계 연구이고 다른 하나는 상호관련성에 대한 분석이다. 앞의 예는 통제된 상태에서의 상관관계이므로 인과관계로 해석할 수 있다. 실험연구나 매개변수가 잘 통제된 연구 상황에서 처치를 가한 뒤 종속변수를 측정하여 관계를 규명하였다면 인과관계로 해석할 수 있다. 그러나 자연적인 상태, 즉 전혀 통제되지 않은 상태라면 양자 간의 관계는 인과관계가 아니라 상호적인 상관관계로 해석해야 한다. 예를 들어, 국어와 영어 점수의 관계를 연구한다고 하였을 때 이는 두 학업 능력 간의 관계를 밝히고자 하는 것이지 국어점수가 영어점수에 영향을 준다거나, 역으로 영어점수가 국어점수에 영향을 준다는 등으로 양자 간의 인과관계를 밝히려는 것이 아니다.

또 알지 못하는 사회현상을 설명하기 위하여 어떤 **모형이나 이론을 구축**하고자 하는 목적으로 행하는 연구가 있다. 교육효과에 대한 연구에서 교육의 질과 관련되는 변수들이 많을 경우, 어떤 변수가 어떻게 영향을 주며 그 변수들 간에 어떤 관계가 있는지를 밝히는 연구를 수행할 수 있다. 또 교사직을 기피하는 현상의 원인을 파악하고자 할 때 이를 설명하는 이론이나 모형을 구축할 수 있다. 이론적 틀이나 모형으로 일단 한 번 설명된 현상도 시간이 지나면 변하기 때문에 이론이나 모형에 대한 연구가 계속 진행되어야 한다.

연구목적이 분명하고 정확하게 표현되어야만 연구가설이 구체적으로 설정될 수 있다. 목적의식이 없는 행위가 모호하듯이 목적의식이 불분명한 연구는 갈피를 잡기가 어렵다. 연구의 목적을 달성하기 위한 연구문제를 구체적으로 설정할 때, 해답을 명확하게 얻을 수 있으며 연구문제는 이론적으로나 실제적으로 의의를 지닌 것이어야 한다.

또한 연구의 실행 가능성 여부도 고려해야 하는데, 연구 가능성으로는 연구자의 능력, 자료수집의 가능성, 연구비용, 연구기간 등을 고려하여야 한다. 대학원생의 학위논문인 경우 연구결과에 대한 합리적인 해석이 가능한 자신감이 있는 주제인지도 생각해 보아야 한다. 기존의 전통관념이나 질서와 위배되는 연구결과가 나왔을 때, 연구에 대한 비판을 극복할 수 있을 정도로 자신감이 있는지를 생각해 보아야 한다. 특히 정책연구를 위탁받아 수행할 경우 연구결과가 위탁기관의 기대나 의도와 다를 때 합리적인 연구절차와 연구윤리에 따라 이를 극복할 수 있는지를 생각해 보아야 한다. 정책연구에서 어떤 이익집단이나 권력집단의 이익과 배치되는 연구결과가 나왔을 때 연구결과를 수정하는 것은 학문하는 사람으로서의 올바른 자세가 아니다. 갈릴레오가 "그래도 지구는 돈다."라고 하면서 재판장을 나선 일화가 역사에 오래 기억되고 있는 것은 객관적 절차에 의한 연구결과가 특정 집단의 이익이나 의도에 의해 변질될 수 없음을 일깨워 주기 때문이다.

연습문제

01 다음 단어를 설명하시오.

주제어(keyword)

특수용어(jargon)

연구제목

연구목적

02 연구주제를 찾을 수 있는 자원을 설명하시오.

03 논문 작성을 위한 연구주제를 선정하기 위하여 어떤 방법을 선택할 것인지를 설명하시오.

04 논문제목 서술을 위한 기본원칙을 설명하시오.

05 발표된 논문제목을 선택하여 분석하고 수정하시오.

06 논문제목을 설정하시오.

Chapter

4 연구계획서

연구주제, 연구제목이 결정되면 연구를 실행하기 위한 연구계획서를 작성해야 한다. 연구계획서 없이 연구를 진행하는 것은 설계도 없이 집을 짓는 것과 같으므로 연구계획서는 연구의 실행에 매우 중요한 부분이 된다. 이 장에서는 연구계획서의 중요성, 연구계획서의 양식, 연구계획서를 작성하는 방법을 설명한다.

1 연구계획서의 중요성

우리 속담에 "아는 길도 물어가라."라는 말이 있다. 하물며 알지 못하는 곳을 갈 때에는 사전 준비와 치밀한 계획을 세우는 것이 필요하다. 연구도 이와 마찬가지로 연구주제가 분명하고 연구문제가 확실하다고 하더라도 그 연구를 어떻게 진행할 것인가에 대해서 사전에 충분히 계획을 세워야 한다. 알지 못하는 장소를 찾아가기 위해서 지도를 보는 것과 같이 연구에서도 그와 같은 역할을 하는 연구계획서가 필요하다. **연구계획서**(proposal)는 진행할 연구과정을 서술한 계획서다.

연구계획서는 일반적으로 서론과 연구의 목적, 주요 이론적 배경, 연구대상의 선정 방법, 측정도구나 검사, 연구기자재, 도구와 연구절차, 검증 가능한 가설을 포함한다.

검증 가능한 가설은 연구의 목적을 구체화한 잠정적 진술로서 자료분석의 대상이 된다.

연구계획서를 작성하면 몇 가지 이점이 있다. 첫째, 설정된 주제에 대한 구체적 연구절차나 방법을 체계화할 수 있으며, 연구 실행이 용이하도록 생각을 발전시킬 수 있다. 둘째, 지도교수나 지도위원, 다른 전문가들로부터 조언이나 제언을 들을 수 있다. 연구의 방향에 대하여 전문가의 견해를 들음으로써 연구자가 미처 생각하지 못했던 연구의 제한점이 될 수 있는 문제들을 사전에 제거할 수 있다.

형식적인 연구계획서는 연구 진행에 전혀 도움을 주지 못하고 실제로 연구 진행 방향을 유도하지 못한다. 따라서 연구를 진행하기 전에 실시하는 **연구계획서 심사**(proposal meeting)는 논문심사 못지않게 중요하다. 연구계획서 심사에서 지도위원들은 연구의 가치와 질, 전공분야와의 유관성, 연구 수행의 가능성, 연구결과의 도출 가능성, 학문 분야에 대한 공헌도 등을 확인하고, 나아가 연구자가 연구 진행과정에서 직면할 수 있는 문제들을 심도 있게 지적하고 해결책을 마련하는 데 도움을 준다. 연구계획서 심사는 실제 연구 진행의 방향을 유도하기 때문에 전쟁 시의 작전계획과 같다고 볼 수 있다. 작전계획 수립 시 정보, 작전, 인사, 군수, 통신, 공병 등 모든 직능 및 병과가 모여서 작전을 수립하며, 큰 작전일 경우 육 · 해 · 공 삼군의 전문가들이 모여서 공동으로 작전계획을 수립한다. 이와 같이 면밀한 검토를 거쳐서 수립된 계획에 의하여 전쟁이 치러지는 것과 마찬가지로 치밀한 계획에 의하여 수립된 연구계획서에 의하여 연구가 진행될 때 보다 좋은 논문이 될 수 있다.

연구를 빨리 마치기 위하여 연구계획서 작성에 소홀하고 논문 집필을 서두르는 대학원생들이 있다. 이는 모르는 장소에 가기 위하여 지도도 없이 차를 모는 것과 같다. 이와 같은 경우 이리 가다 길이 막히면 저리 돌고, 저리 가다 안 되면 다른 길로 가게 된다. 그래서 길을 찾는 데 모든 노력과 시간을 소모하고 지친 상태로 목적지에 도달하면 정작 할 일을 못하게 될 수 있다. 연구계획서 없이 시작한 연구는 언제 종료될지, 연구결과가 어떻게 나올지 예측할 수 없다.

논문다운 논문을 작성하고 정해진 시간에 연구를 종료하고자 하는 학생은 연구계획서 작성에 보다 많은 시간을 할애하는 것이 바람직하다. 생각하고 또 생각하여 미처 정리하지 못한 부분을 정리하고 불분명한 부분을 분명하게 할 때 연구를 순조롭게 진행할 수 있다. 연구계획서에 할애하는 시간이 많아짐으로써 연구의 출발이 늦어져

초조하게 생각할 수도 있으나 결코 시간 낭비가 아니라는 사실을 알아야 한다. 연구계획서를 정리하여 많은 문제점을 해결하였어도 실제 연구를 진행하는 과정에서 적지 않은 어려움에 부딪힐 수도 있기 때문에 연구계획서가 없는 연구의 수행은 상당히 어려울 수 있다.

2 연구계획서 양식

연구계획서의 구성은 논문의 구성과 같다. 연구계획서는 연구를 앞으로 진행하기 위하여 수립한 절차를 기록한 것이고, 논문은 연구를 끝낸 상태에서 연구결과와 결론 부분을 보강한 것이기 때문에 큰 차이가 없다. 연구계획서는 연구논문보다 간결하고 미래형으로 서술되는 데 반해, 연구논문은 부피가 늘어나고 과거형으로 서술된다. 물론 연구논문이나 보고서가 연구계획서와 다를 수 있다. 연구를 진행하는 과정에서 연구절차나 연구대상 등이 변화될 수 있기 때문이다. **논문의 일반적인 양식**은 [그림 4-1]과 같다.

- 초록
- I. 서론
- II. 이론적 배경
- III. 연구방법
- IV. 연구결과
- V. 결론 및 논의
- 참고문헌
- 부록

그림 4-1 연구논문의 양식

연구계획서는 논문과 그 구성이 동일하나 초록과 결과 및 결론 부분이 없고, 대신 기대되는 결과와 연구일정 및 비용 항목이 추가된다. 연구계획서의 형식은 [그림 4-2]와 같다.

- 제목
- I. 서론
- II. 이론적 배경
- III. 연구방법
  - A. 연구대상
  - B. 연구절차
  - C. 측정도구
  - D. 연구가설 및 분석방법
- IV. 기대되는 결과
- V. 연구일정 및 비용

그림 4-2 **연구계획서 양식**

연구계획서는 5장으로 나누어져 서론, 이론적 배경, 연구방법, 기대되는 결과, 연구일정 및 비용으로 구성되나, 기대되는 결과와 연구일정 및 비용 부분은 포함시키지 않는 경우가 많다. 하지만 정책과제 수행을 위한 연구계획서는 연구비용 부분과 연구일정을 포함한다.

연구일정은 언제 무엇을 하고 언제 연구가 종료되는지에 대한 계획으로서, 연구계획서에 필히 포함되어야 한다. 연구일정이 포함되어야 해당 연구가 일정대로 진행될 수 있는지 서두르는 것이 아닌지를 지도교수나 지도위원들이 검토할 수 있기 때문이다. 연구계획서에 연구일정을 포함시키지 않고 진행하는 연구는 하루 생활계획 없이 생활하는 것과 다를 바 없다. 그러므로 면밀히 검토하여 연구일정을 수립한 후 연구일정대로 연구를 진행한다면 안정적으로 연구를 종료할 수 있을 것이다.

기대되는 결과는 일반적으로 연구계획서에 포함시키지 않으나, 이론적인 배경과 경험적 배경이 강할 경우에는 연구결과가 어떻게 될 것이라는 것을 예견할 수 있다. 그러므로 기대되는 결과를 연구보고서에 포함시킨다면 지도교수나 자문위원, 지도위원들로부터 보다 구체적이고 적절한 조언과 지적을 받을 수 있으므로 연구에 도움이 된다.

3 연구계획서 작성

1) 서론

연구계획서의 **서론**은 연구의 시작이자 논문의 도입 부분이다. 어떤 일이든 서서히 시작하는 것이 일의 진행을 순조롭게 하는 것처럼 서론 부분에서는 독자들의 관심을 끌 수 있는 일반적 사실을 기술하는 것이 바람직하다. 때로는 시의 구절이나 격언이 인용되기도 하며, 세인의 관심을 모으는 신문기사가 인용될 수도 있다. 그러나 인용된 글들이 연구의 목적이나 연구주제와 직결되는 내용이 아니라면 거추장스러운 장신구가 되므로 불필요한 인용을 하는 것은 바람직하지 않다.

이어서 연구와 관련된 사회의 일반적 현상을 설명하며 연구분야와 연구영역이 무엇인지를 자연스럽게 인식할 수 있도록 서술한다. 특정 현상을 설명하면서 나타나는 문제점의 해결, 새로운 이론의 창출, 개선 방향의 제시 등의 필요성을 강조한다. 연구의 필요성은 학문적 요구뿐 아니라 현장 적용의 필요성 등 여러 가지가 될 수 있다. 연구의 필요성에 때로는 '_____ 연구가 없기에 연구를 한다'라고 서술하는 경우가 있으나 이렇게 서술하는 것은 바람직하지 않다. 기존에 유사한 연구나 관계 있는 연구가 발표되었을 수도 있어 그런 경우 이를 찾지 못한 실수를 연구자 스스로 인정하는 것이 되기 때문이다. 설령 기존 연구가 없다고 하더라도 그런 연구가 없었다는 사실을 전문가들이 이미 알고 있기 때문에 굳이 사전연구가 없어서 연구를 하게 되었다는 식의 표현을 하는 것은 바람직하지 않다.

연구의 필요성을 설명한 다음에는 연구의 목적을 기술한다. 서론에서는 가설, 영가설, 대립가설, 연구가설 등의 구체적인 형태로 연구의 목적을 서술하는 것이 아니라 연구의 개괄적인 목적을 독자들이 편안한 마음으로 쉽게 이해할 수 있도록 서술하여야 한다. 서론은 앞에서도 말했듯이 연구의 도입 부분이므로 부담 없이 자연스럽게 기술해야 한다.

서론 부분에 많은 연구논문을 인용하면 논문의 제2장인 이론적 배경에서 인용할 논문과 중복될 수 있으므로 서론에는 연구를 유도하는 데 필요한 사회 현상을 설명하거나 연구의 필요성을 강조할 수 있는 논문만을 인용하는 것이 바람직하다. 연구결과나 결론과 관련된 논문이 서론 부분에 많이 인용되면 읽는 사람이 논문에 자연스럽게 몰입하기가 어렵다.

2) 이론적 배경

이론적 배경은 연구의 골격을 이루는 중요한 문헌을 인용하면서 연구의 이론적 기반을 세우는 부분이다. 그러므로 이론적 배경에서는 참고서, 교과서, 논문, 정기 간행물 등 무수히 많은 문헌을 인용할 수 있다. 그러나 연구계획서는 연구를 완료하고 기술한 논문이 아니기 때문에 연구의 중심이 되는 몇 편의 중요한 논문만을 인용하여 연구의 중심내용만을 전달할 수 있도록 한다. 특별히 몇 편의 논문을 이론적 배경에 인용해야 한다는 규정은 없으나 연구계획서에는 일반적으로 5편에서 15편 내외의 논문을 인용하는 것이 바람직하다. 가능하면 최근에 발표된 논문을 중심으로 논리적으로 배열하도록 해야 한다.

연구에서 이론의 틀이 되는 내용에 대한 2차 자료인 교과서나 1차 자료인 연구문헌의 내용을 기술하여 이론의 기초적인 정보를 제공하고, 이러한 일반적인 정보에 따라 보다 학술적이고 전문적인 연구결과들이 제시되도록 배열한다. 뒤이어 최근 연구동향을 소개하고 연구자가 연구하고자 하는 주제와 관계가 있는 논문들을 기술하면서 연구의 쟁점을 유도하도록 한다.

연구계획서나 논문작성 경험이 적은 연구자나 학생들은 이론적 배경에 인용한 논문들의 내용과 문서를 논리적으로 구성하지 못한다. 컴퓨터 프로그램을 구성할 때 순서도(flow chart)를 그리듯이, 자연스럽게 연구내용이 전개되도록 기술하여야 한다. 이를 위하여 연구자는 인용하는 참고문헌의 내용을 충분히 이해하여 각 문헌의 주장들을 적절히 통합하여 재구조화함으로써 독자가 읽는 데 거북함을 느끼지 않도록 하여야 한다.

이론적 배경을 서술할 때, 중요한 참고문헌의 요약 내용을 분석하여 그 논문들을 어떻게 조직하는 것이 자연스러울 것인가를 여러 번 숙고한 다음 배열하면 이론적 배경의 서술이 용이하다.

3) 연구방법

연구계획서에서 중요하지 않은 부분이 없겠지만 특히 연구방법 부분이 중요하다. 연구방법은 연구를 실시하는 세부절차를 기록하는 부분이므로 구체적이고 상세하게 서술하는 것이 좋다. 연구방법에는 연구대상, 연구절차, 측정도구, 연구가설에 대한 내용을 기술한다.

(1) 연구대상

연구대상(subject, participant)은 연구에 참여하는 사람들로서 연구결과에 결정적인 역할을 한다. 연구가 실험연구인지, 관찰연구인지, 조사연구인지에 따라 연구대상 선정 방법이 달라진다. **실험연구**일 경우 연구대상이 되는 모집단을 대표하는 표본을 무선으로 추출하는 것이 불가능하기 때문에 무선할당 방법을 사용한다. 접촉이 가능한 집단으로부터 연구의 대상을 추출하여 통제집단이나 실험집단에 무선적으로 할당을 한다. 이때 연구대상들을 어떤 방법으로 배치할 것인지, 그리고 연구대상들이 지니고 있는 배경변수들을 어떻게 통제할 것인지를 상세히 기록하여야 한다.

조사연구를 할 때는 모집단에서 연구대상을 추출하는 방법을 상세히 설명하여야 한다. 조사연구의 타당성은 일반화 가능성에 달려 있으며, 일반화는 표본의 모집단 대표성과 관련이 있으므로 표집방법이 타당하여야 한다. 연구대상을 기술할 때 모집단을 규명하고 그 모집단을 대표하는 연구대상을 어떠한 방법을 사용하여 추출할 것인지를 상세히 기술해야 한다. 만약 연구대상인 표본에 대한 설명을 하지 않는다면 연구대상이 모집단을 대표하였는지를 알 수 없을 뿐만 아니라 연구의 외적타당도를 저해할 수 있다. 연구 시 현실적으로 모집단을 대표하는 표본을 추출하는 데 어려움이 있어서 표집의 타당성에 한계가 있다고 하더라도 표집 절차를 상세히 설명해 주는 것이 연구자의 기본 자세다.

이어서 연구대상의 인구통계학적 특성을 기술해야 하는데, 성별, 나이, 직업, 학력 등의 개인 신상정보뿐 아니라 연구에서 관심을 두고 있는 연구대상들의 속성, 즉 변수의 특성에 대해서도 기술해야 한다.

(2) 연구절차

연구절차(procedure)에서는 연구대상이 선정된 후 연구결과를 얻기 전까지 일어나는 모든 연구행위를 단계적으로 기술하여야 한다. 실험연구를 하든, 조사연구를 하든, 문화기술적 연구를 하든 어떤 연구이건 간에 연구대상이 결정된 후에는 연구방법의 특성에 따라 연구를 수행하기 위한 작업이 진행된다. 이와 같은 연구진행 과정을 순서대로 기술하여야 한다. 실험연구의 경우, 실험집단과 통제집단을 결정한 후 각 집단에 각기 다른 처치를 가하였다면 어떤 처치를, 얼마 동안, 어떤 방법으로 투입할 것인지를 기록하여야 한다. 만약 실험연구 시 기구나 장비를 사용할 것이라면 연구에 사용된 기구와 장비에 대해서도 기술하여야 한다. 예를 들어, 소리를 내는 음향기기라든가, 컴퓨터의 멀티비전 등과 같은 특수한 장비를 사용할 경우 이에 대해 상세히 설명할 필요가 있다. 그러나 스톱워치, 스크린, 비디오 등의 일반적인 장비를 사용하는 경우에는 상세히 기술할 필요가 없이 간단히 언급을 해 주는 것만으로도 충분하다.

조사연구일 경우도 표집방법이 결정되었다면 어떤 방법으로 연구를 실시할 것인지를 설명하여야 한다. 면접법으로 연구를 할 것인지, 설문지 조사로 할 것인지, 만약 면접으로 한다면 언제, 어디서, 어떻게, 무엇을 물을 것인지, 설문지를 사용할 경우 언제, 어떤 방법으로 연구대상에게 발송하고, 언제, 어떤 방법으로 회수하며, 그 뒤에는 어떤 절차에 의하여 자료를 분석할 것인지를 기술하여야 한다. 예를 들어, 대학 입학제도에 대한 고등학교 교사들의 의견을 물을 때 직접 교사들을 방문할 것인지, 아니면 우편을 이용할 것인지, 학교장을 통해 설문지를 배부하고 회수할 것인지 등을 기술하여야 한다.

관찰연구일 경우 연구대상의 행위를 어떤 방법으로, 어떻게, 얼마만큼 시간 간격을 두고 관찰할 것인지, 관찰결과는 어떻게 기록할 것인지, 또한 몇 명의 관찰자가 동원될 것인지, 관찰자의 자질과 훈련정도는 어떠한지 그리고 관찰결과의 불일치가 있을 때는 어떻게 할 것인지 등을 기술하여야 한다.

연구계획서에서 연구절차는 매우 중요한 부분이다. 앞으로 진행될 연구가 이 연구절차에서 설명한 내용에 의하여 진행되기 때문에 이는 집을 지을 때의 설계도와 같다. 설계도 없이 집을 짓는다는 것은 엄두도 못 낼 일이지만, 엉성한 설계도를 가지고 집을 지을 때는 건축 시 많은 문제가 발생할 뿐만 아니라 완공 후에도 하자가 많을 수 있기 때문에 좋은 집을 짓기 위해서는 설계도가 완벽하여야 한다. 이와 마찬가지로 좋은 연구논문을 쓰기 위해서는 연구계획서의 연구절차를 완벽에 가깝도록 잘 정리해야 한다. 연구절차는 실제 연구하는 단계대로 기술해야 하므로 사전연구를 통하여 연구절차를 모의 시행하여 보강, 교정하는 것이 바람직하다.

(3) 측정도구

연구결과를 분석하기 위하여 행동과학에서는 자료를 필요로 한다. 자료를 얻기 위해서는 연구대상의 속성을 측정하는 **측정도구**가 필요하다. 측정할 내용이 직접 측정이 가능한 혈압의 변화, 키, 무게, 어떤 행위의 지속시간 등이라면 직접 측정도구인 자, 시계, 저울 등을 사용하여 측정을 하게 된다. 이와 같이 단순한 직접 측정도구에 대해서는 자세하게 설명할 필요가 없으나, 특수한 기기를 사용할 경우에는 측정도구에 대해 자세한 설명을 하여야 한다.

인간을 대상으로 하는 연구에서는 일반적으로 인간의 잠재적 특성, 비가시적 특성을 측정하기 때문에 직접 측정이 불가능하다. 그러므로 검사를 사용하여 측정을 하게 되는데, 연구의 종속변수 속성뿐 아니라 매개변수 측정을 위해서도 검사가 사용된다. 검사나 설문지를 사용할 경우 검사의 이름, 검사의 목적, 특성, 문항 수, 타당도와 신뢰도 등의 정보를 자세히 서술하여야 한다. 표준화 검사가 아니라 연구자가 개발한 검사라면 검사의 특성, 측정 목적, 문항의 내용 등을 설명한다.

사회조사연구에서는 **설문지**를 사용하는 경우가 많은데 설문지를 사용할 경우에는 설문지의 목적, 설문지의 구성, 설문지를 통해 측정하려는 내용, 설문지의 특징을 기술한다. 표준화된 설문지를 사용할 경우에는 설문지 사용설명서에 기록되어 있는 설문지의 목적, 특성 등을 요약하여 서술한다.

관찰연구 시 관찰내용을 일화기록법으로 기술할 경우, 관찰결과 측정방법에 대한 자세한 설명이 필요하지 않으나 관찰표에 의하여 연구결과를 기록할 경우는 관찰표의 형식, 관찰내용, 관찰결과의 분류 등을 상세히 기술한다. 측정도구로 쓰이는 검사나 설문지, 관찰표 등은 [부록]에 제시한다.

(4) 연구가설 및 자료분석 방법

연구가설은 연구목적을 구체화한 가설을 말한다. **가설**이란 연구를 유도하기 위하여 만든 잠정적 진술이다. 가설에는 영가설과 대립가설이 있으며, 일반적으로 대립가설이 연구가설이 된다. 연구가설을 통해 연구자가 주장하고자 하는 연구결과가 항상 나타나지는 않으나, 이론적 배경이 강하고 연구절차가 치밀하다면 일반적으로 연구자가 기대하는 연구가설대로 연구결과가 도출될 가능성이 높다.

일반적으로 연구가설은 연구자가 주장하고자 하는 내용이 된다. 예를 들어, 새로운 교수법과 전통적 교수법에 의한 학업성취도 차이를 비교하여 새로운 교수법의 효과를 분석하는 연구를 한다면 영가설은 '두 교수법에 따른 학업성취도의 차이는 없다'이고 대립가설은 '두 교수법에 따른 학업성취도의 차이는 있다'이다. 이론적 배경이 보다 강한 연구자라면 가설을 일방적 가설로 설정하여 영가설은 '새로운 교수법에 의한 학업성취도가 전통적 교수법에 의한 학업성취도보다 낮거나 같다'로, 대립가설은 '새로운 교수법에 의한 학업성취도가 전통적 교수법에 의한 학업성취도보다 높다'로 설정할 수 있다. 이때 연구가설은 대립가설로서 '새로운 교수법에 의한 학업성취도가 전통적 교수법에 의한 학업성취도보다 높다'이다.

이와 같이 연구목적을 구체화한 연구가설들이 서술되어야 한다. 연구목적에 따라 연구가설의 수가 다양할 수 있으나 연구가설이 너무 많으면 연구의 초점이 흐려진다. 그러므로 7개 이하의 연구가설을 설정하는 것이 바람직하다. 연구가설을 나열할 때 가능하면 그 연구에서 중요하다고 생각하는 연구가설 순으로 나열하는 것이 바람직하며, 연구내용이 유사한 연구가설끼리 근접하도록 배열하여 서술하는 것이 연구를 이해하는 데 도움이 된다. 때로는 연구목적을 구체화하기가 힘들어 여러 가설을 기술하지 못하는 경우도 있다. 어떤 현상을 설명하는 모형을 개발하는 경우가 그 예다.

연구계획서에 연구가설이 구체화되면 각 연구가설에 대한 해답을 얻기 위하여 어떤 자료분석 방법을 사용하여야 할 것인지를 결정하여야 한다. 자료분석 방법은 간단한 기초통계를 사용할 수도 있고, 추리통계를 사용할 수도 있다. 각각의 연구가설에 적합한 자료분석 방법을 사용하여 연구가설을 검증해야 한다. 연구가설을 검증하는 자료분석 방법으로는 빈도수로 검증하는 방법, t 검정, χ^2검정 혹은 F검정, 중다회귀분석, 메타분석, 경로분석 등이 있다. F검정인 분산분석 방법을 사용할 경우에도 독립변수 수에 따라 일원분산분석을 할 수도 있고 이원분산분석을 할 수도 있으므로 자료분석 방법을 구체적으로 기술하는 것이 바람직하다. 연구계획서에 자료분석 방법을 제시하여야 지도교수나 지도위원들이 그와 같은 분석방법이 타당한지를 확인하여 조언할 수 있다.

4) 기대되는 결과

일반적으로 기대되는 결과 부분은 연구계획서에 포함시키지 않는다. 그러나 기대하는 결과를 서술할 것을 권유하는 이유는 논문을 작성할 때 시간을 절약할 수 있고 연구논문의 결과 서술이 용이하기 때문이다. 자료분석이 끝나면 바로 연구결과에 대한 서술이 시작되므로 연구계획서 작성 시 문헌연구 등을 통하여 어떤 결과가 나타날 것인가를 미리 예상하여 기대되는 결과를 서술하는 것이 논문작성에 도움이 된다. 연구결과에 의해 얻을 수 있는 수치를 구체적으로 모르더라도 수치를 넣을 수 있는 표나 그림을 사전에 그려 놓으면 연구논문 작성에 걸리는 시간을 줄일 수 있다. 연구경험이 풍부한 연구자는 연구계획서 작성 시 혹은 연구진행 과정 중에 연구결과를 기록할 표의 양식을 마련하고 결론도 개괄적으로 서술한다.

5) 연구일정 및 연구예산

연구계획서에 기술되는 연구일정은 연구기간과 세부적인 연구작업에 필요한 기간을 단계별로 서술한다. 그래서 연구일정을 보면 언제, 어떤 연구작업이 진행되고 완료되는지를 알 수 있다. 연구일정에 대한 표준 양식은 없으며 연구방법에 따라 다소 상이하나 연구에 필요한 작업 일정계획을 포함하고 있으면 된다. 〈표 4-1〉은 설문지를 사용하는 조사연구를 위한 연구일정표의 예다.

표 4-1 연구일정표

연구내용 \ 월	1	2	3	4	5	6	7	8	9	10	11	12
문헌연구	━	━	━									
설문지 제작				━								
연구대상 표집					━							
설문지 발송						━						
자료수집							━					
자료분석								━				
결과해석									━	━		
논문작성											━	
인쇄 및 제출												━

연구내용에 따라 연구일정이 결정되고 어떤 연구작업이 언제부터 언제까지 진행되는지를 기록함으로써 연구를 계획적으로 추진할 수 있다. 학생인 경우 연구경험이 많지 않아 각 연구작업을 위한 연구일정이 충분한지를 가늠하지 못하는 경우가 많으므로 연구일정에 대해 연구전문가나 지도교수의 조언을 받는 것이 바람직하다.

연구비 예산은 연구비를 연구자가 부담하는 경우 기록하지 않는 경향이 있다. 그러나 연구비를 신청하여 연구를 수행하는 경우에 대비하여 연구비 예산부분도 서술해 보는 것이 좋다. 연구비 예산에 관한 표준 양식은 없으나 한국연구재단에서 제시하는 연구비 지원신청서에 포함되어 있는 소요예산 기록 양식은 〈표 4-2〉와 같다.

표 4-2 한국연구재단의 연구용역비 소요예산 기록 양식

항목	구분	금액	구성비(%)	비고
인건비	• 연구책임자			
	• 공동연구원			
	• 연구보조원			
	소계			
연구활동경비	• 연구활동경비			
간접비				
부가가치세				
계			100	

* 연구활동경비: 여비, 문헌 및 자료 구입비, 유인물 및 보고서 인쇄비, 조사 및 전산처리비, 회의비, 전문가 활용비, 시약 및 연구용역재료비(사무용품비), 공공요금, 제세공과금, 수수료, 연구 수당, 기타 경비 등이 포함됨.

출처: 한국연구재단 사이트(https://www.nrf.re.kr/cms/board/general/view?menu_no=53&nts_no=125408, 2019. 11. 13. 검색)

연구비 소요예산을 항목별로 산정하여 집행해 보는 경험을 통해 대단위 연구를 수행할 수 있는 감각이 길러진다.

이상에서 설명한 서론, 이론적 배경, 연구방법, 기대되는 결과, 연구일정 및 예산은 모두 앞으로 진행될 내용이므로 미래 시제로 기록한다. 연구계획서의 내용이 확인, 점검된 뒤에 연구를 시행하게 되면 그만큼 시행에 따른 오류를 줄일 수 있기 때문에 연구계획서의 작성은 매우 중요하다. 다시 한 번 강조하지만 연구계획서는 가능한 한 여러 번 검토하여 치밀하게 작성하는 것이 바람직하다.

연습문제

01 다음 단어를 설명하시오.

연구계획서

연구계획서 심사(proposal meeting)

02 연구계획서의 기본 양식을 설명하시오.

03 연구계획서의 각 장에 어떤 내용이 서술되어야 하는지를 설명하시오.

서론

이론적 배경

연구방법

기대되는 결과

연구일정

04 연구계획서와 연구보고서의 같은 점과 다른 점은 무엇인지 설명하시오.

05 연구계획서를 찾아 분석, 비판하고 수정하시오.

06 연구제목을 설정하고 연구계획서를 작성하시오.

Chapter

5 문헌연구

제3장에서 연구주제를 설정할 수 있는 자원 중 가장 바람직한 자원은 문헌이라 하였다. 교과서나 연구논문을 통하여 연구주제를 선택할 수 있을 뿐만 아니라 연구의 기본 골격이 되는 이론적 배경을 튼튼히 할 수 있으므로 문헌연구는 매우 중요하다. 이 장에서는 문헌연구의 중요성, 문헌연구의 절차 그리고 문헌연구의 자원을 설명한다.

1 문헌연구의 중요성

문헌연구를 하는 이유는, **첫째, 해당 학문분야에서 선구적 역할을 할 수 있도록 도움을 주기 때문이다**. 최근까지 연구된 논문들을 읽으면서 어디까지 연구가 진행되었고, 누가 어떤 연구를 실시하였으며, 앞으로 연구가능한 주제가 무엇인지를 알 수 있다. 또 연구자가 연구하려는 주제가 이미 발표되었는지에 대해서도 확인할 수 있다. 어떤 연구자가 평소에 가지고 있던 관심을 근거로 연구를 실시하여 흥미로운 연구결과를 얻었다고 하더라도 같은 연구논문이 이미 발표되었다면 그 연구는 불필요한 연구가 된다. 뿐만 아니라 문헌연구를 통해서 발표된 연구주제와 관련된 다른 분야와의 접목가능성, 해당 연구주제의 향후 전망 등에 대한 식견을 가질 수 있다.

둘째, 연구가능한 주제를 선택할 수 있다. 학회지나 학회에서 발표되는 많은 논문은 결론 뒤에 앞으로 연구하여야 할 후속 연구과제에 대해 언급하고 있다. 이 부분에서 연구자들은 새로운 연구주제를 발견하게 될 수도 있다.

셋째, 연구문제를 구체화할 수 있다. 많은 연구자가 연구를 성공적으로 이행하지 못하는 이유는 의욕이 큰 반면 문헌연구를 충실히 하지 않아서 연구문제가 보편적이고 추상적이기 때문이다. 이와 같이 추상적인 연구문제를 문헌연구를 통하여 구체화시키고 특정분야에 한정시킬 수 있다. 예를 들어, 고등학생들의 스트레스에 대하여 관심이 있을 때 문헌연구를 통하여 학생들의 스트레스 중 어떤 유형의 스트레스를 연구하는 것이 바람직한지 그리고 스트레스에 영향을 주는 원인으로 무엇을 분석할 것인지, 스트레스를 지닌 학생들의 행위특성을 어떻게 파악할 것인지와 같이 연구문제를 구체화할 수 있다.

넷째, 새로운 접근방법을 모색할 수 있다. 실험연구에서 특정한 처치방법을 사용한 연구논문을 읽었을 때 연구자는 다른 처치방법을 강구하여 연구를 구성할 수 있다. 연구대상을 달리하여 연구문제를 분석하는 것도 새로운 접근방법이다.

다섯째, 연구방법에 대한 통찰력을 얻는다. 앞선 연구들이 어떤 연구대상에게, 어떤 연구방법과 절차로 연구하였는지를 알게 됨으로써 보다 효율적인 연구방법을 선택할 수 있다.

여섯째, 연구를 시행하는 과정에서 발생할 수 있는 시행착오를 피할 수 있다. 연구논문에서 연구의 제한점 부분은 연구를 진행하는 과정에서 발생하였던 문제점이나 단점 등에 대해 서술하고 있으므로, 연구자는 사전에 시행된 연구를 참고함으로써 연구를 실시할 때 나타날 수 있는 문제점을 미연에 방지할 수 있다.

이상과 같은 문헌연구의 목적에 비추어 볼 때 문헌연구의 범위는 매우 넓음을 알 수 있다. 고립된 학문은 존립이 어려우므로 문헌연구 시 유관한 학문분야의 문헌을 폭넓게 참고하는 것이 바람직하다. 일반적으로 문헌연구의 범위는 연구주제에 따라 결정된다.

2 문헌연구의 절차

문헌연구는 연구주제를 선정하고 연구를 진행하는 데 중요한 역할을 한다. 그러므로 문헌연구 절차를 체계적으로 구조화하였을 때 문헌연구의 효과를 극대화할 수 있다. **문헌연구의 절차**는 다음과 같다.

첫째, 연구주제와 관련된 주제어를 찾는다.
둘째, 주제어에 의하여 2차 자료를 열람한다.
셋째, 1차 자료 목록집을 열람한다.
넷째, 해당 논문을 찾아 참고한다.

첫째, 연구의 주제와 관련된 주제어를 찾는다. 해당 연구의 내용을 대표할 수 있는 단어를 한두 개로 제한한다는 것은 용이하지 않은 일이나 가능한 한 중요한 단어들을 열거한다.

둘째, 주제어에 의하여 2차 자료를 열람한다. 2차 자료는 교과서나 개론서 혹은 많은 이론을 종합한 책으로, 2차 자료를 통하여 연구분야의 개괄적 지식을 습득할 수 있으므로 연구주제를 보다 구체화시킬 수 있다.

셋째, 1차 자료 목록집을 열람한다. 보다 구체화된 주제를 가지고 연구를 시행하기에 앞서, 연구자는 연구와 관련된 연구논문을 찾기 위하여 1차 자료인 연구논문의 목록을 수록한 목록집을 열람하여 최근에 어떤 연구들이 진행되었는지를 살펴보아야 한다. 연구논문 목록집은 대부분 주제에 따라 연도별로 배열되어 있으므로 최근 연도부터 거슬러 올라가며 연구제목들을 열람하면 연구의 흐름과 연구의 전망 등을 파악할 수 있으며, 해당 분야의 연구전문가가 누구인지도 알 수 있다.

넷째, 해당 논문을 찾아 참고한다. 연구논문 목록집을 열람하면서 관심을 가지게 된 논문을 찾아 전문을 참고한다. 이때 전문 학회지나 학술지를 열람하는 것이 일반적이다. 이상의 절차에 의하여 연구논문을 참고하였을 때 참고한 문헌은 연구자가 수행하고자 하는 연구의 이론적 배경뿐 아니라 연구방법, 결론과 논의를 구체화하고 전개하는 데 도움을 주므로 요약하고 정리하는 습관을 가지는 것이 좋다. 연구를 실시하면서 어떤 문헌의 어느 부분을 참고하였고 어떤 내용을 인용하였는지를 정확히 알기 위해서 참고문헌을 요약 · 정리하여 보관하는 습관을 가지는 것이 좋다. 일반적으로 1차 자료일 경우 참고한 내용을 [그림 5-1]의 양식에 의하여 요약한다.

논문 요약지

- 제목
- 저자
- 학회지
- Vol. ____ 페이지 ____
- 발간일 ____년 ____월
- 요약내용

그림 5-1 논문 요약지

문헌연구에서 기존 연구를 요약하는 목적은 기존연구로부터 필요한 정보를 모두 얻었는지 확인하고 다양한 자료원에서 얻은 정보를 체계적으로 구성하기 위한 것이다. 따라서 논문을 요약할 때는 다음의 항목들을 중심으로 정리하면 도움이 된다.

- 주요한 연구문제 및 연구가설
- 연구대상의 특징과 표본의 수
- 측정방법 및 측정도구
- 연구절차
- 연구가설에 따른 주요 연구결과
- 결론 및 논의에서의 주요 내용
- 논문에 대한 평가

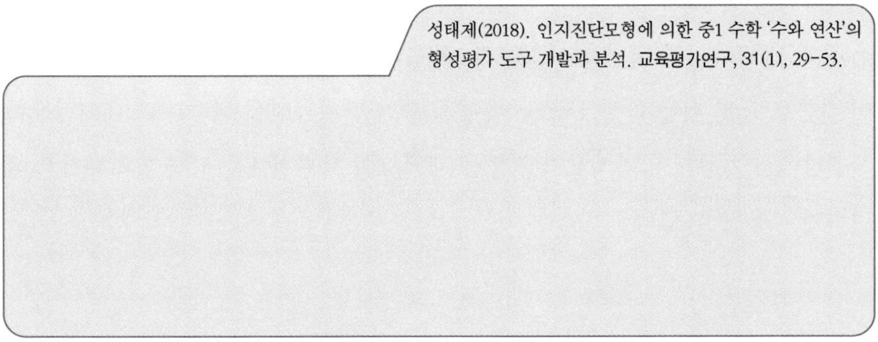

그림 5-2 논문 보관 파일

이상의 내용들을 중심으로 정리한 논문 요약지를 논문 원본에 첨부하여 파일에 같이 보관하는 것이 바람직하다. [그림 5-2]와 같이 파일 상단부분에 저자와 논문발간 일시, 논문제목, 논문출처를 적어 저자별로 정리해 보관하면 많은 문헌을 손쉽게 참고할 수 있다.

참고문헌을 손쉽고 빠르게 정리하기 위해서 서지정보 관리 프로그램을 이용할 수 있다. 서지정보란 해당 자료로 접근할 수 있는 서명, 저자, 출판사, 출판년, 수록 저널명, 수록 권호 정보 등의 기본정보를 말한다. 흔히 사용되는 서지정보 관리 프로그램은 다음과 같다.

☑ EndNote

Thomson Reuters에서 제공하는 문헌관리 프로그램으로 세계에서 가장 많이 사용하는 문헌관리 프로그램이며, 국내외의 전자저널 및 WebDB 제공업체에서도 EndNote와 호환이 가능한 데이터베이스를 제공한다. 지속적인 업그레이드를 통하여 현재 X9까지 나와 있고 서비스 방식도 PC버전인 EndNote와 웹버전인 EndNote Web이 출시되어 있다. https://endnote.com에서 트라이얼 버전을 신청하면 1개월간 무료로 사용해 볼 수 있다.

☑ RefWorks

웹 기반의 참고문헌 저장 및 관리 소프트웨어로서 각종 전자저널, WebDB에서 검색한 참고문헌을 RefWorks에 저장하여 사용할 수 있다. http://www.refworks.com 에서 온라인 트라이얼 버전을 신청하면 1개월간 무료로 사용할 수 있다. Refworks는 필터 다운로드 및 적용 과정, Import 메뉴를 통한 반입과정을 생략하고, 데이터베이스 검색결과에서 자동으로 가져오기 기능을 채택하여 서지정보를 직접 입력하지 않아도 간편하게 사용할 수 있다.

3 문헌연구의 자원

문헌연구의 자원은 크게 2차 자료와 1차 자료로 구분한다. 1차 자료와 2차 자료 이외에 목록집이 있으며 목록집은 연구논문을 찾는 데 도움을 준다.

1) 2차 자료

2차 자료(secondary source)는 직접 연구하지 않은 저자에 의해 쓰여진 문헌을 말한다. 대표적인 2차 자료로는 교과서나 책을 들 수 있다. 성격에 대한 문헌연구를 실시할 때 성격이론에 대한 책이 2차 자료가 된다. 2차 문헌의 예는 송인섭(1998)의『인간의 자아개념 탐구』, Gardner(2001)의『다중지능 인간지능의 새로운 이해』, AERA의 *Encyclopedia of Educational Research*(2004, 7th ed.), *Handbook of Research on Teaching*(2001, 4th ed.), *Handbook of Research on Curriculum*(1992) 등을 들 수 있다.

2차 자료인 교과서나 책에 대한 문헌연구의 장점은 2차 자료가 많은 연구결과에 의한 다양한 이론을 소개하고 있기 때문에 연구주제에 대한 기초지식을 쉽고 광범위하게 얻을 수 있다는 것이다. 예를 들어, 자아개념에 대한 연구를 하려고 한다면 2차 자료인『자아개념』이라는 책을 참고함으로써 자아개념의 정의, 종류, 발달과정, 이론, 연구동향 등 자아개념에 대한 많은 정보를 쉽게 얻을 수 있다. 그러나 연구자가 직접 연구한 내용을 확인하기가 어렵고 세부적인 내용에 대해서는 알 수 없을 뿐만 아니라, 때로는 책의 저자가 연구논문 결과를 잘못 서술하였을 때 잘못된 정보를 얻게 될 위험이 있다. 따라서 참고 문헌의 정확한 출처를 기록한 문헌이 좋은 2차 자료라고 할 수 있다. 연구자는 2차 자료인 교과서나 책을 선택할 때 주의를 기울여야 한다. 좋은 2차 자료는 많은 연구결과를 인용하여 다양한 이론을 소개하고, 연구자들의 의견을 왜곡하지 않고, 연구논문에서 서술한 세세한 내용들을 정리하여 간명하게 기록한 문헌이다. 문헌연구 시 가능하면 최근 서적부터 참고하는 것이 바람직하다.

2) 1차 자료

1차 자료(primary source)는 연구자에 의하여 직접 작성된 연구논문을 말한다. 그러므로『교육평가연구』,『교육과정연구』, *Journal of Educational Evaluation and Policy Analysis, Journal of Educational Psychology*와 같은 학회나 학술단체에서 발행하는 학술지 등이 1차 자료에 해당된다. 위에서 예로 든 학회지들은 정기적으로 심사에 의하여 채택되는 논문을 게재하는 학술지로서, 각 학술지 안에 다수의 연구논문이 게재되어 있다. 또한 학위논문이나 연구소의 보고서도 1차 자료에 속한다.

1차 자료는 연구자가 연구 진행과정과 결과를 기록한 보고서이므로 구체성과 과학성을 지니고 있어서 많은 연구자가 세부적인 연구내용을 참조하기 위하여 1차 자료에 의존한다. 특히 새로운 주제에 대한 연구를 시행하는 연구자일수록 1차 자료에 대한 의존도가 높아지게 된다.

학술지 이외에 연구자가 참고할 수 있는 또 다른 1차 자료로는 학위논문이 있다. 특히 연구자의 연구주제와 밀접한 관계를 가진 다른 사람의 학위논문은 연구에 많은 도움이 된다. 우리 나라의 경우 대학교육협의회에서 간행하는『대학교육』지에 연구자, 박사 학위논문 제목, 해당 대학 등이 게재되고 있다. 미국의 경우 *Dissertation Abstract International*(DAI)이 매월 정기적으로 학위논문 요약집을 발행하고 있어서 학위논문 참조에 도움을 주고 있으며, 석사 학위논문도 *Master Abstract International*에 요약내용이 게재되어 참고할 수 있다.

학회에서 발표되거나 학회지에 게재되는 무수히 많은 연구논문을 모두 찾아보기란 쉽지 않은 일이다. 연구자의 전문분야의 학회지 구독은 가능하나, 교육과 관련된 전 분야의 1차 자료를 직접 찾아본다는 것은 사실상 불가능하다. 이와 같은 불편을 덜기 위하여 여러 종류의 논문 목록집과 측정도구 목록집이 간행되고 있다. 예를 들어, 교육연구에서 많이 사용되는 논문 목록집으로 **ERIC, Education Index, Psychological Abstracts** 등이 있다.

4 인터넷을 이용한 문헌검색

연구의 목적은 기존의 이론을 확인하거나 새로운 사실을 발견하는 것이다. 그러므로 연구자는 연구를 위하여 항상 새로운 이론에 접할 수 있어야 한다. 현대사회에서 컴퓨터의 발전은 지식의 정보화를 촉진하였으며 새로운 지식을 쉽게 공유하게 하였다. 따라서 연구자는 연구에 필요한 문헌들이 어디에 있고 어떻게 참고할 수 있는지 컴퓨터를 이용하여 손쉽고 빠르게 알아낼 수 있다. 다시 강조하지만 연구자는 연구를 위하여 필요한 참고문헌을 컴퓨터를 통하여 찾는 방법에 익숙해져야 한다.

컴퓨터를 이용하여 자료를 검색하고자 할 때 도움이 될 만한 국내외의 주요 사이트와 제공되는 자료의 특징들에 대해 간단히 요약하면 〈표 5-1〉과 같다.

표 5-1 교육분야와 관련된 국내외 주요 자료 검색 사이트

기관명 (웹사이트)	특징
학술연구정보서비스 (https://www.riss.kr)	• 전국 대학이 생산 · 보유하는 학술 자료 제공 • 국내 · 국외 학위논문 및 학술지 논문, 27종의 주요 해외 학술 데이터베이스 자료, 국내 · 국외 공개강의 동영상 및 강의 자료 제공 * 검색 가능 자료: 학술지 18만여 종, 국내 학술지 논문 600만여 편, 해외 학술지 논문 5,420만여 편, 학위논문 200만여 편, 연구보고서 26만여 권, 단행본 94만여 권, 공개강의 16만여 건 등 • 일본 대학, 중국 대학, 스페인 국립도서관, 프랑스 국립도서관에 소장되어 있는 학술 자료 제공
국가전자도서관 (https://www.dlibrary.go.kr)	• 국내 주요 도서관의 데이터베이스를 연계하여 자료 제공 * 연계 기관: 국립중앙도서관, 국방전자도서관, 국회도서관, 농촌진흥청, 농업과학도서관, 법원도서관, 한국과학기술원도서관, 한국과학기술정보연구원, 한국교육학술정보원
국회도서관 (https://www.nanet.go.kr)	• 석 · 박사학위, 국내 학술 잡지, 세미나 자료, 정기간행물 원문 데이터베이스 구축 • 단행본, 국내 정부 간행물, 신문 검색 목록과 외국 학술 잡지 색인 제공

디비피아 (https://www.dbpia.co.kr)	• 8개 분야(인문학/사회과학/자연과학/공학/의약학/농수해양학/예술 · 체육/복합학)의 총 2,000개 이상의 기관에서 발행하는 4,000여 종의 저널을 데이터베이스화하여 230만여 편의 학술논문 제공 • APA, MLA, 국내 대표 학회의 인용 양식 제공 • 열람 논문, 검색키워드 등에 대한 빅데이터 분석을 통해 이용자의 연구에 필요한 학술자료 추천
한국학술정보(주) (https://kiss.kstudy.com)	• 1,330여 개의 학회에서 발행된 3,320여 종의 학회지를 데이터베이스화여 143만여 편의 논문 제공 • 공공기관의 국가 지식과 국가, 공공기관, 지방자치단체의 공공저작물 제공 • 사회적으로 이슈가 되는 주제를 다룬 논문과 기간별 인기 검색 논문 정보 제공
스콜라(학지사, 교보문고) (https://scholar. dkyobobook.co.kr)	• 교보문고 스콜라와 학지사 뉴논문 서비스 통합 • 국내 380여 개 학회 및 연구소에서 발행하는 학회지 및 연구간행물 22만여 편을 원문 데이터베이스로 구축하여 서비스 • 공공기관과 제휴하여 800여 개 학회 및 연구소의 논문 150만여 편에 대한 검색 기능 제공
학술교육원 (https://www.earticle.net)	• 국내 저작물의 온라인 통합 전자저널 데이터베이스 구축 • 600개 이상의 기관에서 발행하는 900여 건의 간행물 제공
교육부 (https://www.moe.go.kr)	• 교육정책 자료 및 관련 보도자료, 기사 제공 • 기관 보고서와 간행물 자료 제공 • 해외 교육 동향 자료와 대학입시 관련 자료 제공
한국교원대학교 교육연구 정보서비스 (https://eris.knue.ac.kr)	• 교육학 및 교과교육 분야의 문헌 데이터베이스 구축 및 제공
한국교육개발원 (https://www.kedi.re.kr)	• 한국교육개발원 주요 연구사업에 대한 연구보고서 제공 • 학술지 『한국교육』, 『교육개발』, 『KJEP』 원문 제공 • 해외 교육 동향, 국내 정책 및 입법동향 자료 제공
한국교육과정평가원 (https://www.kice.re.kr)	• 한국교육과정평가원 주요 연구사업에 대한 연구보고서 제공 • 교육 관련 세미나 자료 제공 • 기관지 『교육광장』, 학술지 『교육과정평가연구』 원문 제공
ProQuest (https://www.proquest. com)	• 전 세계의 학위논문, 학술지, 신문, 45만 권 이상의 전자책 제공

Institute of Education Sciences (https://eric.ed.gov)	• 미국 교육부 산하 Education Resources Information Center에서 제공하는 교육 정보 데이터베이스 • RIE(Resources in Education), CIJE(Current Index to Journals in Education)의 두 색인집을 기초로 교육학 저널 및 보고서에 관한 색인 및 초록 제공
EBSCOhost Electronic Journals Service (https://ejournals.ebsco.com)	• 19개 분야 전자 저널 컨소시엄 저널에 대한 통합 검색 기능 및 원문 제공 • 7,500개 이상의 기관에서 발행하는 3만여 종의 저널 제공
Library of Congress (https://www.loc.gov)	• 세계에서 규모가 가장 큰 도서관으로 1억 6천만여 건의 책, 녹음, 사진, 신문, 지도 및 학술논문 등을 소장. 전 세계에서 수집한 470여 개의 언어로 된 책과 인쇄물 소장
Google Scholar (https://scholar.google.com)	• 다양한 분야의 출판사, 학회, 대학, 기타 학술단체 등에서 제공하는 학위논문, 학술논문, 서적, 초록 등 제공
Web of Science (https://clarivate.com/products/web-of-science)	• ISI에서 선정한 과학기술, 사회과학, 예술 및 인문학 분야의 저널에 수록된 문헌의 서지 정보 및 인용 정보 제공

연습문제

01 다음 단어를 설명하시오.

1차 자료

2차 자료

02 연구를 위하여 문헌연구가 중요한 이유를 설명하시오.

03 문헌연구 절차를 기술하시오.

04 문헌연구 절차에 의하여 문헌을 찾아 요약 · 정리하시오.

05 인터넷을 이용하여 문헌을 검색하고 논문을 요약 · 정리하시오.

Chapter

6 연구대상

연구대상의 선정은 연구결과의 타당성을 결정짓는 요인이 된다. 조사연구에서는 연구대상이 되는 표본이 모집단을 대표하는지의 여부가 연구결과의 외적타당도를 결정지으며, 실험연구에서는 처치를 하기 전, 실험집단과 통제집단의 특성이 동일한지의 여부가 연구의 내적타당도를 결정짓는다. 이 장에서는 모집단, 표본, 표집, 표집방법, 무선할당 및 표본의 크기에 대하여 설명한다.

1 모집단과 모집단 분포

모집단(population)이란 연구의 대상이 되는 전체를 말한다. 예를 들어, 고등학교 3학년 학생들의 수학능력에 대한 학업성취도 연구에서는 고3 학생 전체가 모집단이 된다. 연구의 모집단은 일반적으로 광범위하기 때문에 모집단 전체를 대상으로 연구하기는 어렵다. 모집단을 연구대상으로 하면 시간과 경비가 문제될 뿐 아니라 시간이 너무 많이 걸리므로 모집단이 변화될 수도 있기 때문이다. 예를 들어, 우리나라 고등학교 3학년 학생들의 직업에 대한 가치관을 분석하고자 할 때 전국의 학생들을 대상으로 연구를 한다면 연구가 진행되는 도중에 연구대상들이 대학에 진학할 수 있다는 것이다. 이

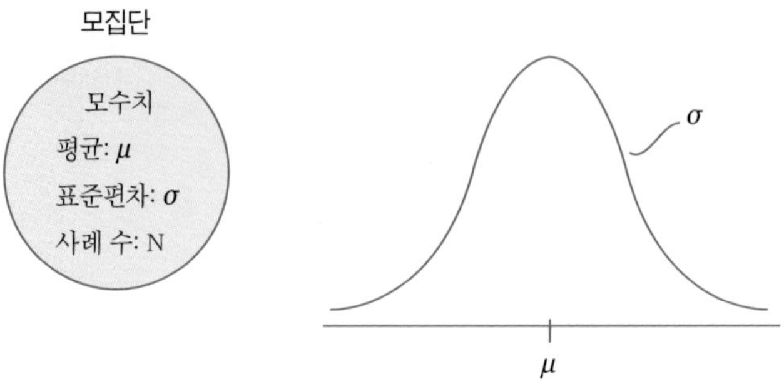

그림 6-1 모집단의 속성과 모집단 분포

와 같이 모집단의 속성변화와 현실적인 문제 등으로 인하여 표본을 추출하여 연구를 실시하게 된다.

연구대상이 되는 모집단의 모든 구성원의 속성을 그리면 [그림 6-1]과 같고, 이를 **모집단 분포**(population distribution)라 한다. 모집단 분포의 속성은 분포의 중심과 흩어진 정도로 나타낼 수 있으며, 평균을 μ, 표준편차를 σ로 표기하며, 이를 **모수**(parameter)라 한다. 연구는 일반적으로 모집단의 속성을 추정하는 것이기 때문에 모집단의 속성에 대해 관심을 기울이지 않을 수 없다.

2 표본과 표본분포

모집단을 대상으로 연구하는 것이 실제적으로 불가능하기 때문에 모집단을 대표하는 표본을 대상으로 연구를 하게 된다. **표본**(sample)이란 모집단을 대표하여 추출된 일군의 대상을 말한다. 우리는 흔히 물건을 구입하거나 사용하기 전에 견본 혹은 sample을 보내달라고 한다. 이는 어떤 제품을 대표하는 견본이나 그 일부를 보내달라는 이야기로, 표본을 의미하는 것이다.

표본은 연구의 직접적 대상이므로 표본의 속성을 알기란 어렵지 않다. 모집단을 대표하는 표본을 추출하여 표본의 특성을 그리면 [그림 6-2]와 같고 이를 **표본분포**라 한다.

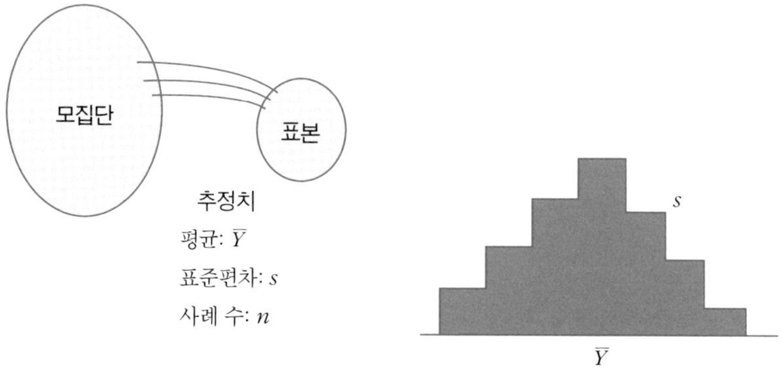

그림 6-2 표본의 속성과 표본 분포

표본분포의 특성으로서 평균은 $\bar{Y}$로, 표준편차는 s로 표기하며, 이를 **추정치**(estimate) 혹은 **통계치**(statistics)라 한다. 표본의 속성을 추정치라고 하는 이유는 표본의 속성을 가지고 모집단의 속성을 유추하기 때문이다.

3 전수조사와 표본조사

모집단 전체를 대상으로 하는 **전수조사**(census)와 일부를 대상으로 하는 **표본조사**와의 관계를 요약하면 [그림 6-3]과 같다.

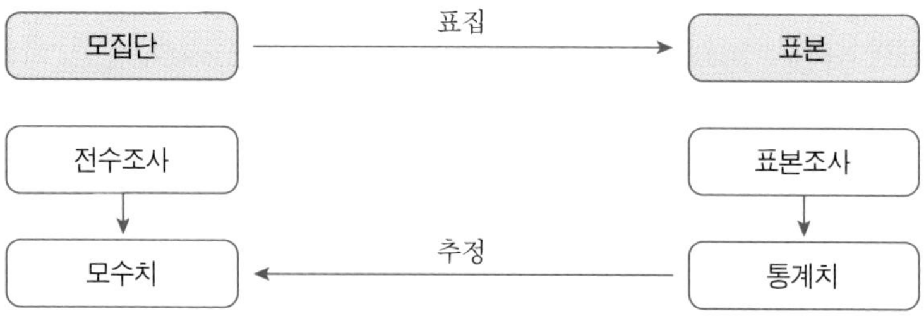

그림 6-3 전수조사와 표본조사

표 6-1 전수조사와 표본조사의 적용 상황

구 분	전수조사	표본조사
예산	많은 경우	적은 경우
허용 시간	긴 경우	짧은 경우
모집단의 수	작은 경우	큰 경우
특성에 대한 분포	분산이 큰 경우	분산이 작은 경우
표집오차로 인한 비용	많은 경우	적은 경우
비표집오차로 인한 비용	적은 경우	많은 경우
연구대상의 손실	손실되지 않는 경우	손실되는 경우
연구대상에 대한 관찰	자세한 관찰 불필요	자세한 관찰 필요

전수조사 혹은 표본조사가 더 선호되는 상황을 비교하면 〈표 6-1〉과 같다(이군희, 2001). 전수조사(census)는 모집단을 구성하는 모든 사람을 조사하여 자료를 획득하는 방법으로서 이론상으로는 가장 이상적인 자료수집방법이라고 할 수 있으나 전수조사를 실시하기 위해서는 실현 가능성의 정도와 필요성의 문제가 검토되어야 한다. 실현 가능성은 전수조사를 실행할 수 있을 정도로 모집단의 수가 적은 경우를 의미하며, 필요성은 모집단의 특성이 다양하여 표본을 이용할 경우 이러한 다양성을 파악하기 어려운 상황을 의미한다. 또한 표본조사의 적용에 있어 중요한 모집단이 표본에 포함되지 않음으로써 발생할 수 있는 표집오차에 의한 비용 혹은 연구결과의 왜곡이 클 것이라 예상된다면 전수조사를 실시하는 것이 바람직하며, 자료수집과정에서 발생할 수 있는 비표집오차에 의한 비용이 크게 나타날 것이라 예상된다면 표본조사를 실시하는 것이 바람직하다. 비표집오차는 조사자의 경험부족, 응답자의 실수, 자료를 잘못 기입하는 것 등의 자료수집과정에서 발생하는 오차를 의미하며, 정확성을 요구하는 조사에서는 전수조사보다 표본조사가 더 효과적인 것으로 알려져 있다. 한편, 전구의 수명을 조사하는 연구와 같이 연구과정에서 제품이 손실되는 경우에는 표본조사를 적용해야 하며, 연구대상에 대한 자세한 관찰을 필요로 하는 경우에도 표본조사를 적용하는 것이 더 적절하다.

4 표집과 표집분포

표집(sampling)이란 모집단으로부터 표본을 추출하는 과정으로서 표집방법에 따라 표본이 모집단을 대표하느냐가 결정되므로 표집에 세심한 주의를 기울여야 한다. 표집과 관련되는 용어로 표집단위, 표집목록 혹은 표집틀, 표본크기, 표집오차, 표집분포 등이 있다.

표집단위(sampling unit)란 모집단으로부터 추출되는 표본의 단위를 말한다. 표집단위는 개인이 될 수도 있고, 학급이나 학교가 될 수도 있다. 예를 들어, 서울시내 유치원 교사들의 교직에 대한 만족도를 조사할 때 교사가 표집단위가 될 수도 있으며 유치원이 표집단위가 될 수도 있다.

표집목록(sampling frame)은 표집단위의 목록으로, 표집틀이라고도 한다. 표집목록의 예로는 학회 회원 연명부, 전화번호부, 학교명감 등을 들 수 있다. 표집방법을 결정하기 전에 표집목록이 있는지, 어떤 종류의 목록인지를 밝히는 작업이 중요하다.

표집비율(sample fraction)은 모집단에서 표집된 비율, 즉 모집단의 얼마만큼이 표집되었는가를 말한다.

표본크기(sample size)는 표본의 사례 수를 말한다. Permute, Michael과 Joseph(1976)는 표집의 정확성을 판단하는 기준으로 모집단의 정확한 규명, 표집방법의 구체화, 표집목록의 규명, 표본의 모집단에 대한 비율 등을 들고 있다.

표집오차(sampling error)란 표집하는 과정에서 발생하는 오차로서, 표본평균과 모집단 평균의 차이를 말한다. 만약 표본평균이 모집단의 평균과 같다면 이는 표집이 완벽하게 이루어졌다는 것을 의미하며, 표본평균이 모집단의 평균과 차이가 크면 이는 표집이 잘못되었음을 의미한다.

표집분포(sampling distribution)는 추리통계의 의사결정을 위한 이론적, 가상적 분포다. 추리통계의 기초가 되는 확률이론에서는 무작위 추출을 통해 구해진 표본들은 일정한 확률로 나타낼 수 있으며, 이를 통해 표본과 모집단의 관계에 대한 확률적인 추정이 가능하다고 본다.

표집분포는 표본의 크기가 n인 표본을 무한히 반복추출한 후, 무한개의 표본들의 평균들을 가지고 그린 분포를 의미한다. 가상적으로 n개의 사례 수를 가지는 표본을 K개만큼 무한히 표집하여 평균을 계산하면 K개 만큼의 $\overline{Y}$가 생성된다. 무한한 K개의 평균을 가지고 그래프를 그리면 [그림 6-4]와 같고 이를 표집분포(sampling distribution)라 한다. 표집분포는 추리통계의 가설검정을 위한 판단의 기준을 제시하는 기각역과 채택역을 나타내 주며 **중심극한정리**(central limit theorem)의 특징을 갖는다. 중심극한정리는 표본의 수가 많으면 모집단의 실제분포와는 관계없이 표본평균의 분포가 정규분포를 따른다는 것을 말한다.

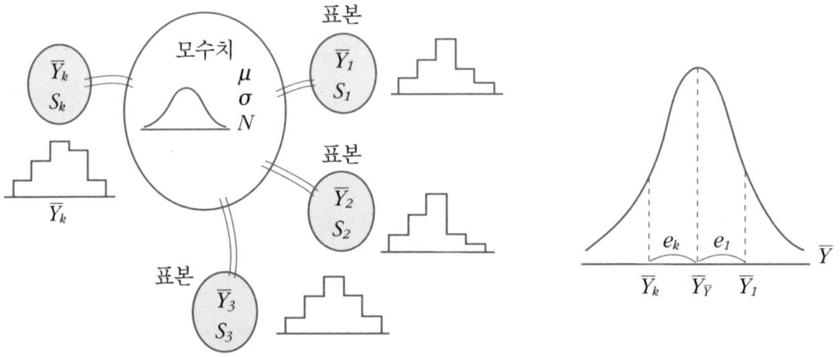

그림 6-4 표집분포의 형성과정과 속성

표집분포의 평균은 표본분포 평균들의 평균인 $\overline{Y}_{\overline{Y}}$가 되고, 표준편차는 표본분포 평균들의 표준편차인 $\sigma_{\overline{Y}}$가 된다. 표집이 완벽하다면 표본의 평균은 모집단 분포의 평균과 일치하겠지만 실제 완벽한 표집은 불가능하므로 표본의 평균인 $\overline{Y}$와 모집단 평균인 μ 사이에 차이가 발생하게 된다. 이를 표집오차라 하며, e로 표기한다.

표집분포의 표준편차는 표본분포 평균들의 표준편차이므로 다음의 공식에 의하여 계산된다.

$$\sigma_{\overline{Y}} = \sqrt{\frac{\sum_{k=1}^{K}(\overline{Y}_k - \mu)^2}{K}}$$

k번째 표본의 평균 $\overline{Y}_k$와 모집단 μ의 차이는 표집오차 e_k이므로 다음 공식으로 변환된다.

$$\sigma_{\overline{Y}} = \sqrt{\frac{\sum_{k=1}^{K}(e_k - \overline{e})^2}{K}}$$

표집오차의 평균 $\overline{e}$는 0이 되므로 생략되어 다음과 같이 계산된다.

$$\sigma_{\overline{Y}} = \sqrt{\frac{\sum_{k=1}^{K} e_k^2}{K}}$$

이상과 같이 표집분포의 표준편차는 표집오차들의 표준편차임을 알 수 있으며 이를 **표준오차**(standard error of mean)라 한다.

5 표집방법

표집방법은 매우 다양하므로 연구목적과 연구상황에 따라 적합한 표집방법을 결정하여야 한다. 표집방법은 일반적으로 확률적 표집방법과 비확률적 표집방법으로 구분된다. **확률적 표집방법**(probability sampling)은 모집단에 속하는 모든 사례들이 표본으로 뽑힐 확률을 객관적으로 파악할 수 있도록 설계된 표집방법인 반면, **비확률적 표집**(nonprobability sampling)은 확률을 고려하지 않고, 연구자의 주관적 판단에 의해 표본을 추출하는 방법이다. 모집단 전체에서 연구대상을 추출하기가 어려운 경우에는 모집단의 일부를 추출하여 연구대상을 설정하는 무선할당이 있다.

1) 확률적 표집방법

확률적 표집방법은 단순무선표집, 체계적 표집, 층화표집, 군집표집, 층화군집표집, 행렬표집 등으로 구분될 수 있다.

(1) 단순무선표집

① 정의

단순무선표집(simple random sampling)이란 모집단의 모든 구성원들이 표본으로 추출될 확률이 같고, 하나의 구성원이 추출되는 사건이 다른 구성원이 추출되는 데 영향을 주지 않는 독립적인 표집방법을 말한다. 따라서 단순무선표집의 특징은 표본 추출 확률의 동일성과 독립성이라고 할 수 있다. 예를 들어, 1,000명의 모집단에서 50명으로 구성된 표본을 추출하고자 할 때 1,000명의 모집단 구성원이 표본으로 뽑힐 확률은 1/1000로 동일하고, 한 대상이 추출되었다고 해서 관련된 다른 대상이 추출될 확률이 높아지는 것은 아니다. 단순무선표집을 단순무작위표집이라고도 한다.

② 복원추출과 비복원추출

연구대상을 모집단으로부터 추출하는 방법으로 복원추출과 비복원추출이 있다. 모집단의 크기가 작은 경우 두 표집방법의 결과가 달라질 수 있다.

복원추출(sampling with replacement)이란 모집단으로부터 연구대상이 추출되었더라도 다음 연구대상을 추출할 때 추출된 연구대상을 모집단에 포함시켜 다음 연구대상을 추출하는 방법이다. 복원추출의 경우 다음 연구대상이 추출되는 확률이나 그전 연구대상이 추출될 확률이 동일하다.

비복원추출(sampling without replacement)의 경우 추출된 연구대상을 모집단에 돌려놓지 않고 연구대상을 표집하는 방법이다. 이 경우 연구대상으로 추출될 확률이 점차 증가하는 것이 특징이라 할 수 있다.

모집단의 크기가 작을 경우에는 복원추출 결과와 비복원추출 결과가 달라질 수 있으며, 비복원추출은 단순무선표집의 조건을 충족시키지 못한다. 그러나 모집단의 크기가 매우 클 경우 복원추출이나 비복원추출의 결과가 크게 차이가 없으므로 비복원추출을 하는 경우도 있다.

③ 방법

단순무선표집을 하는 방법으로는 **난수표**를 이용하거나 제비뽑기를 하는 방법이 있으며 **단순무선표집의 절차**는 다음과 같다. 이때 사용되는 난수표는 [부록 1]에 제시하였다.

첫째, 모집단을 선정하여 모집단 전체의 수와 표본의 크기를 정한다.

둘째, 모집단 구성원에게 1번부터 N번까지 번호를 부여한다.

셋째, 난수표의 한 지점을 연구자 임의로 선정한다.

넷째, 그 지점에서 표집을 위한 **난수**(random number)를 추출한다.

난수표에서 선정된 번호가 N보다 크면 다음 번호로 이동하고, N보다 작으면 추출한다.

다섯째, 다음 난수를 추출하기 위하여 이동할 방향을 정한다.

난수 추출을 위한 이동 방향은 상하좌우 어느 방향이든 관계가 없으나 일관성을 유지하여야 한다.

여섯째, 표본의 크기가 채워질 때까지 그다음 난수를 추출한다.

일곱째, 난수표의 난수가 N보다 크거나 중복되면 버리고, N보다 작으면 추출한다.

여덟째, 표본의 크기가 채워지면 표집을 완료한다.

어느 회사에 입사한 신입사원 1,500명 중 100명의 신입사원에게 회사의 이미지를 물으려고 할 때 단순무선표집을 실시할 수 있다. 우선 신입사원 연명부에 1번부터 1,500번까지 번호를 부여한 다음 난수표의 한 지점을 설정한다. 예를 들어, [부록 1]의 난수표 두 번째 줄과 두 번째 칸이 교차하는 지점의 난수는 3407이다. 이 난수는 모집단의 번호에 있지 않으므로 버리고, 다음 난수를 보면 4557이므로 이것 역시 버린다. 그다음 번호인 0205는 신입사원 연명부에 있는 번호이므로 추출한다. 그다음 난수인 0532, 0352, 1490, 0628에 의하여 표본을 계속 추출한다. 만약 동일한 신입사원의 번호가 나올 경우에는 버리고 다른 번호를 추출한다. 이런 과정을 계속하여 100명의 신입사원이 추출되면 단순무선표집은 종료된다([그림 6-5] 참조).

최근에는 컴퓨터 프로그램을 이용하여 쉽게 단순무선표집을 실시할 수 있으며 사회과학분야에서 일반적으로 사용되는 통계 프로그램인 SPSS와 jamovi를 이용한 단순무선표집의 절차는 [부록 2-1]과 [부록 2-2]에 제시되어 있다.

⋮
34 07 27 68 50
45 57 18 24 06
02 05 15 56 92
05 32 54 70 48
03 52 96 47 78
… …
14 90 56 86 07
39 80 82 77 32
06 28 89 80 83
86 50 75 84 01
87 51 76 49 69
⋮

그림 6-5 난수표에 의한 단순무선표집의 예

④ 장단점

단순무선표집의 장점은, 첫째, 모집단에 대한 사전지식이 없을 때 간단히 사용할 수 있으며, 둘째, 모집단의 층화에서 발생하는 오차가 없고, 셋째, 표집오차 계산이 용이하다는 점을 들 수 있다. 반면 단점은 표집틀이 없으면 표집이 불가능하고 만약 모집단이 어떤 특성에 의하여 층화되어 있다면 표집오차가 발생할 수 있다는 것이다.

(2) 체계적 표집

① 정의

체계적 표집(systematic sampling)이란 모집단의 표집목록에서 일정한 간격을 두고 연구대상을 추출하는 표집방법으로 k번째 1이라는 법칙이 적용되며 **계통표집**이라 하기도 한다. 표집목록에 일련번호를 부여한 다음 한 번호를 선정하고 k번째를 뛰어넘어 표집하는 방법을 말한다.

② 방법

k번째 1의 법칙이 적용되므로 모집단에서 표본을 추출할 때 표본의 크기를 고려하여 모집단의 전체 대상이 표본에 추출될 수 있도록 k를 설정한 후, 특정 일련번호를 추출하고 k번째마다 대상을 추출한다. 예를 들어, 100명의 수강생 중 10명에게 질문

지를 배부하고자 한다면 출석부에서 2번 학생을 추출한 다음 10번 간격으로 학생을 추출하면 2, 12, 22, 32, 42, 52, 62, 72, 82, 92번의 학생 10명으로 구성된 표본이 만들어진다.

③ 장단점

체계적 표집의 장점은 쉽고 빠르다는 것이다. 단점은 모집단의 표집틀이 무선적으로 배열되어 있지 않을 경우 특정 집단이 상대적으로 많이 추출되어 모집단을 대표하지 못한다는 것이다. 또한 첫 번째 추출된 연구 대상으로부터 k번째 대상이 계속 표집되므로 표본 추출이 비독립적이다.

(3) 층화표집

① 정의

층화표집(stratified sampling)이란 모집단 안에 이질성을 갖는 여러 개의 하부집단이 있다고 연구자가 가정할 때 모집단을 속성에 따라 계층으로 구분하고 각 계층에서 단순무선표집을 하는 방법을 말한다. 모집단이 어떤 속성에 의하여 여러 층으로 나누어질 수 있다는 것은 이론적 · 경험적 배경을 통하여 알 수 있다. 예를 들어, 부부의 재산공유권에 대한 의견을 서울시에 거주하며 결혼한 40대 성인에게 묻고자 할 때 연구자가 이론적 · 경험적 배경에 의하여 성별에 따라 의견이 다를 것이라고 생각한다면 모집단을 남녀로 나누어 층화표집을 실시하는 것이 타당하다. 또한 어떤 교육제도 개혁에 대한 교사들의 의견을 묻고자 할 때 교사들이 근무하는 학교의 형태에 따라서 의견이 다를 수 있으므로 국립, 공립, 사립학교 교사로 모집단을 층화하여 표집을 하면 보다 모집단을 대표하는 표본을 추출할 수 있다.

② 방법

정확한 자료에 의하여 모집단을 계층으로 분류하고 각 계층에서 필요한 표본 수만큼의 표본을 추출한다. 각 계층에서 표집할 때 단순무선표집 혹은 체계적 표집을 실시할 수 있으나 체계적 표집은 단순무선표집의 대안이므로 일반적으로 단순무선표집을 실시한다.

계층을 나누는 정보가 2종류 이상이면 계층을 2단계 이상으로 확장시킬 수 있다.

예를 들어, 학교의 유형과 성별을 고려하여 계층을 분류하였다면 이와 같은 표집을 **2단계 층화표집**(two stages stratified sampling)이라고 한다.

층화표집에서도 모집단에서의 각 계층 간의 비율을 적용하여 표집하는 **비율층화표집**(proportional stratified sampling)과 동일 크기 혹은 차등 비율을 적용하는 **비비율층화표집**(non-proportional stratified sampling)이 있다.

a. 비율표집

비율표집(proportional sampling)은 모집단의 크기를 고려하여 모집단의 일정 비율을 표본으로 표집하는 방법이다. 예를 들어, 서울시 중등교사를 대상으로 성별에 따른 수행평가에 대한 인식을 비교하고자 할 때 남녀교사를 일정 수만큼 추출하는 것이 아니라 서울시 중등학교 남녀교사의 수를 파악한 후 모집단의 비율을 반영하여 각 집단에서 일정 비율을 표집할 수 있다. 각 층화의 모집단 수가 다를 경우에는 모집단 비율을 기준으로 연구대상을 추출하는 것이 모집단을 보다 잘 대표할 수 있다.

b. 비비율표집

비비율표집(nonproportional sampling)은 각 하위집단에서 동일한 수로 표집을 하거나 임의적인 비율로 표본을 추출하는 방법을 의미한다. 이 표집방법은 모집단을 구성하고 있는 특정 하위집단의 구성비율이 너무 작거나 각 집단의 분포에 있어 차이가 심할 경우 주로 사용된다. 예를 들어, 초등학교 교사 100명을 대상으로 성별에 따른 직무만족도의 차이를 비교하고자 할 경우 전체 모집단에서 남녀의 비율이 1:9라고 할 때, 비율표집방법을 적용하게 되면 남교사 10명, 여교사 90명이 되므로 지나치게 편향된 연구가 될 가능성이 크다. 이때 두 집단 모두에서 50명씩 추출하거나 남교사 집단에 1/10 대신 3/10과 같이 임의적인 비율을 적용하는 방법을 고려해 볼 수 있다. 각 집단의 분포에 대한 사전 정보가 있을 때 분산이 큰 집단, 즉 다양한 특성을 지닌 집단에는 많은 수의 표본을 할당하고, 그렇지 않은 집단에는 적은 수의 표본을 할당하는 것이 더 적절할 것이다.

③ 장단점

층화표집의 장점은, 첫째, 층화에 대한 정보가 확실하고 표집이 정확하면 표본 추정치의 정확성을 높일 수 있다. 즉, 모집단의 모수치를 잘 대표할 수 있다는 것이다. 둘째, 계층으로 분류된 하부집단의 특성을 알 수 있다. 계층 간에 서로 다른 견해를 가지고 있을 가능성이 크므로 계층 간 집단비교가 가능하다. 셋째, 각 계층별 자료를 수집하는 것이 용이할 수 있다. 각 계층에 따른 표집틀이 있다면 표집이 용이하다.

단점은, 첫째, 계층을 분류하는 정보가 확실하지 않으면 표집의 오류 때문에 표본의 속성이 모집단의 속성을 대표하지 못한다는 것이다. 계층에 대한 정보가 확실하지 않은 경우에는 단순무선표집이나 다음에 설명할 군집표집을 하는 것이 더 바람직하다. 둘째, 계층 간 표집틀이 정리되어 있지 않으면 많은 시간이 표집에 소모된다. 모집단의 표집틀은 있으나 계층 간 표집틀이 없다면 모집단의 표집틀을 계층 정보에 의하여 계층간 표집틀로 분류하는 작업이 선행되어야 하므로 많은 시간이 소모된다. 이런 단점이 있으나 계층 간 정보가 확실하다면 계층 간 표집틀을 만드는 데 시간이 소모되더라도 층화표집을 하는 것이 모집단의 속성을 잘 대표할 수 있다.

(4) 군집표집

① 정의

군집표집(cluster sampling)은 표집의 단위가 개인이나 개체가 아니라 집단이다. 예를 들어, 의견을 조사할 때 개별적인 개인에게 묻는 것이 아니라 특정 집단에 속한 사람들에게 묻는 것으로, 집단을 추출 단위로 한다는 것이 특징이다. 따라서 군집표집을 집락표집 혹은 덩어리 표집이라고도 한다. 군집은 상호 이질적인 계층과는 달리 군집 간에는 동질성이 있다는 차이점이 있다.

② 방법

모집단을 군집으로 구분한 다음 무선표집에 의하여 군집을 추출한다. 군집표집은 표집틀의 사용이 어려울 경우 연구대상이 되는 개체들로 구성된 집단을 표집 단위로 추출하는 것이다. 예를 들어, 서울시 고등학교 3학년 남학생들의 체형변화에 관심이 있어서 체중을 추정하고자 할 때 개별 학생을 단위로 표집하기가 용이하지 않다. 그러므로 서울시에 소재한 각 학교를 군집으로 설정하고 단순무선표집으로 학교를 추출하면 고등학교 3학년 학생들을 대표하는 표본이 추출된다. 이와 같이 한 수준에서 이루어지는 군집표집을 **1단계 군집표집**(one stage cluster sampling)이라고 한다.

앞의 표집에서 해당 학교 3학년 학생을 모두 표집하지 않고 각 학교에서 한 학급씩을 추출한다면 이는 군집이 두 차원에서 이루어지는 것이다. 첫 단계는 학교이고, 다음 단계는 학급이다. 이를 **2단계 군집표집**(two stages cluster sampling)이라고 한다. 이와 같이 여러 단계에 걸친 군집표집을 **다단계 군집표**집(multi-stage cluster sampling)이라고 한다.

③ 장단점

군집표집의 장점은, 첫째, 표집목록 사용이 원활하지 않을 경우에도 실시가 용이하며, 둘째, 표집단위가 집단이므로 쉽게 표본을 만들 수 있어서 시간과 경비를 절감할 수 있고, 셋째, 모집단의 특성에 대한 사전지식이 없을 때에도 사용이 가능하며, 넷째, 표집오차 계산이 용이하다는 것이다.

단점은 군집표집에서 소수의 군집을 추출할 경우 표집오차가 클 수 있다는 것이다. 그러므로 군집표집을 실시할 경우 모집단을 대표하는 표본을 얻으려면 정해진 표본사례 수에서 가급적 군집의 크기를 줄이고 군집의 수를 늘리거나 다단계 군집표집을 하는 것이 바람직하다.

(5) 층화군집표집

① 정의

대부분의 연구에서 표본추출은 여러 가지의 표집방법을 복합적으로 사용하여 이루어진다. 예를 들어, 교육개혁에 대한 교사들의 의견을 조사한다고 할 때, 초등학교, 중학교, 고등학교 교사들이 각기 다른 특성을 지니고 있다고 생각하여 [그림 6-6]과 같이 초 · 중 · 고등학교로 계층을 나누고 그다음 학교를 표집단위로 하여 표집을 한다면, 이는 층화와 군집이 복합적으로 사용된 **층화군집표집**(Stratified cluster sampling)이다.

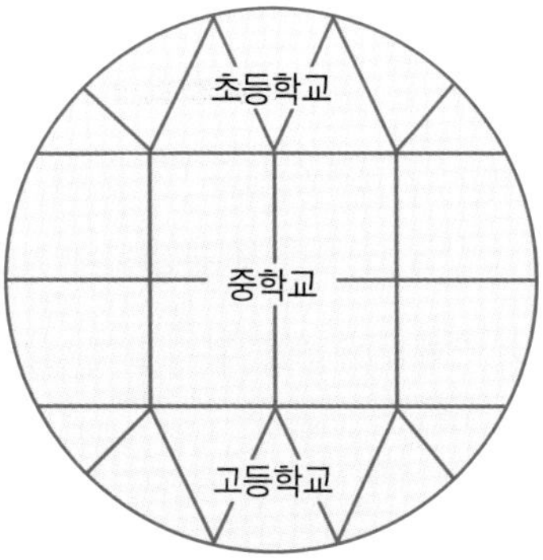

그림 6-6 층화군집표집

층화군집표집은 모집단을 어떤 속성에 의하여 계층으로 구분한 후, 각 계층 내에서의 표집단위를 개인이 아니라 집단으로 표집하는 방법으로서 층화와 군집 사이의 차이는 〈표 6-2〉와 같다.

표 6-2 층화와 군집의 차이

	층화표집	군집표집
간(between)	이질적	동질적
내(within)	동질적	이질적

층화는 모집단을 어떤 특성에 따라 하부집단으로 나누는 것이므로 계층 간은 이질적이다. 그러나 계층 내의 속성은 유사하므로 계층 내는 동질적이다. 반면 군집은 표집의 편이를 위하여 모집단을 여러 개의 군집으로 나눈 것이므로 군집 간은 서로 유사하다. 그러나 군집 내에는 매우 다양한 요소들이 존재하고 있으므로 군집 내는 이질적이다.

② 방법

모집단의 속성상 층화표집을 할 필요가 있다면 계층으로 분류한다. 모집단의 속성에 따라 다단계로 층화할 수도 있다. 그다음 계층에 있는 집단들을 군집으로 분류한다. 그러고 나서 각 계층으로부터 필요한 표본의 크기를 충족시킬 수 있는 만큼의 군집을 추출한다. 이때 각 계층과 각 군집에 해당하는 사례 수를 고려하여 비율표집을 할 수도 있고, 비비율표집을 실시할 수도 있다.

③ 장단점

층화군집표집의 장점은 모집단을 대표하는 효율적인 표본 추출이 가능하다는 점이다. 층화군집표집은 연구자가 모집단의 속성을 잘 알 때 실시할 수 있다. 단점은 계층의 정보가 정확하지 않으면 표집오차가 크게 발생하게 된다는 것이다. 또 표집에 드는 시간과 경비가 늘어나며 표집과정이 다소 복잡할 수 있다.

(6) 행렬표집

Lord(1962)에 의해 제안된 **행렬표집법**(matrix sampling)은 피험자와 문항을 동시에 표집할 수 있는 표본추출방법으로 교육평가에서 유용하게 활용될 수 있는 방법이다. 이 방법은 검사에 대한 특정 모집단의 능력을 추정하기 위해서는 추출된 피험자들이 모든 문항을 풀지 않아도 된다는 사실에 기초하고 있기 때문에 검사의 목적이 개인의 능력보다 특정 집단의 능력을 측정하고자 할 때 적합한 방법이라고 할 수 있다.

가로축은 문항이 기준이 되고 세로축은 피험자가 기준이 되는 행렬로 표현되며 정답/오답과 같은 이분적 형태뿐 아니라 다분적 형태의 자료에도 적용할 수 있다. 행렬표집법은 일부의 피험자에게 일부의 문제만을 풀게 하는 방법이므로 많은 문항으로 이루어진 검사에 유용하며 피험자의 심리적 부담을 감소시킬 수 있고 평가자의 시간과 비용을 절약할 수 있는 장점이 있다. 또한 앞서 제시했던 어떤 방법들보다 작은 표본오차를 갖는다. 그러나 개인 성적 산출에는 부적절하며 개인 성적을 산출하기 위해서는 대체값을 사용해야 한다. 또한 서로 다른 문항들로 구성된 여러 종류의 검사를 실시하고 채점하여야 하므로 관리, 시행, 자료 처리과정이 복잡하며 시간과 노력이 많이 드는 단점이 있다(김현철, 1999; 김경희 외, 2003).

미국의 교육향상평가(National Assessment of Educational Progress: NAEP), 수학 · 과학 국제비교연구(Trends in International Mathematics and Science Study: TIMSS) 및 성취도평가 국제비교연구(Programme for International Student Assessment: PISA)에서는 광범위한 교과내용을 폭넓게 측정하면서 학생들의 검사시간을 적절히 조절하기 위해 행렬표집 기법을 사용하고 있다.

앞서 설명한 확률적 표집방법을 정리하면 〈표 6-3〉과 같다.

표 6-3 확률적 표집방법

표집 유형	설명 및 표집 절차
단순무선표집 (simple random sampling)	모집단 내의 모든 사람들이 동등하고 독립적인 선발기회를 갖는다. 표본은 우연적으로, 즉 난수표나 컴퓨터를 통해 생성된 난수를 활용하여 추출된다.
체계적 표집 (systematic sampling)	표본의 수에 따라, 모집단 내의 k번째 사람을 표본으로 선정한다. 이 방법은 무선적으로 나열된 모집단 목록이 있을 때만 활용가능하다.
층화표집 (stratified sampling)	모집단 내의 하위집단(층)을 알 수 있을 때 사용된다. 선발은 일반적으로 각 층 내에서 무선적으로 이루어진다.
군집표집 (cluster sampling)	모집단 내에 있는 기존의 집단이 표집단위로 선정된 경우를 지칭한다. 집단이 표집단위이기 때문에 비교적 많은 집단이 표집되어야 한다.
층화군집표집 (stratified cluster sampling)	층화표집방법과 군집표집방법을 통합한 것으로서 성별이나 학교유형 등으로 계층을 구분한 다음 학교 혹은 학급을 무선으로 표집하는 방법이다.
비율표집 (proportional sampling)	표본 내의 각 하위집단별 비율이 모집단 내의 하위집단별 비율과 동일하도록 표집하는 방법이다.
비비율표집 (nonproportional sampling)	모집단 내의 비율에 상관없이, 표본에 각 하위집단별로 동수의 사람들이 포함된 경우다. 결과는 모집단 전체보다는 하위모집단(subpopulation)에 일반화될 수 있다. 주로 소수집단의 비율이 단순무선표집을 적용할 경우 대표적 표본을 얻을 수 있을 정도로 충분히 크지 않을 때 활용된다.

출처: Tashakkori, A., & Teddlie, C. (1998). *Mixed methodology: Combining qualitative and quantitative approaches,* p. 75. Sage Publications. 재구성.

2) 비확률적 표집방법

비확률적 표집방법은 일반적으로 목적표집, 편의표집, 할당표집, 스노우볼 표집 등으로 구분된다.

(1) 목적표집

무선표집이나 무선할당이 연구의 목적과 부합하지 않는 경우가 있다. 예를 들어, 특정 항암제의 효과에 대한 연구를 실시할 때 암환자가 연구대상이 되어야 하며 질적연구에서 많이 사용되는 포커스 그룹 인터뷰나 설문지의 사전조사 등과 같이 표본의 크기가 작은 경우에는 조사자의 판단에 의해 표본을 추출함으로써 오히려 대표성 있는 표본을 확보할 수도 있다. 이와 같이 **목적표집**(purposeful sampling)이란 연구의 목적을 위하여 연구자가 의도적으로 표집하는 것을 말한다. 즉, 연구문제나 연구목적 그리고 연구대상에 대한 정보에 기초하여 연구대상을 선정하는 방법이다. 그러므로 목적표집을 **유의표집** 혹은 **판단표집**(judgemental sampling), **의도적 표집**(purposive sampling)이라고도 한다.

목적표집은 역사연구나 인류학 연구 등의 질적연구에서 많이 사용된다. 질적연구는 고유한 연구목적이 있으며 연구의 결과를 일반화하지 않기 때문에 연구의 대상이 되는 특정 집단이나 특정 지역, 특정 사건을 추출하여 연구를 진행하게 된다.

목적표집을 위하여 연구자는 표집의 대상에 대해서 구체적으로 알고 있어야 하고 논리적 사고에 의하여 연구대상을 표집하여야 한다. 또한 연구결과를 일반화시키는 데 제한점이 있음을 인식하고 연구결과의 적용범위를 제한하여야 한다.

(2) 편의표집

편의표집(convenience sampling)이란 연구진행에 편리하게 표본을 선택하는 방법으로 지원자 표집과 우연적 표집 등이 이에 포함될 수 있다.

① 지원자 표집

표집에 의하여 연구를 실시할 때, 연구에 참여하는 것을 거부하는 연구대상이 나타날 수 있다. 또 만약 법적·윤리적 문제 때문에 연구대상의 동의를 필요로 하는 연구라면 지원자를 대상으로 연구를 실시할 수밖에 없다. **지원자 표본**(volunteer samples)이란 연구의 목적에 동의하는 연구대상 집단을 말한다.

지원자 표집에 의한 연구는 표집오차를 발생하게 하므로 연구결과를 모든 연구대상에게 일반화시키지 못하는 제한점을 지니고 있다. 그러나 실시하기 어려운 연구는 지원자를 통하여 연구결과를 얻을 수밖에 없다. 지원자 표집에 의한 연구는 의학, 생리학, 약학, 체육학 등에서 주로 사용된다. 지원자 표집에 의한 연구의 표집오차는 연구대상 중 지원자의 비율로 표기한다. 연구의 목적이 본래 지원자에 의하여 연구를 실시하는 것이었다면 지원자 표본 비율이 높을수록 표집오차가 줄어든다. 그러므로 지원자에 의하여 실시될 연구인지를 먼저 결정한 다음 표집오차를 추정하여야 한다. Rosenthal과 Rosenow(1975)는 연구지원자와 비지원자의 비교 연구에서 지원자가 비

지원자에 비해 상대적으로 학력, 사회계층, 지적 수준이 높다고 밝히고 있다.

② 우연적 표집

어떤 특별한 표집계획이나 목적 없이 조사자가 임의대로 손쉽게 구할 수 있는 대상들 중에서 표집하는 방법을 의미한다. 예를 들어, 대학가 주변의 문화에 대한 의견 조사를 실시할 때 특정거리에서 왕래하는 사람들에게 의견을 묻는 방법이나 쉽게 접근할 수 있는 강의실에서 연구대상을 얻는 방법을 말한다. 이 방법은 모집단에 대한 대표성을 고려하지 않는 방법이라 할 수 있으므로 가급적 사용하지 않는 것이 좋다.

(3) 할당표집

할당표집(quota sampling)은 비확률적 표집 중에서 가장 정교한 표집으로 사회과학 연구에서 많이 사용되고 있는 방법이다. 이는 선택하고자 하는 표본의 집단별 분포를 미리 알고, 그에 맞추어 각 집단 내에서 할당된 수만큼의 표본을 추출하는 방법이다. 예를 들어, 서울시내 초등학교 교사 500명을 표본으로 추출하고자 할 때, 남자 100명, 여자 400명으로 해당 비율을 미리 결정하여 두고 모집단에서 임의로 표본을 추출하는 것이다. 각 하위집단에 대한 표본 수의 할당은 각 집단의 상대적인 중요도, 집단에 속하는 구성원들의 다양성, 각 집단의 규모 등을 고려하여 결정하는 것이 바람직하다. 일반적으로 각 집단의 표본 수는 30 이상이 되는 것이 바람직하다고 알려져 있다.

할당표집은 모집단을 여러 개의 하위집단으로 구분하여 표집을 진행한다는 측면에서는 층화표집과 비슷하지만, 연구자의 주관적인 판단으로 표본을 구성한다는 측면에서는 편의표집이나 목적표집과 유사하다. **할당표집의 절차**는 다음과 같다.

첫째, 연구주제와 관련된 통제변수(control variable)의 특성에 따라 모집단을 몇 개의 하위집단으로 나눈다.

둘째, 각 하위집단에 대한 표본의 수를 나타내는 할당량을 연구자의 판단하에 결정한다.

셋째, 결정된 만큼의 할당량을 채우되, 각 하위집단에 대한 표집방법은 자유롭게 선택한다.

층화표집과 비교하였을 때 할당표집은 적용이 쉽고, 하위집단의 정의와 비율에 대한 명확한 자료를 기초로 적절한 표본의 수를 할당한다면, 모집단을 대표하는 표본을 얻을 수 있으므로 모집단의 대표성 측면에서 편의표집이나 목적표집보다 우수하다는 장점이 있다. 반면, 너무 많은 하위집단으로 구분될 경우 각 집단에 적은 수의 표본을 할당할 수밖에 없으므로 할당표집이 가지고 있는 특징인 편의성을 잃게 되며, 특정 하위집단에 속하는 연구대상을 찾기 위하여 시간과 비용이 많이 요구될 수 있다. 또한 하위집단에 속하는 연구대상을 조사원이 편리한 방법으로 선택하기 때문에 응답을 거부하거나 조사원이 접촉하기 힘든 연구대상은 표본에서 제외되므로 모집단의 특성을 나타내는 변수를 통제변수로 하여 하위집단으로 구분하지 못하는 경우 편향된 표본 선택의 문제를 초래할 수 있다.

(4) 스노우볼 표집

스노우볼 표집(snowball sampling)은 눈덩이를 굴리는 것과 같이 최초의 작은 표본을 선택한 후 소개의 소개를 받아 원하는 표본 수를 얻을 때까지 계속적으로 표본을 확대해가는 방법으로 누증표집 혹은 연쇄표집이라 하기도 한다. 스노우볼 표집의 첫 번째 단계에서는 무선표집이 적용되지만 이들을 통해 소개받는 대상은 지역, 나이, 신체적 · 심리적 특성 등 다양한 요인들에 의해 선정되므로 결과적으로는 비확률적 표집에 해당된다고 볼 수 있다.

스노우볼 표집은 가출 청소년, 약물 중독자, 미혼모, 희귀병 환자 등과 같이 목표 모집단에 속하는 연구대상을 찾기 어려울 때, 원하는 모집단을 쉽게 찾을 수 있는 장점은 있으나 표본의 추출을 연구자가 통제할 수 없으며, 추천에 의해 선정된 표본이 편향될 가능성이 높다.

비확률적 표집방법은 연구자가 표집과정에서 자유로움과 유연성을 가질 수 있는 장점은 있지만, 연구자의 주관적인 판단하에서 표본이 선택되기 때문에 항상 편향된 표본선정의 문제가 따르게 되며, 통계적 추정을 통하여 얻은 결과의 정확성이 떨어지므로, 연구결과를 일반화하는 과정에서 주의가 필요하다.

비확률적 표집방법은 〈표 6-4〉와 같이 요약 · 정리할 수 있다.

표 6-4 비확률적 표집방법

표집 유형	설명 및 표집 절차
목적표집 (purposive sampling)	무선표집 대신에 구체적인 연구문제, 연구목적, 연구대상에 대한 가용한 정보에 기초하여 표집하는 방법이다.
편의표집 (convenience sampling)	연구목적, 연구문제에 대한 적합성보다는 자료수집의 가용성과 용이성에 기초하여 표집이 이루어지는 방법이다. 이 표집에는 전속표본, 지원자표본, 우연적 표본 등도 포함된다. * 전속표본(captive samples): 학급 내의 학생처럼 연구자가 쉽게 접근가능한 표본
할당표집 혹은 층화 비무선표집 (qouta sampling or stratified nonrandom sampling)	층화표집과 유사하지만, 비무선적이면서도 의도적인 편의표집의 방식을 취한다. 모집단의 하위집단별로 비무선적인 방법을 사용하여 표본(자원자, 가용한 사람 등)이 선정된다. 사회학 연구에서는 이 방법을 '할당표집'이라고도 한다.
스노우볼 표집 혹은 연쇄표집 (snowball or chain sampling)	선발된 표본의 구성원이나 개개인으로부터 획득한 정보에 기초하여 표본을 추가해 가는 방법이다. 새로 선발된 각 개인이 다른 하나 이상의 사례에 대한 정보를 제공하는 잠재력을 갖고 있기 때문에, 연구가 진행됨에 따라 표본도 계속 커진다.

출처: Tashakkori, A., & Teddlie, C. (1998). *Mixed methodology: Combining qualitative and quantitative approaches*, p. 76. Sage Publications. 재구성.

Tashakkori와 Teddlie(1998)는 〈표 6-3〉과 〈표 6-4〉에서 제시한 표집방법들 중 일부는 양적연구와 일부는 질적연구와 관련이 있지만 대부분의 표집방법이 두 연구유형 모두에 활용될 수 있다고 보았다.

3) 무선할당

(1) 정의

연구에서 모집단을 대표하는 표본을 추출하여 연구를 실시할 수 없는 경우가 있다. 예를 들어, 실험연구의 경우 연구대상이 되는 학생들을 전국에서 무선표집하여 연구를 실시하기란 불가능하다. 이를 위하여 앞서 제시된 확률적 표집과는 다른 연구대상 선정방법이 필요하다.

무선할당(random assignment)이란 모집단 전체에서 표본을 추출하는 일이 불가능할 때 모집단의 일부를 도려내어 연구대상을 연구집단에 무선적으로 할당하는 방법을

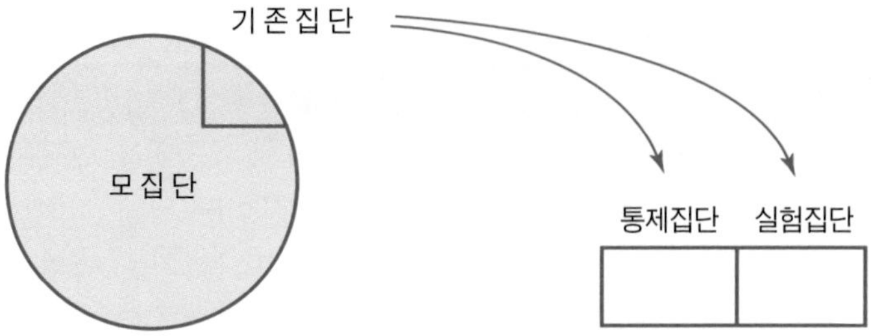

그림 6-7 무선할당

말한다. 이를 **무선화**(randomization)라고도 하며 [그림 6-7]과 같다.

모집단에서 연구대상 전체를 무선으로 표집하는 것이 불가능하므로 모집단의 일부를 선택한다. 이를 **기존집단**(intact group)이라고 하며, 기존집단의 선정이 표집에 있어서 중요한 관건이 된다. 예를 들어, 중산층 유아들에게 새로운 교수법을 실시하여 문해적 이해에 차이가 발생하는지를 연구한다면 모집단이 중산층의 유아가 된다. 중산층 유아들을 연구하기 위하여 중산층이 살고 있는 지역의 유치원 중 연구자가 알고 있는 유치원의 유아들을 연구대상으로 선정할 수 있다. 이때 연구대상이 되는 유아집단을 기존집단이라고 한다.

(2) 방법

연구대상의 모집단이 설정되면 모집단을 대표하는 기존집단을 선정한다. 기존집단이 모집단을 대표하지 못하면 연구의 타당성이 결여되므로 주의를 기울여야 한다. 기존집단을 추출하여 연구집단에 할당하는 방법으로는 단순무선표집, 대응집단, 균형집단 등의 방법이 있다.

① 단순무선표집

기존집단의 구성원들에 대한 표집틀을 만든 다음, 피험자들을 통제집단과 실험집단에 **단순무선표집**으로 할당할 수 있다. 이는 무선적으로 피험자들을 각 집단에 할당할 때 확률적으로 집단 간의 유사성이 보장된다고 가정하기 때문이다.

② 대응집단

대응집단(matching group)이란 모집단으로부터 선정된 기존집단 구성원들의 특성을 분석하여 각 집단에 균등히 할당하는 방법이다. 다시 말해서 어떤 속성을 측정하는 검사를 실시하거나 주어진 사전 정보에 의하여 피험자들에게 서열을 부여하고 지그재그로 피험자들을 각 집단에 할당하면 동일한 피험자들이 각 집단에 고르게 할당되어 각 집단의 동일성이 보장된다고 보는 것이다. 예를 들어, 교수법에 따른 학습효과를 파악하기 위해 모집단으로부터 기존 집단 30명을 선정한 경우, 연구대상을 대응집단으로 구성한 결과는 [그림 6-8]과 같다.

1	전통적 방법	시청각 방법	computer 방법
2	1	2	3
3	6	5	4
4	7	8	9
⋮	⋮	⋮	⋮
30	28	29	30

그림 6-8 지그재그법에 의한 대응집단 구성

이와 같이 지그재그로 피험자를 할당하는 이유는 세 집단의 속성을 유사하게 만들기 위해서다.

③ 균형집단

균형집단(balancing group)이란 모집단으로부터 선정된 기존집단을 구성원의 특성에 따라 각 집단에 할당하는 것이 아니라 유사집단들을 실험연구의 각 집단에 배정하는 방법이다. 예를 들어, 어떤 학교를 기존집단으로 선정한 후 해당 학교의 각 학급 특성을 분석하여 그 특성이 같은 집단을 통제집단과 실험집단에 각각 배정할 수 있다.

대응집단이나 균형집단 등의 방법으로 무선할당 방법을 구체화하는 것은 실험이 시작되기 전 각 집단의 초기단계를 같게 하기 위해서다. 초기단계가 같아야만 나중에 연구결과 사후비교의 타당성이 보장되기 때문이다. 연구에 영향을 주는 처치변수 이외의 변수를 통제하기 위하여 대응집단과 균형집단의 방법을 사용할 수 있다. 이상의 두 방법은 실험설계에 의하여 매개변수를 통제하는 방법이며, 매개변수의 영향을 제거하기 위한 통계적 방법으로는 공분산분석이 있다. 무선할당에서 가장 관건이 되는 것은 기존집단이 모집단을 대표하느냐이며, 모집단을 대표하지 못할 경우에는 연구의 외적타당도가 결여된다.

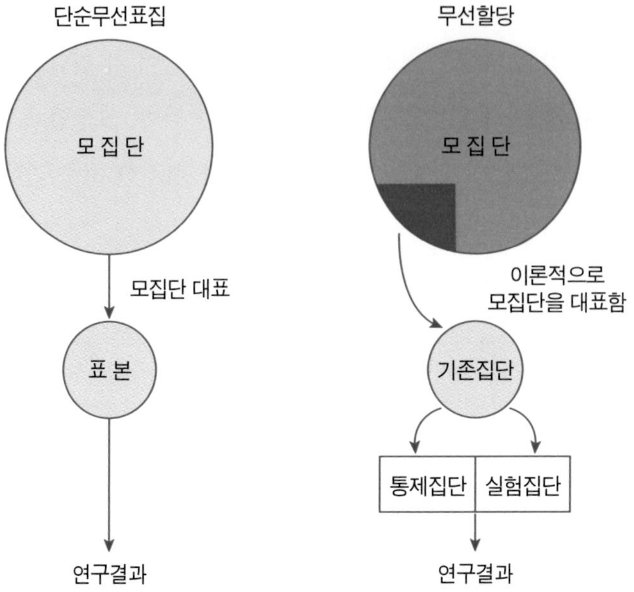

그림 6-9 단순무선표집과 무선할당의 비교

Wiersma(1995, p. 285)는 표집에 있어서 단순무선표집과 무선할당의 차이를 [그림 6-9]와 같이 설명하고 있다.

단순무선표집의 경우 무선표집이 제대로 되면 표본이 모집단을 대표하므로 외적타당도를 보장받을 수 있으나, 무선할당의 경우는 기존집단이 모집단을 대표하는지 확인하는 추가적인 과정을 거쳐야 외적타당도를 보장받을 수 있다. 그러므로 무선할당의 경우 기존집단이 모집단을 대표하는지를 논리적으로 증명하여야 한다.

6 표본의 크기

표본의 크기를 어느 정도로 하는 것이 좋은가에 대한 절대적인 기준은 존재하지 않지만 Gall, Gall과 Borg(2003)는 상관연구에서는 전통적으로 최소한 30명 이상의 피험자가 필요하고, 비교-실험연구의 경우 비교되는 각 집단마다 최소한 15명 이상의 피험자가 있어야 하며, 조사연구에서는 피험자수가 각 하위그룹별로 20~50명씩으로 전체 연구대상은 최소한 100명 이상 되어야 한다고 제시하고 있다. 그러나 이것은 대략적인 기준에 불과하며, 연구에서 실제로 표집의 크기를 결정할 때는 연구문제의 성격, 연구에서 다루는 변수의 수, 모집단의 크기, 표집 당시의 여건 등을 고려해야 한다. 일반적으로 연구에 소요되는 경비, 시간, 노력 등의 현실적 요인과 변수 측정의 신뢰도, 자료분석 방법, 모집단의 분산, 허용오차 범위 등의 통계적 요인을 종합적으로 고려하여 필요한 표본의 크기를 결정하게 된다. 조사전문기관에서 실시하는 전국규모의 조사라 하더라도 표본크기는 1,600명 이내로 하는 것이 일반적이다(허명회, 2004a). 연구목적과 연구상황에 맞는 표집방법을 사용하면 적은 사례로도 정확한 연구결과를 얻을 수 있기 때문이다. 따라서 최소의 표집으로 최대의 연구효과를 얻도록 하는 것이 경제적이며 능률적이라고 할 수 있다. 그러나 Borg와 Gall(1983)은 다음과 같은 경우에 대규모의 표본이 요구된다고 하였다(이종승, 1984, 재인용).

첫째, 연구결과에 영향을 미칠 수 있는 주요 매개변수들을 모두 통제하지 못할 경우 대규모 표본을 이용하면 통제하지 못한 변수들이 연구결과에 무선적으로 작용하여 그 영향을 상쇄시킬 수 있다.

둘째, 효과크기(effect size)가 작을 것으로 예상되지만 가급적 그 효과를 검증하고자 할 때 많은 사례를 대상으로 해야 민감한 차이 혹은 변화를 밝혀낼 수 있다. 사례 수가 작으면 표준오차는 커지므로 작은 크기의 효과를 탐지하지 못하기 때문이다. 예를 들어, 대통령 후보의 당선률을 예측하고자 할 때 근소한 차이가 예상된다면 큰 표본이 필요하고, 어느 정도 윤곽이 드러났을 때는 작은 표본으로도 예측이 가능하다.

셋째, 연구대상 집단을 여러 개의 하위집단으로 분류하여 하위집단들을 서로 비교하고자 할 경우 분석단위가 되는 하위집단의 사례 수가 너무 적으면 의미 있는 비교가 어렵기 때문에 대규모 표본이 필요하다.

넷째, 중도탈락률이 높을 것으로 예상될 때 처음부터 표집의 크기를 여유 있게 설정하여 최종분석에 필요한 표본의 수를 확보해야 한다.

다섯째, 높은 수준의 통계적 유의성과 통계적 검증력이 요구될 때 대규모 표본이 필요하다. 유의수준 .05보다 유의수준 .01에서 영가설을 기각하고자 할 때 더 많은 사례 수를 필요로 하며 표본의 크기가 크면 클수록 표준오차는 작아지므로 동일한 조건하에서는 표본의 크기가 클수록 통계적 검증력은 높아진다.

여섯째, 모집단을 구성하고 있는 사례들이 매우 이질적일 때 가급적 많은 사례를 표집해야 다양한 특성의 대상을 고르게 포함시켜 모집단을 대표할 수 있다.

일곱째, 측정도구의 신뢰도가 낮을 경우에도 대규모 표본이 필요하다. 측정의 신뢰도가 낮다는 것은 측정의 오차가 크다는 것을 의미하며 측정의 오차가 크면 표준오차도 커지게 된다. 표준오차가 커지면 통계적 검증력이 낮아지므로 실제 유의한 차이를 밝혀내지 못할 수 있다. 따라서 측정의 오차로 인해 의미 있는 차이를 발견하지 못하는 손실을 줄이기 위해서는 많은 사례를 사용할 필요가 있다. 그러나 신뢰도가 낮은 측정도구의 통계적 검증력을 높이기 위해 사례수를 늘리기보다는 측정도구의 신뢰도를 높이도록 노력하는 것이 연구자의 바람직한 자세라 할 수 있다.

통계적 방법에 의해 표본의 크기를 결정할 때는 표집의 크기, 신뢰수준, 최대허용오차 간의 함수관계에 기초한다. **신뢰수준**(confidence level)은 표본에서 구한 통계치를 가지고 모수치가 존재할 범위, 즉 **신뢰구간**(confidence interval)을 추정할 때 해당 추정값이 실제 모집단의 모수를 포함하고 있을 가능성을 나타내며 모수추정의 정확성을 확률로 표현한 개념이다. 예를 들어, 95% 신뢰수준에서 프로그램의 효과를 파악하기 위한 사후검사의 신뢰구간을 추정했을 때 그 값이, [86.5~89.5]였다면 모집단의 평균이 86.5~89.5 사이의 어떤 값을 가질 가능성이 95%라는 의미다. 즉, 100회의 추정을 할 경우 100개의 구간추정값은 [86.5~89.5] 사이에 분포하며 그중 95개 정도는 모집단의 평균 m를 포함할 것으로 기대할 수 있다는 의미다. 한편, **최대허용오차**는 연구자가 허용할 수 있는 오차의 한계를 의미한다. 적절한 **표본크기를 결정하는 방법**은 모집단의 평균을 추정할 때와 모집단의 비율을 추정할 때로 구분된다(Aiken, 1997).

1) 모집단 평균 추정 시

(1) 유한 모집단일 경우

모집단의 크기를 알고 있을 때, 표본의 크기는 최대허용오차와 신뢰수준에 기초하여 다음의 공식에 의하여 결정된다.

$$n = \frac{N}{(\frac{D}{Z})^2 \frac{N-1}{\sigma^2} + 1}$$

n : 표본의 크기
N : 모집단의 크기
D : 최대허용오차
Z : 신뢰수준에 따른 Z통계값
σ : 모집단의 표준편차

예를 들어, A고등학교 2학년 1,000명의 수학성취도의 수준을 알아보기 위해 95% 신뢰수준과 허용오차 3%의 범위에서 적절한 표본의 크기를 구하고자 할 때 작년도의 수학성취도의 표준편차가 10이었다면, 적절한 표본크기는 아래와 같이 계산될 수 있다.

$$n = \frac{1000}{(\frac{3}{1.96})^2 \frac{1000-1}{10} + 1} \simeq 41\text{명}$$

(2) 무한 모집단일 경우

모집단의 크기에 대해 알지 못할 때, 표본의 크기는 다음의 공식에 의하여 결정된다.

$$n = (\frac{Z\sigma}{D})^2$$

앞의 공식에서 최대허용오차 D와 신뢰수준에 따른 Z통계값은 연구문제의 성격에 따라 연구자가 임의로 정하게 된다. 허용오차 D의 범위는 모수치의 추정값에 따라 달라진다. 일반적으로 모수치의 추정값이 클 경우에는 허용오차를 다소 크게 정해도 되지만 모수치의 추정값이 작을 경우에는 작게 정해야 한다. Z값은 신뢰수준에 따라 달라지는데 99% 신뢰수준에서의 Z통계값은 ±2.58, 95% 신뢰수준에서의 Z값은 ±1.96, 90% 신뢰수준에서의 Z통계값은 ±1.645이며 사회과학연구에서는 일반적으로 95% 신뢰수준을 사용한다. 한편, 모집단의 표준편차는 유사한 선행연구의 결과나 예비조사에서 얻은 표준편차를 기초로 추정한다. 만일 모집단의 최대값과 최소값을 알고 있고, 모집단의 분포가 정규분포와 비슷한 종모양의 형태라고 가정할 수 있다면, 표준편차에 대한 추정량은 다음과 같이 계산된다.

$$\sigma = \frac{\text{최대값-최소값}}{6}$$

이 식은 정규분포에서 평균 $\pm 3 \times$표준편차의 범위가 모집단의 거의 모든 자료를 포함하기 때문에 유도되는 식이다. 즉, 최대값과 최소값의 차이는 대략 $6 \times$표준편차에 근사될 수 있다는 개념에서 표준편차의 추정량을 계산한 것이다.

예를 들어, 95%의 신뢰수준에서 허용오차가 3%이며, 최대값이 100이고 최소값이 40이면 표본크기는 다음과 같이 결정된다.

$$n = \left(\frac{Z\sigma}{D}\right)^2 = \left(\frac{1.96\left(\frac{100-40}{6}\right)}{3}\right)^2 \simeq 43\text{명}$$

2) 모집단 비율 추정 시

모집단 비율에 대한 표준편차의 적합한 추정량이 있다면 모집단 평균 추정의 경우와 같은 식이 적용된다. 모집단 비율에 대한 표준편차는 $\sigma = \sqrt{p(1-p)}$가 되지만, 모집단 비율을 나타내는 p는 알기가 어렵다. 이 경우 모집단 평균 추정의 문제와 마찬가지로 기존연구를 조사하여 모집단 비율에 대한 표준편차를 추측하거나, 사전조사를 실시하여 표준편차에 대한 추정값을 계산할 수 있다. 그러나 모집단 비율 추정을 위한 표본의 수 결정 문제에서는 이러한 방법보다는 표본의 수와 상한값을 계산하여, 이 값을 표본의 수로 결정하는 방법으로 주로 사용한다. 여기서 표본의 수의 상한값이라는 의미는 주어진 최대허용오차와 신뢰수준이 모든 모집단 비율 값에 만족될 수 있도록 만드는 충분히 많은 수의 표본을 의미한다. 모집단에 대한 표준편차인 $\sqrt{p(1-p)}$는 모집단 비율이 .5일 때 최대값 $\sqrt{.5(1-.5)}$이므로, 모집단 비율 추정에 대한 표본의 수 결정문제의 경우, 95% 신뢰수준에서 최대허용오차 D를 갖는 표본의 수에 대한 상한값 n_{max}는 다음의 식을 통하여 얻을 수 있다.

$$n_{max} = \frac{Z_{.025}^2 \times .5(1-.5)}{D^2} = \frac{Z_{.025}^2}{4D^2}$$

따라서 모집단 비율의 추정에 있어 표본크기는 다음과 같이 결정된다.

(1) 유한 모집단일 경우

$$n_{\max} = \frac{NZ^2}{4D^2(\mathrm{N}-1)+\mathrm{Z}^2}$$

(2) 무한 모집단일 경우

$$n_{\max} = \left(\frac{Z}{2D}\right)^2$$

예를 들어, 95% 신뢰수준과 최대허용오차 ±2% 내에서 특정 상품에 대한 선호 비율을 알아보고자 할 때 적절한 표본의 수는 다음과 같이 계산될 수 있다.

$$n_{\max} = \left(\frac{Z_{.025}}{2D}\right)^2 = \left(\frac{1.96}{2\times(.02)}\right)^2 \simeq 2{,}401\text{명}$$

앞의 공식에 기초하여 사례 수가 매우 많은 모집단으로부터 단순무선표집을 하고자 할 때에는 〈표 6-5〉를 참고하여 적절한 표본크기를 정할 수 있다.

표 6-5 최대허용오차와 신뢰수준에 따른 표본크기

최대허용오차	신뢰수준	
	95%	99%
±1%	9,604	16,587
±2%	2,401	4,147
±3%	1,067	1,843
±4%	600	1,037
±5%	384	663
±6%	267	461
±7%	196	339
±8%	150	259
±9%	119	205
±10%	96	166

앞의 표에 의하면, 허용오차의 범위를 5%로 정할 때 95% 신뢰수준에서는 384명의 표본이, 99% 신뢰수준에서는 663명 정도의 표본이 필요함을 알 수 있다.

그러나 이와 같은 방법으로 표본의 수를 결정하는 방법은 다음과 같은 단점을 갖는다. 첫째, 한 개의 변수만을 고려한 방법이므로 그 이상의 변수들이 연구의 관심이 될 경우 적용하는 데 어려움이 있다. 연구에서 고려하고 있는 변수들 중 가장 중요한 변수를 선정하거나 표준편차가 가장 클 것으로 예상되는 변수를 선정하여 표본의 수를 결정하는 방법 등을 고려해 볼 수 있다. 둘째, 모집단이 특정 집단으로 제한되어 있을 경우 적용하기 어려우며, 이때에는 교정 표본크기 n/I를 사용하는 것이 좋다. n은 계획된 표본 수이며, I는 해당 집단의 모집단에 대한 구성비율을 나타낸다(이군희, 2001). 예를 들어, 표본의 수 결정방법을 통하여 비사대 출신의 교사를 300명 조사해야 한다고 할 때 전체 교사 집단에서 이들이 차지하는 비율이 30%라고 한다면 300/.3=1,000명이 적절한 표본크기라고 할 수 있다.

연습문제

01 다음 단어를 설명하시오.

모집단	전수조사
표본	표집
표집단위	표집목록(틀)
표집비율	확률적 표집방법
비확률적 표집방법	난수표
단순무선표집	층화표집
군집표집	층화군집표집
비율표집	비비율표집
행렬표집	목적표집
편의표집	할당표집
스노우볼표집	무선할당
대응집단	균형집단

02 단순무선표집의 예를 들고 난수표에 의하여 표본을 추출하시오.

03 층화표집의 예를 들되 계층을 명확히 밝히고 표집계획을 세우시오.

04 군집표집의 예를 들고 표집계획을 세우시오.

05 층화군집표집의 예를 들고 표집계획을 세우시오.

06 층화표집과 군집표집의 차이점과 각각의 장단점을 설명하시오.

07 층화군집비율표집의 예를 들고 설명하시오.

08 2단계 층화군집표집의 예를 들고 설명하시오.

09 단순무선표집과 무선할당이 연구의 타당성에 어떤 영향을 주는지를 설명하시오.

10 표집이 실시된 연구를 찾아 표집방법의 적절성을 검토하고 수정하시오.

Part 3

측정 및 검사

Chapter

7 측정

연구를 수행하기 위해서 연구자는 먼저 연구대상의 특성을 알아야 한다. 연구대상의 특성은 연구의 독립변수 혹은 종속변수가 되므로 연구자는 이 변수들을 측정하여야 한다. 연구를 위하여 측정하는 연구대상의 특성은 가시적인 경우도 있으나, 비가시적인 경우가 대부분이다. 특히 인간을 대상으로 하는 연구는 대부분 비가시적인 특성을 측정하는 것이다. 이러한 비가시적 특성은 검사도구를 사용하여 측정하여야 한다. 연구가 체계적이고 과학적으로 진행되었다 하더라도 연구에서 분석하는 변수를 제대로 측정하지 않았다면, 기대하는 연구결과를 얻기 어려울 뿐 아니라 연구의 타당성도 잃게 된다.

이 장에서는 측정과 측정절차 및 측정을 위한 척도에 대해 설명한다.

1 정의

연구를 통하여 이론을 전개할 때 주관적인 판단은 과학성을 상실하게 하며, 연구결과를 주관적인 언어로 표현하는 것은 의사소통의 문제를 유발시켜 연구결과를 공유하기 어렵게 한다. 개인교수법이 학업성취도를 높인다고 할 때 얼마만큼 높이는지, 학력과 수입이 상관이 있다면 어느 정도의 상관이 있는지를 구체적으로 설명할 필요가 있다. 일반적으로 사물의 특성뿐 아니라 연구의 결과를 수로 표기할 때 언어적 표현에 따르는 모호성과 막연성을 배제하고 판단에 따르는 오해를 줄일 수 있다. 이처럼 인간이나 사물의 특성을 구체화하기 위하여 수를 부여하는 절차를 **측정**(measurement)이라고 한다.

2 측정절차

연구대상의 속성인 변수를 측정하기 위해서는 단계적인 의사결정 절차가 필요하다. 측정 절차가 체계적이고 과학적이라야 수집된 자료가 타당하고 신뢰로울 수 있으며 연구결과도 타당하게 된다. 그러므로 연구자는 연구를 시작하기 전에 무엇을 어떻게 측정하여야 하는가를 항상 염두에 두고 연구를 진행하여야 한다. 따라서 측정이 불가능한 속성에 대해서는 양적연구를 하기 어렵다. **측정의 일반적인 절차**는 다음과 같다.

첫째, 무엇을 측정할 것인지를 결정한다.
둘째, 어떤 방법으로 측정할 것인지를 결정한다.
셋째, 어떻게 수를 부여할 것인지를 결정한다.

무엇을 측정할 것인가는 연구에서 관심을 가지는 연구대상의 특성이 된다. 즉, 유아의 어휘 능력이라든가 서울에 거주하는 성인 남녀의 사회문제에 대한 인식 등과 같은 연구대상의 속성이 양적연구에 있어서 변수가 될 수 있다. 무엇을 측정할 것인가가 결정되면 어떤 방법으로 측정할 것인지, 즉 계기로 측정할 것인지 질문지나 검사도구를 사용할 것인지 혹은 관찰을 할 것인지를 결정해야 한다. 연구에서 관심을 가지는 속성을 측정하는 도구가 없으면 연구자가 직접 측정도구나 검사도구를 제작해야 한다. 그러므로 연구자는 연구를 시행하기 전에 연구를 위하여 사용할 측정도구나 검사가 있는지를 점검해 보는 것이 바람직하다.

계기를 사용할 경우에는 주어진 측정단위가 존재하므로 수를 부여하는 데 문제가 없다. 그러나 측정을 위하여 질문지나 검사도구를 사용하거나 관찰을 할 경우에는 수를 부여하는 원칙을 결정하여야 한다. 연구대상의 인식이나 태도를 측정할 때 몇 문항으로 측정할 것인지 그리고 이때 각 문항은 '예/아니요' 혹은 몇 단계의 Likert 평정척도를 사용할 것인지를 결정하고 각 단계에 어떤 점수를 부여할 것인지를 결정해야 한다.

관찰의 경우 분류방법이나 행위에 점수를 부여하는 규칙을 결정하여야 한다. 수를 부여하는 방법의 일관성이 결여되면 타당하고 신뢰로운 연구결과를 얻을 수 없다. 기존에 사용하고 있는 검사나 측정도구를 사용한다고 하여도 그 도구가 일관성 있게 측정하고 있는지를 검증하여야 한다. 예를 들어, 검사불안에 대한 연구를 할 때 현재 사용하고 있는 검사불안에 대한 검사도구가 있다면 이 검사도구가 본 연구를 위하여 타당하고 신뢰로운 검사도구인지 확인하여야 한다.

3 측정단위

1) 척도의 종류

연구의 관심이 되는 변수의 특성을 측정하기 위해서는 먼저 수를 부여하는 규칙을 수립하여야 한다. 수를 부여하는 규칙을 측정단위라고 하고 이 측정단위를 **척도**(scale)라고 한다. 연구에서 일반적으로 사용되는 척도는 명명척도, 서열척도, 등간척도, 비율척도, 절대척도로 구분된다.

명명척도(nominal scale)는 사물을 구분하기 위하여 이름을 부여하는 척도로서, 연구에서는 일반적으로 독립변수를 측정하기 위하여 사용된다. 명명척도의 예로 성별, 직업, 거주지역을 들 수 있으며, 이는 질적변수에 속한다. 명명척도는 조사연구를 위하여 연구대상의 개인정보를 측정할 때 주로 사용된다.

서열척도(ordinal scale)는 사물이나 사람의 속성에 대하여 상대적 서열을 표기하는 척도로서, 서열척도의 예로 키순서, 성적 등위 등을 들 수 있다. 일반적으로 연구자는 연구에서 사용되는 변수들의 원자료 정보를 가지고 있으므로 원자료를 사용하여 자료를 분석하고, 원자료를 서열척도로 변환하여 분석하는 경우는 드물다. 원자료를 서열척도로 변환하여 분석하면 원자료가 지니고 있는 정보를 상실할 가능성이 크기 때문이다.

조사연구 시 인식이나 태도를 측정하고자 할 경우에 사용되는 Likert 척도는 서열척도로 분류된다. 만약 연구자가 인식이나 태도를 한 문항의 Likert 척도로 측정하였다면 이는 서열척도에 해당되며 질적변수 혹은 범주변수로 분류된다. 한 문항에 의한 측정치를 연속 점수로 보기에는 무리가 있으므로, 범주변수로 간주하는 것이다.

등간척도(interval scale)는 연구에서 빈번히 사용되는 척도로서 절대 영점이 아닌 가상적 영점과 가상적 측정단위를 가지고 있으며, 측정단위 간에 등간성이 유지되는 척도이다. 온도의 경우를 예로 들면 0℃는 온도가 없는 것이 아니고 물이 어는 온도를 0℃로 하자는 합의에 따라 임의적으로 영점이 된 것이므로 0℃는 가상적 영점이다. 또한 49℃에서 50℃까지의 1℃는 100℃에서 101℃까지의 1℃와 같으므로 측정간격이 동일한 등간적인 특성을 지닌다. 학업성취도 점수, 특정한 태도나 인식점수 등이 등간척도의 대표적인 예다. 사회과학 연구에서는 등간척도인 점수가 종속변수로 자주 사용된다. 앞에서 Likert 척도는 기본적으로 서열척도라고 하였으나 Likert 척도를 이용한 다수의 문항으로 연구대상의 태도나 인식을 측정하였을 경우에는 평균이나 총점으로 환산하는 것이 가능하기 때문에 등간척도인 양적변수로 간주한다.

비율척도(ratio scale)는 절대 영점을 갖고 측정단위 간에 등간성을 유지하며 측정단위가 가상적인 척도다. 비율척도의 예로는 길이와 무게를 들 수 있다. 길이가 0cm라는 것은 길이가 존재하지 않음을 의미하며, 1cm와 2cm 사이의 간격이나 59cm와 60cm 사이의 간격은 같다. 0cm는 길이가 없는 것이라는 사실에 이견이 있을 수 없으므로 이를 절대 영점이라고 한다. 또한 1cm나 1inch는 사회적 합의에 의하여 결정된 단위이므로 가상적 단위다. 비율척도는 체육학이나 물리학 등의 연구에서 주로 사용된다.

절대척도(absolute scale)는 영점이 절대 영점이며 측정단위도 절대 단위다. 사람 수, 자동차 수 등이 절대척도의 예다. 자동차 수를 말할 때 0은 없음을 말하고 한 대, 두 대의 단위에 대하여 모든 사람이 별도의 합의를 할 필요가 없다.

척도 분류는 경우에 따라 엄격하게 구분되지 않는 경우도 있다. 예를 들어, 합격과 불합격은 명명척도이나 이는 실질적으로 점수라는 등간척도를 특정 점수를 기준으로 하여 인위적으로 양분한 척도이므로 변수의 원래 특성은 등간척도다.

사회과학 연구에서는 종속변수가 어떤 변수이며 어떤 척도로 측정하였느냐에 따라 자료분석 방법이 달라진다. 예를 들어, 학교 도서관의 물리적 시설에 대한 만족도를 조사할 때 다음과 같은 Likert 척도를 사용할 수 있다.

	매우 불만	불만	보통	만족	매우 만족
조명시설					
환기시설					
문헌검색과정					

이 Likert 척도는 5단계 척도로서 이를 3단계, 7단계 혹은 9단계로 할 수 있다. Likert 척도에서는 연구대상들의 느낌을 쉽고 일관성 있게 표현할 수 있도록 단계를 설정하여야 한다. 동의 정도나 빈도를 묻기 위한 5단계 Likert 척도를 사용할 때 일반적으로 다음과 같이 서술한다.

전혀 동의하지 않는다	동의하지 않는다	그저 그렇다	동의한다	매우 동의한다

전혀 그렇지 않다	그렇지 않다	그저 그렇다	그렇다	매우 그렇다

Likert 척도의 각 단계는 등간성을 지니지 않는다. '매우 불만'과 '불만' 사이의 간격은 '불만'과 '보통' 사이의 간격과 같지 않기 때문이다. 그러므로 Likert 척도는 등간척도가 아닌 서열척도로 분류된다. 예를 들어, 도서관의 만족도를 한 문항으로 물었을 경우에는 서열척도로 측정된 범주변수가 된다. 이 경우 학부생과 대학원생이 느끼는 만족도를 연구한다면 〈표 7-1〉과 같다.

표 7-1 학부생과 대학원생의 도서관에 대한 만족도

	학부생	대학원생
매우 만족		
만 족		
보 통		
불 만		
매우 불만		

이 경우는 학부생 중 도서관에 '매우 만족', '만족', '보통', '불만', '매우 불만'에 응답하는 비율이 대학원생의 비율과 같은지를 비교하게 된다. 따라서 종속변수는 범주변수로 고려되어 χ^2 검정을 하게 된다.

그러나 도서관의 만족도를 묻는 문항이 다수의 문항으로 구성되었을 때, '매우 불만'을 1점, '매우 만족'을 5점으로 부여하여, 각 학생들의 도서관에 대한 만족도 점수를 계산할 수 있게 된다. 여러 문항으로 측정된 도서관에 대한 만족도 점수는 등간척도로 간주되어 양적변수로 볼 수 있다. 그러므로 이 경우 학부생과 대학원생의 도서관에 대한 만족도 비교는 두 독립표본 t검정을 통해 분석하게 된다. 예를 들어, 도서관의 도서대출 절차에 대한 만족도를 학부생과 대학원생에게 조사한 결과는 〈표 7-2〉와 같다.

표 7-2 도서관 도서대출 절차에 대한 학부생과 대학원생의 만족도 비교

		학부생	대학원생
매우 만족	(5)		50
만 족	(4)		
보 통	(3)	100	
불 만	(2)		
매우 불만	(1)		50
		100	100

〈표 7-2〉는 도서관 도서대출 만족도를 묻는 질문으로 학부생 100명은 모두 '보통'이라고 응답하였으나 대학원생은 '매우 만족'이 50명, '매우 불만'이 50명으로 다른 응답을 보이고 있다. 그럼에도 불구하고 '매우 불만'에 1점을 주고 '매우 만족'에 5점을 부여하여 두 집단 간의 점수를 비교하면 평균점수가 3점으로 같아 만족도에 있어 동일한 반응을 보이는 것으로 분석된다. 그러나 엄연히 학부생과 대학원생의 반응은 다르다. 그러므로 위 예에서와 같이 Likert 척도를 사용한 한 개의 문항에 대한 평균 비교는 잘못된 것이다. 만약, 도서관의 만족도를 묻는 질문이 5문항으로 구성된 질문지를 사용하였다면 응답자의 도서관에 대한 만족도 점수는 5점에서 25점이 된다. 이런 경우, 도서관에 대한 만족도 점수는 등간척도에 의해 측정되어진 양적변수로써 학부생과 대학원생의 만족도의 평균 차이를 비교하는 두 독립표본 t 검정을 사용한다.

지금까지 설명한 척도들의 주요 특징을 요약하면 〈표 7-3〉과 같다.

표 7-3 척도에 따른 주요 특성

척도	명명척도	서열척도	등간척도	비율척도	절대척도
특징	대상의 특성을 구분	대상의 특성에 대한 상대적 위치를 판단	임의영점, 임의단위, 가감만 가능	절대영점, 임의단위, 가감승제 가능	절대영점, 절대단위, 가감승제 가능
예	성별, 거주지, 종교	석차, 최종학력	온도, 지능점수	체중, 신장	사람 수, 결석일 수
주요 통계량	빈도, 비율, 최빈값	명명척도 통계량, 백분위, 사분위, 중앙값	서열척도 통계량, 평균, 표준편차	모든 통계량	모든 통계량
분석방법	χ^2 검정	명명척도 분석방법, 순위상관	대부분의 방법 적용	모든 통계방법	모든 통계방법

2) 척도의 구성

(1) Thurstone의 유사동간법

Thurstone의 **유사동간법**(method of equal-appearing intervals)은 Thurstone과 Chave(1929)가 정신물리학의 방법을 태도측정에 적용하면서 유래된 척도제작법이다. 유사동간법은 주어진 진술문을 판단하는 평정자가 진술문 간의 동간성을 판단할 수 있다는 것을 전제로 한다. Thurstone은 개인의 태도를 부정과 긍정 사이에 놓여 있는 심리적 연속체로 보고 이들 연속체의 길이를 척도화시켜 측정하려 하였다. 그는 태도를 나타내는 연속선상에서 사람들이 어디에 위치하고 있는지를 파악하게 되면 사람들의 태도를 순위나 거리로 비교할 수 있다고 생각하였다. 즉, 어떤 특성에 대해 다수의 의견을 수집하고 이것을 전문가에게 평정하도록 하면 그 평정값은 어떤 값의 근처에 높은 확률적 밀도로 분포되기 때문에 그 대표값을 척도값으로 정하게 되면 타당성 있는 척도값이 될 것이고, 동일한 간격으로 펼친 의견을 모아 척도를 구성하면 일정한 단위를 가진 등간척도가 구성될 수 있다고 판단하였다.

척도를 구성하는 절차는 다음과 같다.

첫째, 특정 문제에 대한 의견을 가능한 한 많이 수집한다. 진술문은 긍정적, 중립적, 부정적 의견을 모두 포함해야 하며 100~150개 정도의 진술문을 수집하는 것이 좋다.

둘째, 평정 경험이 있는 대학원생, 교수, 연구원들로 구성된 평정자 그룹을 선정한다. 평정자는 30~50명 정도가 적절하다.

셋째, 평정자로 하여금 객관적인 입장에 서서 각 진술문이 11단계(부정-긍정) 중 어느 단계에 해당되는지 판단하도록 한다.

넷째, 척도값으로 사용할 중앙값과 사분위편차를 계산한다.

다섯째, 최종진술문을 선택한다. 중앙값이 높은 것부터 낮은 것의 순서로 배열한 후 중앙값의 간격이 비슷하고 사분위편차의 범위가 작으면서 유사한 진술문을 최종 진술문으로 선택한다. 최종 척도에 포함되는 진술문은 20~30개 정도가 적절하다.

황정규(1996)가 Thurstone의 유사동간법을 사용하여 개발한 척도의 예는 〈표 7-4〉와 같다(박도순, 2001, 재인용).

표 7-4 Thurstone의 유사동간법을 사용한 척도구성의 예: 전쟁에 대한 척도

진술문	중앙값	사분위 편차
16. 전쟁을 일으키는 사람은 정신이상자들이다.	10.6	.8
1. 전쟁은 약한 인간을 비참하게 만든다.	10.3	.9
7. 무어니 무어니 해도 전쟁이란 아무 정당성이 없는 것이다.	9.7	.9
3. 전쟁이란 승리자에게도 이득보다 손실이 많다.	9.3	.9
17. 전쟁이 일어나지 않기를 바랄 뿐이다.	9.0	1.5
…… (중략) ……		
2. 전쟁 없이 인간의 발전을 기대하기는 어려운 일이다.	4.0	.8
8. 전쟁은 인구의 조절과 문화의 새로운 형태를 가져온다.	3.8	1.0
6. 치열한 생존경쟁을 완화시키는 유일한 방법이 전쟁이다.	3.3	1.0
5. 전쟁은 인류평화를 위한 하나의 전제조건이다.	3.1	.8
15. 사람들이 왜 전쟁을 싫어하는지 그 이유를 알 수 없다.	2.6	1.1

유사동간법에 의해 측정되어진 각 개인의 태도 점수는 심리적인 연속선상에서의 위치에 따라 긍정적인지, 중립적인지, 부정적인지에 대한 절대적 해석을 제공한다.

Thurstone의 유사동간법은 인간의 태도를 체계적으로 측정하는 데 많은 기여를 했지만 몇 가지 한계를 지니고 있다. 첫째, 평정자의 태도와 판단이 독립적이어야 한다는 비현실적인 가정에 기초하고 있다. 둘째, 평정자와 응답자가 느끼는 과제가 다르기 때문에 연구자가 의도한 속성 이외의 변수들이 개입될 가능성이 있다. 셋째, 척도의 일차원성에 대한 증거를 확보하기 어렵다. 넷째, 척도의 양극단에 놓여 있는 문항들의 영향으로 동간성을 지닌 척도를 구성하기 어렵다. 다섯째, 많은 수의 평정자들의 판단을 기초로 각 문항에 대한 척도값을 계산해야 하므로 많은 시간과 비용, 노력이 요구된다.

(2) Likert의 종합평정법

Likert(1932)에 의해 개발된 **종합평정법**(method of summated rating)은 태도의 연속선상에서 개인의 태도가 어느 위치에 있는지를 파악하기 위한 것으로 측정하려는 정의적 특징을 여러 단계로 분류하여 척도를 구성하며 주로 5점 척도가 많이 사용된다. Likert 척도의 예는 〈표 7-5〉와 같다.

표 7-5 Likert 척도의 예

자아존중감 척도

	전혀 그렇지 않다	그렇지 않다	보통이다	그렇다	매우 그렇다
1. 나는 내 자신이 가치가 있다고 생각한다.	______	______	______	______	______
2. 나는 훌륭한 자질을 갖추었다고 생각한다.	______	______	______	______	______
3. 나는 내 자신에 대해 긍정적인 생각을 가지고 있다.	______	______	______	______	______
4. 나는 내 또래의 다른 아이들에게 인기가 있다.	______	______	______	______	______
5. 나는 학교 생활을 잘한다고 생각한다.	______	______	______	______	______
6. 나는 다른 친구들을 부러워한다.	______	______	______	______	______

〈표 7-5〉 Likert 척도에서는 응답자에 대한 몇 개의 문항을 합하거나 평균을 계산하여 분석할 수 있다. 이러한 이유 때문에 Likert 척도를 총합평정척도라 하기도 한다. 총합평정척도를 사용할 경우 연구자는 높은 점수가 그러한 특성이 높은 것을 의미하도록 유의해야 한다. 예를 들어, 앞의 자아존중감 척도의 예에서 다른 문항들은 점수가 높을수록 자아존중감이 높은 것을 의미하지만 6번 문항은 점수가 높을수록 오히려 자아존중감이 낮음을 의미한다. 따라서 합산을 할 때는 5점을 1점으로 바꾸고, 1점을 5점으로 바꾸어야 한다. 한편, 하나의 척도에 포함되는 문항들은 반드시 단일차원을 설명하는 개념이 되도록 구성하여야 한다. 서로 다른 특성을 설명하고 있는 문항들을 합산하여 분석하게 되면 그 결과에 어떠한 의미도 부여할 수 없기 때문이다.

Likert 척도는 제작과 자료처리가 쉬우며 응답자도 이해하기 쉬워 우편 조사, 전화 조사, 인터뷰 등 다양한 분야에서 사용되고 있다. 그러나 사람들마다 각 단계를 인식하는 정도가 다르며 동일한 점수를 받은 사람이 항상 동일한 특성의 사람들이라 하기 어렵다.

(3) Guttman의 척도분석법

Likert 척도에서는 개별 문항들에 동일한 가중치를 부여하여 단순 합산한 뒤 그 결과를 서열화하지만 Guttman(1944)의 **척도분석법**(scalogram analysis)은 척도에 포함된 개별 문항들을 서열화하여 누적하는 것을 특징으로 한다. Guttman은 일련의 문항에 대한 응답이 어떤 특정한 형태로 배열될 때 그 문항의 영역은 척도구성이 가능하다고 보았다.

Guttman 척도에서는 개별 문항 자체에 미리 서열성이 부여되었다는 것을 전제로 하기 때문에 문항을 배열할 때도 어떤 질문에 우호적으로 응답한 사람은 그 질문에 대하여 비우호적으로 응답한 사람보다 등위가 높도록 배열한다. 따라서 응답자의 등위나 평점에서 어떤 문항에 찬성하였는지 알 수 있다. Guttman 척도의 예는 〈표 7-6〉과 같다.

표 7-6 Guttman 척도의 예

쓰레기 처리장 설치에 대한 서울시민들의 인식조사

	찬성	반대
(1) 쓰레기 처리장이 서울에 있는 것을 어떻게 생각합니까?	______	______
(2) 쓰레기 처리장이 여러분이 속해 있는 구에 있는 것을 어떻게 생각합니까?	______	______
(3) 쓰레기 처리장이 여러분 동네에 있는 것을 어떻게 생각합니까?	______	______
(4) 쓰레기 처리장이 여러분 집 옆에 있는 것을 어떻게 생각합니까?	______	______

앞의 예에서 문항 간에 위계가 있기 때문에 세 문항에 찬성이라고 응답한 사람은 (1)~(3)까지를 찬성하였으리라고 짐작할 수 있다. 따라서 응답자가 몇 문항에 응답했는지, 즉 몇 점인지를 알게 되면 응답자가 어느 정도 긍정적인지를 파악할 수 있는 장점을 갖는다. 이 방법에서는 점수에 기초하여 단일 차원의 순위 결정이 가능해지므로 개인 간의 인식의 차이뿐 아니라 집단 간의 인식의 차이도 쉽게 비교할 수 있다. 그러나 단일 차원성을 갖는 문항들을 찾기가 어렵기 때문에 실제에서 자주 적용되지는 않는다.

(4) Osgood의 의미분석법

의미분석법(semantic differential method)은 Osgood(1957)이 제안한 방법으로 사물, 인간, 사건 등에 대한 개념이나 느낌을 양극의 뜻을 갖는 대비되는 형용사군으로 만들어서 의미를 측정하는 방법이다. 이 방법은 응답자의 태도나 특성 파악, 제품의 비교 연구, 특정 회사나 개인에 대한 평판 조사 등 많은 분야에서 다양한 형태로 사용되고 있다. 특히, 미국에서는 정치문제에 대한 의견이나 정치인에 대한 느낌을 묻는 데 많이 사용되었다.

의미분석법을 이용하여 학교건물에 대한 느낌을 묻는 방법의 예는 〈표 7-7〉과 같다. 〈표 7-7〉은 학교에 대한 느낌을 4개의 의미 공간에서 측정하기 위하여 각 의미에서 대비되는 형용사를 양극단에 위치시키고 이를 7단계로 나누어 해당하는 칸에 표시하도록 하는 형태다.

표 7-7 의미분석법의 예

학교건물에 대한 인식

a. 나쁘다	___	___	___	✓	___	___	___	좋다
b. 더럽다	___	✓	___	___	___	___	___	깨끗하다
c. 고전적이다	___	___	✓	___	___	___	___	현대적이다
d. 불편하다	___	___	___	✓	___	___	___	편리하다

의미분석법에서는 7점 척도를 주로 사용하며 문항별 평균이나 중앙값을 계산하여 비교하는 프로파일 분석을 주로 사용한다. 이러한 방법은 대상들 간의 차이점이나 유사성을 파악하는 목적으로도 유용하게 사용될 수 있다. 평균값을 비교한다는 측면에서 등간척도로 간주될 수 있으나 형용사적인 표현에 기초하여 평가를 내리므로 서열척도의 측면도 가지고 있다.

Osgood은 평가차원, 능력차원, 활동차원 등 3차원의 의미공간을 제안하였으며 각 차원의 의미분석에 사용되는 형용사군은 〈표 7-8〉과 같다.

표 7-8 의미분석에 사용되는 형용사군의 예

의미공간	평가차원	능력차원	활동차원
형용사군	좋은-나쁜, 깨끗한-더러운, 밝은-어두운, 귀한-천한, 중요한-하찮은, 진실된-거짓된, 친절한-불친절한, 새로운-낡은, 유쾌한-불쾌한	큰-작은, 강인한-허약한, 높은-낮은, 유능한-무능한, 무거운-가벼운, 깊은-얕은, 굵은-가는, 똑똑한-어리석은	빠른-느린, 능동적-수동적, 적극적-소극적, 예민한-둔감한, 뜨거운-차가운, 복잡한-단순한, 남성적-여성적, 진취적-보수적

의미분석법과 유사한 방법으로 네덜란드의 Stapel이 제안한 척도구성법이 있다. 이는 한 가지 개념에 대하여 0점이 없는 -5점에서 +5점까지의 10점 척도로 측정할 수 있도록 구성된 척도다. 높은 점수는 해당되는 항목에 대해 긍정적으로 표현한 것을 의미하며 낮은 점수는 해당되는 항목에 대해 부정적으로 표현한 것을 의미한다. **Stapel 척도의 예**는 〈표 7-9〉와 같다.

표 7-9 Stapel 척도의 예

학교건물에 대한 인식										
-5	-4	-3	-2	-1	깨끗함	+1	+2	+3	+4	+5
-5	-4	-3	-2	-1	편리함	+1	+2	+3	+4	+5

이 척도는 두 개의 상반된 형용사적인 표현을 구성하기 위하여 연구자들이 고민할 필요가 없다는 장점을 갖는 반면, 다양한 문제에 적용하기 어려운 단점을 지닌다.

(5) 척도 구성 시 고려사항

Likert 척도, 의미분석 척도, Stapel 척도와 같은 평정척도들은 연구목적과 연구대상의 특성에 따라 매우 다양한 형태로 변형될 수 있지만 **척도를 구성할 때는 다음과 같은 점들을 고려**해야 한다.

첫째, 몇 단계 척도를 사용할 것인가와 관련된 문제로서 이는 측정하고자 하는 특성과 연구대상의 수준, 자료수집과 분석 방법에 따라 달라질 수 있다. 예를 들어, 구분이 어려운 정의적 행동특성이나 나이가 매우 어린 집단이라면 단계의 수가 작은 것이 좋으며 전문가 집단이나 특성의 구분이 세부적으로 가능한 경우에는 단계의 수가 많은 것이 좋다. 한편, 전화조사에서는 단계의 수를 작게 하는 것이 응답자의 혼란을 줄일 수 있으며 분석방법에 있어서도 각 문항에 대한 점수를 합산하여 집단 간 비교를 실시하고자 할 경우에는 5점 척도면 충분하지만, 문항별, 응답자별 측정결과를 이용하여 더 자세한 분석이 이루어져야 한다면 범주의 수가 많은 것이 좋다. 척도에 포함되는 범주 수에 따른 표현의 예는 〈표 7-10〉과 같다.

표 7-10 척도에 따른 표현의 예

척도	표현
2단계	예/아니요, 찬성/반대
3단계	찬성/중립/반대
4단계	정도 : 매우 찬성/찬성/반대/매우반대 빈도 : 항상/자주/거의/전혀
5단계	정도 : 매우 찬성/찬성/중립/반대/매우 반대 빈도 : 항상/자주/가끔/거의/전혀
6단계	매우 찬성/찬성/약간 찬성/약간 반대/반대/매우 반대
7단계	매우 찬성/찬성/약간 찬성/중립/약간 반대/반대/매우 반대

둘째, 중립적인 의미의 범주를 척도에 포함시킬 것인지의 여부와 관련된 문제로서 중립적인 범주를 포함시키면 불성실한 응답을 유도할 가능성이 커지고, 포함시키지 않으면 찬성 혹은 반대를 결정하기 위하여 한 번 더 생각하도록 한다는 연구자들도 있으나 결과는 일치하지 않는다. 중립적인 태도를 나타내는 응답자가 거의 없을 것으로 예상되거나 특정 정책에 대한 의사결정을 위하여 긍정적 혹은 부정적 의견 중 하나를 선택하도록 하고 싶을 때는 중간 단계가 없는 4단계, 6단계 등의 짝수 척도를 사용할 수 있다. 그러나 중간 단계를 포함시키거나 4단계와 6단계의 척도를 사용할 경우 서열척도이기는 하지만 등간성이 유지되고 있는지를 검토하여야 한다.

셋째, 긍정적인 범주와 부정적인 범주의 비율과 관련된 문제로서 긍정적인 범주와 부정적인 범주의 수가 같은 경우의 척도를 **균형 척도**(balanced scale)라 하고, 같지 않은 경우의 척도를 **불균형 척도**(unbalanced scale)라 한다. 객관적인 측정을 위해 균형 척도를 사용하는 것이 일반적이지만 응답자의 응답이 어느 한쪽으로 치우친 분포를 가지고 있다는 사실이 알려져 있는 경우에는 이에 맞는 불균형 척도를 사용하는 것이 더 적절할 수 있다. 불균형 척도를 사용했을 때에는 분석과정에서 이에 대한 교정이 이루어져야 한다.

넷째, Likert 척도에서 역코딩이 필요한 부정문항의 포함 여부와 관련된 문제로서 응답의 편파성을 방지하기 위해 긍정문항과 부정문항을 혼합해서 척도를 구성해야 한다는 주장(Anastasi, 1982; Nunnally, 1978; Spector, 1992; Tepper & Tepper, 1993)들이 있는가 하면, 부정 문항의 유형에 따라 그 효과가 다르게 나타난다고 보고하는 연구도 있다(Pillotte, 1991). 부정문항은 긍정문의 어미에 '~하지 않는다'와 같은 부정어미를 붙여 명백하게 반대의 의미를 가지는 **명시적 부정문항**(explicit negation items)과 의미적으로 반대의 의미를 가지는 **암묵적 부정문항**(implicit negation items)으로 구분될 수 있는데 암묵적 부정문항들의 경우 원래 의도했던 것과 다른 새로운 요인을 형성한다는 연구결과들이 있다(Pillotte, 1991; 김아영, 김세영, 2003). 그러므로 암묵적 부정문항을 척도에 포함시킬 때에는 신중을 기해야 할 것이다. 명시적 부정문항과 암묵적 부정문항의 예는 〈표 7-11〉과 같다.

표 7-11 긍정문항과 부정문항의 예

구성요인	긍정문항	명시적 부정문항	암묵적 부정문항
다정함	• 부드럽다 • 상냥하다 • 인정이 많다 • 다정다감하다	• 부드럽지 않다 • 상냥하지 않다 • 인정이 많지 않다 • 다정다감하지 않다	• 거칠다 • 퉁명스럽다 • 냉정하다 • 무뚝뚝하다

다섯째, Likert 척도에서 '잘 모르겠음', '의견 없음' 등의 범주를 척도에 포함시킬 것인지의 여부와 관련된 문제로서 이러한 범주들이 포함되지 않은 척도에서 실제 의견이 없는 응답자는 중간에 응답을 하게 될 것이고, 이러한 피험자들이 많다면 분산이 작아지게 되어 결국 잘못된 연구결과를 초래할 수 있다. 따라서 의견이 없는 응답자가 많을 것으로 예상될 때에는 이러한 범주들을 척도에 포함시켜야 측정의 정확성을 높일 수 있다.

3) 지수의 구성

사회과학에서 다루는 개념들은 직접적으로 측정하기 어려운 특성이 대부분이므로 그런 개념들을 나타내는 지표(indicator)나 지수(index)들을 이용하여 간접적으로 측정하게 된다. **지표**는 한 체제(system)의 조건과 변화에 대한 간결하고 포괄적이며 균형 있는 판단을 제공하기 위한 통계치다. 이때 학력, 월소득, 가구 수와 같은 개념들은 단일 지표를 통해 측정될 수 있지만 사회경제적 지위, 복지의식, 생활 만족도, 서비스 만족도 등의 특성은 단일 지표를 통해 측정될 수 있는 개념이 아니다. 예를 들어,

사회과학연구에서 많이 다루는 개념인 Duncan의 사회경제적 지위(Socio-Economic Status: SES)는 교육수준, 소득, 직업 등의 지표들을 합성하여 측정되어진 개념이다. Hollingshead의 사회적 지위 **지수**(Index of Social Position)는 직업과 교육수준으로 합성된 2요인 지수와 직업, 교육수준, 주거로 구성되는 3요인 지수를 사용하고 있다. 이와 같이 두 개 이상의 항목이나 지표들로 합성되어 측정되어진 개념을 지수(index)라 한다. 사회과학에서 다루어지는 주요 개념들을 측정하는 지수들의 예와 각 지수의 구성, 신뢰도와 타당도 및 장단점은 Miller와 Salkind(2002)의 책에 소개되어 있다.

척도와 지수를 구분하는 기준은 명확하지 않으나, 지수는 소비자 물가 지수와 같이 비교적 경험적이고 객관적인 지표들을 다루는 반면, **척도**는 직업 만족도와 같이 사람들의 생각이나 내면적인 태도 등에 대한 항목이나 지표들을 합성한 것을 의미하는 경향이 있다(김영종, 1999).

Nachmias와 Nachmias(1981)는 지수를 구성하기 위하여 목적에 대한 정의, 자료 유형의 선택, 기준대상의 선택 그리고 합산방법의 선택을 **고려**하여야 한다고 제안하였다.

첫째, 목적에 대한 정의는 무엇을 측정하려고 하는지, 개발된 측정도구는 어떻게 사용될 것인지, 개별 지표들이 각기 어떤 목적으로 지수에 포함되는지 등에 대해 명확히 규정하여야 함을 의미한다.

둘째, 자료 유형의 선택은 지수 구성의 목적과 연구 방법 등에 기초하여 어떤 방법으로 자료를 수집할 것인지를 결정하여야 함을 말한다. 관찰이나 설문조사와 같은 직접적인 방법에서부터 기존 자료의 활용에 이르기까지 다양한 방법들이 채택될 수 있다.

셋째, 기준대상의 선택과 관련된 문제로서, 지수는 비교의 목적을 위해 비율이나 백분율의 형태로 표시하는 것이 일반적이다. 이때 어떤 대상을 기준으로 산출하느냐에 따라 그 값이 달라지므로 적절하고 일관성 있는 기준점을 선택하는 것이 중요하다.

넷째, 개별 항목이나 지표들을 합성할 때 개별 항목들의 점수를 단순히 더할 수도 있고, 개별 항목의 중요도에 따라 가중치를 부여하여 합산할 수도 있다. 그러므로 지수의 구성 목적에 따라 적합한 합산방법을 선택하도록 하여야 한다.

연습문제

01 다음 단어를 설명하시오.

측정
명명척도
서열척도
등간척도
비율척도
절대척도
유사동간법
총합평정법
척도분석법
의미분석법

02 초등학교 3학년 학생들의 자아개념을 측정하기 위해서 어떤 척도를 사용할 것인지, 그리고 그 이유는 무엇인지를 설명하시오.

03 상관연구와 집단비교연구를 위해 어떤 척도를 사용해야 하는지 설명하시오.

04 척도와 지수의 차이점에 대해 설명하시오.

Chapter

8 검사

1 정의

측정의 대상은 직접 측정이 가능한 것과 간접 측정을 해야 하는 대상으로 구분된다. 인간이 지니고 있는 지적 능력과 정의적 행동 특성들은 내재된 것이므로 직접 측정이 불가능하다. 학업 능력, 도덕성, 가치관, 흥미, 성격 등을 그 예로 들 수 있다. 이와 같이 직접 측정이 불가능한 속성을 측정하기 위하여 사용되는 도구를 **검사**(test)라 한다.

2 종류

검사의 형태는 매우 다양하며 분류 기준도 다양하다. 이 책에서는 측정 내용, 사용 목적, 실시 방법을 중심으로 분류하여 설명하고자 한다.

1) 측정 내용에 따른 분류

검사는 측정하고자 하는 내용에 따라 **인지적 검사**(cognitive test)와 **정의적 검사**(affective test)로 구별된다. 인지적 검사는 지적인 능력을 평가하기 위한 검사로서, 지능검사, 적성검사, 성취도 검사 등이 여기에 속한다. 일반적으로 문항의 정답이 있고 시간제한이 있으며 피험자의 능력을 최대한 발휘할 것을 요구하기 때문에, **최대수행 검사**(maximum performance test) 혹은 **능력검사**(ability test)라고도 한다.

지능검사는 일반적인 지적 능력을 파악하기 위한 검사로 Stanford-Binet 검사와 Wechsler 검사 등이 대표적이다. **학업적성검사**는 미래행위의 성공가능성을 예측하기 위한 검사로서 General Aptitude Test Battery(GATB)와 SAT 등이 이에 해당된다. 한편, 학업성취도 검사는 개인의 지식, 기술, 성취의 현재 수준을 측정하기 위한 검사로서 SAT Subject Tests와 ACT 등이 대표적이다.

반면, 정의적 검사는 성격, 정서, 동기, 흥미, 태도, 가치 등을 측정하는 비인지적 검사로서 정답이 없기 때문에 외국에서는 '검사'보다는 '목록(inventory)'이라는 용어를 사용하지만 우리나라에서는 구분하지 않고 '~검사'라고 부르는 경우가 많다. 정의적 검사는 일반적으로 정답도 없고 시간제한도 없으며 자신의 일반적이고, 전형적인 행동을 선택하도록 한다는 면에서 **전형적 수행검사**(typical performance test)라고도 한다(전진수, 김완석, 2001).

정의적 특성을 측정하는 검사는 측정하는 특성에 따라 성격검사, 흥미검사, 태도검사 등으로 분류된다. **성격검사**는 개인의 독특한 성향이나 기질을 측정하기 위한 검사로서 성격유형검사(Myer-Briggs Type Inventory: MBTI), California 성격검사(California Psychological Inventory: CPI), 16성격요인검사(Sixteen Personality Factor Inventory: 16PF), 다면적 인성검사(Minnesota Multiphasic Personality Inverntory) 등이 있다. 한편, **흥미검사**는 사람들이 특정 분야에 대해 가지고 있는 흥미를 비교하기 위한 검사로서 Strong Campbell 흥미검사(Strong-Campbell Interest Inventory: SCII), Holland의 직업선호도 검사(Vocational Preference Inventory: VPI), Kuder 직업흥미검사(Kuder Occupational Interest Survey: KOIS), 미네소타 직업흥미검사(Minnesota Vocational Inventory: MVI) 등이 있다. **태도검사**는 특정 분야나 대상에 대한 태도 또는 의견을 측정하기 위한 검사로서 직업 만족도, 가치관 검사가 이에 해당된다.

한편, 성격검사는 측정 방법에 따라 자기보고식 검사와 투사적 방법에 의한 검사로 구분된다. **자기보고식**은 질문지나 성격 항목표를 이용해 자신의 특성을 응답하는 방법이며, **투사적 방법**은 비구조적인 과제를 제시하여 그들의 욕구, 경험, 내적 상태, 사고과정 등이 이러한 과제를 통해 드러나도록 하는 것이다. 투사적 방법은 개인들의 다양한 반응을 무제한으로 허용해 주기 위해 검사 지시 방법이 간단하고 일반적인 방식으로 주어지며 검사자극이 불분명하고 모호한 특징을 지니고 있으며, 이에 대한 피험자의 반응은 문장완성, 연상, 이야기의 형태로 나타난다. 대표적인 예로, Rorschach 잉크반점검사, 주제통각검사(TAT), 문장완성검사(SCT), 집-나무-사람검사(HTP) 등이 있다.

Rorschach **잉크반점검사**는 종이의 한 면에 잉크를 묻히고 반으로 접어 잉크반점을 만든 것을 검사자료로 제시하고, 피험자가 그 잉크 반점을 무엇이라고 생각하는지 이야기하도록 하여 그의 성격을 측정하는 방법이다. **주제통각검사**(Thematic Apperception Test: TAT)는 Murray의 욕구이론에 기초하여 Morgan과 Murray(1935)가 개발한 검사로서, 한 명 이상의 인물이 등장하는 흑백사진카드를 보여 주고, 현재 어떤 일이 일어났으며, 앞으로 일이 어떻게 진행될지, 그림 속에 있는 사람들의 감정은 어떤지, 이야기의 끝은 어떻게 되는지 등에 대한 이야기를 구성하도록 하여 평가하는 방법이다. 주제통각검사는 피험자가 이야기의 주인공과 동일시한다는 가정하에 결과해석에 있어서도 피험자의 갈등, 경험, 욕구 등이 이야기 반응에 투사된다고 가정한다. **문장완성검사**(Sentence Completion Test: SCT)는 피험자가 자신의 갈등 혹은 정서와 관련된 문장의 일부를 완성하는 검사로서 일반적으로 가족관계, 교우관계, 신체관계, 직장관계, 일반적인 대인관계, 감정, 일상생활태도 등과 관련된 영역을 측정한다. Rotter의 문장완성검사가 가장 보편적으로 사용되고 있으며, 검사문항을 구안하는 것이 어렵지 않기 때문에 상담자가 개별 피험자에게 적합한 검사를 직접 개발해 사용하기도 한다.

피험자에게 연필이나 크레용 등을 주어 종이 위에 무엇인가를 표현하도록 하는 검사를 **그림검사**라고 하며, 가장 많이 사용되는 그림검사는 피험자에게 일정한 과제를 부여하고 그와 관련된 그림을 그리게 하는 과제그림검사다. 예를 들어, **집-나무-사람검사**(HTP)는 집, 나무, 인물에 대한 그림을 통해 성격을 진단하는 과제그림검사다. 집-나무-사람 검사에 대한 해석은 전체적 평가와 구조적 분석 및 내용 분석 등으로 이루어진다. 전체적 평가는 그림의 전체적인 인상, 조화 여부, 구조 등을 평가하는 것이며, 구조적 분석은 그림을 그려나가는 순서, 그림의 위치, 크기, 음영, 생략 등을 통해 평가하는 것이고, 내용 분석은 무엇을 그렸는가를 중심으로 그림에서 이상한 부분, 강조된 부분의 의미를 분석하는 것이다.

이상에서 설명한 투사적 기법에 대한 반응의 종류는 매우 다양하기 때문에 검사를 시행하고 해석하기 위한 많은 훈련과 경험이 필요하다.

내용 영역에 따른 검사의 주요 특징과 대표적인 검사의 예는 〈표 8-1〉과 같다.

표 8-1 내용 영역에 따른 검사의 특징과 예

<table>
<tr><th>영역</th><th colspan="3">인지적 검사</th><th colspan="4">정의적 검사</th></tr>
<tr><td>특징</td><td colspan="3">• 최대수행검사: 최대한의 능력 발휘 요구
• 정답이 있음
• 시간제한 있음</td><td colspan="4">• 전형적 수행검사: 정직한 응답 요구
• 정답이 없음
• 시간제한 없음</td></tr>
<tr><td rowspan="2">분류</td><td rowspan="2">지능검사</td><td rowspan="2">학업적성검사</td><td rowspan="2">성취도 검사</td><td colspan="2">성격검사</td><td rowspan="2">흥미검사</td><td rowspan="2">태도검사</td></tr>
<tr><td>자기보고식</td><td>투사적</td></tr>
<tr><td>예</td><td>• Stanford-Binet 검사
• Wechsler 검사</td><td>• GATB
• SAT</td><td>• SAT Subject Tests
• ACT</td><td>• MBTI
• CPI
• 16PF
• MMPI</td><td>• Rorschach 잉크반점검사
• TAT
• SCT
• HTP</td><td>• SCII
• VPI
• KOIS
• MVI</td><td>• 직업 만족도 검사
• 가치관 검사</td></tr>
</table>

2) 사용목적에 따른 분류

검사는 사용목적에 따라 상대적 서열을 파악하기 위한 규준참조검사(norm-reference test)와 특정 준거를 기준으로 개인이 무엇을 얼마만큼 알고 있는지를 파악하기 위한 준거참조검사(criterion-reference test)로 구분할 수 있다.

(1) 규준참조검사

규준참조검사는 개인의 점수와 다른 사람의 점수와의 비교를 통해 해당 피험자가 상대적으로 어느 위치에 있는지를 밝히는 데 목적이 있다. 이때 비교 기준으로 사용되는 점수들을 규준점수라 하며, 규준점수는 모집단을 대표하는 표본에 기초하여 얻어진다. 예를 들어, 특정 분야에 대한 관심과 능력의 정도를 측정하기 위한 목적으로 치러지는 적성검사들의 경우 일반적으로 표본 집단이 각 분야에서 획득한 점수를 기초로 산출된 규준점수에 근거해서 적성이 높은 분야를 평가한다. 규준점수의 종류에 대해서는 '5. 표준화검사'에서 다루고자 한다.

(2) 준거참조검사

준거참조검사는 다른 사람들과의 상대적 비교에 목적이 있는 것이 아니라 기준이 되는 준거점수와 비교해서 개인의 능력을 평가하기 위한 검사다. 당락점수가 정해져 있는 간호사 시험, 약사 시험, 의사 시험, 운전면허 시험과 같은 자격증 시험이나 우리나라 초·중·고 학생들이 교육과정에서 규정하고 있는 교육목표를 어느 정도 달성했는지 파악하기 위한 국가수준 학업성취도 평가 등이 대표적인 준거참조검사라 할 수 있다. 준거점수는 검사의 목적에 따라, 검사를 실시하는 기관이나 조직의 특성에 따라 다르며 준거점수를 설정하는 방법도 다양하다. 규준적 준거설정 방법, 피험자 집단 특성 평가에 의한 절대적 준거설정 방법, 검사도구의 내용분석 평가에 의한 준거설정 방법 등이 있으며 각 방법에 대해서는 성태제(2019a)의 『현대교육평가(5판)』에 자세하게 설명되어 있다.

3) 실시방법에 따른 분류

(1) 속도검사와 역량검사

속도검사(speed test)는 정해진 시간 내에 얼마나 빠르고 정확하게 수행할 수 있는지를 측정하기 위한 것으로 손가락 및 손동작 검사, 계산 및 정확도 검사 등이 속도검사에 포함된다. 속도검사는 피험자의 숙련도를 측정하기 위한 것이므로 쉬운 문항으로 구성하는 것이 일반적이다. 반면, **역량검사**(power test)는 충분한 시간을 부여하여 최대한으로 능력을 발휘할 수 있게 하는 검사로서, 주로 어려운 문제들로 구성되며 숙련도보다는 문제해결력을 측정한다.

(2) 개인검사와 집단검사

개인검사는 한 사람씩 개별적으로 실시하는 검사인 반면, **집단검사**는 한 번에 여러

명에게 실시할 수 있는 검사를 의미한다. 개인검사의 예로 한국판 웩슬러 지능검사(K-WAIS), 일반직업적성검사(GATB), Rorschach 잉크 반점검사, 주제통각검사(TAT) 등이 있으며, 집단검사의 예로 선호도 검사(VPI), 미네소타 다면적 인성검사(MMPI), 성격유형검사(MBTI), 캘리포니아 심리검사(CPI), Army-α검사와 β검사 등이 포함된다.

개인검사에서는 피험자 개인의 필요에 맞게 검사를 실시할 수 있고, 검사 점수뿐 아니라 피험자의 태도에 대한 관찰 자료도 얻을 수 있으므로 개인에 대한 심층적이고 총체적인 분석이 가능하다. 반면, 집단검사는 검사시행과 채점이 쉬워 짧은 시간 동안 적은 비용으로 많은 사람들의 정보를 얻을 수 있는 장점이 있다. 개인검사로 실시할 것인지 집단검사로 실시할 것인지는 검사의 목적이나 성격 및 피험자의 발달수준에 따라 결정되어야 한다.

(3) 지필검사와 수행검사

지필검사(paper-pencil test)는 종이에 인쇄된 문항에 펜으로 응답하는 것으로써 가장 보편적으로 사용되고 있는 검사방식이다. MMPI, CPI, VPI와 같은 자기보고식 검사들과 운전면허 필기시험이 대표적인 예다. 최근 컴퓨터의 보편화와 인터넷의 확산으로 지필검사를 컴퓨터화 검사로 전환하는 기관들이 증가하고 있다.

수행검사(performance test)는 피험자가 가지고 있는 지식이나 기능을 나타낼 수 있도록 직접 산출물을 만들거나 행동으로 나타내도록 요구하는 검사방식이다. 한국판 웩슬러 지능검사(K-WAIS)의 블록디자인, 차례맞추기, 모양맞추기 검사와 운전면허 주행시험 등이 수행검사의 성격을 지니고 있다.

3 제작절차

연구를 위하여 검사도구를 제작하기란 쉽지 않다. 그러므로 기존에 사용되고 있는 표준화검사가 있으면 표준화검사를 사용하는 것이 연구의 질을 높이고 연구시간을 단축시킬 수 있는 방법이다. 그러나 표준화검사가 없거나 표준화검사가 있어도 연구의 목적에 부합되지 않으면 검사를 제작하여야 한다.

인지적 영역과 관련된 연구인 경우에는 지적 능력이나 적성을 측정하는 검사를, 태도나 인식, 가치관 등의 정의적 행동 측정에 관심을 두는 연구는 질문지를 사용한다. 인지 능력을 측정하는 검사는 정답을 가리는 형태의 문항들로 구성되나 정의적 행동 특성을 측정하는 검사 혹은 질문지는 평정법을 이용한 문항들로 구성된다. 즉, 연구에서 사용하는 변수의 특성에 따라 검사를 구성하여야 하며 변수의 특성에 따라 문항의 형태가 달라진다. 그러므로 다시 강조하지만 연구의 목적에 따라 가설이 구체화되어야 하며, 구체화된 가설은 변수의 특성을 나타내므로 변수의 특성에 따라서 문항의 형태도 달라져야 한다.

일반적으로 측정절차에 의한 **검사제작 절차**는 다음과 같다.

첫째, 무엇을 측정할 것인지를 결정한다.
둘째, 연구대상인 측정대상을 선정한다.
셋째, 어떤 형태의 척도로 측정할 것인지를 결정한다.
넷째, 응답소요 시간을 결정한다.
다섯째, 응답시간과 비례한 문항 수를 결정한다.
여섯째, 문항을 제작한다.
일곱째, 검사의 내용타당도와 문항제작 원리 적용 여부를 점검한다.
여덟째, 문항을 수정한다.
아홉째, 사전검사를 실시한다.
열째, 문항분석과 검사의 타당도와 신뢰도를 검증한다.
열한째, 문항을 수정 · 보완한다.
열두째, 검사를 완성한다.

연구의 목적이 명료해지면 무엇을 측정할 것인가가 뚜렷해진다. 측정 목적이 뚜렷해지면 연구와 관련된 변수들이 구체화되어 어떤 형태로 질문할 것인가가 결정된다. 예를 들어, 개인의 학력 정도를 측정할 경우 연구의 목적에 따라 질문의 형태가 달라진다. 학력에 따라서 수입에 차이가 있는지를 검증하는 연구는 집단비교가 연구목적이므로 학력을 측정하는 문항은 다음과 같이 질적변수, 범주변수의 형태로 구성되어야 한다.

귀하의 학력은?

( ) 고졸 이하

( ) 대졸

( ) 대학원 이상

이 질문에서 중학교 졸업의 항목도 포함할 수 있으나 중학교 교육은 의무교육으로서 만약 중학교 졸업을 항목에 포함시키더라도 응답하는 경우가 거의 없으므로 불필요한 항목이 된다. 그러므로 고졸 이하 항목으로 포함하는 것이 바람직하다. 이와 같이 범주변수로 측정하여 세 집단 간에 수입의 차이가 있는지를 검증할 수 있다.

이와는 달리 학력과 수입이 관계가 있는지를 검증하는 것이 연구의 목적이라면 이는 상관연구로서 두 변수가 양적변수이어야 하므로 학력을 측정하는 문항은 다음과 같아야 한다.

귀하의 학업 연한은?

( )년

즉, 학력은 학업기간으로 표기하여 연속변수로 측정하여야 두 변수 간의 상관을 검증할 수 있다. 연구자가 주의하여야 할 것은 연구의 내용이 같다고 할지라도 연구의 목적이 다르면 가설이 달라지고 그에 따라 질문의 형태도 달라진다는 것이다. 연구의 종속변수로서 인식이나 태도를 측정할 때는 일반적으로 Likert 척도를 사용한다.

연구변수를 측정하는 문항의 형태가 결정되면 연구대상들이 소요하여야 할 응답시간을 결정한다. 물론 연구변수를 신뢰롭게 측정하기 위한 문항 수를 고려해야 하지만 연구대상의 특성 또한 고려하여야 한다. 특히 문항을 제작할 때 연구대상에게 적절한 수준의 어휘를 사용하여야 한다. 응답 소요시간은 검사 대상의 특성에 따라 결정하여야 하나 일반적으로 1시간을 초과하지 않는 것이 바람직하다. 연구대상이 어릴수록 집중시간이 짧으므로 응답시간을 줄이는 것이 바람직하다. 응답자의 지루함은 자료의 신뢰도를 저하시키므로 흥미로운 형태로 질문하도록 하여야 한다.

응답시간이 결정되면 문항형태에 따라 문항 수를 결정한다. 문항형태, 문항 수의 결정을 위하여 사전 연구들을 참조하는 것이 바람직하다. 의욕적으로 많은 문항을 제작하여 검사를 길게 하면 검사소요 시간이 늘어나 연구대상이 지루함을 느껴 일관성 있는 응답자료를 얻지 못한다.

문항제작 원리에 의하여 문항을 제작한 후 측정내용 전문가에게 문항내용을 검토받는 것이 바람직하다. 연구자는 연구에 몰입하는 경향이 있으므로 검사내용 전문가에게 조언을 구하여 내용타당도(검사내용에 기초한 근거)를 검증받는 절차가 필요하다. 동시에 문항들이 문항제작 지침에 의하여 작성되었는지를 검증하는 것도 검사의 질을 높이는 데 도움이 된다.

검사내용 전문가, 문항제작 전문가들에 의하여 지적된 문항들을 검토하여 문항을 수정한다. 그러나 문항내용 전문가나 문항제작 전문가들의 조언이 항상 연구목적과 부합되는 것은 아니므로 조언을 검토하여 연구에 반영할 것인지는 연구자가 최종적으로 판단하여야 한다.

연구내용에 근거하여 제작하고 수정 · 보완된 검사를 바로 연구에 사용하는 것은 모험이다. 연구대상을 표집하여 검사를 실시한 후 잘못된 점이 발견되면 검사를 다시 실시해야 하는 경우가 발생할 수 있기 때문이다. 이를 미연에 방지하기 위하여 **예비검사**를 실시하여야 한다. 예비검사는 소수의 연구대상에게 실시할 수 있다. 예비검사의 연구대상 수에 대한 규칙은 없으나 일반적으로 30명 이상으로 한다. 예비검사는 접촉이 가능한 연구대상을 중심으로 실시할 수 있다. 예비검사는 두 차례에 걸쳐 시행하는 것이 좋다. 첫 번째 예비검사에서는 응답대상자에게서 질문과 응답에 관한 자유로운 의견을 청취하며, 두 번째 예비검사에서는 실제와 동일한 상황 하에서 모의시행을 한다. 예비검사 결과에 기초하여 응답 또는 면접에 소요되는 시간, 항목별 응답률, 타당도와 신뢰도, 응답자의 응답 시간과 동기 등을 검토한다. 모든 응답자가 같은 응답범주에 응답하였거나 응답을 전혀 하지 않은 문항이 있다면 이 문항은 연구에 부적합한 문항으로써 신뢰도를 저하시킨다. 또한 '기타'에 특정 유형의 응답이 자주 나타난다면 이를 새로운 항목으로 포함시키는 것이 바람직하며 문항분석뿐 아니라 타당도와 신뢰도를 추정하여 불필요한 문항은 제거하고 문제점이 발견된 문항은 수정 · 보완한다. 연구자의 판단에 의하여 문항을 제거하거나 수정 · 보완하되 전문가의 조언을 참고로 한다. 이상과 같은 문항의 제거 및 수정 · 보완을 통하여 검사를 완성한다.

4 제작원리

1) 인지적 능력의 측정을 위한 검사

연구의 목적에 따라 특정 프로그램의 효과를 검증하기 위해 지적인 능력의 변화를 측정하거나, 학생들의 지적인 능력에 영향을 미치는 변수들에 대한 연구를 수행하고자 할 때 학생들의 지적인 능력을 측정하기 위한 검사 도구가 사용된다. 인지적 능력을 측정하기 위한 **검사의 제작절차와 제작원리**에 대한 보다 자세한 설명은 성태제(2004)의 『문항제작 및 분석의 이론과 실제』와 성태제(2019a)의 『현대교육평가(5판)』를 참고하기 바라며, 이 책에서는 일반적으로 **고려해야 할 사항들**에 대해서만 간단히 소개하도록 한다.

첫째, 검사에서 측정하고자 하는 내용과 문항의 내용이 일치되어야 한다. 문항 내용과 측정 목적의 일치성 여부 확인은 검사 제작자가 가장 먼저 고려하여야 할 점이다. 문항들이 측정하고자 하는 내용을 담고 있을 때, 검사의 타당도가 높다고 할 수 있다.

둘째, 각 문항유형에 따른 제작 지침에 근거해야 한다. 인지적 능력을 측정하기 위한 문항의 형태는 크게 문항 내에 주어져 있는 답지 중에 하나를 고르는 선택형(selection type) 문항과 답을 써넣는 형태의 서답형(supply type) 문항으로 구분된다. Mehrens과 Lehmann(1975)의 분류에 의하면 선택형 문항에는 진위형(true-false form), 선다형(multiple choice form), 연결형(matching form) 문항이 포함되며, 서답형 문항에는 논술형(essay), 단답형(short-answer form), 괄호형(close or cloze form), 완성형(completion form) 문항이 포함된다. 검사제작자는 각 문항유형의 장단점을 파악하여 측정 목적에 적합한 문항유형을 선택하여야 하며, 각 문항유형의 제작원리에 대해서도 잘 알고 있어야 한다.

셋째, 문항 내용이 복합성(complexity)을 지녀야 한다. 복합성이란 의미는 질문의 내용이 단순 기억에 의한 사실보다는 고등정신 기능인 분석, 종합, 평가 등의 능력을 측정할 수 있는 문항이어야 한다는 것이다. 문항 내용의 복합성이란 복잡성과 구분된다. 질문이 지나치게 길거나 요구하는 바가 많아 그 의미를 파악하기 용이하지 않을 경우 '복잡하다'라고 한다.

넷째, 문항 내용의 요약성을 들 수 있다. 문항은 열거된 단순 사실만을 질문하는 것이 아니라 열거된 사실들을 요약하고 일반화, 나아가 추상화시킬 수 있는 내용을 포함하여야 한다.

다섯째, 문항의 참신성이다. 이는 내용적 측면이나 형식적 측면에서 기존에 존재하는 진부한 형태의 문항이 아니라 새로운 문항을 의미한다. 참신한 형태의 문항은 문항 제작에 대한 새로운 시각에 의하여 만들어진다.

여섯째, 문항이 구조화되어야 한다. 이는 문항의 체계성을 의미하는 것으로서 질문이 모호하지 않으며 구체화되어야 함을 의미한다. 선택형 문항이 서답형 문항보다 구조화되어 있다 할 수 있다. 예를 들어, '청년문화에 대하여 논하라'라는 질문보다 '청년들의 소비문화에 대하여 논하라'라는 질문이 보다 구조화되었다고 볼 수 있으며, 그보다 더욱 구조화된 문제는 '20대의 소비문화를 논하라'이다.

일곱째, 문항의 난이도가 적절하여야 한다. 때로는 검사도구에 포함시킬 이유가 없는 매우 어렵거나 쉬운 문항들도 있다.

여덟째, 문항은 학습동기를 유발시킬 수 있어야 한다. 교육평가, 측정, 검사의 목적이 학습목표 도달에 있을 때, 문항은 학습동기를 유발할 수 있도록 제작하여야 한다. 그러므로 학습동기에 따른 흥미를 유발하는 문항을 제작하여야 한다. 학습자는 이와 같은 문항을 푸는 과정에서 노력을 통한 성공을 경험할 수 있으며 나아가 긍정적 자아개념을 형성할 수 있게 된다.

아홉째, 문항이 검사의 사용 목적에 부합하여야 한다. 검사의 목적은 피험자들의 능력을 비교하는 규준참조검사와 목표의 도달 여부를 확인하는 준거참조검사로 구분되며 각 검사의 사용 목적에 부합하도록 문항이 제작되어야 한다.

열째, 측정 오차를 유발하지 않아야 한다. 문항을 제작함에 있어 문항의 답을 알고 있는 피험자임에도 불구하고 문항제작의 미숙으로 실수를 유발하게 하여 답을 맞히지 못하게 되는 경우 측정의 오차가 발생한다. 예를 들어, 사지선다형의 문항에서 부정문으로 질문을 할 경우 부정문에 밑줄을 긋는다면 주의가 산만한 피험자에게 그 사실을 환기시킬 수 있으므로 측정의 오차를 줄일 수 있으며, 이는 검사의 신뢰도와 관계된다.

열한째, 문항편집 지침에 준한 문항이어야 한다. 문항의 체제, 인용문의 표현, 그림과 표 제시, 보기의 예시, 지문 등이 문항편집 지침에 따라야 한다. 문항편집 지침에 표준형은 없다. 그러나 기관마다 검사를 제작하기 위하여 통일된 편집 지침을 마련하고 있다. 통일된 문항편집 지침을 따르지 않으면 동일 검사 내에서도 문항 형식의 일관성이 결여된다.

열두째, 문항이 윤리적, 도덕적으로 문제를 지니고 있지 않아야 한다. 검사도 교육의 연장이므로 비도덕적, 비윤리적 문항은 제작되지 말아야 한다. 국어나 영어에서 지문이 반사회적 내용이나 비윤리적 내용인 경우 그에 따른 질문은 좋은 문항이라 보기 힘들다. 특히 논술문의 경우 갈등상황을 제시하고 그에 대한 견해를 논하라는 문항 등은 좋은 문항이 될 수 없다.

열셋째, 특정 집단에 유리하게 제작되지 말아야 한다. 검사 제작자의 자격에 편견을 지니고 있지 않아야 된다는 것은 편견을 가진 사람이 어떤 특정 집단에 유리한 문항을 제작할 가능성이 높기 때문이다. 특정 집단에 유리하거나 불리하게 제작된 문항을 **차별기능 문항** 혹은 **편파성 문항**이라고 한다.

2) 정의적 특성의 측정을 위한 검사

정의적 특성을 측정하고자 할 때 가장 많이 활용하는 도구는 질문지다. 질문지 작성시의 고려사항, 질문지의 구성과 편집, 질문지에 대한 사전검사를 설명한다.

(1) 질문지 작성 시 고려사항

정의적 특성을 측정하고자 할 때 가치 중립적 반응이나 허위반응이 나타나지 않도록 질문하여야 하며 **다음과 같은 점들을 고려**하여야 한다.

① 한 문항에서는 하나의 느낌이나 지각을 묻는다.
② 개인마다 빈도나 양에 대한 주관적 평가가 다르므로 빈도나 정도를 표시하는 부사는 가능하면 구체적인 범위를 제시해 준다.
③ 특정한 방향으로 응답을 유도하는 질문은 피한다.
④ 개인의 자존심이나 감정을 상하게 하는 질문은 피한다.
⑤ 자기보고식 검사를 사용함에 따르는 편파적이거나 왜곡된 반응을 줄이기 위한 방안을 고안한다.
⑥ 외국 척도를 도입해서 사용하는 경우 문화적 차이 때문에 발생하는 차이를 고려하여 역번역 절차를 적용하는 것이 바람직하다.

(2) 질문지의 구성

질문지는 대체로 세 부분으로 구성된다. 첫 번째 부분은 안내문을 포함한 겉장으로 질문지의 목적을 설명하며, 사적 비밀보장에 대한 약속과 협조를 부탁하는 내용이 포함된다. 두 번째 부분에는 응답자의 인적사항, 즉 인구통계학적 배경과 관련된 질문이 포함되며 세 번째 부분에는 본조사 문항들이 포함된다. **질문을 배열할 때는 다음과 같은 점을 유의**하도록 한다.

① 유쾌하고 홍미롭고 응답하기 쉬운 질문부터 시작한다.
② 일반적인 질문에서 시작하여 자세하게 질문하는 형태로 진행한다.
③ 객관적인 사실을 묻는 질문으로부터 시작해서 의견을 묻는 질문으로 진행한다.
④ 연구의 목적과 관련된 가장 중요한 문제를 질문지의 중심에 놓는다.
⑤ 응답자가 자연스럽게 응답할 수 있도록 전체적인 흐름에 따라 나열한다.
⑥ 응답자가 과거의 경험을 기억하게 하기 위해 사건의 시간순서에 따라 질문한다.
⑦ 상호관련이 있는 질문들은 인접하여 배열한다.
⑧ 응답의 신뢰성을 측정하기 위해 도입되는 문항의 짝들은 분리하여 배치한다.
⑨ 질문을 자세히 읽거나 응답을 깊이 생각하지 않고 특정한 응답을 되풀이하여 선택하는 것을 막기 위하여 질문을 변화감 있게 배치한다.
⑩ 인구통계학적 질문(성별, 나이, 교육수준, 소득수준, 이혼 여부, 문화적 성향 등) 중 부담 없이 응답할 수 있는 것은 앞부분에 두고, 응답자들이 민감한 반응을 보일 만한 질문들은 뒷부분에 배치한다.

(3) 질문지의 편집

응답자의 성실한 응답을 기대하기 위해서는 질문지의 편집상태도 중요한 요소가 될 수 있다. **질문지를 편집할 때 유의해야 할 사항**은 다음과 같다.

첫째, 질문에 대한 응답 요령을 응답자가 이해할 수 있도록 쉽고 간결하게 설명하여야 한다. 응답자에게 응답(기입 또는 선택)의 예시를 보여 주고 질문과 응답이 쉽게 구분될 수 있도록 한다.

둘째, 질문지는 시각적으로 편하게 보이도록 편집하고 특히, 개방형 응답 칸에는 밑

줄 대신 충분한 크기의 빈 칸을 제공하여 응답자 스스로가 글자 크기와 분량을 정하도록 한다. 설문지가 동일 주제에 대한 문항끼리 묶인 절로 구성되어 있을 경우 개방형 질문은 각 절의 마지막에 넣는 것이 좋다.

셋째, 설문지의 전체적인 편집 상태가 깔끔하고 세련되어야 한다. 색상을 쓰는 경우 2가지 색 이내로, 글씨크기도 2종류 이내로 하는 것이 좋다. 전자우편이나 웹을 이용한 설문 조사의 경우엔 설문지의 색상과 디자인을 다양하게 할 수도 있다.

넷째, 문항이 많아 설문지가 여러 면으로 구성된 경우 넘기기 쉽고, 페이지가 누락되지 않도록 소책자의 형태로 제본하는 것이 좋다.

(4) 질문지의 예비검사

질문지를 개발한 후에는 **예비검사를 실시하여 언어구사, 배열순서, 형식, 내용의 적합성 등을 확인**한다. 예비검사의 대상은 본조사의 표본과 특성이 비슷하나 겹치지 않게 선정하고, 가능한 한 직접조사로 실시하는 것이 좋다. 예비검사를 통하여 질문지의 적절성을 점검할 때 〈표 8-2〉와 같은 사항을 확인한다.

표 8-2 질문지 사전검사 체크리스트

항 목	예	아니요
① 응답자들은 조사목적과 내용을 이해하는가?	□	□
② 응답자는 연구자가 기대하는 의미와 같은 뜻으로 질문을 해석하는가?	□	□
③ 문항의 언어구사는 명확한가?	□	□
④ 질문의 해석에 있어 집단에 따른 차이가 존재하는가?	□	□
⑤ 응답자들이 편한 마음으로 응답하는가?	□	□
⑥ 한 부분에서 다른 부분으로의 흐름이 무리가 없는가?	□	□
⑦ 응답자를 혼동시키는 문항들이 있는가?	□	□
⑧ 응답자들이 대답하기 어려운 질문이 있는가?	□	□
⑨ 문항 수는 적절한가?	□	□
⑩ 응답요령 및 지침은 분명한가?	□	□
⑪ 건너뛰는 질문과 같은 복합형 질문이 응답자들에게 명확하게 이해되도록 구성되었는가?	□	□
⑫ 수집된 응답은 조사목적에 부합하는 적절한 응답인가?	□	□
⑬ 개방형 응답의 경우 충분히 자세한 응답인가?	□	□
⑭ 개방형 문항의 응답이 너무 다양해서 분석의 어려움이 예상되는가?	□	□

5 표준화검사

연구를 시행하고자 할 때 연구자가 직면하게 되는 문제 중의 하나는 연구를 위하여 사용할 수 있는 측정도구나 검사도구가 있느냐 하는 것이다. 양적연구일 경우는 수집된 자료를 분석하여 연구의 결론을 유도하므로 연구에 참여한 연구대상의 특성이나 응답을 측정하는 검사가 필요하다. 이 장에서는 연구를 위하여 이용할 수 있는 표준화검사의 의미와 규준점수의 종류, 표준화 검사도구를 찾는 방법, 표준화검사 참고문헌을 소개한다.

1) 정의

불안에 대한 연구를 하려면 우선 불안을 측정하는 검사도구를 찾아야 한다. 불안을 측정하는 검사가 있다 하더라도 그 검사가 연구대상에게 적합한 검사인지를 확인하여야 하며, 그 검사가 표준화되어 있는 검사인지를 알아야 한다.

표준화검사(standardized test)란 모집단을 대표하는 피험자를 표집하여 동일한 지시와 절차에 의하여 검사를 시행한 후 객관적 채점방법에 의하여 규준이 만들어진 검사다. 표준화검사는 검사내용 전문가와 측정 전문가에 의하여 제작되며, 일반적으로 검사 사용설명서(test manual)가 있다. 따라서 표준화란 검사도구의 표준화, 절차의 표준화, 채점 및 해석의 표준화를 포함한다고 할 수 있다(강봉규, 2001).

(1) 검사도구의 표준화

도구의 표준화는 타당도가 높은 측정도구를 만들기 위한 필수요건이다. 개발된 검사도구가 측정하고자 하는 특성을 제대로 측정하고 있으며, 그와 관련된 증거를 적절히 수집하고 있는지, 검사실시 대상에 실시하였을 때 정규분포의 측정치를 얻을 수 있는지의 문제 등은 표준화검사에서 매우 중요한 요소다.

(2) 절차의 표준화

표준화검사의 장점 중 하나는 검사 사용설명서와 같은 시행지침이 마련되어 있기 때문에 언제 어디서나 유사한 조건 하에서 검사를 실시할 수 있다는 점이다. 이것은 검사절차의 표준화를 전제로 하고 있기 때문이다. 따라서 표준화검사에서는 검사의 제작에서부터 편집, 실시, 채점, 해석, 활용에 이르기까지 반드시 요구되는 조건에 맞추어야 한다. 이 중에서도 검사 시행절차의 표준화는 더욱 중요하다. 검사 개발자가 절차의 표준화를 위한 지침을 명백히 제시해야 하며 실제 검사 실시에 있어 이 절차가 지시한 대로 지켜지지 않는다면 검사 결과를 신뢰하기 어렵다.

(3) 채점 및 해석의 표준화

표준화검사의 가장 큰 특징 중 하나는 규준이 마련되어 있다는 점이다. 규준은 검사에서 받은 점수의 상대적 위치를 알려 주는 역할을 하는 것으로서 대부분의 표준화검사에서는 원점수에 대응되는 퍼센타일이나 표준점수, 발달규준, 편차 IQ 등의 규준점수를 보고하고 있다.

2) 규준점수

(1) 퍼센타일

퍼센타일(percentile)은 백분위수로서 얻어진 자료를 크기 순으로 늘어 놓아 백등분한 값을 말한다. 그러므로 가장 작은 수부터 가장 큰 수 사이의 중간에 있는 점수는 50퍼센타일 혹은 50백분위수가 된다. 원점수가 50점인 학생의 규준점수가 40퍼센타일이라면, 그 학생의 상대적 서열이 하위 40%에 해당됨을 나타낸다.

(2) 표준점수

정규분포 가정하에서 원점수에 해당하는 상대적 서열을 나타내는 점수로서 **표준점수**(standard score)가 있으며, 표준점수에는 Z점수, T점수, 스테나인 점수 등이 있다.

① Z점수

Z점수는 평균을 0, 표준편차를 1로 하는 점수다. 예를 들어, 400점 만점의 학업성취도 검사에서 평균이 200점이며, 표준편차가 50점일 때, 시학이가 300점을 얻었다면 시학이의 Z점수를 계산하는 공식은 다음과 같다.

$$Z = \frac{X-\overline{X}}{s_X} = \frac{300-200}{50} = 2$$

피험자가 얻은 점수를 표준점수인 Z점수로 표현하였을 때, 평균점수 미만을 받은 모든 피험자의 Z점수는 음수가 되며 소수로 표기되는 경우도 많다.

② T점수

음수나 소수로 표현되는 Z점수 표기상의 단점을 보완하기 위해 T점수가 제안되었다. **T점수**는 평균은 50, 표준편차는 10으로 하는 점수로서 계산 공식은 다음과 같다.

$$T = 50 + 10Z$$

평균이 200점이고 표준편차가 50점인 검사에서 300점을 받은 경우 Z점수는 2점이므로, 이를 식에 대입하면 T점수는 70점이 된다. 정규분포하에서 Z점수와 T점수의 평균과 표준편차 간의 관계는 [그림 8-1]과 같다.

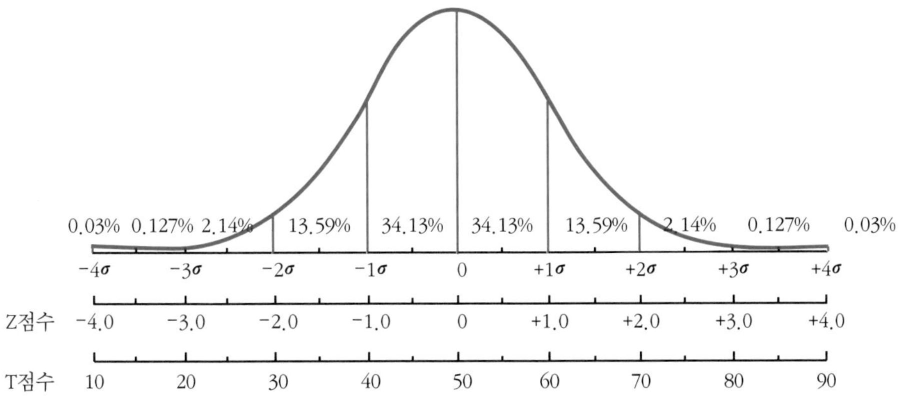

그림 8-1 Z점수와 T점수 분포

[그림 8-1]은 원점수, Z점수, T점수에 의한 상대적 서열, 즉 백분위(percentile rank)를 알려 준다. 만약 어떤 학생의 점수가 평균보다 1 표준편차 위인 점수를 얻었다면 Z점수는 1, T점수는 60점이며 백분위는 84.13%이다. 다른 예로 어떤 학생이 대학수학능력시험의 언어 영역에서 T점수를 40점 받았다면 그의 Z점수는 -1점이고 백분위는 15.87%임을 알 수 있다.

Z점수에 해당하는 백분위는 [부록 3]에서 찾을 수 있다. 예를 들어, 어느 학생의 Z점수가 1.65이었다면 누적백분율은 95.05%임을 알 수 있으며 상위 4.95%에 있다.

③ 스테나인 점수

스테나인(stanine) **점수**는 9개의 범주를 가진 표준점수로서 평균을 5, 표준편차를 2로 표준화한 점수이다(Hopkins, Stanley, & Hopkins, 1990). 정규분포에 기초한 스테나인 점수와 그에 대응되는 Z점수, T점수는 [그림 8-2]와 같다.

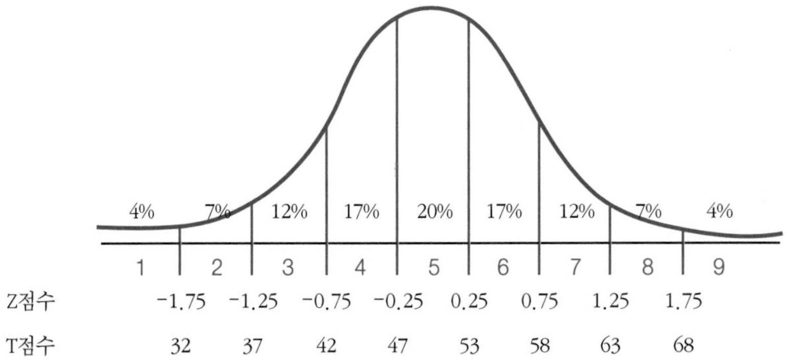

그림 8-2 스테나인 점수와 Z점수, T점수

스테나인 점수는 원점수의 분포를 정규분포로 가정하고 가장 낮은 점수부터 높은 점수로 배열한 후, 맨 아래의 4%에 1을, 그다음 7%에 2를, 그다음 12%에 3을, 그다음 17%에 4를, 그다음 20%에 5를 부여하며 상위 4%에 만점인 9를 부여한다. 스테나인 점수는 상대적 서열에 대한 자세한 정보를 얻을 수는 없지만 유사집단을 하나로 묶어 한 자리 수의 지수를 제공하며 점보다는 구간으로 묶이는 특징을 지니고 있다. 실제적인 점수 차이보다는 서열을 기준으로 하는 상대비교평가에서 점수가 주는 영향을 완화하기 위한 교육적인 목적으로도 활용되고 있다.

(3) 발달규준

발달규준은 원점수에 기초하여 개인의 발달수준을 평가하기 위한 것으로 연령규준과 학년규준이 이에 해당한다.

① 연령규준

연령규준은 규준집단에 속하는 사람들의 연령별 평균 혹은 중앙값에 기초하여 특정 피험자의 점수가 어떤 연령수준에 해당하는지를 나타낸다. 예를 들어, 특정 지능검사에서 10세 아동집단의 원점수 분포의 중앙값이 80점이었다면, 이 검사에서 80점을 받은 7세 아동의 지능발달수준은 실제 연령보다 높은 10세가 되며, 또래 아동들에 비해 발달속도가 빠르다고 해석할 수 있다.

② 학년규준

학년규준은 연령별이 아닌 학년별 평균 혹은 중앙값에 기초하여 특정 피험자의 점수가 어느 학년수준에 해당하는지를 나타낸다. 예를 들어, 수리력 검사에서 어떤 학생의 점수가 5학년의 원점수 분포의 평균인 70점과 같다면 이 학생의 수리력은 실제 학년과 상관없이 5학년 수준이라고 해석하게 된다.

초기 지능검사에서는 연령규준을 한 개인의 상대적 위치를 나타내주는 단일지수로 변환시킨 **비율 IQ**(ratio Intelligence Quotient)를 사용하였으며, 계산공식은 다음과 같다.

$$IQ = \text{정신연령(MA)} / \text{신체연령(CA)} \times 100$$

이러한 비율 IQ는 표준편차가 연령대별로 달라 서로 다른 연령수준의 지능지수를 직접 비교할 수 없는 단점을 가지고 있다. 이를 보완하기 위해 평균이 100이고 표준편차가 16에 근접하는 **편차 IQ**(deviation IQ)가 제안되었다. Stanford-Binet 검사와 Wechsler 검사에서 사용되는 규준점수는 모두 편차 IQ로서 Stanford-Binet 검사에서는 평균이 100이고 표준편차가 16인 표준점수를 사용하며, Wechsler 검사에서는 평균이 100이고 표준편차가 15인 표준점수를 사용한다.

지금까지 설명한 규준점수는 규준 작성을 위한 표본의 모집단 대표성과 검사의 타당도 및 신뢰도가 높아야 한다는 조건이 충족되었을 때 검사 점수의 의미 있는 해석이 가능하다.

3) 검색절차

연구를 위하여 사용할 표준화검사를 찾을 수 있는 자원은 매우 다양하다. 일차적으로는 연구와 관련된 참고문헌, 특히 사전연구들을 참고하면서 해당 연구에서 사용한 검사들을 선택할 수 있다.

검사의 내용, 검사의 대상, 검사절차, 소요시간 등을 알기 위해서는 일반적으로 검사 사용설명서를 참고한다. 검사 사용설명서는 검사가 측정하는 내용의 이론적 배경과 검사 사용시의 유의사항, 검사도구의 타당도와 신뢰도, 검사의 대상에 대하여 구체적으로 설명하고 있다. 또한 검사를 시행하는 절차와 검사 환경, 검사 점수에 대한 해석과 보고에 대해서도 상세히 설명하고 있다. 보다 자세한 정보를 얻고자 할 경우에는 검사제작자에게 직접 연락하여 검사 사용설명서에 기록된 내용 이외의 추가정보를 얻을 수 있다. 예를 들어, 직업적성검사를 실시하고자 할 때 직업적성 표준화검사의 검사 사용설명서를 참조하면 검사의 문항내용, 검사 실시절차, 검사의 대상, 채점방법, 검사 점수의 해석에 대한 정보를 쉽게 얻을 수 있다.

4) 표준화검사 참고문헌

초보 연구자가 연구 목적에 부합하는 검사도구의 소재를 파악하기란 쉽지 않은 일이다. 측정도구에 대한 정보를 제공할 목적으로 표준화검사에 대한 정보를 수록해 놓은 참고문헌으로는 Mental Measurement Yearbook, Tests in Print, Test Critiques, Tests, ETS Test Collection 등이 있다.

(1) Mental Measurement Yearbook(MMY)

Mental Measurement Yearbook은 표준화검사를 수록한 참고문헌으로 정기적으로 개정된다. 이는 네브래스카 대학 Buros 연구소에서 새로 제작된 표준화검사를 추가하여 2017년 20판을 출간하였으며 2,200개 이상의 표준화검사를 수록하고 있다. 검사의 목차는 검사이름에 따라 알파벳 순서로 배열되어 있으며 뒷부분의 검사목록 색인으로 검사내용에 따른 검사를 찾을 수 있다. 예를 들어, MMY에 기록된 대학전공흥미검사에 대한 내용은 다음과 같다.

[84]

College Major Interest Inventory.

Purpose : Designed "to identify the academic majors that best match a student's pattern of interests."

Population : High school and college students.

Publication Date : 1990.

Acronym : CMII.

Scores : 135 scale scores : 6 Educational Area Interest Scales (Mechanical-Technical, Rational-Scientific, Aesthetic-Cultural, Social-Personal, Business-Management, Clerical-Data).

...... (중략) ......

Administration : **Group.**

Price Data, 1992 : $48 per 10 prepaid test booklets/answer sheets ; $28 per manual (75 pages) ; $29 per specimen set.

Time : (35—45) minutes.

Comments : Formerly the Colorado Educational Interest Inventory ; separate reports created for men and women students.

Authors : Robert D. Whetstone and Ronald G. Taylor.

Publisher : Consulting Psychologists Press, Inc.

TEST REFERENCES

1. Brown, N. W. (1994). Cognitive, interest, and personality variables predicting first-semester GPA. *Psychological Reports*, *74*, 605—606.

Review of the College Major Interest Inventory by NORMAN FREDMAN, Professor and Coordinator, Counselor Education Programs, Queens College, City University of New York, Flushing, NY:

The theory behind the College Major Interest Inventory (CMII) is that students will more likely persist in college if they take courses that match their academic attitudes, intere sts, values, and goals.

...... (중략) ......

The instrument norming did not include a nationally representative sample of that population, and the manual lacks sufficient technical data to draw conclusions about internal cons istency and number of items on the many subscales that comprise this instrument. However, the uniqueness and predictive validity should make the CMII a useful tool for students and advisors.

REVIEWER'S REFERENCE

McArthur, C. (1954). Long-term validity of the Strong Interest Test in two subcultures. *The Journal of Applied Psychology*, *38*, 346-353.

MMY는 검사제목, 검사목적, 검사대상이 되는 모집단, 발행 연도, 검사의 하부 척도 점수, 검사시행 방법, 검사 소요시간, 비평, 검사제작자, 발행자에 대한 정보를 수록하고 있다. 또한 하부 검사의 문항 수와 질문 형태, 응답척도, 타당도와 신뢰도 등 다수의 전문가가 검토한 전문적인 내용까지 종합적으로 수록하고 있다. 관련 홈페이지는 http://buros.org/mental-measurements-yearbook이다.

(2) Tests in Print(TIP)

Tests in Print는 상업적으로 출간된 검사에 대한 정보를 수록하고 있으며 구입과 사용이 가능한 검사를 포함한다. Tests in Print도 Mental Measurement Yearbook을 출간하는 Buros 연구소에서 간행되나, MMY와는 달리 현재 구입이 가능한 검사도구와 점검표 등의 측정도구를 수록하고 있다.

2016년에 출간된 TIP 9판(Tests in Print IX)은 3,000개 이상의 검사도구에 대한 정보를 수록하고 있으며 여기에는 검사도구 제작자에 의해 직접 확인된 검사가 수록되고 있다. 예를 들어, 의사소통지식검사에 대한 정보는 다음과 같다.

[596]
Communication Knowledge Inventory.
Purpose : To measure knowledge about person to person communication Practices.
Population : High school through adult.
Publication Dates : 1970-78.
Acronym : RCK.
Scores : Total score only.
Administration : Group.
Manual : No manual ; fact sheet available.
Price Data : Available form publisher.
Time : (10-20) minutes.
Comments : Self-administered.
Authors : W. J. Reddin and Ken Rowell.
Publisher : Organizational Tests Ltd. [Canada].
Cross References : For a review by Gregory J. Boyle, see 11:77.

TIP는 검사도구의 제목, 검사목적, 검사대상에 대한 모집단의 정보, 검사지 발행년도, 점수 부여방법, 검사실시 유형, 검사 사용설명서 유무, 가격정보, 검사 소요시간, 검사제작자, 발행인을 소개하고 있다. TIP에는 검사의 자세한 분석내용이 포함되어 있지 않으며 개괄적인 정보만 수록되어 있다. 관련 홈페이지는 https://buros.org/tests-print이다.

(3) Test Critiques

Test Critiques는 Test Corporation of America의 Keyser와 Sweetland가 심리학, 교육학, 경영학 분야의 검사에 대한 정보를 수록한 참고문헌이다. Test Critiques는 검사 소개, 실제적 적용과 이용, 기술적인 측면 그리고 비평으로 구성되어 있다.

검사 소개 부분에서는 검사 개발의 역사적 배경과 절차, 그리고 검사 개발 기준 등이 소개되고 있다. 실제적 적용과 이용 부분에서는 검사 이용자의 관점에서 검사대상, 검사시행, 점수화 절차, 해석방법 등을 설명하며, 기술적인 측면에서는 타당도와 신뢰도 그리고 검사 특성을 설명하고 있다. 또한 비평 부분에서는 검사의 장단점을 설명하고 있다. 한 검사마다 7~8쪽에 해당하는 검사 정보를 수록하고 있으며, 700개 이상의 검사에 대하여 설명하고 있다. 장점은 검사에 대한 자세한 정보를 수록하고 있다는 점이며, 단점은 다소 적은 수의 검사 도구를 수록하고 있다는 점이다.

(4) Tests

Tests는 Pro-Ed 출판사의 Sweetland와 Keyser가 편집하는 검사 참고문헌으로 2008년 6판이 발간되었다. Tests는 심리, 교육, 경영 분야로 분류하여 2,000개가 넘는 검사를 수록하고, 심리 분야는 21개 하부 분야, 교육 분야는 47개 하부 분야, 경영 분야는 22개 하부 분야로 나누어 설명하고 있다.

각 검사마다 검사제목, 저자, 검사대상, 검사방법, 검사특성, 검사 소요시간, 채점방법, 비용, 발행인에 대한 정보를 수록하고 있다. 예를 들어, 가정환경 척도에 대한 설명은 다음과 같다.

FAMILY ENVIRONMENT SCALE

Rudolf H. Moos and Bernice S. Moos

Adolescent, adult

Purpose : Assesses characteristics of family environments. Used for family therapy.

Description: 90-item paper-pencil test measuring 10 dimensions of family environments: cohesion, expressiveness, conflict, independence, achievement orientation, intellectual-cultural orientation, active-recreational orientation, moral-religious emphasis, organization, and control. These dimensions are further grouped into three categories: relationship, personal growth, and system maintenance. Materials include the Real Form (Form R), which measures perceptions of current family environments ; the Ideal Form (Form I), which measures conceptions of ideal family environments ; and the Expectancies Form (Form E), which measures expectations about family settings. Forms I and E are not published ; however, reworded instructions and items may be requested from the publisher. Examiner required. Suitable for group use.

Untimed: Not available

Scoring: Examiner evaluated

Cost: Manual $7.00 ; key $1.75 ; 25 reusable tests $8.50 ; 50 answer sheets $5.50 ; 50 profiles $3.75

Publisher: Consulting Psychologists Press, Inc.

(5) ETS Test Collection

ETS Test Collection은 ETS 검사지 도서관이 소장하고 있는 25,000개 이상의 검사와 측정도구에 대한 정보를 제공한다. ETS Test Collection은 6권으로 나뉘어 있으며, 각 권은 다음과 같이 구성되어 있다.

제1권: 성취도 검사와 측정도구

제2권: 직업검사와 측정도구

제3권: 특수집단을 위한 검사

제4권: 인지적성과 지능검사

제5권: 태도검사

제6권: 정의특성검사와 인성검사

1995년 제2집이 간행되었으며, 검사는 측정분야, 검사제작자, 제목별로 찾을 수 있으며 검사에 대한 설명은 다음과 같다.

17209

Woodcock-Johnson Psycho-Educational Battery, Revised-Tests of Achievement, Standard Battery and Supplemental Battery. Woodcock Richard W.; Johnson, W. Bonner 1990

Subtests: Standard : Letter Word Identification, Passage Comprehension, Calculation, Applied Problems, Dictation, Writing Samples, Science, Social Studies, Humanities; Supplemental : Word Attack, Reading Vocabulary, Quantitative Concepts, Proofing, Writing Fluency, Punctuation and Capitalization, Spelling, Usage, Handwriting

Descriptors : *Academic Achievement; *Achievement Tests; Adults; College Students; Elementary School Students; Elementary Secondary Education; High School Students; *Knowledge Leve; *Mathematics Achievement; Older Adults : Postsecondary Education; Pre-school Children; preschool Education; *Reading Ability; *Standardized Tests; *Written Language

Identifiers : WJR

Availability : DLM Teaching Resources : One DLM Park, Allen, TX 75002-1302

Age Level : 2-90

Notes : Time, 50 min. approx.

Woodcock-Johnson-Revised is a battery of standardized tests measuring cognitive abilities, scholastic aptitudes, and achievement Cognitive and achievement batteries are each organized in standard and supplemental test books.

…… (중략) ……

With this revision, 10 new tests have been added to the cognitive abilities battery and 4 new ests to the achievement battery The achievement battery now has alternate forms A and B The achievement standard battery consists of 9 tests The supplemental battery also has 9 tests Both batteries can be used to assess 4 curricular areas reading, mathematics, written language, and knowledge.

검사목록에는 ETS의 검사목록 번호, 검사명, 검사제작자(저자), 발행연도, 검사색인, 참고문헌, 검사 대상의 나이 혹은 학년, 요약 내용, 출판사, 하부 검사, 문항 수, 검사 소요시간 등에 대한 정보를 담고 있다.

(6) ETS Test Collection Microfiches

ETS 마이크로피시 검사수록집은 교육, 심리분야와 관련되는 미간행 검사지를 수록하고 있다. 여기에 수록되는 검사는 개인이나 기관에 의하여 제작된 검사로서 상업적인 검사기관에 의하여 제작된 검사는 수록되지 않는다. ETS 마이크로피시는 연구를 위하여 새로운 정보나 지식을 제공하며 검사의 배포보다는 전문지식을 공유하고자 하는 데 목적을 두고 있다. 그러므로 대부분의 검사는 마이크로피시로 구입하여 참고하여야 하고 검사를 사용하기 위하여 저자의 동의를 받아야 한다. 또한 검사의 내용이나 질이 ETS나 검사전문가에 의하여 분석되지 않았으므로 검사 사용자가 판단하여 사용 여부를 결정하여야 한다.

최근 대부분의 기관에서는 검사 관련 데이터베이스를 구축하고, 웹 사이트를 통해 온라인으로 검사를 시행하거나 주문 판매를 하기도 한다. MMY는 https://buros.org/mental~measurement-yearbook에서 검색할 수 있으며, ETS Test collection은 http://www.ets.org/test_link/about에서 검색할 수 있다. https://assess.com에서도 웹 사이트를 통해 검사나 설문조사를 시행하고, 자료분석과 결과보고까지 대행하는 Online Testing 시스템을 운영하고 있다. Online Testing 시스템에서 지원하는 검사 분야는 다음과 같다.

- Education(K-12)
- Education(University)
- HR/Workforce/Corporate
- Certification/Licensure/Credentialing
- Medical/Psychology
- Test Prep

(7) 국내 표준화검사 참고문헌

미국의 경우에는 표준화검사를 수록한 다수의 참고문헌이 발간되었으나 국내에서는 교육평가연구회(1987)가 특집으로 제2권 제2호에서 국내에서 표준화검사에 대한 10편의 논문을 게재한 것이 처음이었다. 이 특집에서 장석우(1987)는 학력검사의 표준화검사들을 분석하였으며, 이종승(1987)은 표준화검사인 학업성취도, 적성검사, 직업흥미검사를 설명하였다. 이어 서울대학교 사범대학 교육연구소(1997)에서 『한국교육심리검사총람』을 발간하였다. **『한국교육심리검사총람』**은 2부로 구성되어 1부는 검사제작과 활용에 대한 기본원리와 검사의 종류, 검사내용과 활용지침을 소개하고, 2부는 국내에서 간행된 표준화검사들의 적용대상, 제작자 및 발행처, 제작 및 개정연도, 검사목적, 검사구성, 표준화 검사, 신뢰도, 타당도, 검사실시상의 유의점, 검사소요시간, 채점방법, 기타 유의사항을 수록하고 있다. 『한국교육심리검사총람』은 37개의 지능검사, 18개의 적성검사, 24개의 성격 · 인성검사, 10개의 흥미검사, 9개의 기타 정의적 특성검사, 19개의 유아검사, 13개의 특수검사, 14개의 인성검사, 심동적 영역의 검사 등에 대한 정보를 수록하고 있다.

국내에서도 컴퓨터와 인터넷의 보편화로 점차 온라인을 통한 검사목록의 제공과 개별 검사의 시행이 증가하고 있다. 국내의 주요 검사개발 관련 기관과 대표적인 검사들을 제시하면 〈표 8-3〉과 같다.

표 8-3 국내 검사개발 관련 기관의 주요 검사목록

출판사	홈페이지	검사명	on/off-line 여부		개발자 (표준화 연도)	소요시간 (문항 수)	검사 대상
			on-line	off-line			
인싸이트	www.inpsyt.co.kr	CACV 종합 진로적성검사		○	성태제(2016)	47분 (172/172)	중학생/고등학생
		KCMII 대학 전공선택검사	○	○	성태제(2016)	45분 (414/414)	고등학생/대학생
		K-WPPSI-IV 한국 웩슬러 유아지능검사 4판		○	박해원, 이경옥, 안동현(2015)	30~60분	영유아/아동
		K-WISC-V 한국 웩슬러 아동지능검사 5판		○	곽금주, 장승민 (2019)	60~90분	아동/청소년

인싸이트	www.inpsyt.co.kr	KABC-II 한국 카우프만 아동 지능검사 2판		○	문수백(2014)	60~90분	영유아/ 아동/청소년
		Holland® 진로적성검사	○	○	안현의, 안창규 (2014)	45분 (192)	중학생
		NEO 성격검사	○	○	안현의, 안창규 (2014)	45분 (147/211/211)	아동/청소년/ 대학생, 성인
		K-BASC-2 한국판정서- 행동평가시스템	○	○	안명희(2016)	40분 (160/139/ 176/139/150)	유아/아동/초 등학생/청소 년/대학생
		STAI-KYZ 상태-특성불안 검사(YZ형)		○	한덕웅, 이장호, 전겸구(2000)	5~10분 (40)	16세 이상
한국 가이던스	www.guidance. co.kr	Raven 지능발달검사		○	임호찬(2003)	30~40분 (36/60/60)	유아/초1~2/ 10세 이상
		CDI 진로발달검사	○	○	이종범, 이건남 (2013)	40분 (134/134)	초등학생/ 중학생
		Holland's SDS 진로탐색검사	○	○	이동혁, 황매향 (2013)	45분 (210/264)	중학생/ 고등학생
어세스타	www.assesta.com	MBTI Form M 고등학생용 (Form G의 업그레이드 검사)	○	○	김정택, 심혜숙 (2012)	15~25분 (93)	고등학생
한국직업 능력개발원 커리어넷	www.career.go.kr	직업적성검사	○		서유정 외(2018)	20분 (66/88)	중학생/ 고등학생
		직업흥미검사(H)	○		김나라 외(2013)	20분 (141/130)	중학생/ 고등학생
		진로개발준비도 검사	○		임언, 윤형한, 이지연(2004)	25분 (35)	성인
중앙 적성연구소	www.cyber-test. co.kr	생애진로검사	○	○	한국심리자문 연구소(2001)	40분 (129)	대학생
		GATB 적성검사	○	○	연세대학교 인간행동연구소 (2003)	40분 (234)	대학생
한국 행동과학 연구소	www.kirbs.re.kr	KPDI 성격진단검사		○	한국행동과학 연구소(1995)	50분 이내 (345)	성인
한국 사회적성 개발원	www.qtest.co.kr	KAD 인성직무 적성검사	○	○	한국사회적성 개발원(1999)	90분 (298)	성인

한편, 교육관련 연구기관들의 경우 교육정책 수립에 필요한 기초 자료를 제공하기 위하여 학업성취도에 영향을 미치는 교육맥락 변인을 포함, 교육 현상을 파악하기 위한 설문지를 개발하여 시행하고 있다. 대표적인 사례를 제시하면 다음과 같다.

☑ 한국교육개발원의 한국교육종단연구

한국교육종단연구는 가정, 학교, 사회에서 학생이 경험하고 있는 교육 활동과 학습, 인지적 · 정의적 성취수준과 발달, 교육 환경과 정책의 변화 및 초기 직업 획득의 과정을 파악하기 위한 국가수준의 종단연구로, 현재 『한국교육종단연구 2005』, 『한국교육종단연구 2013』 2개의 연구가 진행되고 있다. 『한국교육종단연구 2005』는 2005년 당시 전국 150개 중학교 1학년 학생 6,908명을 표본으로, 『한국교육종단연구 2013』은 2013년 242개 초등학교 5학년 7,324명을 대상으로 만 30세까지 매년 추적조사하여 중등교육, 고등교육, 초기 직업단계로 나누어 조사하도록 설계되었으며, 향후 10년 주기로 새로운 코호트를 구축하여 이전 주기와 비교 · 분석할 예정이다. 『한국교육종단연구 2013』의 조사 영역과 항목은 투입-과정-산출 모형에 기반하여 구성되었으며, 세부 항목은 〈표 8-4〉와 같다.

표 8-4 『한국교육종단연구 2013』 설문 구성

수준	설문 대상	투입	과정	산출
학생	학생	학생 특성 장애 여부	수업참여 학교환경(인식) 여가 및 방과후 활동 공부 시간	인지적 성취 비인지적 성취 학교생활 적응 진로 및 포부
	학부모	가족구조 가정배경 양육태도 이전 교육경험 교육비	교육기대 및 포부 부모-자녀관계 학교 참여 방과후 교육활동	학교 만족도
학교	학교	지역 학생구성 예산 교원	교육과정 교육지원	평균 학업성취 평균 비인지적 성취

학교	학교장	학교장 특성 학교 여건	학교 경영방식 지역사회 연계활동 업무 수행 교원 역량	
	교사	성별 학력 경력	업무 수행 담임/수업활동 생활지도 프로그램 효과 교사 협력 교사 효능감 교직이수 전문성 신장 학교장 리더십	교직 만족도

출처: 남궁지영 외(2018). 2018 한국교육종단연구 한국교육종단연구 2013(VI): 조사개요보고서, p. 42. 한국교육개발원.

☑ 국제학업성취도평가

- TIMSS(Trends in International Mathematics and Science Study)

수학 · 과학 성취도 추이변화 국제비교 연구(TIMSS)는 국제 공통 교육과정에 근거하여 4, 8, 12학년의 수학 및 과학 성취도와 그 변화, 국가별 성취수준을 파악한다. 국제학업성취도평가협회(International Association for the Evaluation of Educational Achievement: IEA)의 주관으로 현재 약 60여개 이상의 국가가 참여하고 있으며, 우리나라는 초등학교 4학년과 중학교 2학년을 대상으로 실시하고 있다. TIMSS는 1995년부터 4년 주기로 시행되고 있으며, TIMSS 2019부터는 평가 방식이 지필 평가에서 컴퓨터 기반 평가(eTIMSS)로 전환되었다. 성취도 검사 외에도 국가 및 사회, 가정, 학교, 학급 수준에서의 배경 변인에 대한 설문조사를 실시한다. TIMSS 2015의 설문 항목은 〈표 8-5〉와 같다.

표 8-5 TIMSS 2015 설문 구성

영역	내용
국가 · 사회적 맥락	• 경제적 자원, 인구 수, 지리적 특성 • 교육 체제의 조직과 구조 • 학생 흐름 • 수업에서 사용되는 언어 • 수학 · 과학 교육과정 • 교사와 교사 교육 • 교육과정 이행에 대한 관리
가정 맥락	• 가정 교육 자원 • 가정에서의 수업 언어 사용 • 부모의 교육 기대 및 학업적 사회화 • 초기 읽기 활동(early literacy activities) • 초기 수리 및 과학 활동(early numeracy and science activities)
학교 맥락	• 학교 위치 • 학생의 사회 · 경제적 배경에 따른 학교 구성 • 수학 · 과학 자원 부족으로 인한 수업 장애 • 교사 수와 보유(availability and retention) • 학교장 리더십 • 학교의 학업적 성공에 대한 강조 • 학교의 안전, 질서, 규율 • 학교 활동에의 학부모 참여
학급 맥락	• 교사의 준비 및 경험 • 가르친 TIMSS 수학 및 과학 주제 • 교실 수업 자원 및 기술 • 수업 시간 • 수업 참여 • 교실 평가
학생 특성 및 태도	• 학습을 위한 준비도 • 학생 동기 • 학생의 자아 개념 • 학생 특성

출처: 김수진 외(2013). 수학 · 과학 성취도 추이변화 국제비교 연구: TIMSS 2015 평가 기반 구축, p. 61. 한국교육과정평가원.

* TIMSS 2015의 설문 문항은 https://timssandpirls.bc.edu/timss2015/questionnaires/에서 확인할 수 있다.

– PISA(Programme for International Student Assessment)

학업성취도 국제비교 평가(PISA)는 성취도의 국제적 비교나 교육정책 수립의 기초자료를 제공하기 위하여 각국 만 15세 학생들을 대상으로 읽기, 수학, 과학적 소양을 평가한다. OECD의 주관하에 PISA 2000을 시작으로 3년 주기로 시행하고 있으며, PISA 2015부터 컴퓨터 기반 평가로 전환되었다. 학생의 학업성취와 관련된 교육맥락 변인을 파악하기 위하여 학생, 학부모, 교사를 대상으로 설문조사를 실시하고 있으며, PISA 2018의 설문 구성은 〈표 8-6〉과 같다.

표 8-6 PISA 2018 설문 구성

영역		내용
학생		읽기 교수의 실제, 읽기 학습을 위한 학교 환경, 읽기 관련 비인지적 성취, 학교 밖 읽기 학습 경험, 학생의 SES 등 가정 배경, 이민과 문화배경 정보, 어린 시절 교육 경험, 학생 성향 및 학교에 대한 태도, 학습 시간과 교육과정, 학교 풍토(인간관계, 신뢰 등), 학부모 참여, 평가와 책무성
학생 교육 경험		어린 시절 교육 경험, 학생 성향 및 학교에 대한 태도, 학습 시간과 교육과정, 학부모 참여
학생 ICT		읽기 교수의 실제, 학교 밖 읽기 학습 경험, 학생의 SES 등 가정 배경, 학생 성향 및 학교에 대한 태도, 학교 맥락과 자원
학부모		읽기 관련 비인지적 성취, 학생의 SES 등 가정 배경, 어린 시절 교육 경험, 학부모 참여, 예산 배분, 선택 및 결정
학교		교사 자질과 전문성 계발, 읽기 학습을 위한 학교 환경, 이민과 문화배경 정보, 학습 시간과 교육과정, 학교 풍토(인간관계, 신뢰 등), 학부모 참여, 학교 맥락과 자원, 예산 배분, 선택 및 결정, 평가와 책무성
교사	읽기 교사	교사 자질과 전문성 계발, 읽기 교수의 실제, 읽기 관련 비인지적 성취, 학습 시간과 교육과정, 학교 맥락과 자원, 평가와 책무성
	읽기 교사 외	교사 자질과 전문성 계발, 읽기 교수의 실제, 읽기 관련 비인지적 성취, 학습 시간과 교육과정, 학교 맥락과 자원, 평가와 책무성

출처: 교육부 · 한국교육과정평가원(2019). 'OECD 국제 학업성취도 비교 연구(PISA 2018) 결과 발표' 보도자료: 「PISA 2018」 결과 발표 별첨 자료(http://www.kice.re.kr/boardCnts/list.do?boardID=10024&m=050102&s=kice, 2020. 1. 23. 검색)

☑ 한국교육과정평가원의 국가수준 학업성취도평가

한국교육과정평가에서 주관하여 시행하고 있는 국가수준 학업성취도평가는 교육과정에 기반을 둔 성취기준의 도달 정도를 국가수준에서 파악하여 교육의 질을 관리하기 위한 평가 체제다. 1998년부터 시작된 국가수준 학업성취도평가는 목적, 대상, 영역, 시기, 점수 체제 등에서 여러 차례 변화를 거쳐 왔다. 표집평가에서 전수평가로 전환이 된 2008년부터 2012년까지는 초6, 중3, 고2 전체 학생을 대상으로 실시해 오다가 2013년에 초등학교 학업성취도평가가 폐지되었고, 2017년부터는 다시 표집평가로 실시하고 있다. 또한 학업성취도에 영향을 주는 학생 및 학교 특성 변인을 파악하기 위하여 평가에 참여하는 모든 학생과 학교를 대상으로 설문 조사를 실시하고 있다. 2018년 국가수준 학업성취도평가의 설문 구성은 〈표 8-7〉과 같다.

표 8-7 2018년 국가수준 학업성취도평가의 설문 구성

대상	영역	내용
학생	가정환경 및 일상 생활	• 가정환경: 부모 및 가족과의 활동, 도서 보유 정도 • 개인 특성: 독서시간, 운동시간
	학교생활	• 학습태도, 방법 및 이해도: 수업준비도 및 태도, 수업 참여도 • 학교생활 행복도: 심리적응도(교우 관계, 교사와의 관계 등) 교육환경 만족도(학교풍토 등)
	진로탐색	• 진로 성숙도: 진로에 대한 태도, 진로 탐색 및 의사결정
	방과 후 활동	• 방과 후 학습 시간: 방과후 학교, EBS 강의, 사교육 • 여가 시간: IT 활동(컴퓨터나 휴대용 전자기기 사용)
	학습 방법	• 학업적 효능감: 학업적 자기효능감 • 교과태도(흥미, 가치): 국어 교과태도, 수학 교과태도, 영어 교과태도
학교	학교장 특성	• 학교장 특성: 학교장 개인 배경, 교장 공모제 여부, 학교장 경력
	학교의 인적 구성	• 학생 구성: 학생 수, 소외 계층 비율 • 교원 특성: 교원 현황, 교사 연수 현황
	교육과정 및 학교풍토	• 수업 및 프로그램: 교육과정, 교수 · 학습, 평가관련 중점사항, 학습부진 학생지도, 평가활동, 창의적 체험활동, 진로지도, 방과 후 학교 • 학교 풍토: 교사풍토, 학생풍토, 학부모풍토, 학부모의 학교 행사 참여, 학교장 학교 운영

출처: 한국교육과정평가원 iNAEA학업성취도평가 정보 서비스 사이트(https://naea.kice.re.kr/prtl/ eval/info.do, 2019. 11. 12 검색)

연습문제

01 다음 단어를 설명하시오.

규준참조검사
준거참조검사
속도검사
역량검사
표준화검사
검사 사용설명서
규준
Mental Measurement Yearbook
Tests in Print
Test Critiques
Tests
ETS Test Collection
ETS Test Collection Microfiches

02 학업 스트레스를 측정하는 표준화검사에는 어떤 것이 있는지 검색하시오.

03 검사불안 검사의 특성을 정리하시오.

04 연구를 위하여 사용해야 할 검사를 표준화검사 목록집에서 찾아 정리하시오.

Chapter

9 타당도

1 정의

키를 측정하기 위하여 자를, 무게를 달기 위하여 저울을 사용하는 것이 타당하듯이 인간의 잠재적 특성인 지능을 측정하기 위하여 지능검사를, 적성을 측정하기 위하여 적성검사를, 인성을 측정하기 위하여 인성검사를 사용하는 것이 타당하다. **타당도**(validity)는 검사도구가 측정하고자 하는 것을 얼마나 충실히 측정하였는가를 의미한다.

타당도의 이론적 개념은 계속적으로 진화되어 왔으며 검사 점수나 측정치의 의미와 관계되어 있다. 미국심리학회(APA: American Psychology Association)에서 *Technical Recommendation*을 1954년에 발간하여 타당도에 대하여 언급하였으며, 이어 *Standards for Educational and Psychological Testing*(AERA, APA, NCME, 1966)에서 타당도를 세 종류로 구분하였고 이 세 종류의 타당도가 개념적으로 독립적인 것이기 때문에 한 측정도구의 타당도를 검증함에 있어 모든 종류의 타당도로 검사도구의 타당성을 검정하는 것이 바람직하다고 하였다. AERA, APA, NCME에서 1974년 ***Standards for Educational and Psychological Testing***을 개정하면서 내용타당도를 검사에서 측정되는 행위들이 어떤 행동들의 표본을 얼마나 잘 대표하느냐의 개념으로 확대하여 행위에 대한 주관적 판단도 포함하였으며, 검사의 편파성, 검사의 응용에 따른 사회적 문제 등을 언급하였다.

타당도에 대한 개념에도 변화가 있어 타당도를 검사가 갖는 고유한 속성이라기보다 검사에서 얻은 결과의 해석에 대한 타당성의 근거를 제시하는 것이라고 보는 것이 최근의 견해다. 1985년 개정된 *Standards for Educational and Psychological Testing*(AERA, APA, NCME, 1985)에서는 **타당도**를 개념으로 간주하여 검사로부터 얻어진 점수에 대한 추론의 적합성, 의미성, 유용성을 말한다고 정의하였다.

타당도는 검사 점수의 해석이 검사의 사용 목적에 얼마나 부합하는가의 문제다. 즉, 검사도구 목적의 적합성에 해당된다. 타당도는 항상 무엇을 측정하는가와 타당한 정도를 언급한다. 모든 내용에 타당한 검사는 존재하지 않고 타당도가 '있다' 혹은 '없다'의 이분적 판단을 하기보다는 '높다', '낮다'와 같이 타당도의 정도를 나타내는 것이다. 또한 타당도(validity)란 단어 대신에 '타당도의 근거(related evidence of validity; evidence based on)'라는 용어를 사용한다. 예를 들어, '내용타당도(content validity)'라는 단어 대신에 내용과 관련된 타당도의 근거(content-related evidence of validity; evidence based on content)'라는 용어로 바뀌었다. 그리고 검사도구의 타당성을 검증하기 위하여 세 종류의 타당도로 검증하는 것이 바람직하며, 때로는 두 종류 이상의 복합(combination)적인 타당도의 증거를 얻는 것이 바람직하다고 밝히고 있다.

1999년에 발간된 개정판에서는 **타당도를 검사 점수의 해석에 대하여 근거나 이론이 지지하여 주는 정도**(the degree to which evidence and theory support the interpretations of test score entailed by proposed uses of tests)로 정의하였다. 타당도를 검사 자체의 문제가 아니라 이론이나 근거가 검사 점수의 해석을 얼마나 지지하는가의 정도로 정의를 넓히고 있는 것이 최근의 경향이다.

타당도의 영문 용어가 '**validity**'에서 '**~related evidence of validity**'로 그리고 '**evidence based on ~**'으로 변화됨에 비추어 볼 때 **타당도**란 용어보다는 '**~와 관련된 타당도의 근거**'로, 나아가 '**~에 기초한 근거**'로 번역할 수 있을 것이다. 타당도에 대한 정의, 역사, 종류, 종류에 따른 개념과 추정방법 그리고 장단점의 구체적 내용은 타당도와 신뢰도(성태제, 1995b; 성태제, 2002)를 참조하기 바란다.

Gronlund와 Linn(1990)은 **타당도를 이해하는 데 다음의 네 가지 사항을 주의**해야 한다고 제시하고 있다.

첫째, 타당도는 피험자 집단에 사용된 측정도구나 검사에 의하여 얻어진 검사 결과의 해석에 대한 적합성이지 검사 자체와 관련된 것이 아니다. 그러므로 편의상 검사의 타당도라 표현하지만 정확히 말하여 검사 결과에 기초한 해석에 대한 타당성을 말하는 것이다.

둘째, 타당도는 정도의 문제다. 타당도가 '있다' 혹은 '없다'로 말하는 것이 아니라 어느 정도, 즉 '낮다', '적절하다', '높다' 등으로 표현하여야 한다.

셋째, 타당도는 특별한 목적이나 해석에 제한된다. 즉, 한 검사가 모든 목적에 부합할 수 없기 때문에 이 검사는 무엇을 측정하는 데 타당하다고 표현하여야 한다.

넷째, 타당도는 단일한 개념이다. 타당도를 다양한 종류로 구분하기보다는 다양한 종류의 근거에 기초한 단일한 개념으로 해석하고 있다.

2 검증방법

지금까지 많은 학자에 의하여 혼란스러울 정도로 다양한 이름의 타당도가 제안되었다. Anastasi, Cronbach 등의 학자들은 AERA(American Educational Research Association), APA(American Psychological Association), NCME(National Council on Measurement in Education)에 의한 타당도 분류방법을 따르고 있다.

타당도의 종류와 정의에 대하여 학회 중심의 발전 경향을 살펴보면 다음과 같다. 미국심리학회에서 타당도를 내용타당도, 예측타당도, 공인타당도, 구인타당도의 4종류로 구분하였다. 이어 AERA, APA, NCME(1966)에서 예측타당도와 공인타당도를 준거타당도(criterion-related validity)로 통합하여, 내용타당도, 준거타당도, 구인타당도로 구분하였다. 1985년에는 '타당도'라는 단어 대신에 '타당도의 근거'라는 단어를 사용하였다. 예를 들어, '내용타당도(content validity)'라는 용어 대신에 '내용과 관련된 타당도의 근거(content-related evidence of validity)'를, '구인타당도(construct validity)' 대신에 '구인과 관련된 타당도의 근거(construct-related evidence of validity)'를, '준거관련 타당도(criterion-related validity)'라는 용어 대신에 '준거와 관련된 타당도의 근거(criterion-related evidence of validity)'라는 용어를 사용하였다. 준거와 관련된 타당도의 근거에는 '예측 근거'와 '공인 근거'의 두 종류의 타당도 근거가 있다.

AERA, APA, NCME(1999/2014)에서는 타당도의 개념을 보다 확대하고 계량적 접근에 의한 타당도 수준을 초월하여 질적인 접근에 의한 타당도의 개념까지 확대하여 크게 다섯 가지의 타당도의 근거를 소개하고 있다.

1999년과 2014년의 분류에서는 검사내용에 기초한 근거, 반응과정에 기초한 근거, 내적구조에 기초한 근거, 다른 변수와의 관계에 기초한 근거, 검사결과에 기초한 근거로 분류하였으며 다른 변수와의 관계에 기초한 근거에 수렴 및 판별근거, 검사-준거 관련성, 타당도 일반화가 포함된다. 다섯 종류의 타당도 근거 중 새로운 개념의 근거는 반응과정에 기초한 근거, 수렴 및 판별근거, 타당도 일반화, 검사결과에 기초한 근거다. 1966년, 1985년, 1999년, 2014년에 분류한 타당도 검증방법을 정리하면 〈표 9-1〉과 같다.

표 9-1 AERA, APA, NCME에서 제시한 타당도

APA(1966)	AERA, APA, NCME(1985)	AERA, APA, NCME(1999/2014)
• content validity • construct validity • criterion-related validity	• content-related evidence of validity • construct-related evidence of validity • criterion-related evidence of validity	• evidence based on test content • evidence based on response processes • evidence based on internal structure • evidence based on relations to other variables - convergent and discriminant evidence - test-criterion relationships - validity generalization • evidence based on consequences of testing(1999)/evidence for validity and consequences of testing(2004)

1) 내용타당도: 검사내용에 기초한 근거

(1) 정의

내용타당도(검사내용에 기초한 근거; evidence based on test content)는 논리적 사고에 입각한 분석을 통해 판단하는 주관적인 타당도로 객관적 자료에 근거하지 않는다. 즉, 검사내용 전문가에 의하여 검사가 측정하고자 하는 속성을 제대로 측정하였는지를 주관적으로 판단하는 타당도다. 그러므로 내용타당도에 의한 검사도구의 타당성 입증은 논란이 따르게 마련이다. 예를 들어, 인성검사를 제작하였을 때 성격심리를 전공한 전문가가 문항들의 내용을 분석한 후 주관적인 판단에 의하여 내용타당도가 높다고 판정하였어도, 다른 내용전문가는 성격의 정의에 대하여 다른 견해를 지니고 있으므로 그 검사에 대하여 내용타당도가 결여되어 있다고 주장할 수 있다.

교수 · 학습과정에서 설정하였던 교육목표의 성취 여부를 묻는 학업성취도 검사의 타당성 검증을 위하여 내용타당도가 주로 사용된다. 이러한 이유로 내용타당도를 교과타당도와 교수타당도로 구분하기도 한다. **교과타당도**(curriculum validity)란 검사가 교육과정에 있는 내용을 얼마나 잘 포함하고 있느냐 하는 문제이고, **교수타당도**(instructional validity)란 교수 · 학습 중에 가르치고 배운 내용이 검사에 얼마나 포함되었느냐를 말한다. 학업성취도 검사에서 교과 · 교수타당도를 증진시키기 위하여 내용소와 행동소로 나누어 이원분류표를 작성하는 것은 매우 중요하다.

종전에는 내용타당도라는 용어와 유사하게 **안면타당도**(face validity)라는 용어를 사용하기도 하였다. 안면타당도는 검사도구의 문항들이 검사제작자나 피험자에게 친숙한 정도를 말한다. 이는 문항들이 피험자들과 얼마만큼 친숙도를 형성하고 있는가와 일반적인 대표성을 지니고 있느냐의 문제로서, 어떤 특성을 측정할 때 자주 접해 본 문항들이 있으면 안면타당도가 높다고 말한다. 그러나 이 같은 접근은 학문적으로 타당하지 않고 과학적이지 않으므로 안면타당도를 타당도의 근거로 사용하지 않는다.

AERA, APA, NCME(1999)에서 분류한 검사 내용에 기초한 근거(evidence based on test content)는 검사의 문항, 질문, 목적이 측정을 위하여 규정된 내용 영역이나 혹은 전체를 얼마나 잘 대표하느냐의 정도를 나타내며 검사의 내용과 측정하고자 하는 구인과의 관계 분석을 통해 검증한다. 이때 검사내용은 검사시행과 점수화와 관련된 절차를 위한 안내, 주제, 어휘, 문항유형, 검사의 질문, 과제와 관련된다. 내용 영역을 상세화하는 작업으로부터 시작하여 내용을 구체적으로 기술하고 내용 영역과 문항 유형을 분류하는 작업 등을 포함하게 된다. 이를 검증하기 위하여 논리적이거나 경험적으로 검사 문항이 검사내용을 적절하게 대표하고 있는가, 내용 영역과 검사 점수의 해석에 차이가 있는가를 분석한다. 그러므로 이러한 검사와 검사를 구성하는 요소 사이의 관계에 대한 분석은 일반적으로 내용전문가들의 판단에 의해 이루어지며 종전의 내용타당도를 검증하는 방법을 사용한다.

검사 내용에 기초한 근거는 검사 개발에 있어서 주요한 사안이며, 전문가의 전문적 판단이 측정 내용의 전집, 내용 선택, 문항유형 선택, 점수화 등의 의사를 결정하는 데 중요한 역할을 한다. Anastasi(1988)는 준거참조검사 제작 시 내용타당도가 강조되어야 한다고 주장하였다. 그러므로 내용타당도가 계량화되지 않는다고 하여도 과학성이 상실되었다고 볼 수는 없다.

(2) 검증 절차

내용타당도는 주관적 판단에 의하므로 객관적 자료를 사용하지 않으며 타당도에 대하여 수치로 표현되는 객관적 정보를 제공하지 않는다. 검사내용 전문가의 전문지식에 의하여 내용타당도가 검증된다. 학업성취도 검사의 내용타당도 검증은 문항들이 검사 제작 전 작성한 이원분류표에 따라 제작되었는지를 검토하는 방식으로 시행된다.

(3) 장단점

내용타당도는 계량화되어 있는 정보를 제공하지 못한다 하여도 전문가들의 판단에 의하여 검사의 타당성을 검증받게 되므로 검사의 목적에 부합하는지 여부를 검증할 수 있는 장점이 있다. 일반적으로 전문가들이란 어느 측정 영역에 대한 인식을 공유하므로 검사의 타당성 입증에 다른 견해를 표출하는 경우는 많지 않다.

그러나 공통적으로 합의된 개념 정의가 없는 요인, 특히 정의적 행동특성을 측정할 때 전문가마다 각기 다른 견해를 가지므로 내용타당도에 대한 검증 결과에 이견이 있을 수 있다. 예를 들어, 성격에 대한 정의가 60개 이상 존재하면 한 연구자가 작성한 성격검사에 대하여 어떤 전문가는 내용타당도가 높다고 평가하였으나 다른 전문가는 내용타당도가 낮다고 평가할 수 있다. 또한 내용타당도는 계량화되지 않기 때문에 타당성의 정도를 표기할 수 없는 단점도 지니고 있으나, 내용타당도 평가 점검표를 활용하면 이러한 문제를 보완할 수 있다.

2) 반응과정에 기초한 근거

반응과정에 기초한 근거(evidence based on response process)란 피험자의 응답과정에 대한 분석으로 이루어지며 반응과정에 대한 이론적이고 경험적인 분석을 통하여 검사가 측정하고자 하는 구인과 피험자의 수행 또는 반응이 얼마나 일치하는가에 근거하여 타당도를 검증한다. 예를 들어, 학생들의 수학적 추론능력을 측정하기 위한 검사에서 기계적으로 공식에 대입하기보다는 주어진 문제를 풀기 위해 학생들이 실제로 수학적 추론을 적용하는가를 검증하는 것을 중요시한다.

반응과정에 대한 연구는 피험자에게만 국한된 것은 아니다. 학생들의 수행을 관찰하고 판단하는 관찰자 혹은 평가자들도 연구대상에서 제외될 수 없으며, 이 경우 평가자의 관찰과 판단이 의도한 점수 해석과 어느 정도 일치하는지를 분석하게 된다. 만약 학생들의 수행을 채점하는 데 있어 특별한 준거를 적용하도록 되어 있다면, 적절한 준거를 적용하였는지, 의도된 해석에 부적절한 요인이 개입되지는 않았는지 등을 확인하는 일이 중요하다. 따라서 반응과정에 기초한 타당화는 의도한 점수 해석과 구인에 비추어 반응과정이 얼마나 적절한가를 분석하는 경험적인 검증이 필요하다.

반응과정에 기초한 근거를 밝히는 작업은 전문가의 판단에 의존하며 반응하는 과정에 대한 내용분석을 통하여 검증할 수 있다.

3) 구인타당도: 내적구조에 기초한 근거

(1) 정의

구인타당도(내적구조에 기초한 근거; evidence based on internal structure)란 조작적으로 정의되지 않은 인간의 심리적 특성이나 성질을 심리적 구인으로 분석하여 조작적 정의(operational definition)를 부여한 후, 검사 점수가 조작적 정의에서 규명한 심리적 구인들을 제대로 측정하였는가를 검정하는 방법이다. 즉, 검사 점수를 관심 있는 심리적 속성의 측정치로 보는 데 주안점을 두고 있으며, 구성타당도라고도 한다.

예를 들어, 창의력을 측정할 때 창의력은 민감성, 이해성, 도전성, 개방성, 자발성, 자신감의 구인으로 구성되어 있다는 조작적 정의에 근거하여 검사를 제작, 실시한 뒤 그 검사도구가 이 같은 구인들을 측정하고 있다고 검증되면 그 검사는 구인타당도를 지니고 있다고 한다. 만약 검사 결과가 조작적으로 규정한 어떤 심리적 특성의 구인들을 제대로 측정하고 있지 못하거나 다른 구인들을 측정한다면 이는 구인타당도가 결여되어 있는 것이다.

구인(構因, construct)이란 심리적 특성이나 행동 양상을 설명하기 위하여 존재를 가정하는 심리적 요인을 말한다. 창의력검사의 예에서 민감성, 이해성, 도전성 등을 구인이라 할 수 있다. Thurstone의 이론에 기초하여 개발된 지능검사에서는 일곱 가지 기본 정신능력, 즉 어휘력, 수리력, 추리력, 공간력, 지각력, 기억력, 언어유창성이 구인이다.

내적구조에 기초한 근거(evidence based on internal structure)는 문항과 검사 구성요소와의 관계가 구인에 어느 정도 합치되는가를 분석한다. 검사가 측정하고자 하는 구인들을 측정할 수 있도록 구성되어 있는가의 문제로서, 문항들의 관계가 검사구조의 가정을 지지하는 정도를 말한다. 예를 들어, 건강에 대한 지각을 묻는 검사가 신체적 건강지수와 정신적 건강지수를 측정한다면 검사는 두 구인을 측정하기에 적합하도록 구조화되어야 한다.

검사는 단일한 영역을 측정하거나 동질성을 지닌 여러 요소를 측정한다. 따라서 검사의 일차원성이 지켜지지 않은 검사일 경우에는 내적구조에 기초한 타당도의 근거를 검증하기 어려울 수 있으며 종전의 구인타당도를 검증하는 방법으로 사용되었던 탐색적 · 확인적 요인분석 등의 방법을 사용할 수 있다.

(2) 검증 절차

구인타당도, 즉 내적구조에 기초한 근거는 측정하고자 하는 심리적인 특성이 무엇인가를 규명한 다음, 이에 근거하여 문항을 작성하고, 검사를 시행하여 얻은 응답결과를 분석하여, 정의된 심리적 특성이 제대로 측정되었는가를 계량적으로 규명한다. 이와 같은 기본방식에 기초하여 **구인타당도를 검증하는 세부적인 절차**는 다음과 같다.

첫째, 측정하고자 하는 심리적 특성을 구성하는 구인, 즉 요인들이 무엇인지 이론적, 경험적 배경에 의하여 밝힌다. 즉, 심리적 특성에 대한 조작적 정의를 내린다.

둘째, 구인과 관련된 이론에 근거하여 구인을 측정할 수 있는 문항을 제작한다.

셋째, 구인을 측정하는 문항들로 검사를 제작한다.

넷째, 측정 대상에게 검사를 실시하여 응답자료를 얻는다.

다섯째, 응답자료를 분석하여 검사가 측정하고자 하는 구인들을 제대로 측정하였는지를 밝힌다.

여섯째, 심리적 특성을 규명하는 조작적 정의에 따른 구인과 관련 없는 문항을 제거하거나 수정 · 보완하여 검사를 완성한다.

이상의 여섯 단계에 의하여 구인타당도를 검정하며 이때 활용되는 통계적 방법으로는 상관계수법, 실험설계법, 요인분석 등을 들 수 있다.

상관계수법은 각 구인들을 측정하여 얻어진 점수와 구인을 포괄하는 심리특성의 측정치인 총점과의 상관계수에 의하여 타당도를 검증하는 방법으로, 만일 특정 구인을 나타내는 점수와 심리적 특성 점수와의 상관계수가 낮으면 그 구인은 심리적 특성을 설명하여 주지 못하는 것으로 해석할 수 있다. 예를 들어, 창의성은 민감성, 이해성, 도전성, 개방성, 자발성, 자신감, 암기능력으로 구성되어 있다고 조작적 정의를 내렸다면 각 구인에 의한 점수와 창의력 총점과의 상관계수를 구할 수 있다. 각기 10문항으로 각 구인을 측정하고 70문항 점수를 각 구인별로 점수를 내어 점수를 계산한 후 총점과 상관계수를 추정하고 각 구인들의 점수 간의 상관계수를 추정한 결과는 〈표 9-2〉와 같다.

표 9-2 창의성을 구성하는 구인과 총점 간의 상관계수

	민감성	이해성	도전성	개방성	자발성	자신감	암기력
이해성	.7						
도전성	.8	.7					
개방성	.9	.8	.9				
자발성	.8	.8	.8	.8			
자신감	.7	.9	.9	.9	.8		
암기력	.2	.3	.2	.1	.3	.2	
총 점	.8	.9	.8	.8	.7	.9	.2

〈표 9-2〉에서 창의성을 구성하는 7개 구인 중에 암기력을 제외한 모든 구인은 창의성 총점과의 상관계수가 .7이상으로 높은 데 비하여 암기력은 창의성 총점과의 상관계수가 .2로 상관이 거의 없다 할 수 있다. 또한 각 구인들 간의 상관계수가 높은 데 비하여 암기력은 다른 여섯 개 구인들과의 상관계수가 낮다. 그러므로 암기력은 창의성을 나타내는 구인이 될 수 없다고 판단하게 된다.

실험설계법에서는 심리적 특성을 구성하는 구인을 실험집단에는 처치를 하고 통제집단에는 처치하지 않았을 경우, 실험집단과 통제집단에서 심리적 특성의 차이가 나타나면 그 구인이 심리적 특성을 설명하는 구인이라고 판단하는 방법이다. 예를 들어,

불안은 심리적으로 안정되지 않은 상태로서 죽음에 대한 불안, 직장에 대한 불안, 가정생활에 대한 불안, 시험에 대한 불안 등으로 구성되었다고 조작적 정의를 내릴 수 있다. 이때 시험에 대한 불안이 불안을 설명하는 구인인지를 알아보기 위하여 다음과 같이 실험설계법을 적용할 수 있다.

피험자 집단을 실험집단과 통제집단으로 구분하여 실험집단에만 시험에 대한 예고를 하고 통제집단에는 아무 처치를 하지 않은 경우, 만약 두 집단에서 불안도의 차이가 있다면 시험 불안은 불안이라는 심리적 특성을 설명하여 주는 구인이 될 수 있다. 반대로 시험의 예고가 실험집단에 영향을 주지 않아 통제집단과 불안도 수준이 같다면 시험 불안은 불안을 구성하는 구인이 될 수 없다.

구인타당도를 검정하기 위하여 가장 많이 쓰이는 통계적 방법은 요인분석이다. **요인분석**(factor analysis)이란 복잡하고 정의되지 않은 많은 변수 간의 상호관계를 분석하여, 상관이 높은 변수들을 모아 요인으로 규명하고 그 요인의 의미를 부여하는 통계적 방법이다. **구인타당도 검정을 위한 요인분석의 기본 절차**는 다음과 같다.

첫째, 문항을 제작하여 검사를 실시한 후 문항점수를 얻는다.
둘째, 문항들 간의 상관계수 행렬을 구한다.
셋째, 회전하지 않은 요인을 추출한다.
넷째, 요인 구조를 회전시킨다.
다섯째, 요인부하량을 기준으로 각 문항이 어떤 요인에 속하는지를 결정하고 추출된 요인과 해당 문항이 검사 제작 시의 구인 구조와 일치하는가를 검증한다.

일반적인 요인분석에 대한 보다 자세한 설명은 제16장의 '관계분석을 위한 통계방법'에 소개되어 있다.

(3) 장단점

구인타당도는 응답자료를 통계적으로 분석하는 계량적 방법에 의하여 검증되므로 과학적이고 객관적이라 할 수 있다. 또한 심리적 특성에 부여한 조작적 정의의 타당성을 입증함으로써 많은 연구의 기초가 될 수 있다. 단점으로는 요인분석을 실시할 경우 변수 혹은 문항들 간의 보다 안정적인 공분산행렬을 얻기 위하여 많은 수의 조사대상이 필요하다는 것이다. 요인분석을 하기 위하여 일반적으로 300명 이상의 응답자가 필요하다.

4) 다른 변수와의 관계에 기초한 근거

다른 변수와의 관계에 기초한 근거(evidence based on relations to other variables)는 검사 점수와 외적 변수와의 관계를 분석하여 검사의 타당도를 검증하는 방법이다. 외적 변수에는 동일하거나 관련된 구인을 측정하는 다른 검사 점수, 고용이나 합격 상황에서의 수행준거, 집단 분류와 같은 범주변수 등이 포함된다. 다른 변수와의 관계에 기초한 근거는 크게 수렴 및 판별 근거(convergent and discriminant evidence)와 검사-준거 관련성(test-criterion relationships), 타당도 일반화(validity generalization)로 분류한다.

(1) 수렴 및 판별 근거

수렴 및 판별 근거(convergent and discriminant evidence)의 검증을 통해서 검사 점수와 유사한 구인을 측정하는 측정치는 수렴 근거를 제공하고, 검사 점수와 다른 구인을 측정하는 측정치들로부터는 판별 근거를 얻을 수 있다. 예를 들어, 학생들의 독해력을 알아보기 위한 선택형 검사 점수와 동일한 능력을 측정하는 논술형 검사 점수 간에 관련성이 높으면 이를 통해 수렴 근거를 확인할 수 있다. 반면 독해력 검사 점수는 논리적 추론과 같은 기능과는 관련이 없을 것이라 기대하게 되며, 이는 판별 근거를 의미한다. 이와 같이 구인을 측정하는 다른 검사와의 관계는 점수의 의미를 명료화하고 구체적인 해석을 하는 데 도움을 준다. 여러 방법으로 동일한 특성을 측정할 때 그들 간의 상관이 높으면 수렴 근거가 있으며 동일한 방법에 의하여 다른 특성을 측정할 때 다른 특성들 간의 상관이 높지 않으면 판별 근거를 가진다(임인재, 1980). 수렴 및 판별 근거를 확인하기 위하여 중다특성-중다방법을 사용할 수 있다.

(2) 검사-준거 관련성

검사-준거 관련성(test-criterion relationships)은 기본적으로 검사 점수가 얼마나 정확하게 준거 수행을 예측하는가에 관심을 둔다. 준거 변수는 학교 운영자, 회사 경영자, 고객 같은 검사 사용자들이 관심을 가지는 속성이나 결과를 말한다. 그러므로 검사-

준거 관련성은 주어진 검사를 적용하는 상황에서 준거 변인에 기초한 해석 과정의 적합성에 따라 달라진다. 기존의 예측타당도와 공인타당도가 검사-준거 관련성에 포함된다. 예측타당도는 검사 자료가 얼마나 정확하게 차후의 준거 점수를 예측하는가를 확인하는 것이라면, 공인타당도는 같은 시간에 다른 검사로부터 예측치와 준거 정보를 획득하는 것이다. 두 방식 모두 검사 점수와 준거변수 간의 상관계수를 산출하여 검증할 수 있다.

① 예측타당도: 준거와 관련된 예측 근거

a. 정의

예측타당도(**준거와 관련된 예측 근거**; criterion-related evidence-predictive)는 검사-준거 관련성의 하나로, 제작된 검사에서 얻은 점수와 준거로서 미래의 어떤 행위와의 관계로 추정되는 타당도다. 즉, 검사 점수가 미래의 수행을 얼마나 잘 예측하느냐 하는 문제다. 예를 들어, 비행사 적성검사를 시행했을 때 그 적성시험에서 높은 점수를 받은 비행사가 이후의 실제 비행에서 안전 운행 기록이 우수하다면 그 검사의 예측타당도가 높다고 할 수 있다. 예측타당도를 예언타당도라고도 한다.

일반적으로 적성검사가 예측타당도를 중요시하는 경향이 있으며, 임상심리에서 사용되는 각종 심리검사에도 자주 이용된다. 대학입시제도에서 시행되는 대학수학능력시험도 예측타당도가 중요시된다. 즉, 대학수학능력시험에서 높은 점수를 획득한 학생이 대학에서 성공적으로 학업을 수행할 때, 다시 말하여 학점이 높을 때, 대학수학능력시험의 예측타당도는 높다고 할 수 있다. 예측타당도 역시 검사 점수와 미래의 행동과의 관계에 의하여 추정되므로 계량화되는 특징을 지니고 있다.

b. 추정 절차

예측타당도는 공인타당도와 같이 상관계수에 의하여 추정되며 **추정 절차**는 다음과 같다.

첫째, 피험자 집단에게 새로 제작한 검사를 실시한다.
둘째, 일정기간 후 검사한 내용과 관계가 있는 피험자들의 행위를 측정한다.
셋째, 검사 점수와 미래 행위의 측정치와 상관 정도를 추정한다.

주의해야 할 사항은 미래 행위에 대한 측정이다. 미래의 행위에 대한 측정은 이전에 만들었던 검사로 다시 측정하는 것이 아니라 검사에서 측정하는 내용과 관련된 행동이어야 한다. 그러므로 미래의 행동을 측정하는 데 어려움이 있을 수 있다.

예측타당도를 검정하는 예로 10점 만점인 비행사 적성시험을 실시한 결과와 비행사 교육을 마친 후 1년 동안 무사고 운행거리의 결과는 〈표 9-3〉과 같다.

표 9-3 비행사의 적성시험점수와 무사고 운행거리

비행사	적성시험(X)	운행거리(Y : 만 Km)
A	9	8
B	8	6
C	6	7
D	5	5
E	8	6

〈표 9-3〉에 있는 자료에 의하여 비행사 적성검사의 예측타당도는 검사 점수와 운행거리의 상관계수로 산출될 수 있으며 계산 절차는 〈표 9-4〉와 같다.

표 9-4 비행사 적성시험의 예측타당도 추정

비행사	적성시험(X_i)	운행거리(Y_i)	X_iY_i	X_i^2	Y_i^2
A	9	8	72	81	64
B	8	6	48	64	36
C	6	7	42	36	49
D	5	5	25	25	25
E	8	6	48	64	36
Σ	36	32	235	270	210

$$r = \frac{n\Sigma X_iY_i - \Sigma X_i \Sigma Y_i}{\sqrt{n\Sigma X_i^2 - (\Sigma X_i)^2}\sqrt{n\Sigma Y_i^2 - (\Sigma Y_i)^2}}$$

$$r = \frac{5(235) - 36(32)}{\sqrt{5(270) - 1296}\sqrt{5(210) - 1024}} = \frac{23}{\sqrt{54}\sqrt{26}} = .614$$

비행사 적성검사의 예측타당도는 .614로서 예측타당도가 높은 편이다.

c. 장단점

예측타당도의 장점은 검사도구가 미래의 행위를 예언하여 주기 때문에 예측타당도가 높으면 선발, 채용, 배치 등의 목적을 위하여 검사를 사용할 수 있다는 것이다. 예를 들어, 약사고시, 의사고시 등의 검사에서는 예측타당도가 중요시되어야 하며 높은 예측타당도를 지녀야 한다. 단점으로는 동시 측정이 불가능하므로 검사의 타당성을 검정하기 위하여 시간적 여유가 필요하다는 것이다. 또한 일정 시간 뒤에 측정한 행위와 검사 점수 간의 상관계수에 의하여 타당도를 검정하기 때문에 검사를 실시하고 난 후 인간의 특성이 변화되지 않았다는 보장을 하기 힘들다. 그러나 예측타당도는 적성검사를 위한 중요한 타당도가 된다.

예측타당도는 양적 정보를 제공하므로 과학적이라는 특징이 있으나 과소 추정되는 경향이 있다. 과소 추정되는 이유는 미래의 행위를 동시에 측정할 수 없으며 시간의 흐름에 따라 평가대상의 사고나 행동이 변화되기 때문이기도 하지만 통계적으로 자료가 절단되기 때문이다. 대학수학능력시험의 예측타당도를 추정할 때 주의할 점은 준거로서 미래의 행동이나 특성은 수능점수의 내용과 밀접한 관계가 있는 자료이어야 한다는 것이다. 대학에 입학한 후 전공교과의 성적으로 대학수학능력시험의 예측타당도를 검증한다면 대학수학능력시험점수 내용과 밀접한 관계가 있는 단일 교과성적을 사용하여야 한다. 또한 대학수학능력시험의 예측타당도를 추정할 때 특정학교의 자료를 사용하게 되면 일정 점수 이하의 학생들은 입학을 하지 못하므로 해당 수능점수 이하의 학생들에 대한 자료를 얻을 수가 없게 된다. 이와 같이 자료가 절단되었을 때 상관계수가 과소추정되기 때문에 교정공식을 사용하여 예측타당도를 추정하여야 한다(성태제, 2019; Lord & Novick, 1968).

② 공인타당도: 공인근거

a. 정의

공인타당도(concurrent evidence)는 검사-준거 관련성의 한 종류로 개발된 검사와 준거로서 기존에 타당성을 입증받고 있는 검사로부터 얻은 점수와의 관계를 통해서 검증되는 타당도다. 즉, 새로운 검사를 제작하였을 때 새로 제작한 검사의 타당성을 검증하기 위하여 기존에 타당성을 보장받고 있는 검사와의 유사성 혹은 연관성에 기초하여 타당성을 검증하는 방법이 공인타당도이며, 공유타당도라고도 한다. APA,

AERA, NCME(1999)에서는 **공인근거**(concurrent evidence)라고 하였다.

예를 들어, 연구자가 본인의 연구에 부합하는 인성검사를 제작하였을 때 그 인성검사의 공인타당도를 검증하기 위하여 MMPI(Minnesota Multiple Personality Inventory) 검사와의 관계를 분석하여 새로 제작한 검사의 타당성을 입증하는 경우가 이에 해당한다.

공인타당도는 새로 제작한 검사의 점수와 준거점수로 타당성을 인정받고 있는 검사 점수와의 상관계수에 의하여 검증되므로 계량화할 수 있다.

b. 추정 절차

공인타당도는 제작된 검사의 점수와 기존에 타당성을 공인받고 있는 검사의 점수 간의 상관계수에 의하여 추정되며, **검증 절차**는 다음과 같다.

첫째, 피험자 집단에게 새로 제작된 검사를 실시한다.
둘째, 동일 집단에게 동일한 시험 상황에서 타당성을 인정받고 있는 검사를 실시한다.
셋째, 두 검사 점수 간의 상관계수를 추정한다.

공인타당도를 검증하는 예로 한 수학 교사가 수리능력을 간단히 측정하는 간편 수리검사를 개발한 경우를 들 수 있다. 5문항으로 구성된 간편 수리검사의 공인타당도를 검증하기 위하여 5명의 학생에게 검사를 실시하고, 이들에게 10문항으로 구성된 표준화 수리검사를 실시한 결과, 두 검사를 통해 얻은 점수는 〈표 9-5〉와 같다.

표 9-5 새로 제작한 간편 수리검사와 표준화 수리검사의 점수

피험자	간편 수리검사	표준화 수리검사
A	1	2
B	2	3
C	4	5
D	3	3
E	5	7

새로 제작한 간편 수리검사의 공인타당도를 검증하기 위하여 간편 수리검사에서 얻은 점수와 표준화 수리검사에서 얻은 점수 간의 상관계수를 추정한다. 상관계수 공

식에 간편 수리검사와 표준화 수리검사 점수를 대입하여 상관계수를 추정하는 세부적인 계산 절차는 〈표 9-6〉과 같으며, 이 검사의 공인타당도는 .95로서 '매우 높은 편이다'라고 해석한다.

표 9-6 간편 수리검사의 공인타당도 검정 절차

피험자	간편 수리검사(X_i)	표준화 수리검사(Y_i)	X_iY_i	X_i^2	Y_i^2
A	1	2	2	1	4
B	2	3	6	4	9
C	4	5	20	16	25
D	3	3	9	9	9
E	5	7	35	25	49
Σ	15	20	72	55	96

$$r = \frac{n\Sigma X_iY_i - \Sigma X_i \Sigma Y_i}{\sqrt{n\Sigma X_i^2 - (\Sigma X_i)^2}\sqrt{n\Sigma Y_i^2 - (\Sigma Y_i)^2}}$$

$$r = \frac{5(72)-15(20)}{\sqrt{5(55)-225}\sqrt{5(96)-400}} = \frac{60}{\sqrt{50}\sqrt{80}} = \frac{60}{63.25} = .95$$

c. 장단점

공인타당도는 계량화되어 타당도에 대한 객관적인 정보를 제공할 수 있으며 타당도의 정도를 나타낼 수 있는 장점을 갖는다. 그러나 단점은 기존에 타당성을 입증받고 있는 검사가 없을 경우 공인타당도를 추정할 수 없으며, 기존에 타당성을 입증받은 검사가 있을지라도 그 검사와의 관계에 의하여 공인타당도가 검정되므로 기존에 타당성을 입증받은 검사에 의존한다는 점이다.

(3) 타당도 일반화

타당도 일반화(validity generalization)는 교육 및 고용상황 등에서 검사-준거 관련성에 기초한 타당도의 근거를 새로운 상황에 일반화할 수 있는 정도를 말한다. 검사-준거 관련성은 언제, 어떤 상황에 적용되느냐에 따라 크게 달라질 수 있다. 따라서 제한된 검사-준거 관련성 자료를 근거로 일반적인 타당도를 확보하기란 어려운 일이다.

이때 다양한 상황을 포함하고 있는 메타분석적 데이터베이스가 있다면 보다 많은 정보를 얻을 수 있을 것이다. 과거의 유사한 상황에서 수행된 타당도 검증 결과를 사용하여 새로운 상황에 대한 검사-준거 관련성의 상관 정도를 추정할 수 있기 때문이다. 이와 같이 검사-준거 관련성에 기초한 타당도의 근거를 수집하기 위해 축적된 자료를 토대로 새로운 상황에의 적용 가능성을 검토하는 과정을 타당도 일반화라 한다.

타당도 일반화 연구가 이루어지기 전에는 다양하게 나타나는 상황에 대하여 개별적이고 지엽적인 연구가 수행되었다. 그러나 메타분석적인 연구가 이루어짐에 따라 새로운 상황에서 검사-준거 관련성을 검증하는 일에 도움을 주고 있다. 타당도 일반화 연구에서 포함되는 주요 국면은 예측하고자 하는 구인 측정의 방법상의 차이, 직업 또는 교육과정의 유형, 준거측정치가 사용되는 방식, 피험자 유형, 타당화 연구의 시기 등이다. 과거의 유사한 상황에서 수행된 타당화 연구의 통계값들이 새로운 상황에서도 유용하다면 이는 타당도 일반화로 간주된다. 특정 타당화 연구나 다양한 국면에 대한 타당도 일반화의 목적은 특수성과 다양성이 검사-준거 관련성에 미치는 영향의 정도를 결정하는 것이다.

5) 결과타당도: 검사결과에 기초한 근거

타당도에 있어 AERA, APA, NCME(1985)에서 규정한 개념 못지않게 중요한 점은 실시한 검사나 평가가 무엇을 위한 평가이고 어떠한 결과를 가져왔는지를 점검해 보는 것이다. Cureton(1951)은 동일한 검사에 의하여 측정된 점수의 의미도 검사를 치른 집단의 고유한 경험에 의존한다고 주장하였다. Cronbach(1971)도 타당도는 검사 자체의 속성이 아니므로 각 검사의 활용에 비추어 새로이 평가되어야 한다고 주장하였다. 타당도의 개념에 검사 점수에 기초한 기술적 해석뿐 아니라 검사의 결과와 그에 따른 조치에 대한 평가도 포함되어야 함을 의미한다.

1985년도에 출판된 *Standards for Educational and Psychological Testing*에서도 검사개발자는 검사의 결과와 영향을 고려하여야 한다고 하였다. 타당도의 개념화에 있어 검사도구 특성의 문제라기보다는 검사 결과를 적용하는데 보다 관심을 두면서 Messick(1989)은 1970년 후반 평가점수 사용을 둘러싼 사회적 가치와 윤리적 이유를 제기하였다. 그는 타당도의 개념이 사회적 결과와 연관되어 있다고 주장하고 검사 사용의 사회적 결과는 타당도의 틀 속에서 중요한 부분이라며 결과타당도(consequential validity)를 제안하였다.

결과타당도란 검사나 평가를 실시하고 난 결과에 대한 가치 판단으로 평가 결과와 평가 목적과의 부합성, 평가 결과를 이용할 때의 목적 도달 여부, 평가 결과가 사회에 주는 영향, 평가 결과를 이용할 때의 사회 변화들과 관계가 있다.

결과타당도가 제안되면서 결과타당도를 타당도의 범주 안에 포함시킬 것인가에 대한 논쟁이 제기되었다(성태제, 1999; Shepard, 1997; Linn, 1997; Popham, 1997; Mehrens, 1997).

Shepard(1997)는 검사개발자가 검사의 기초가 되는 이론에 대한 검증을 하여야 하며, 검사와 검사결과의 관계를 검토함으로써 검사가 의도한 결과와 의도하지 않은 결과에 대하여도 책임져야 하므로 결과타당도가 중요하다 하였다. 검사결과 중 의도하지 않은 결과가 발생하였을 경우 부정적인 영향(adverse impact)과 부작용(side effect)에 대한 검증을 실시하여 검사의 목적에 맞게 검사 도구를 수정해야 한다고 하였다. Linn(1997)도 검사결과에 대한 고려를 타당도에서 배제시키는 것은 검사결과에 대한 배려를 등한시하게 된다면서 검사 사용 결과에 대한 검토는 검사에 대한 평가에 있어 매우 중요한 요소라고 주장하였다.

Popham(1997)은 검사 사용의 결과를 검토해야 하는 당위성과 검사 점수로부터의 추론이 정확해야 한다는 점에는 동의하지만 결과타당도의 개념이 모호하여 현장의 교

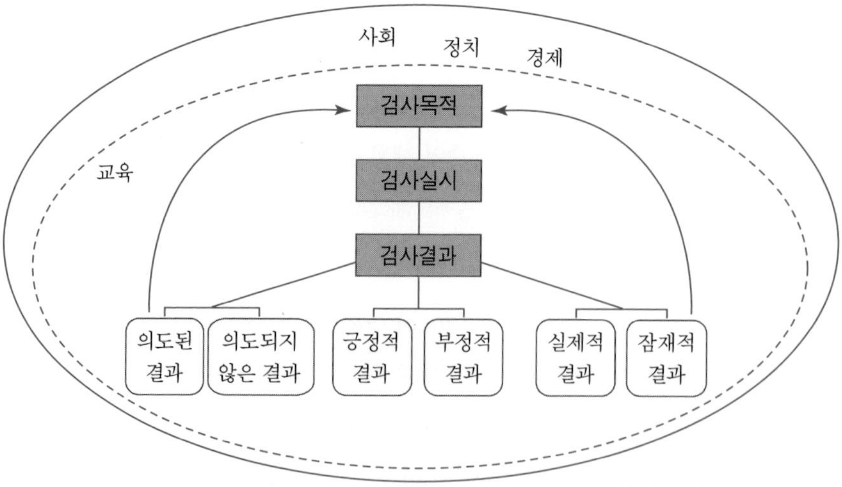

그림 9-1 사회 속의 검사와 검사결과

록 하기 때문에 사회적 결과에 대한 확인은 타당도와 분리되어야 한다고 주장하였다. Mehrens(1997)는 검사결과를 검토할 필요가 있지만 긍정적 결과 혹은 부정적 결과의 검토를 통해 검사 구인에 대한 추론의 정확성을 중시하는 타당도보다는 검사결과에 대한 조치와 사회적 허용성 등을 강조하고 때로는 정치적 가치판단을 포함하게 되므로 결과타당도를 타당도의 종류에 포함하지 않는 것이 바람직하다고 주장하였다.

성태제(1999)는 [그림 9-1]과 같이 검사는 교육적 목적에 의하여 제작되나 정치, 경제, 사회, 문화와 국가의 교육이념 등 복합적인 맥락에 놓여 있으므로 시대적 배경이나 환경을 고려하여야 하며 검사결과는 의도한 결과, 의도하지 않은 결과, 긍정적 결과, 부정적 결과, 실제적 결과, 잠재적 결과를 고려해서 분석하여야 한다고 주장하고 있다.

검사의 결과타당도를 고려하면 검사 제작, 실시, 수집, 분석, 해석, 활용까지 체계적으로 검사를 운영하게 되며, 검사가 사회에 미치는 영향까지 고려하기 때문에 양질의 검사를 제작하게 된다. 그러므로 연구에서도 실시되는 검사지나 질문지의 영향과 결과에 대하여 고민하고 신중을 기하여 제작, 이용하여야 한다. APA, AERA, NCME(1999)에서 '**검사결과에 기초한 근거**(evidence based on consequence of testing)'를 제시하였으며, 이는 검사결과가 검사의 목적과 얼마나 부합하는가, 즉 의도한 결과를 얼마나 달성하였으며 의도하지 않은 어떤 결과가 나타났는지에 대한 검증이라고 하였다. 검사대상에 따라 검사목적과 다른 결과가 관찰되는 것은 심각한 문제로서 검사의 타당화와 사회정책 간의 괴리에 기인한다고 볼 수 있다. 예를 들어, 고용과 승진을 위한 검사 점수에 집단 간 다른 효과가 있다면 관심의 수준을 넘어선 사회적 이슈가 될 수 있다. 검사결과의 타당성에 대한 판단은 어떠한 맥락에 의하여 그러한 결과가 나타났는가, 즉 결과에 대한 원인에 초점을 둔다. 입사 시험의 실시가 직원 채용을 위한 경비절감, 작업 효율성 증진 등의 혜택을 가져왔다면 결과타당도가 높다고 할 수 있다. 교육현장에서의 예를 들면, 대안적 평가 방법으로 제안되고 있는 수행평가가 학생들의 학습 동기를 얼마나 유발하고, 학습의 변화를 어떻게 유도하는지, 의도하지 않은 부정적 결과가 무엇인지는 결과타당도를 분석하여 알 수 있다.

Linn과 Gronlund(2000)는 **검사결과에 기초한 근거는 다음의 네 가지 질문을 통하여 검증**할 수 있다고 하였다. 첫째, 검사가 측정하고자 하는 것이 원래 의도한 것인지, 즉 검사가 중요한 학습목표와 부합하는지, 둘째, 학생이 평가를 준비하기 위하여 더 열심히 공부한다고 믿는 이유가 있는지, 셋째, 평가가 인위적으로 학생들의 공부를 제한하지 않는지, 넷째, 평가가 학생들의 창의적 표현이나 탐구정신을 격려 혹은 좌절시키는지를 확인하여 검사결과에 기초한 근거를 검증할 수 있다.

3 타당도의 적용

검사내용에 기초한 근거(내용타당도)는 검사도구의 타당도를 검정하는 기본적인 절차로서 검사가 측정하고자 하는 내용을 측정하는지를 검증하므로 필수적인 절차로 간주된다. 내용타당도는 학업성취도 검사에만 적용되는 것이 아니라 모든 검사도구의 타당성을 검증하는 방법이다.

내적구조에 기초한 근거(구인타당도)는 심리적 특성을 측정하는 검사의 타당성을 검증하기 위하여 주로 사용되는 방법으로 알려져 있으나 임상심리학, 정신의학, 교육학, 체육학 등 모든 분야에서 적용 범위가 넓혀지고 있는 타당도다. 즉, 측정하고자 하는 내용을 구인들로 규정하고 그 구인들을 제대로 측정하였는지를 검증하기 때문에 검사도구의 타당성을 검증하는 합리적인 방법으로 인식되어 검사도구의 타당도 검증에 구인타당도를 사용하는 경향이 증가하는 추세다.

검사내용에 기초한 근거, 내적구조에 기초한 근거, 다른 변수에 기초한 근거 모두가 개념적으로 독립되어 각각 다른 방식으로 검사도구의 다양한 측면의 타당성을 검증하지만 타당도는 통합적이고 본질적인 개념이다. 그러므로 검사도구의 타당도를 검증하기 위해서는 가급적 모든 방법에 의하여 타당도를 검증하는 것이 바람직하다. 성취도 검사는 내용타당도, 적성검사는 예측타당도, 인성검사는 구인타당도로 제한하여 타당도의 검증방식을 선택하는 것은 검사도구의 사용 목적에 의존할 수 있으나 바람직하지 않다.

Kubiszyn과 Borich(1993)는 일반적으로 검사도구의 공인타당도가 예측타당도보다 높게 추정된다고 주장하였다. 이는 공인타당도는 동시에 추정되는 데 비하여 예측타당도는 얼마간의 시간이 지난 후에 수행 수준과의 관계를 추정하기 때문이다. 공인타당도가 .8 이상이거나 예측타당도가 .6 이상이면 타당한 검사라고 할 수 있다고 하였다.

연구에서 사용되는 질문지는 일반적으로 인간의 잠재적 특성이나 태도, 인식 등을 측정하는 도구다. 실험연구의 경우 인간이 알지 못하는 심리적 특성을 측정하는 검사를 제작하여 사용할 때 '검사 내용에 기초한 근거', '내적구조에 기초한 근거', '공인근거', 나아가서는 '예측 근거' 등을 검증하여야 검사도구의 타당성을 입증받고 연구결과의 타당성을 확보할 수 있다. 조사연구에서 사용되는 연구대상의 인식을 묻는 질문지 역시 가능한 한 타당도의 근거를 확보하는 것이 연구결과의 타당성을 높일 수 있는 방법이다.

타당도 검증은 검사도구의 측정 목적이 달성되었는지를 증명하는 작업이므로 검사를 사용하는 모든 행동과학 연구를 위한 자료분석의 기본 절차다. 타당도 검증 없이 얻어진 자료를 가지고 심리적 증상의 진단, 인성 측정, 학업성취도 비교, 교육효과 확인 등을 수행한다면 잘못된 결론을 유도할 수 있다.

타당도 지수에 대한 절대적 기준은 없으나 상관계수에 의하여 추정되는 공인근거와 예측근거는 성태제(1995b)의 상관계수의 언어적 표현기준에 의하여 〈표 9-7〉과 같이 평가할 수 있다.

표 9-7 상관계수 추정에 의한 타당도 평가

상관계수에 의한 타당도 지수	타당도 평가
.00 ~ .20	타당도가 거의 없다.
.20 ~ .40	타당도가 낮다.
.40 ~ .60	타당도가 있다.
.60 ~ .80	타당도가 높다.
.80 ~ 1.00	타당도가 매우 높다.

연습문제

01 다음 단어를 설명하시오.

타당도

내용타당도

구인타당도

공인타당도

예측타당도

결과타당도

02 타당도 근거의 종류를 설명하고 장단점을 비교하시오.

03 감성지수(emotional quotient)를 측정하는 검사를 제작하려고 한다.

1) 어떤 척도를 사용할 것인지를 정하고 그 이유를 설명하시오.

2) 몇 문항으로 측정할 것인지를 설정하고 그 이유를 설명하시오.

3) 어떤 타당도로 검증할 것인지와 그 이유를 설명하시오.

04 기존 연구에서 사용된 검사의 타당도를 확인하고 분석, 비판, 수정하시오.

Chapter

10 신뢰도

1 검사의 신뢰도

1) 정의

저울은 몸무게를 측정하기 위한 목적에 타당한 측정도구라 할 수 있지만 모든 저울이 몸무게를 정확하게 측정할 수 있는 것은 아니다. 몸무게를 잴 때마다 다르게 측정되는 저울이 있을 것이고, 항상 일관성 있게 측정하는 저울이 있을 것이다. 어떤 사물의 무게를 변함없이 일관성 있게 측정하는 저울이 신뢰로운 저울이다.

검사도구의 타당성이 입증되었다면 신뢰성이 고려되어야 한다. 인간의 어떤 속성을 측정할 때마다 같은 점수를 얻는다면, 이 검사도구는 신뢰성이 있다고 한다. AERA, APA, NCME(1999)에 의하면 **신뢰도**(reliability)란 피험자들에게 동일한 검사를 반복 실시하였을 때 측정의 일치성이라 정의하였다. 그러므로 신뢰도란 측정하려는 것을 얼마나 안정적으로 일관성 있게 측정하였느냐의 문제이며, 검사도구가 정확하게 오차 없이 측정한 정도를 의미하므로 만약 측정 시 오차가 크다면 신뢰도는 낮아진다.

신뢰도를 이해하는 데 가장 **기본**이 되는 **개념**은 크게 두 가지로 설명된다.

첫 번째는 고전적인 접근방법으로 동일한 피험자 집단에게 동일한 검사를 반복 시행하거나, 한 검사와 동형검사를 실시하여 얻은 두 측정치 간의 상관계수를 추정하는 방법이다. 동일한 검사를 두 번 실시하여 얻은 결과는 검사도구의 안정성을 의미하며, 한 검사와 다른 동형검사 점수와의 상관계수에 의한 검사의 신뢰도는 두 검사의 유사성을 의미한다. 검사를 두 번 실시하여 검사의 안정성이나 유사성을 추정하기 위하여 두 검사 간의 상관계수를 이용한다. 이를 위하여 Karl Pearson(1896)의 단순적률 상관계수를 이용하며 상관계수에 대한 설명은 제16장을 참조하라.

두 번째 접근방법은 고전검사이론의 기본 가정 중에서 측정의 오차 개념에 의한 것으로 동일 측정 대상을 무한히 반복 측정하였을 때 측정치들이 유사할수록 신뢰도가 높아지는 관계다. 다시 말하여, 동일한 측정 대상을 동일한 측정도구로 무한히 반복 측정한 결과에 대한 **진점수**와 **오차점수**의 분산에 기초한 방법이다. 관찰점수에서 진점수가 차지하는 비중이 크고, 오차점수가 차지하는 부분이 작으면 신뢰도가 높다고 할 수 있듯이, 관찰점수의 분산에서 진점수 분산이 차지하는 비율이 높고, 오차점수의 분산이 작을수록 이는 일관성 있게 측정한 것으로 간주되어 신뢰도가 높아진다.

관찰점수는 다음과 같이 그 측정 대상이 지니고 있는 특성에 대한 정확한 추정치인 진점수와 측정 과정에서 발생하는 오차점수로 구성된다.

$$X = T + e$$

X: 관찰점수
T: 진점수
e: 오차점수

동일 대상을 무한히 반복 측정하였을 때 관찰점수가 항상 같았다면 검사가 측정구인을 오차없이 측정하였다고 할 수 있다. 그러나 이와 같은 경우는 사실상 거의 불가능하므로 관찰점수는 측정시마다 각각 다르게 측정되는 경우가 대부분이다.

사물의 특성이나 인간의 능력을 측정하였을 때 특성이나 능력에 대한 정확한 측정치인 진점수 추정 방법에 대한 의문이 들 수 있다. 예를 들어, 갑돌이가 10문항으로 제작된 수리검사를 5번 반복 실시하여 5, 6, 5, 4, 6점을 얻었을 때, 갑돌이의 진짜 수리능력은, 즉 진점수는 몇 점일까 하는 의문이 제기된다.

진점수를 추정하는 가장 합리적인 방법은 반복적으로 측정된 관찰점수의 평균을 산출하는 것이다. 그러므로 다음의 식과 같이 진점수는 관찰점수의 기대값으로 표현될 수 있다.

$$T = E(X)$$

관찰점수는 진점수와 오차점수로 합성되어 있으므로 반복 측정하였을 때 관찰점수의 분산은 다음의 식과 같다.

$$\sigma_X^2 = \sigma^2_{(T+e)} = \sigma_T^2 + \sigma_e^2 + 2\sigma_{Te}$$

앞의 공식에서 진점수와 오차점수의 공분산인 σ_{Te}는 항상 0이 된다. 이는 고전검사이론의 기본가정에서 진점수와 오차점수 간의 상관계수가 0이기 때문이다. 진점수와 오차점수의 상관이 0이라는 것은 공분산이 0임을 의미하므로 앞의 공식은 다음 공식으로 변환된다.

$$\sigma_X^2 = \sigma^2_{(T+e)} = \sigma_T^2 + \sigma_e^2$$

즉, 관찰점수의 분산은 진점수 분산과 오차점수 분산으로 합성되어 있음을 알 수 있으며, 이를 도식화하면 [그림 10-1]과 같다.

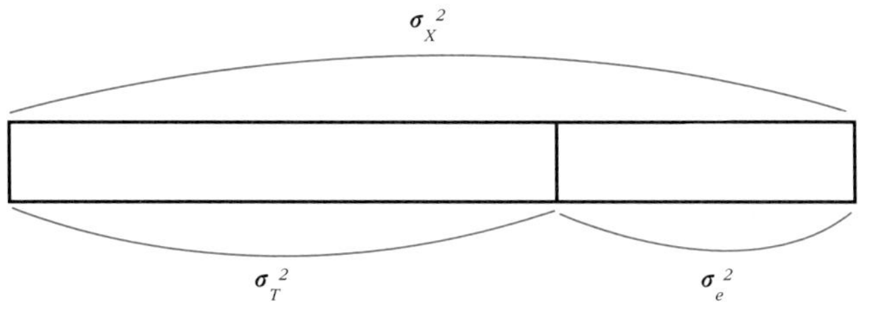

그림 10-1 **관찰점수, 진점수, 오차점수의 분산**

[그림 10-1]에서 오차점수의 분산 부분이 0이면 측정 오차가 없음을 의미하는 것으로 관찰점수의 분산이 진점수의 분산과 같기 때문에 신뢰도가 1이 된다. 반대로 진점수 분산이 0이라면 모든 관찰점수의 분산이 오차점수의 분산으로 되어 있음을 의미하며, 신뢰도는 0이 된다. 그러므로 신뢰도는 관찰점수의 분산 중 진점수 분산이 차지하는 비율임을 알 수 있다. 따라서 **신뢰도를 추정하는 공식**은 다음과 같다.

$$\rho_{XX'} = \frac{\sigma_T^2}{\sigma_X^2}$$

앞의 공식에서 진점수 분산은 관찰점수 분산에서 오차점수 분산을 제거한 부분이 되므로 신뢰도를 추정하는 공식은 다음과 같이 쓸 수 있다.

$$\begin{aligned}\rho_{XX'} &= \frac{\sigma_T^2}{\sigma_X^2} \\ &= \frac{\sigma_X^2 - \sigma_e^2}{\sigma_X^2} \\ &\quad (\because \sigma_X^2 = \sigma_T^2 + \sigma_e^2) \\ &= 1 - \frac{\sigma_e^2}{\sigma_X^2}\end{aligned}$$

관찰점수 분산 전체가 진점수 분산이 되는 경우에는 신뢰도는 1이고 모든 측정의 오차는 0이 되며 이때 검사결과를 완전히 신뢰할 수 있다. 즉, $\rho_{XX'} = 1$이면 $\sigma_X^2 = \sigma_T^2$이고 $\sigma_e^2 = 0$으로 이때의 측정은 오차 없이 이루어졌음을 의미한다. 오차가 존재하면 신뢰도는 1보다 작게 된다. 따라서 신뢰도와 측정의 오차와의 관계는 다음 식과 같이 유도된다.

$$\begin{aligned}\rho_{XX'} &= 1 - \frac{\sigma_e^2}{\sigma_X^2} \\ \frac{\sigma_e^2}{\sigma_X^2} &= 1 - \rho_{XX'} \\ \sigma_e^2 &= \sigma_X^2(1 - \rho_{XX'}) \\ \sigma_e &= \sigma_X\sqrt{(1 - \rho_{XX'})}\end{aligned}$$

그러므로 측정의 오차는 관찰점수의 표준편차와 1에서 신뢰도 계수를 뺀 값의 제곱근과의 곱이라는 것을 알 수 있다.

2) 검증방법

신뢰도에는 검사도구의 안정성을 측정하는 재검사신뢰도, 두 검사 간의 유사성을 측정하는 동형검사신뢰도, 진점수 분산의 비율 개념에 의한 내적일관성신뢰도가 있다.

추정방법에 따라 신뢰도를 구분하면 Pearson의 단순적률 상관계수 추정 공식에 의한 재검사신뢰도와 동형검사신뢰도가 있으며, Spearman-Brown의 반분검사신뢰도, 문항 점수의 분산과 공분산 개념을 적용한 Kuder-Richardson 20, Kuder-Richardson 21, Cronbach α 분산분석을 이용한 Hoyt 신뢰도가 있다.

(1) 재검사신뢰도

① 정의

재검사신뢰도(test-retest reliability)는 동일한 검사를 동일한 피험자 집단에 일정 시간 간격을 두고 두 번 실시하여 얻은 두 검사 점수 간의 상관계수에 의하여 신뢰도를 추정하는 방법이다. 재검사신뢰도는 Karl Pearson(1896)의 단순적률상관계수 추정 공식에 의하여 산출되며, 이는 검사도구의 안정성에 대한 지표가 된다. 재검사신뢰도 추정을 위한 검사의 실시 간격은 일반적으로 피험자의 기억이 소멸된다고 여겨지는 2주에서 4주로 설정하나 검사도구의 특성, 측정 내용에 따라 달라질 수 있다.

② 추정 절차

재검사신뢰도는 동일 검사를 동일 집단에게 두 번 실시하여 얻은 두 검사 점수 간의 상관계수로 추정한다. 예를 들어, 10문항으로 제작된 수학시험의 재검사신뢰도를 추정하기 위하여 6명의 학생에게 두 번의 검사를 실시하여 얻은 점수는 〈표 10-1〉과 같다.

표 10-1 수학시험의 검사-재검사 점수

피험자	검사	재검사
A	7	7
B	5	6
C	9	9
D	8	7
E	6	6
F	8	8

검사와 재검사에서 얻은 〈표 10-1〉의 점수를 가지고 재검사신뢰도를 추정하는 절차는 〈표 10-2〉와 같다.

표 10-2 수학시험의 재검사신뢰도 추정 절차

피험자	검사(X')	재검사(X')	XX'	X^2	X'^2
A	7	7	49	49	49
B	5	6	30	25	36
C	9	9	81	81	81
D	8	7	56	64	49
E	6	6	36	36	36
F	8	8	64	64	64
Σ	43	43	316	319	315

$$r = \frac{6(316)-(43)(43)}{\sqrt{6(319)-43^2}\sqrt{6(315)-43^2}} = .910$$

수학검사의 재검사신뢰도는 .910으로 매우 높다고 할 수 있다.

③ **장단점**

재검사신뢰도는 추정 방법이 간단하다는 장점이 있는 반면, 다음과 같은 단점도 있다. 첫째, 시험 간격 설정에 따른 문제가 있다. 시험 간격은 검사를 두 번 시행하는 데 따른 기억 효과를 배제하기 위한 기간을 의미한다. 검사 문항 수, 검사도구의 문항 특성, 검사의 난이도 등에 의하여 시험 간격은 변화되며 시험 간격에 따라 신뢰도 계수가 달리 추정되는 근본적인 문제점을 지니고 있다. 기억 효과를 배제하기 위하여 시험 간격을 3개월 혹은 6개월로 설정하는 경우도 있으나, 그 기간은 학습 능력의 변화 혹은 피험자의 성장 · 성숙 등 인간의 특성이 변화되기에 충분한 기간이 되므로 검사도구의 신뢰도를 추정하는 적절한 시험 간격이라 할 수 없다.

둘째, 검사를 두 번 시행하는 데 따른 문제점이다. 실질적으로 검사를 두 번 시행해야 하는 어려움과 동일한 검사 환경, 검사에 대한 동일한 동기와 검사 태도를 만들기 어렵다. 이와 같은 문제점에도 불구하고 재검사신뢰도를 사용하는 이유는 일반적으로 검사의 신뢰도를 과대 추정하기 때문이다.

(2) 동형검사신뢰도

① 정의

동형검사신뢰도(parallel-form reliability)를 검정하기 위해서는 두 개의 동형검사를 제작한 뒤, 동일 피험자 집단에게 검사를 실시해야 한다. 이때 얻은 두 검사 점수 간의 상관계수로 신뢰도를 추정한다. 동형검사신뢰도는 두 검사 간의 유사성을 측정하며, 평행검사신뢰도라고도 한다. 동형검사의 기본 조건은 한 검사에 의한 진점수와 다른 동형검사에 의한 진점수가 같아야 하고, 한 검사에 의한 오차점수의 분산과 동형검사에 의한 오차점수 분산이 같아야 한다는 것이다. 동형검사신뢰도의 일종으로 **유사검사신뢰도**(alternate-form reliability)가 있다. 유사검사란 한 검사에 의한 진점수와 다른 검사에 의한 진점수는 동일하나, 두 검사의 오차점수 분산이 동일하지 않은 검사를 말한다.

동형검사를 제작할 때에는 두 검사가 동일한 내용을 측정하여야 하며, 동일한 문항 유형과 문항 수, 동일한 문항난이도와 문항변별도를 가져야 한다. 그러므로 동형검사 제작이 용이하지 않음을 알 수 있다.

② 추정 절차

동형검사신뢰도를 추정하기 위해서는 두 개의 동형검사가 제작되어야 하며 동일 피험자에게 검사가 두 번 시행되어야 한다. 10문항으로 제작된 학업성취도 검사와 동형검사를 5명의 피험자에게 실시한 결과는 〈표 10-3〉과 같다.

표 10-3 두 동형검사 점수

피험자	검사(X)	동형검사(X')
A	7	6
B	5	6
C	9	8
D	8	7
E	6	6

두 동형검사로부터 얻은 두 점수를 이용하여 동형검사신뢰도를 추정하는 절차는 〈표 10-4〉와 같다.

표 10-4 학업성취도 검사의 동형검사신뢰도 추정 절차

피험자	검사(X)	동형검사(X')	XX'	X^2	X'^2
A	7	6	42	49	36
B	5	6	30	25	36
C	9	8	72	81	64
D	8	7	56	64	49
E	6	6	36	36	36
Σ	35	33	236	255	221

$$r = \frac{5(236)-(35)(33)}{\sqrt{5(255)-35^2}\sqrt{5(221)-33^2}} = .884$$

동형검사신뢰도는 .884로서 매우 높다고 해석할 수 있다.

③ 장단점

동형검사신뢰도의 장점은 두 개의 동형검사를 동일 집단에 동시에 시행하므로 시험 간격이 문제가 되지 않는 점과 신뢰도 계수 추정이 쉽다는 점이다. 반면 동형검사 제작이 어렵다는 단점이 있다. 검사제작 전문가라도 두 개의 동형검사를 제작하기란 쉽지 않다. 뿐만 아니라 두 검사의 동형성 여부에 따라 동형검사신뢰도 계수가 달리 추정되며 재검사신뢰도처럼 검사를 두 번 시행하는 데 따른 현실적인 문제점이 있다. 동일한 검사 환경, 피험자의 동일한 검사 동기와 검사 태도를 유지하기 어렵다.

(3) 내적일관성신뢰도

재검사신뢰도와 동형검사신뢰도는 동일 피험자에게 검사를 두 번 실시하는 번거로움이 따르며, 시험 간격과 검사의 동형성 정도에 따라 신뢰도 계수가 변화되는 문제점을 지니고 있다. 이에 비하여 내적일관성신뢰도는 검사를 두 번 실시하지 않고 검사의 신뢰도를 추정할 수 있는 방법이다. **내적일관성신뢰도**(internal consistency reliability)란 검사를 구성하고 있는 부분 검사 또는 문항 간의 일관성의 정도를 말하며, 검사를 구성하는 부분 검사나 문항들이 측정하고자 하는 내용을 얼마나 일관성 있게 측정하였는가의 문제다. 내적일관성신뢰도는 검사를 구성하는 두 부분검사 간의 유사성에 의해 추정되는 반분검사신뢰도와 문항 간의 측정의 일관성에 의해 추정되는 문항내적일관성신뢰도가 있다. 문항내적일관성신뢰도에는 Kuder-Richardson 20, Kuder-Richardson 21, Hoyt 신뢰도, Cronbach α가 있다. 문항내적일관성을 문항내적일치성 혹은 문항내적합치성이라고도 한다.

① 반분검사신뢰도

a. 정의

반분검사신뢰도(split-half reliability)는 한 번 실시한 검사를 두 부분으로 나누어 두 부분검사 점수 간의 상관계수를 계산한 후, **Spearman-Brown 공식**(Spearman, 1910)에 의하여 추정된다. 반분검사신뢰도는 내적일관성신뢰도의 한 종류로서 검사를 두 부분검사로 나누어 두 부분검사 점수에 대한 측정의 유사성을 추정하는 방법이다.

반분검사신뢰도를 추정할 때 검사를 양분한 두 부분검사 점수의 상관계수를 그대로 사용하면 신뢰도가 과소 추정된다. 만약 20문항으로 제작된 검사도구를 10문항씩 양분하여 두 부분검사 점수 간의 상관계수를 추정하였다면 이는 20문항으로 구성한 검사의 내적일관성신뢰도가 아니라 10문항으로 제작된 동형검사신뢰도와 다를 바 없다. 그러므로 10문항으로 구성된 동형검사신뢰도가 아니라 20문항으로 제작된 검사의 신뢰도를 추정하기 위해서는 상관계수를 그대로 사용하지 않고 Spearman-Brown이 제안한 다음 공식을 사용한다.

$$\rho_{XX'} = \frac{2\rho_{YY'}}{1+\rho_{YY'}}$$

$\rho_{XX'}$: 반분검사신뢰도 계수
$\rho_{YY'}$: 반분된 검사 점수의 상관계수

Spearman-Brown의 반분검사신뢰도 추정 공식에 의하면 반분검사신뢰도 계수는 양분된 검사 점수의 상관계수보다 커진다. 검사도구의 길이, 즉 문항 수를 감소시키면 신뢰도 계수는 감소하고 문항 수를 증가시키면 신뢰도 계수는 증가함을 알 수 있다.

〈표 10-5〉에 의하면 검사의 길이를 두 배로 할 때 신뢰도 계수는 증가하며 양분한 검사 간의 상관계수와 반분검사신뢰도 사이에는 함수적 관계가 있다. 따라서 〈표 10-5〉에 의하면 단위 검사의 신뢰도 계수($\rho_{YY'}$)가 동형검사의 조건을 충족하며 검사의 문항 수를 두 배로 증가시켰을 때 어느 정도 증가하는지를 신뢰도 계수 $\rho_{XX'}$를 통해 알 수 있다.

표 10-5 검사의 길이를 두 배로 증가시켰을 때 신뢰도 계수의 변화

$\rho_{YY'}$	.050	.100	.200	.300	.400	.500	.600	.700	.800	.900	.950
$\rho_{XX'}$	.095	.182	.333	.462	.571	.667	.750	.824	.889	.947	.974

단위검사 신뢰도가 중간 수준일 때 검사의 길이를 두 배로 증가시키면 신뢰도가 큰 폭으로 증가하나 신뢰도가 매우 높거나 낮은 경우에는 증가폭이 적어짐을 알 수 있다.

b. 추정 절차

반분검사신뢰도 추정 시 검사를 반분하는 방법에는 짝수번 문항과 홀수번 문항으로 반분하는 **기우법**과 전체 검사를 문항 순서에 따라 전과 후로 나누는 **전후법**, 무작위로 분할하는 **단순무작위법**, **문항특성에 의하여 반분하는 방법**이 있다. 문항특성에 의한 반분법은 문항난이도와 문항변별도에 의존한다. 문항특성에 의하여 검사를 반분하면 동일한 난이도와 동일한 진점수를 갖는 두 부분검사를 만들 수 있다.

한편 검사의 종류에는 피험자에게 충분한 시험시간을 주어 능력을 발휘하게 하는 역량검사와 제한된 시간에 많은 문제를 풀게 하는 속도검사가 있는데, 속도검사를 위한 반분검사신뢰도를 추정할 때에는 검사를 앞뒤로 반분하는 전후법은 사용하지 말아야 한다. 왜냐하면 속도검사 시 능력이 낮은 피험자는 앞부분만을 응답하고 뒷부분은 응답하지 못할 가능성이 높기 때문이다.

예를 들어, 6문항으로 제작된 암기력 검사를 5명의 피험자에게 실시하여 얻은 검사의 문항점수와 총점이 〈표 10-6〉과 같다고 하자.

표 10-6 암기력 검사의 문항점수와 총점

피험자 \ 문항	1	2	3	4	5	6	총점
A	1	1	1	1	0	0	4
B	1	1	1	1	1	1	6
C	1	1	1	0	0	0	3
D	1	1	0	0	1	0	3
E	1	0	0	0	0	0	1

표 10-7 반분검사신뢰도 추정 절차

검사 / 피험자	앞 문항 $Y(1+2+3)$	뒤 문항 $Y'(4+5+6)$	YY'	Y^2	Y'^2
A	3	1	3	9	1
B	3	3	9	9	9
C	3	0	3	9	0
D	2	1	2	4	1
E	1	0	1	1	0
Σ	12	5	18	32	11

$$r_{YY'} = \frac{5(18)-12(5)}{\sqrt{5(32)-10^2}\ \sqrt{5(11)-7^2}} = .456$$

$$r_{XX'} = \frac{2(.456)}{1+.456} = .627$$

이때 앞의 3문항과 뒤의 3문항으로 양분하여 반분검사신뢰도를 추정하는 절차는 〈표 10-7〉과 같이 반분검사 간 상관계수를 추정하여 Spearman-Brown 공식에 대입하여 산출한다. 이 검사의 반분검사신뢰도는 .627로 높은 편이라고 할 수 있다.

c. 장단점

반분검사 신뢰도는 재검사신뢰도나 동형검사 신뢰도를 추정할 때처럼 두 번 검사를 시행하지 않고 신뢰도를 추정할 수 있는 장점을 지니고 있다. 그러므로 시험 간격이나 동형검사 제작의 어려움 등을 고려할 필요가 없다. 그러나 검사를 양분하는 방법에 따라 반분검사신뢰도 계수가 달리 추정된다는 단점이 있다. 만약 〈표 10-7〉과 같이 전후법으로 양분하지 않고 기우법으로 검사를 반분한다면 두 부분 검사 점수의 상관계수는 .930이고 반분검사신뢰도는 .964가 된다. 일반적으로 반분검사신뢰도를 높게 추정하기 위해서는 문항특성에 의하여 두 부분검사가 동형이 되도록 검사를 반분하는 방법을 사용하는 것이 바람직하다.

② 문항내적일관성신뢰도

검사도구의 내적일관성신뢰도를 추정하는 방법으로 검사를 두 부분으로 나누어 부분검사 간의 유사성을 추정하는 방법과 문항 하나하나를 검사의 최소 단위로 간주하여 문항들 간의 유사성 혹은 측정의 일치성을 추정하는 방법이 있다. 문항내적일관성을 추정하는 방법으로 KR-20, KR-21, Hoyt 신뢰도, Cronbach α가 있다. 이상의 신뢰도 추정 방법은 진점수의 분산을 관찰점수의 분산으로 나눈 비율에 기초한 개념으로서 KR-20, KR-21, Hoyt 신뢰도, Cronbach α의 순으로 제안되었다.

KR-20은 이분문항에만 적용되고, **KR-21은 다분문항**에 적용된다. **Hoyt 신뢰도는 이분문항뿐 아니라 부분점수가 부여되는 다분문항**의 신뢰도도 추정하지만 분산분석 방법을 사용하므로 추정 방법이 복잡하게 여겨져 보편화되어 있지 않다. 문항내적일관성신뢰도 계수 추정을 위해서는 **Cronbach α가** 보편적으로 사용되고 있는데 Cronbach α가 신뢰도 추정을 위하여 흔히 사용되는 이유는 **이분문항뿐 아니라 연속적으로 점수가 부여되는 다분문항**들의 신뢰도 추정이 가능하며, 신뢰도 계산 공식의 유도과정과 개념이 보다 간단하기 때문이다. 이 장에서는 문항내적일관성신뢰도 중 Cronbach α에 대해서만 다루도록 한다.

a. 정의

Cronbach(1951)는 문항내적일관성을 측정하기 위하여 검사를 두 부분으로 나누지 않고 문항점수의 분산을 고려한 Cronbach α를 제안하였다. **Cronbach α** 역시 신뢰도의 두 번째 기본개념에 의한 관찰점수 분산과 진점수 분산 비율에 근거한다. 그러므로 Cronbach α는 문항점수가 이분점수가 아닐 때 KR-20의 일반화된 공식이라 말할 수 있으며, 다음 공식에 의하여 문항내적일관성을 측정하는 신뢰도를 계산할 수 있다.

$$\rho_{XX'} \geq \alpha = \frac{n}{n-1}\left(1- \frac{\sum_{i=1}^{n}\sigma^2_{Y_i}}{\sigma^2_X}\right)$$

n : 문항 수

$\sigma^2_{Y_i}$: i번째 문항 점수의 분산

σ^2_X : 총점의 분산

b. 추정 절차

〈표 10-6〉의 응답자료를 가지고 Cronbach α에 의한 문항내적일관성신뢰도를 추정하는 절차는 〈표 10-8〉과 같다.

표 10-8 Cronbach α에 의한 신뢰도 추정 절차

피험자 \ 문항(Y)	1	2	3	4	5	6	총점 (X)
A	1	1	1	1	0	0	4
B	1	1	1	1	1	1	6
C	1	1	1	0	0	0	3
D	1	1	0	0	1	0	3
E	1	0	0	0	0	0	1
$\overline{Y}_i$	1	.8	.6	.4	.4	.2	3.4

$$S_1^2 = \frac{(1-1)^2+(1-1)^2+(1-1)^2+(1-1)^2+(1-1)^2}{5} = 0$$

$$S_2^2 = \frac{(1-.8)^2+(1-.8)^2+(1-.8)^2+(1-.8)^2+(0-.8)^2}{5} = .16$$

$$S_3^2 = \frac{(1-.6)^2+(1-.6)^2+(1-.6)^2+(0-.6)^2+(0-.6)^2}{5} = .24$$

$$S_4^2 = \frac{(1-.4)^2+(1-.4)^2+(0-.4)^2+(0-.4)^2+(0-.4)^2}{5} = .24$$

$$S_5^2 = \frac{(0-.4)^2+(1-.4)^2+(0-.4)^2+(1-.4)^2+(0-.4)^2}{5} = .24$$

$$S_6^2 = \frac{(0-.2)^2+(1-.2)^2+(0-.2)^2+(0-.2)^2+(0-.2)^2}{5} = .16$$

$$\Sigma S_i^2 = 0+.16+.24+.24+.24+.16 = 1.04$$

$$S_X^2 = \frac{(4-3.4)^2+(6-3.4)^2+(3-3.4)^2+(3-3.4)^2+(1-3.4)^2}{5} = 2.64$$

$$\alpha = \frac{n}{n-1}\left(1-\frac{\Sigma S_i^2}{S^2_X}\right) = \frac{6}{5}\left(1-\frac{1.04}{2.64}\right) = .727$$

Cronbach α에 의한 문항내적일관성신뢰도는 .727로 신뢰도가 높다고 할 수 있다.

Cronbach α는 문항점수가 이분점수가 아닌 연속점수일 때도 신뢰도를 추정할 수 있다. 학교 도서관에 대한 만족도를 묻는 4개의 문항에 5명이 응답하였을 때의 응답 결과는 〈표 10-9〉와 같다. 각 문항은 5단계 Likert 척도를 사용하였으며 1점은 매우 불만족, 2점은 불만족, 3점은 보통, 4점은 만족, 5점은 매우 만족을 의미한다.

표 10-9 도서관 만족도에 대한 응답 결과

피험자 \ 문항	1	2	3	4
A	4	3	5	4
B	3	3	4	4
C	5	5	4	5
D	2	1	3	2
E	3	2	4	3

〈표 10-9〉의 응답 자료를 가지고 Cronbach α를 계산하는 절차는 〈표 10-10〉과 같다.

표 10-10 도서관 만족도의 Cronbach α 계산 절차

피험자 \ 문항	1	2	3	4	총점
A	4	3	5	4	16
B	3	3	4	4	14
C	5	5	4	5	19
D	2	1	3	2	8
E	3	2	4	3	12
$\bar{Y}_i$	3.4	2.8	4	3.6	13.8

$$S_1^2 = \frac{(4-3.4)^2+(3-3.4)^2+(5-3.4)^2+(2-3.4)^2+(3-3.4)^2}{5} = 1.04$$

$$S_2^2 = \frac{(3-2.8)^2+(3-2.8)^2+(5-2.8)^2+(1-2.8)^2+(2-2.8)^2}{5} = 1.76$$

$$S_3^2 = \frac{(5-4)^2+(4-4)^2+(4-4)^2+(3-4)^2+(4-4)^2}{5} = .40$$

$$S_4^2 = \frac{(4-3.6)^2+(4-3.6)^2+(5-3.6)^2+(2-3.6)^2+(3-3.6)^2}{5} = 1.04$$

$$\Sigma S_i^2 = 1.04+1.76+.40+1.04 = 4.24$$

$$S_X^2 = \frac{(16-13.8)^2+(14-13.8)^2+(19-13.8)^2+(8-13.8)^2+(12-13.8)^2}{5} = 13.76$$

$$\therefore \alpha = \frac{n}{n-1}\left(1-\frac{\Sigma S_i^2}{S_X^2}\right) = \frac{4}{4-1}\left(1-\frac{4.24}{13.76}\right) = .922$$

문항내적일관성신뢰도 Cronbach α는 .922로 신뢰도가 매우 높다고 할 수 있다.

c. 장단점

Cronbach α에 의하여 신뢰도를 추정하면 검사를 양분하지 않아도 되는 장점과 문항간의 일관성에 의하여 단일한 신뢰도 추정 결과를 얻을 수 있는 장점이 있으므로, 재검사신뢰도, 동형검사신뢰도, 반분검사신뢰도가 지니는 단점을 극복할 수 있다. 검사도구의 신뢰도를 과소 추정하는 경향이 있으나 검사도구의 질을 분석함에 있어 어느 정도의 엄격성이 요구되기 때문에 과소 추정되는 정보가 더 바람직하다.

3) 신뢰도의 적용과 신뢰도에 영향을 주는 요인

(1) 적용

검사를 개발할 때 신뢰도에 대한 정보를 제공하여야 하고, 검사를 선택할 때 신뢰도에 대한 정보를 참고하여야 한다. 검사도구의 신뢰도를 추정할 때 재검사신뢰도, 동형검사신뢰도, 반분검사신뢰도, 문항내적일관성신뢰도를 사용할 수 있다.

예전에 개발된 검사도구나 검사제작회사에서 만든 검사에는 신뢰도 계수가 가장 높게 추정되는 재검사신뢰도를 보고하였다. 그러나 재검사신뢰도는 신뢰도의 과대추정으로 인해 과학성을 결여하기 때문에 최근에는 사용을 권장하지 않는다.

신뢰도 계수를 수치적 관점에서 볼 때, 일반적으로 재검사신뢰도 계수가 가장 높고, 동형검사신뢰도, 반분검사신뢰도, 문항내적일관성신뢰도 순이다. 문항내적일관성신뢰도에서 설명하였듯이 문항내적일관성신뢰도는 과학적이고 가장 낮은 계수를 제공하므로 검사에 대한 보다 안정적인 신뢰도를 제공한다. 그러므로 검사도구를 개발하거나 선택할 때 문항내적일관성신뢰도를 사용하는 것이 바람직하다.

(2) 신뢰도에 영향을 주는 요인

검사도구 제작자는 검사도구의 신뢰도를 높이기 위하여 **신뢰도에 영향을 주는 요인**을 숙지하여야 한다.

첫째, 문항 수가 많을수록 신뢰도가 증가한다. 적은 수의 문항으로 인간이 지니고 있는 속성을 측정할 때보다 많은 수의 문항으로 검사를 실시할 때 측정의 오차를 줄일 수 있다. 이때 문항은 문항제작절차와 제작원리에 준하여 제작된 문항이어야 한다. 양질의 문항 수를 증가시키면 신뢰도 계수가 증가하지만 계속 선형적으로 증가하는 것이 아니라 곡선형적으로 증가한다. 검사의 길이와 신뢰도 계수의 관계는 〈표 10-11〉에 제시되어 있다(Ebel & Frisble, 1991).

표 10-11 검사의 길이와 신뢰도 계수

문항수	5	10	20	40	80	160	320	640	∞
신뢰도 계수	.20	.33	.50	.67	.80	.89	.94	.97	1.00

둘째, 문항의 난이도가 적절할 때 신뢰도가 증가한다. 예를 들어, 지각이나 느낌을 묻는 질문의 경우 극단으로 치우치지 않은 수준의 문항들이 신뢰도를 증가시킨다. 문항이 응답자의 수준과 상이하면 일관성 있는 응답을 하지 못하므로 신뢰도가 저하된다.

셋째, 문항변별도가 높을 때 검사의 신뢰도는 증가한다. 즉, 문항이 피험자의 능력이나 정의적 특성에 따라 피험자들을 구분할 수 있는 변별력이 있어야 검사의 신뢰도가 높아진다.

넷째, 검사도구의 측정 내용이 보다 좁은 범위의 내용일 때 검사의 신뢰도는 증가한다. 예를 들어, 어떤 현상에 대하여 질문할 경우, 광범위한 현상보다는 구체화되고 세부적인 현상에 대하여 질문할 때 신뢰도가 높아진다. 이는 검사내용의 범위가 좁을수록, 문항 간의 동질성을 유지하기가 용이하기 때문이다.

다섯째, 검사 시간이 충분하여야 한다. 이는 문항 수와 관계되는 문제이기도 하다. 충분한 시간이 부여될 때 응답의 안정성을 보장받을 수 있다. 그러므로 속도검사보다는 역량검사가 신뢰도 측면에서 바람직하다.

일반적으로 검사가 중간정도의 난이도를 가지며 변별도가 높은 문항이 많고 검사길이가 길 때 신뢰도는 증가한다. 이를테면, 동일한 내용을 측정하고 검사의 다른 측정학적 조건이 동일하다고 가정할 때 난이도가 다양한 검사들 중에서 중간 난이도 검사의 신뢰도 계수가 가장 높고, 변별도가 다양한 검사들 중에서는 변별력이 높은 검사의 신뢰도 계수가 가장 높으며, 동일한 난이도와 변별도의 특성을 가진 검사들에서는 검사길이가 길수록 신뢰도 계수는 높게 나타난다(김경희, 1993). 일반적으로 좋은 문항은 변별도가 높으며 타당도는 물론 신뢰도도 높인다. 연구에서 사용하는 검사와 질문지의 신뢰도를 높이기 위해서는 연구대상의 특성을 잘 알아야 하고 이에 적절한 수준의 문항을 제작하여야 한다. 검사도구의 타당도와 신뢰도를 높이는 문항은 문항을 제작할 때부터 주의를 기울인 문항으로서 문항제작 지침에 근거하여 제작된 문항이다.

2 관찰자 신뢰도

1) 정의

관찰자 신뢰도는 관찰자내 신뢰도와 관찰자간 신뢰도를 포함하는 개념이다. **관찰자내 신뢰도**(intra-observer reliability)는 한 관찰자가 모든 측정 대상에 대하여 계속적으로 일관성 있게 측정하였는지를 나타낸다. 반면, **관찰자간 신뢰도**(inter-observer reliability)란 관찰 결과가 관찰자들 사이에서 얼마나 유사한가를 의미하여, 관찰자들의 관찰 결과 간의 유사성을 뜻한다. 관찰자내 신뢰도인 개인의 일관성이 전제가 되지 않는다면, 관찰결과가 개인의 관찰 기준 변화에 좌우될 것이다. 그러므로 관찰자내 신뢰도는 관찰자간 신뢰도 추정의 기본 전제 조건이 된다.

평가의 결과를 등급으로 부여한다면 평정자간 신뢰도, 평정자내 신뢰도라는 용어를 사용하고, 평가 결과가 점수로 부여된다면 **채점자간 신뢰도**(inter-scorer reliability), **채점자내 신뢰도**(intra-scorer reliability)라는 용어를 사용한다. 채점자간 신뢰도와 채점자내 신뢰도는 인지적 능력을 측정하는 논술형 고사에서 흔히 사용된다.

채점자간 신뢰도 혹은 **관찰자간 신뢰도를 추정하기 위한 기본가정**은 다음과 같다.

첫째, 연구대상은 동일한 행위나 같은 문항에 응답하여야 한다.
둘째, 관찰자는 상호독립적이어야 한다.
셋째, 관찰자는 동일 대상들을 평정하여야 한다.

2) 추정방법

관찰자간 신뢰도를 추정하는 방법은 크게 점수가 양적변수인지 질적변수인지에 따라 크게 구분한다. 양적변수일 경우는 상관계수법이나 일반화 가능도 이론을 적용하고 질적 변수 혹은 범주변수일 경우는 일치도 통계와 Cohen(1960)의 Kappa 공식을 사용한다.

(1) 상관계수법

관찰 결과가 점수로 부여될 때, 두 관찰자가 동일한 연구대상에게 얼마나 유사하게 점수를 부여하였는지를 분석하는 관찰자간 신뢰도 추정은 단순적률 상관계수 공식에 의한다. 〈표 10-12〉는 학습자들의 수행 결과에 대한 관찰자들의 관찰결과이며, 관찰자간 신뢰도를 상관계수로 추정한 결과는 〈표 10-13〉과 같다.

표 10-12 관찰자 3명이 학습자 5명의 수행에 부여한 점수

학습자 \ 관찰자	R_1	R_2	R_3
A	9	8	9
B	10	9	9
C	6	6	5
D	8	7	7
E	6	9	6

표 10-13 3명의 관찰자간 관찰점수의 상관계수

	R_1	R_2
R_2	.41	
R_3	.97	.59

첫 번째 관찰자와 두 번째 관찰자간 신뢰도는 .41이며, 두 번째 관찰자와 세 번째 관찰자와의 신뢰도는 .59로서 낮다. 반면에 첫 번째 관찰자와 세 번째 관찰자간 신뢰도는 .97로 높다.

〈표 10-13〉에 의하면, 두 번째 관찰자는 첫 번째 관찰자, 세 번째 관찰자와 낮은 상관의 정도를 보임으로써 다른 두 명의 관찰자와는 점수 부여 기준이 일치하지 않는 것으로 해석할 수 있다. 세 명의 관찰자의 관찰결과를 분석할 때, 가장 우수한 학습자는 B이며, 수행이 낮은 학습자는 C이다. 그리고 세 명의 관찰자 중 첫 번째 관찰자가 높은 점수를 부여하는 경향이 있고, 두 번째와 세 번째 관찰자는 첫 번째 관찰자보다 낮은 점수를 부여하고 있다. 이런 채점 경향에 비추어 볼 때 E 학습자의 경우 두 번째 관찰자는 6점을 부여하든가 혹은 5점을 부여하여야 관찰자의 일관성을 유지할 수 있다. 그러나 E 학습자에게 9점을 부여함으로써 두 번째 관찰자는 관찰자내 신뢰도뿐 아니라 관찰자간 신뢰도도 낮게 추정되었다. 이런 경우는 E 학습자의 수행결과를 다시 채점하는 기회를 갖는 것이 바람직하다. 만약 어떤 관찰자가 다른 관찰자들과 매우 다르게 점수를 부여한다면 해당 관찰자에게 채점에 대한 훈련을 다시 하거나 관찰자를 제외시키는 것이 필요하다.

(2) 일반화가능도이론

고전검사이론에 의하면 관찰점수의 분산은 진점수와 오차점수의 분산으로 구성되어 신뢰도는 진점수의 분산을 관찰점수의 분산으로 나눈 값을 말한다. 고전검사이론의 신뢰도 개념에 의하면 오차점수의 분산을 하나의 덩어리로 더 세분하지 않으나, **일반화가능도**(generalizability)**이론**은 오차점수의 분산을 여러 개의 구성 요소로 세분하여 구성 요소의 크기를 추정함으로써 오차의 원인을 파악하고자 하는 특징을 지니고 있다. 일반화가능도이론의 목적은 오차점수 분산의 원인을 규명할 뿐 아니라, 측정방법, 절차, 목적에 따라 어떤 요인이 어떤 오차점수와 관계가 있는지 밝힌다. 그러므로 일반화가능도이론이란 고전검사이론의 연장으로 중다 오차원을 포함하는 측정모형에 특정 분산분석의 절차를 적용하는 이론이다(이종성, 1988; Brennan, 1983).

일반화가능도이론은 Cronbach, Rajaratnam과 Gleser(1963), Gleser, Cronbach와 Rajaratnam(1965)에 의하여 교육측정 분야에 소개된 이래 널리 이용되고 있다. Cronbach, Gleser, Nanda와 Rajaratnam(1972)은 일반화가능도이론을 위한 인지적 틀(cognitive frame)은 허용 가능한 관찰전집(universe of admissible observation), 일반화 전집(universe of generalization), G 연구설계, D 연구설계가 있다고 하였다. 모든 피험자의 수행결과를 다수의 관찰자가 점수를 부여한 자료를 가지고 관찰자의 영향을 분석하려면 **단일국면 교차설계**(single-facet crossed design)를 이용한다.

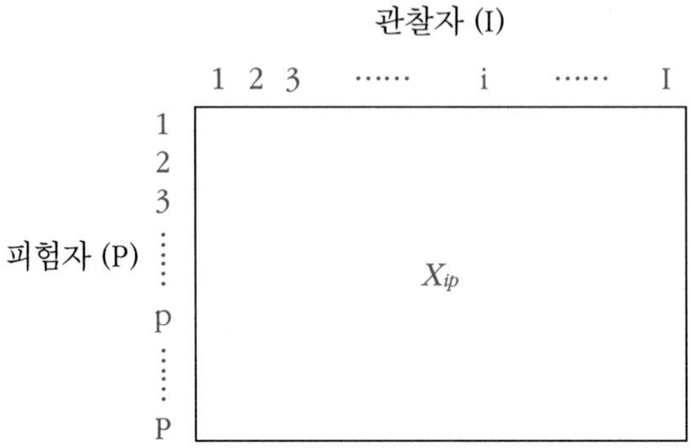

그림 10-2 단일국면 교차설계

P명의 피험자 수행 결과를 I명의 관찰자가 채점한 결과가 [그림 10-2]와 같은 단일국면설계 교차설계에서 p 번째 피험자의 i 번째 문항점수 X_{ip}의 선형모형은 공식과 같다.

$$X_{ip} = \mu + \mu_{\tilde{i}} + \mu_{\tilde{p}} + \mu_{\tilde{ip}}$$

μ : 총 평균
$\mu_{\tilde{i}}$: 관찰자 효과
$\mu_{\tilde{p}}$: 피험자 효과
$\mu_{\tilde{ip}}$: 관찰자와 피험자 상호작용 효과

선형모형에 의하여 제곱합(sum of square)과 제곱평균(mean of square) 및 분산의 구성요소를 계산하는 절차와 분산분석표는 〈표 10-14〉와 같다. 단일국면 교차설계의 제곱합과 제곱평균 계산절차는 일원분산분석의 반복설계와 동일하며 분산성분의 계산은 다음과 같다.

표 10-14 단일국면 교차설계의 구성 요소 계산 공식과 분산분석표

효과	df	SS	MS	분산성분
관찰자(i)	i - 1	SS_i	$SS_i/(i-1)$	σ^2_i =[MS_i-MS_{ip}] / p
피험자(p)	p - 1	SS_p	$SS_p/(p-1)$	σ^2_p =[MS_p-MS_{ip}] / p
상호작용(ip)	(i-1)(p-1)	SS_{ip}	$SS_{ip}/(i-1)(p-1)$	σ^2_{ip} =MS_{ip}

관찰자 효과에 해당하는 σ^2_i이 크면 이는 관찰자 간의 채점기준이 상이하여 관찰자의 주관이 채점에 영향을 주었음을 뜻한다. 관찰자에 의한 분산성분이 작을수록 채점의 주관성이 배제되고 객관성이 확보되었으므로 동일한 채점기준에 의하여 피험자의 수행결과에 대한 채점이 이루어졌다 할 수 있다. 또한 관찰자와 피험자의 상호작용에 해당하는 σ^2_{ip}이 크면 관찰자가 채점의 일관성을 유지하지 않고 특정 피험자에게만 상이한 채점기준을 적용한 것으로 해석할 수 있다.

일반화가능도이론에 의한 일반화가능도 계수는 D 연구의 분산성분을 이용하여 다음 공식에 의하여 추정된다.

$$E\rho^2 = \frac{\sigma^2_p}{\sigma^2_p + \sigma^2_{ip}}$$

σ^2_p : 피험자 분산
σ^2_{ip}: 관찰자와 피험자 상호작용 분산

일반화가능도 계수는 D 연구를 위한 분산성분 중 피험자 분산을 피험자 분산과 상호작용 분산을 더한 값으로 나눈 것으로서 채점의 일관성을 의미한다. 피험자 효과에 해당하는 σ^2_p 가 크고 상호작용 효과에 대한 σ^2_{ip} 가 작을 경우 일반화가능도 계수는 높게 추정됨을 알 수 있다. 일반화가능도 이론의 이해를 위하여 김성숙과 김양분(1993), 김성숙과 김양분(2001), 이종성(1988) 그리고 Brennan(1983)의 저서를 참고하기 바란다.

(3) 일치도 통계

일치도 통계는 관찰자가 관찰대상의 행위나 수행결과에 점수를 부여하기보다는 어떤 유목이나 범주로 분류할 때 관찰자 간의 분류 일치도를 추정하는 방법이다. 일치도 통계는 관찰법에서 관찰자들이 관찰 대상들의 행위를 분류하였을 때 관찰자 간 분류의 유사성을 추정하기 위하여 흔히 사용된다. 두 관찰자가 어떤 행위나 수행 결과를 J개의 범주로 분류하여 평정한 결과는 〈표 10-15〉와 같다. 두 관찰자에 의하여 일치되게 평정된 피험자 수는 J×J 분할표에서 대각선에 위치한 $N_{11}, N_{22}, N_{33}, \cdots, N_{JJ}$로써 두 관찰자 간의 일치도 통계(agreement statistics)는 다음 공식에 의해 계산할 수 있다.

$$P_A = \frac{N_{11} + N_{22} + N_{33} + \cdots + N_{JJ}}{N}$$

표 10-15 두 관찰자에 의한 행위나 수행 평정

		관찰자 O_1						
		1	2	3	…	J-1	J	
관찰자 O_2	1	N_{11}						$N_{1.}$
	2		N_{22}					$N_{2.}$
	3			N_{33}				$N_{3.}$
	:				…			
	J-1					$N_{J-1\,J-1}$		
	J						N_{JJ}	$N_{J.}$
		$N_{.1}$	$N_{.2}$	$N_{.3}$		$N_{.J-1}$	$N_{.J}$	$N_{..}$

3명의 관찰자들이 10명의 아동들의 행위를 관찰하여 공격적 행위, 방어적 행위, 우호적 행위, 중립적 행위로 분류한 결과가 〈표 10-16〉과 같을 때, 첫 번째 관찰자와 두 번째 관찰자는 아동들의 행위를 유사하게 분류하였으나 세 번째 관찰자는 다소 상이하게 아동들의 행위를 분류하였음을 알 수 있다.

표 10-16 아동들의 행위 관찰 결과

학생 \ 관찰자	O_1	O_2	O_3
1	D	D	N
2	F	F	F
3	O	O	F
4	F	F	O
5	N	N	N
6	D	D	N
7	N	N	F
8	F	N	F
9	O	O	O
10	D	D	D

O: 공격적 행위
D: 방어적 행위
F : 우호적 행위
N: 중립적 행위

첫 번째 관찰자와 두 번째 관찰자의 일치도 통계를 계산하기 위한 절차는 〈표 10-17〉과 같다.

표 10-17 일치도 통계의 계산 절차

		O_1			
		O	D	F	N
O_2	O	2			
	D		3		
	F	1		2	
	N				2

$P_A = (2+3+2+2)\ /\ 10 = .9$

〈표 10-17〉에 의한 일치도 통계 계산 절차에 의하여 세 관찰자간 아동의 행위관찰 결과의 일치도 통계는 〈표 10-18〉과 같이 산출하였다고 하자.

표 10-18 아동 행위에 대한 세 관찰자간 일치도

	O_1	O_2
O_2	.9	
O_3	.5	.4

첫 번째 관찰자와 두 번째 관찰자간 일치도는 .9로서 매우 높으나 첫 번째 관찰자와 세 번째 관찰자간 그리고 두 번째 관찰자와 세 번째 관찰자간 일치도 통계는 .5와 .4로써 높지 않다. 일반적으로 관찰자간 일치도 통계가 .85 이상일 때 높다고 한다.

일치도 통계는 관찰이나 평정의 결과가 이름이나 유목으로 분류될 때 관찰자간 신뢰도를 추정하는 매우 쉬운 방법이다. 매우 쉽다는 것이 장점이나 우연에 의하여 동일하게 평정되는 확률을 포함하므로 관찰자간 신뢰도를 과대추정할 수 있다.

(4) Kappa 계수

일치도 통계는 두 관찰자가 일치되게 평정한 분할표의 대각선 부분에 우연에 의하여 평정된 피험자가 포함되어 있어 두 관찰자 간의 일치도가 과대 추정되는 문제점을 지니고 있다. 이 문제점을 해결하기 위하여 Cohen(1960)은 우연에 의한 확률을 제거한 **Kappa 계수**를 제안하였다. 우연에 의하여 J×J 분할표의 대각선에 있는 칸에 분류되는 사례 수는 다음과 같이 해당 칸과 관계된 주변 피험자 수들을 곱한 값을 총 사례 수로 나누어 계산한다.

$$N_{jc} = \frac{N_{.j} \times N_{j.}}{N}$$

그러므로 J×J 분할표에서 우연에 의하여 대각선 칸에 동일하게 분류되는 사례 수를 계산하여 칸마다 더하여 전체 사례 수로 나누면 전체 N명의 피험자 중 우연히 두 관찰자에 의하여 일치된 평정을 받은 피험자의 비율이 계산된다.

$$N_c = \sum_{j=1}^{J} \frac{N_{.j} \times N_{j.}}{N}$$

$$P_c = \frac{N_c}{N}$$

따라서 우연에 의하여 평정결과가 일치할 비율을 제거한 Cohen의 Kappa 계수 계산 공식은 다음과 같으며, 일치도 통계보다 항상 작은 값이다.

$$K = \frac{P_A - P_C}{1 - P_C}$$

P_A : 일치도 통계
P_C : 확률적으로 우연에 의하여 일치될 확률

100명의 평가대상을 두 관찰자가 평정한 결과가 〈표 10-19〉와 같을 때, Kappa 계수를 산출하는 절차는 다음과 같다.

표 10-19 두 명의 평정자가 면접한 결과

		R₁			
		A	B	C	합계
R₂	A	15	1	4	20
	B	5	35	10	50
	C	4	6	20	30
	합계	24	42	34	100

A: 우수, B: 보통, C: 미흡

$$P_A = \frac{70}{100} = .70$$

확률적으로 우연에 의하여 두 평정자 간의 일치된 평정을 받을 기대빈도 N_A, N_B, N_C는 다음과 같이 계산된다.

$$N_A = \frac{24 \times 20}{100} = 4.8$$

$$N_B = \frac{42 \times 50}{100} = 21$$

$$N_C = \frac{34 \times 30}{100} = 10.2$$

100명 중 20명이 A로 분류되었기에 24명 중 20%에 해당하는 4.8명이 두 평정자가 모두 A로 분류한 15명 중에 확률적으로 포함되어 있다는 것이다.

확률적으로 우연히 일치될 확률(P_C)과 이에 따른 Kappa 계수는 다음과 같다.

$$P_C = \frac{4.8 + 21 + 10.2}{100} = .36$$

$$K = \frac{.7 - .36}{1 - .36} = .53$$

3) 관찰자내, 관찰자간 신뢰도의 적용

관찰결과에 대한 관찰자간 신뢰도 검증은 관찰연구를 수행함에 있어 필수적이어서 연구논문에 보고되어야 한다. 성태제(1989)는 관찰자간 신뢰도 추정으로 관찰자료에 대한 신뢰성을 인정하는 절대적 기준은 없으나 관찰결과가 점수로 부여될 때 상관계수는 .6 이상 그리고 관찰결과가 범주로 부여될 때 일치도 통계는 .85 이상, Kappa 계수는 .75 이상일 것을 제안하고 있다.

연구에서 관찰을 할 경우 관찰자내 신뢰도와 관찰자간 신뢰도가 확보되어야 연구결과의 타당성을 보장받을 수 있다. 그러므로 사전연구를 통하여 관찰자내 신뢰도와 관찰자간 신뢰도를 검증하고 관찰자간 신뢰도와 관찰자내 신뢰도가 낮게 추정되었다면, 관찰내용, 관찰방법, 분류방법, 점검표 등을 재확인하고 관찰자들에게 관찰훈련을 강화하여야 한다.

학교 현장뿐 아니라 산업 현장에서 고용과 승진을 결정하기 위하여도 평가된 자료의 평가자내 신뢰도와 평가자간 신뢰도가 검증되어야 한다. 평가자내 신뢰도와 평가자간 신뢰도가 확보되지 않는다면 객관성이 결여되어 평가의 공정성에 대한 여러 가지 문제가 제기될 수 있다.

연습문제

01 다음 단어를 설명하시오.

신뢰도
재검사신뢰도
동형검사신뢰도
반분검사신뢰도
내적일관성신뢰도
KR-20
Hoyt 신뢰도
Cronbach α
관찰자내 신뢰도
관찰자간 신뢰도
일치도 통계
Kappa 계수
일반화가능도 계수

02 타당도는 낮으나 신뢰도가 높은 검사의 예를 드시오.

03 자아개념을 측정하는 검사를 제작하려고 한다. 어떤 신뢰도로 검증할 것인지와 그 이유를 설명하시오.

04 기존 연구에서 사용된 검사의 신뢰도를 확인하고 분석, 비판, 수정하시오.

05 관찰자내 신뢰도와 관찰자간 신뢰도의 관계에 대해 설명하시오.

06 상관계수를 사용하여 관찰자간 신뢰도를 추정하는 예를 들어 설명하시오.

07 일치도 통계를 이용하여 관찰자간 신뢰도를 추정하는 예를 들어 설명하시오.

Part 4

연구방법

Chapter

11 조사연구

현상을 파악하기 위해 주로 사용되는 연구방법 중 하나는 조사연구다. 조사연구는 원인과 결과를 분석하기보다는 현재의 상태를 알아보기 위한 목적을 지니고 있다. 사회현상을 알기 위한 조사일 경우 사회조사연구란 용어를 사용하고 있으나, 교육, 심리, 경제, 문화 등 다양한 분야의 현상을 파악하기 때문에 일반적으로 조사연구라 한다. 이 장에서는 조사연구의 정의, 연구방법, 유형, 연구절차, 장단점, 주의사항을 설명한다.

1 정의

사회조사연구는 경험과학연구에 있어서 가장 많이 사용되는 연구방법의 하나로 오랜 역사를 지니고 있다. **조사연구**(survey research)는 고대 이집트에서 인구조사, 농작물의 수확량 파악 그리고 세금 부여 등의 목적으로 처음 사용되었다. 그 후 20세기경 Lazarsfeld, Hyman 그리고 Stoufler 등의 사회학자들이 자료를 수집하고 자료를 통계적으로 분석하여 결과를 논리적으로 해석함으로써 조사연구의 방법을 발전시켰으며, 현재에는 여론을 조사하기 위하여 조사연구를 자주 사용한다. Gall-Up 등의 연구기관이 사회의식조사, 여론조사, 선거참여조사, 지각조사 등을 수행하고 있으나 이를 연구라고 하기에는 거리가 있다.

사회조사(social survey)는 통제되지 않은 자연적 상황에서 질문을 통하여 현상을 파악하는 연구로서, 현재의 사실을 연구하는 방법이다. Jaeger(1997)에 의하면 조사연구는 is에 관한 질문에, 실험설계는 does에 관한 질문에 관심이 있는 연구라 하였다. 예를 들어, 새로운 정책이 구안되었을 때 그 정책에 대한 의견조사를 하는 경우는 조사연구에 해당된다. 조사연구는 연구대상들에게 동일한 질문을 통해 자료를 수집하고 그 자료를 분석한 후 결론을 유도하므로, 정보를 얻기 위하여 모든 연구대상에게 동일한 도구를 사용한다. 조사연구에 사용되는 도구는 응답결과를 수량화할 수 있도록 제작되어야 한다. 또 조사연구가 면접에 의하여 실시될 때도 역시 응답결과가 수량화될 수 있어야 한다.

2 연구방법

조사연구의 연구방법은 우편 조사, 전자 설문조사, 면접법, 빅데이터 분석 등으로 구분될 수 있다.

1) 우편 조사

우편 조사는 미리 인쇄된 질문 항목의 내용에 대한 답변을 우편을 통해 수집하는 방법으로 질문지법에서 자주 쓰이는 방법이다. 질문지뿐 아니라 조사의 목적, 중요성, 성격, 연구자의 특성 등을 설명하고 협조를 당부하는 편지를 동봉해야 하며 반드시 회신용 봉투와 우표를 함께 보내야 한다. 또한 질문지와 회신용 봉투에 미리 번호를 부여하여 회송 여부를 확인하는 데 사용하며, 응답률을 높이기 위해 독촉편지나 재발송과 같은 후속조치가 필요하다.

우편 조사의 장점은 다음과 같다. 첫째, 직접 방문하는 수고와 비용을 절약할 수 있다. 둘째, 지리적으로 넓은 범위의 영역을 조사할 수 있다. 셋째, 많은 사람을 표본으로 삼을 수 있기 때문에 외적타당도 측면에서 유리할 수 있다. 넷째, 응답자가 방해받지 않고 당혹스러운 질문에도 개의치 않도록 사생활과 익명성이 보장된다. 다섯째, 응답자의 입장에서 자신이 적당한 시간을 택해 답할 수 있으므로 여유 있게 시간에 쫓기지 않으면서 질문에 답할 수 있다.

우편 조사의 단점은 다음과 같다. 첫째, 회수율이 낮다. 둘째, 응답자가 질문의 의미를 잘못 파악하거나 회피적인 대답을 했을 경우 다시 물어보기가 어렵다. 셋째, 연구자가 표본으로 선택한 사람이 응답을 했는지 확인할 수 없으며 응답자 간에 상호영향을 미치는 것을 막을 수 없다. 넷째, 언어적 정보 이외의 다른 종류의 정보를 수집할 방법이 없다.

2) 전자 설문조사

전자 설문조사(electronic survey)는 인터넷과 같은 전자통신망을 이용하여 설문조사를 실시하는 방법으로 컴퓨터와 인터넷의 대중화로 컴퓨터 네트워크를 이용한 각종 설문조사들이 빠르게 확대되고 있다. 전자 설문조사는 전자우편(e-mail)을 이용한 방법과 웹(world wide web: www)을 이용한 방법으로 구분된다.

(1) 전자우편에 의한 설문조사

전자우편에 의한 설문조사는 우편 조사와 내용 면에서는 동일하나 설문지의 형태, 설문지의 발송 및 수신, 설문 대상자의 응답이 컴퓨터를 통해 이루어진다는 점에서 차이가 있다. 컴퓨터가 네트워크에 연결되어 있고 설문 대상자들의 전자우편 주소 목록이 확보되어 있다면, 설문지를 메일의 본문에 포함시키거나 파일로 첨부하여 설문조사를 실시할 수 있다. 전자우편은 저렴한 비용으로 많은 양의 설문지를 매우 신속하게 전달할 수 있는 장점이 있는 반면, 이 방식을 활용하기 위해서는 응답자들이 전자메일의 사용법, 한글이나 MS 워드와 같은 문서 편집기 사용법, 컴퓨터 조작법 등에 대한 기본적인 지식을 갖추고 있어야 한다. 또한 대부분 텍스트 파일로 구성되기 때문에 다양한 기호나 그림을 포함시키는 데 한계가 있으며 응답의 누락이나 잘못된 응답을 통제하기 어렵고 자료입력의 과정을 별도로 거치는 것이 일반적이다.

(2) 웹을 이용한 설문 조사

웹을 이용한 설문조사는 설문 대상자들이 웹 사이트상에서 설문 문항을 읽고 응답하는 방식으로 이루어지며, **일반적인 절차**는 다음과 같다.

첫째, 설문지를 웹 페이지 형식으로 제작하고, 설문 대상자들의 응답이 데이터베이스에 자동적으로 입력되는 시스템도 구축한다.

둘째, 설문조사를 위한 홈페이지를 네트워크에 연결한다.

셋째, 전자우편, 전화, 우편 등을 이용하여 설문 대상자들에게 설문 홈페이지 주소를 알려 준다. 특히, 전자메일에 홈페이지 주소를 링크시키면 응답자가 주소를 외우거나 옮겨 적는 등의 번거로움을 최소화할 수 있다.

넷째, 설문 대상자들은 익스플로러와 같은 웹 브라우저를 이용해서 홈페이지를 방문한 후 설문 문항을 읽고 응답한다.

전자우편에 의한 설문조사는 메일을 통해 설문지를 다운로드 받은 후 이를 한글이나 MS 워드 같은 특정 프로그램에서 실행하는 과정을 거쳐야만 설문 내용을 확인할 수 있는 반면, 웹을 이용한 설문조사는 바로 읽고 응답할 수 있으므로 설문 대상자들이 응답하기 편할 뿐 아니라 설문에 응답함과 동시에 컴퓨터에 자료가 입력되므로, 자료의 수집과 정리, 입력에 드는 비용을 줄일 수 있다. 응답을 하지 않거나 하나를 선택하는 문항에서 두 개 이상 선택하였을 때 오류를 알려 주는 기능을 프로그램화할 수 있으므로 자료의 신뢰성을 높일 수 있으며 그래프나 그림, 애니메이션 등의 멀티미디어 속성을 최대한 활용하면 설문조사에 대한 응답자들의 호감을 증진시킬 수도 있다.

전자우편 또는 웹을 이용한 설문조사는 설문 발송과 회수 및 면접 요원의 채용에 따른 비용이 들지 않고, 회신을 받지 못했을 경우에도 전자메일을 통해 쉽게 독촉할 수 있으며, 응답자들이 편한 시간대를 선택하여 응답하므로 응답의 질을 높일 수 있는 장점이 있다. 반면, 인터넷에 접속하는 일부 집단들에 대해서만 설문조사가 가능하므로 인터넷 사용자 집단이 모집단이 아닌 경우에는 모집단의 대표성에 문제가 초래될 수 있다. 특히, 연령이나 직업 등에 따른 편차가 존재할 가능성이 많다. 또한 인터넷에 접속하는 사람이라 할지라도 자신에게 필요한 정보 이외에는 관심을 가지지 않는 경향이 많으므로 응답률과 회수율이 낮은 편이며, 인터넷상에서 개인정보 보호장치가 미흡한 경우 응답자의 사생활이 침해받을 수 있다(김영종, 1999).

인터넷 조사업체들(예: www.nownfuture.co.kr, www.wsurvey.net, www.metrix.co.kr)을 방문하면 전자 설문조사의 주요 절차와 특징에 대해 알 수 있다.

3) 면접법

(1) 개별 면접법

개별 면접은 질문지를 사용하지 않고 연구대상에게 직접 질문을 제시하여 얻은 응답을 분석하는 면대면(face to face) 방법이다. 개별 면접은 응답자의 집을 직접 방문하여 조사하는 가정 방문 개별 면접과 백화점이나 쇼핑몰에 물건을 사러 온 사람들을 대상으로 조사하는 몰인터셉트 개별 면접(mall intercept interview), 컴퓨터의 도움으로 진행되는 CAPI(computer-assisted personal interview) 방법으로 구분된다.

가정 방문 개별 면접은 연구대상자의 집을 방문하여 질문에 대한 응답을 기록하는 것으로 다양한 내용을 상세하게 조사할 수 있고, 면접자의 검토로 응답의 오류를 줄일 수 있으나 시간과 비용이 많이 드는 단점이 있다. **몰인터셉트 개별 면접**은 마케팅 조사 방법에서 많이 사용되고 있는 방법으로 관심 대상이 되는 응답자들이 백화점이나 쇼핑몰에 몰려 있는 경우에 효율적이다. **CAPI 방법**은 응답자가 컴퓨터 화면 앞에서 질문을 읽고, 키보드나 마우스 또는 터치스크린을 통하여 응답하며 진행자는 옆에서 일대일로 도와주는 방식으로 진행되는 방법이다. 에러 메시지나 도움말 기능을 활용할 수 있으며 컴퓨터 그래픽을 이용하여 질문에 대한 이해도와 관심을 높일 수 있다.

(2) 전화 면접법

전화 면접법은 표본으로 선택된 설문 대상자에게 전화를 걸어 면접 요원이 질문을 하고 응답을 기입하는 방식으로써 준대인 면접법(semi-personal interview)의 성격을 가진다. 전화의 보편화와 신속한 자료수집, 적은 비용, 광범위한 접근성 등으로 인해 사회조사의 여러 분야에서 많이 이용되고 있다. 특히, 무선적으로 전화번호를 추출해서 전화를 걸어 주는 기계 장치와 소프트웨어 등의 발달도 이 방법의 확대에 기여하여 왔다. 최근에는 응답자들에 대한 질문과 응답이 컴퓨터에 의해 보조적으로 이루어지는 **CATI(computer assisted telephone interview) 방법**도 활용되고 있다. 이는 컴퓨터가 자동으로 전화를 걸어주고, 컴퓨터 모니터에 제시되는 질문 내용을 면접 요원이 설문 대상자에게 질문하고 응답은 키보드를 이용하여 입력하는 방식으로 진행된다.

전화 면접을 통한 자료 수집의 **장점**은 다음과 같다. 첫째, 급하게 조사를 실시하거나 질문내용이 비교적 짧을 때 유용하게 활용될 수 있으며, 대인 면접에 비해 인건비와 교통비를 줄일 수 있다. 둘째, 대인 면접보다 더 높은 응답률이 보장될 수 있다. 최근에는 낮에 집에 있는 사람들이 많지 않고, 가정방문 형식의 면접을 꺼려하는 사람들이 많기 때문에 대인 면접을 통한 자료수집은 한계가 있다. 셋째, 면접요원들에 대한 통제가 수월하게 이루어질 수 있으므로 각자 면접을 수행하는 대인 면접에 비해 더 정확하고 일관된 자료를 수집할 수 있다. 넷째, 면접자에 대한 응답자의 선입견에 따른 오류를 줄일 수 있다.

한편, **전화 면접의 단점**은 다음과 같다. 첫째, 전화 면접법에서는 전화번호부가 표집틀이므로 전화번호의 비등재 및 결번으로 인한 편향이 초래될 수 있다. 사생활 침해를 우려하는 사회적 계층이나 이사율이 높은 저소득 인구층의 포함률이 낮은 경향이 있으며 이로 인해 조사결과가 특정 계층에 편중될 수 있다. 나아가 요일별, 시간대별 재택률의 차이에 따른 표본 편포의 문제, 개인전화가 아닌 가구전화 사용 문제 등으로 인한 편차가 존재할 수 있다. 둘째, 응답자가 면접 상황을 쉽게 통제할 수 있다. 응답자가 면접 도중에 일방적으로 전화를 끊는 경우가 많으며 이는 비응답률과도 관련되므로 자료수집에 문제를 초래할 수 있다. 셋째, 대인 면접에 비해 생활 형편이나 용모 등의 부수적 정보를 수집할 수 있는 가능성이 줄어들며 복잡한 내용 혹은 지나치게 민감한 사항들은 질문하기가 쉽지 않다.

최근에는 자동응답전화(ARS)를 이용한 조사와 휴대전화를 이용한 모바일 조사 등의 방법도 새로운 조사 방법으로 부각되고 있다. ARS 조사는 비용과 시간 측면에서는 많은 장점을 가지지만 사람이 아닌 기계에 의하여 진행되므로 응답률이 낮고 응답의 신뢰성이 떨어질 수 있다는 단점이 있다. 한편, 개인을 직접 표집하는 것이 가능한 모바일 조사는 재택률이 낮은 계층에 쉽게 접근할 수 있고, 연령이나 직업에 따른 편향을 줄일 수 있으며 음성, 동영상을 이용한 조사가 가능한 장점은 있지만, 일반전화보다 번호 변경이 잦아 표본의 변동이 크며 사생활 보호 측면에서 표본을 구하는 것이 쉽지 않다. 대표적인 모바일 조사기관들(예: www.kcr.or.kr, www.embrain.com)을 방문하면 모바일 조사의 특징과 절차에 대해 알 수 있다.

이상에서 제시한 사회조사방법들 중에서 연구자는 연구목적이나 여건에 따라 적합한 방법을 선택하여야 한다. 비용 측면에서는 자기기입식 조사방법인 우편 조사나 전자 설문조사가 전화 면접이나 대인 면접에 비해 더 경제적이며, 시간 측면에서는 전화 면접이나 전자 설문조사가 더 유리하다. 한편, 설문의 문항 수가 많을 경우에는 대인 면접이 가장 적합하며 예산이 충분하지 않을 경우에는 우편 조사를 고려할 수 있으나 우편 조사는 응답률이 낮은 단점이 있다. 조사내용의 난이도 또한 조사 방법을 선정하는 데 있어 중요한 요인이 될 수 있는데, 깊이 생각해야 응답할 수 있는 내용의 경우에는 우편 조사가 더 적합하다. 응답률을 높이기 위해서는 설문의 길이를 최소화하여야 하는데 전화 조사의 경우 5~10분, 대인 면접의 경우에는 30~60분, 우편 조사의 경우에는 4페이지 이내이어야 한다. 길이가 길어질수록 조사 거절, 중도 탈락, 응답 오류와 무응답 등이 많아 응답 자료의 질이 떨어지는 경향이 있으므로 필요한 정보와 설문 문항 수 사이에 적절한 균형을 유지하는 것이 중요하다(허명회, 2004a).

4) 빅데이터 분석 연구

정보통신기술의 발달로 스마트폰 및 태블릿 PC 사용 증가, 소셜 네트워크 활성화 등으로 데이터의 양이 기하급수적으로 증가함에 따라 최근 빅데이터를 활용한 연구가 증가하고 있다. 빅데이터는 디지털 환경에서 실시간으로 생성되는 다양한 형태의 데이터로서, 표본 데이터를 사용할 때보다 정보의 정확성이 높아지고, 다양한 변인의 사용으로 변인들 간의 새로운 관계를 발견할 수 있으며, 특정 현안 발생과 동시에 데이터 수집 및 분석이 가능하므로 현안 문제 해결을 위한 기초 자료를 단시간 내에 도출할 수 있는 장점을 가지고 있다(이영조 외, 2013).

세계 각국에서는 이러한 빅데이터의 직·간접적 효과에 주목하고 빅데이터 활용을 통한 비용 절감, 공공부문 서비스 향상, 위기 상황 대비, 맞춤형 서비스 제공 등을 목표로 양질의 빅데이터를 확보하기 위해 정부 주도로 빅데이터 활성화 정책을 추진하고 있다. 우리 정부에서도 2012년에 '스마트 국가 구현을 위한 빅데이터 마스터플랜'을 발표하고, 23개 기관으로 구성된 '공공 빅데이터 협의회' 등의 공공 빅데이터 추진 체계를 마련하여 공공 분야 빅데이터 분석 과제를 발굴하는 등 빅데이터 활성화를 위해 다양한 정책을 추진하고 있다(과학기술정보통신부, 2017).

정부 부처 및 공공기관 등에서 보유하고 있는 공공 데이터는 규모가 크고 잠재 가치 및 활용 가능성이 높기 때문에 공공 데이터로 제공되는 인지적·정의적 성취평가 자료, 개인/학교/지역 수준의 배경 변인, 각종 통계자료를 연계하여 분석할 경우 관심 분야에서의 교육 현안을 발굴하거나 이를 해소하기 위한 다각적·다층적 실천

전략을 도출할 수 있다. 일례로, 정제영 외(2018)의 연구에서는 교육행정정보시스템(National Education Information System: NEIS)과 교육정보통계시스템(EduData System: EDS)에서 제공하는 공시 자료와 외부 데이터를 연계하여 학업중단이나 학교폭력 징후를 예측하는 모델을 제안한 바 있다. 김두연 외(2018)의 연구에서는 NEIS와 외부 데이터를 연계하여 돌봄교실 수요 예측, 다문화 교실지원 보조교사 예측, 계약제 교원 및 학생/교원 수요 예측, 학교 통폐합 예측, 고등학교 선택과목 분석을 통한 대학교 전공/학과 수급 모델 개발 등을 위해 활용할 수 있음을 제안하였다.

통계청에서는 빅데이터 연구를 활성화하기 위해 통계빅데이터센터를 설치 · 운영하고 있다. 통계빅데이터센터에서는 경제 · 사회, 인구 · 가구 등 연도별 행정통계자료 9종과 성 · 연령별 유동인구, 직장인구, 주택 등 민간자료 40종 등의 방대한 자료와 이용자의 반입 자료를 연계하여 분석할 수 있는 데이터 분석 플랫폼을 제공하고 있다. 또한 분석 경험이 없는 연구자를 위해 전문가가 분석 도구 이용 및 빅데이터 분석 사례 교육을 실시하고 있으며, 자료 이용 및 분석 등을 지원하고 있다. 상세한 내용은 http://data.kostat.go.kr/sbchome/intro.do에서 확인할 수 있다.

3 연구유형

조사연구에는 횡단적 연구와 종단적 연구의 두 유형이 있다.

- 횡단적 연구
- 종단적 연구
  - 경향성 연구(trend study)
  - 동류집단 분석(cohort study)
  - 패널 연구(panel study)

횡단적 연구(cross sectional study)는 같은 시기에 모집단으로부터 추출된 표본의 현상을 연구하는 방법이다. 연구대상과 관련된 일정기간의 현상을 파악하고자 하는 대부분의 조사연구가 횡단적 연구에 해당된다. 유치원 교사들의 만족도를 조사하거나 교육개혁에 대한 의견을 분석하는 연구를 그 예로 들 수 있다. 횡단적 연구의 장점은 단기간에 연구가 완료되므로 시간이 적게 소요되며 모집단을 대표하는 표본의 결과를 얻게 되므로 연구결과를 일반화할 수 있다는 점이다. 그러나 종단적 연구에 비하여 인과관계의 분석에 제약이 있을 수 있다.

종단적 연구(longitudinal study)는 연구대상의 특성이 시간에 따라 어떻게 변화되는지를 지속적으로 연구하는 방법이다. 즉, 시간의 경과에 따른 변화를 분석하고자 하는 연구방법으로서, 경향성 연구, 동류집단 분석, 패널 연구 등이 있다. **경향성 연구**(trend study)는 연구대상이 되는 모집단과 표본은 다르나 연구목적이 같은 연구로서, 시간 간격을 두고 실시하는 연구다. 예를 들어, 초등학교에서 수학시간에 계산기를 사용하는 것에 대한 교사들의 의견을 매년 조사할 때 초등교사의 모집단과 표본으로 추출된 초등교사들은 매년 달라지게 된다. 모집단이 매년 달라진다는 것은 새로 임용되거나 은퇴, 이직하는 교사가 있기 때문이다. 이러한 경향성 연구를 통하여 어린이들이 수학시간에 계산기를 사용하는 것에 대한 초등교사들의 의견변화에 대한 경향을 분석할 수 있다.

동류집단 분석(cohort study)은 종단적 연구의 한 종류로서 모집단은 고정되어 있으나, 매년 다른 표본을 추출하여 그 모집단의 변화 경향성을 분석하는 연구다. 예를 들어, 특정 연도에 임용된 고등학교 교사들의 교직에 대한 만족도의 변화를 연구할 경우 모집단은 특정 연도에 임용된 고등학교 교사들이 되고 그 교사들의 연명부가 표집틀이 되어 매년 다른 교사들이 무선 추출되어 연구가 진행되므로 표본은 매년 달라지게 된다.

패널 연구(panel study)는 동일한 대상의 변화에 대한 지속적 연구로서, 그 변화의 원인을 분석하는 연구형태를 말한다. 나이에 따른 신체성장 발달의 변화를 분석하거나 가치관의 변화를 연구하는 것 등이 패널 연구에 해당된다. 패널 연구는 종단적 연구에서 가장 많이 사용되는 연구로서 심도 있는 연구를 할 수 있다는 장점이 있는 반면, 연구대상이 손실될 때 연구가 중단되는 단점이 있다. 또한 연구대상의 손실이 많아질 경우 연구결과의 타당성에 대한 문제가 제기된다.

경향성 연구, 동류집단 분석 그리고 패널 연구를 포함한 모든 종단적 연구는 변화 경향 파악이나 인과관계 분석 등과 같이 깊이 있는 연구결과를 얻을 수 있는 장점이 있는 반면, 많은 시간과 노력을 필요로 하며 연구대상이 손실될 경우 연구결과를 일반화할 수 없다는 단점을 지니고 있다.

연령대에 따른 초등학교 교사들의 교직만족도의 변화를 알아보기 위한 종단연구의 유형을 비교하면 [그림 11-1]과 같이 요약할 수 있다.

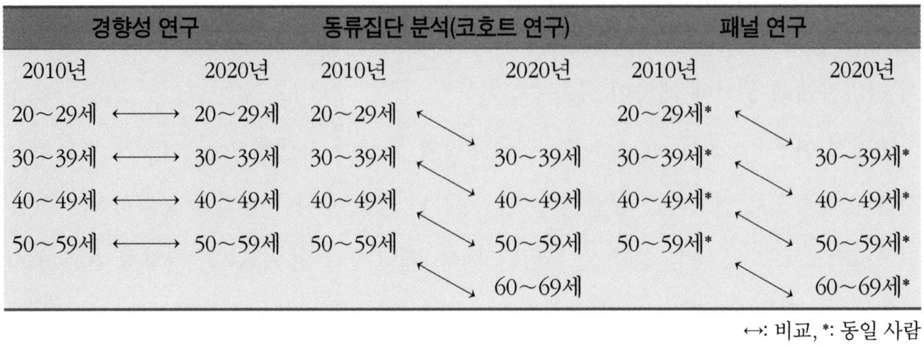

그림 11-1 연령대에 따른 초등학교 교사들의 교직만족도 변화

4 연구절차

질문지나 면접을 통한 조사연구의 경우 연구절차가 체계적으로 수립되어 있지 않으면 과학적 연구를 수행하는 데 어려움이 있다. 질문지를 사용한 조사연구의 **일반적인 연구절차**는 다음과 같다.

1) 연구목적을 구체화한다.
2) 연구대상을 선정하고 표집방법을 규명한다.
3) 안내문을 작성한다.
4) 질문지를 제작한다.
5) 사전연구를 실시한다.
6) 질문지를 분석, 수정한다.
7) 표본을 추출한다.
8) 질문지를 발송한다.
9) 미회송자에게 독촉편지를 발송한다.
10) 응답자료를 수합하여 분석한다.

이상의 10단계에 걸친 연구절차를 자세히 설명하면 다음과 같다.

1) 연구목적의 구체화

연구의 목적이 뚜렷하면 연구가설을 구체화시킬 수 있다. 먼저 연구가설을 구체화시켜 실시하고자 하는 연구가 집단 간 비교연구인지 변수 간의 상관관계 연구인지를 밝혀야 한다. 제4장의 연구계획서 작성부분에서 설명한 것과 같이 연구목적은 연구논문의 서론 부분에서 개괄적으로 서술되며 연구목적에 따른 구체적 가설들은 연구가설 부분에서 서술된다. 연구목적이 분명하지 않다면 연구가설이 구체적으로 서술될 수 없음은 자명한 일이다. 연구가설이 구체적으로 서술될 때 그 연구가설에 포함되는 변수들의 특성을 파악할 수 있으며 그 변수들의 특성에 따라 질문의 형태, 즉 질문지의 문항을 연구의 목적에 적합하게 제작할 수 있다.

예를 들어, 학력과 수입에 대한 연구를 할 때 두 가지의 연구가설을 수립할 수 있다. 첫째는 학력과 수입이 관계가 있는가를 밝히려는 연구가설이 있을 수 있고, 둘째는 학력에 따라 수입에 차이가 있는지를 밝히려는 연구가설이 있을 수 있다. 첫 번째 연구는 학력과 수입 두 변수의 관계를 알기 위하여 상관계수를 추정하여야 하므로 두 변수는 양적변수이어야 한다. 그러므로 두 변수를 묻는 질문은 다음과 같이 개방형 형태의 문항으로 제작되어야 한다.

〈보기〉 학력과 수입의 관계를 알아보기 위한 문항

당신의 수업 연한은? ___________ 년
당신의 월 수입은? ___________ 원

두 번째 연구는 학력에 따라 수입에 차이가 있는가를 밝히려는 것이므로 고졸, 대졸, 대학원 이상에 따라 수입에 차이가 있는지를 밝히려면 학력을 묻는 문항은 다음과 같이 범주변수 형태로 질문되어야 한다.

〈보기〉 학력에 따른 집단 간 수입의 차이 비교

당신의 학력은? ① 고졸 이하
② 대졸
③ 대학원 이상

당신의 월 수입은? ___________ 원

2) 연구대상의 선정 및 표집방법 규명

연구의 목적을 달성하기 위하여 연구대상의 모집단이 규명되어야 한다. 이론적 배경과 연구목적에 부합하는 집단을 연구대상으로 선정하여야 하며, 이는 모집단, 표본, 표집방법과 관계가 있다. 모집단은 연구대상을 포함하는 전체의 집단을 말한다. 현실적으로 모집단 전체를 실제 연구대상으로 할 수는 없으므로 모집단을 대표하는 표본을 추출하여야 하며 이 표본이 직접적인 연구대상이 된다. 연구대상인 표본을 추출하는 방법을 표집방법이라고 하고, 표집방법에는 확률적 표집방법과 비확률적 표집방법이 있다. 확률적 표집방법에는 단순무선표집, 체계적 표집, 층화표집, 군집표집, 행렬표집 등이 있으며, 비확률적 표집방법에는 목적표집, 편의표집, 할당표집, 스노우볼 표집 등이 있다. 표집방법에 대해서는 제6장에서 자세히 설명하였다.

또 조사연구에서는 연구대상의 수를 결정하는 것이 문제가 된다. 모집단의 크기에 따라 연구대상인 표본의 크기, 즉 연구대상의 수가 달라질 수 있으며, 표집방법에 따라서도 연구대상의 수가 달라질 수 있다. 조사연구를 위한 질문대상이 몇 명이어야 한다는 것은 없으나 Gall-Up에서 서울시내 성인의 의견조사를 하는 경우 500명을 넘지 않는다고 한다. 문헌연구와 모집단의 크기에 따라 연구대상 수를 결정하여야 하며, 일반적으로 300명 이상이면 적절하다고 할 수 있다. 적절한 연구대상의 수는 제6장에서 설명하였다.

3) 안내문 작성

연구의 목적을 밝히고 연구에 협조를 당부하는 안내문은 질문지를 이용한 조사연구에서 중요한 기능을 한다. 연구대상자들에게 호감을 주어 연구에 적극적으로 참여하고 솔직하게 응답할 수 있도록 하기 위해서는 **다음과 같은 내용을 안내문에 포함**하여야 한다.

첫째, 연구의 목적을 간결 명확하게 제시한다.

둘째, 질문지를 받는 사람들에게 그들의 응답이 매우 중요하다는 인식을 주어야 한다.

셋째, 응답에 소요되는 시간을 밝힌다. 응답에 소요되는 시간을 제시할 때 응답자가 그에 필요한 시간을 준비하여 질문지에 응답하게 되므로 신뢰도를 증진시킬 수 있다.

넷째, 개인정보는 철저히 보호된다는 안내가 필요하다. 응답결과는 익명으로 처리되어 연구이외의 목적에 사용되지 않을 것임을 명기해야 한다.

다섯째, 회수기일을 명기한다. 회수기일을 명기하지 않을 경우 바로 응답지를 회수할 수도 있으나, 응답자에게 심리적 부담을 주지 않음으로써 질문지 회수율이 떨어지게 될 수도 있다. 일반적으로 회수기일은 질문지가 발송되어 도착되는 기간과 응답자가 발송하여 연구자에게 회송하는 기간에 더하여 일주일간의 여유를 주는 것이 바람직하다. 우편 발송 소요시간을 3일씩 계산하고 응답시간을 7일로 잡으면 13일이 되므로 대략 질문지 발송일로부터 약 15일 후를 회수기일로 잡는 것이 합리적이다.

연구자가 연구논문의 완성을 위하여 자기만의 생각으로 회수기일을 매우 짧게 잡을 경우, 응답자들에게 반감을 주어 바쁜 응답자들은 응답하지 않을 수 있다. 만약 연구가 급히 이루어져야 할 경우에는 안내문에 응답자들이 이해할 수 있는 이유를 밝히고 양해를 구한다.

여섯째, 감사를 표현하여야 한다. 연구에 참여한 모든 대상에게 연구에 참여해 준 것에 대해 진심으로 감사의 뜻을 전하도록 한다.

또한 안내문에 연구기관의 로고나 마크를 넣는 것도 바람직하다. 또한 권위 있는 연구자의 연구일 경우 연구자의 이름을 밝힘으로써 연구대상들의 자발적인 협력을 얻을 수 있다. 이상의 내용을 반영한 안내문의 예는 다음과 같다.

ID			

자녀의 학업성취수준에 따른 부모의 교육적 지원 영향에 관한 설문지

○ ○ 대 학 교
사범대학 교육자료분석실
서울특별시 서대문구 이화여대길 52 (전화): ○○○○-○○○○

__________ 귀하

안녕하십니까?

저는 ○○대학교 대학원에서 교육학을 전공하고 있으며, '자녀의 학업성취수준에 따라 부모의 교육적 지원 효과가 다른가?'에 대하여 박사학위 논문을 준비하고 있습니다.

여러분의 응답은 본 연구에 매우 중요합니다. 본 설문지는 무기명으로 작성되기 때문에 개인정보는 철저하게 보호되며, 여러분께서 응답하신 내용은 오직 학문적 연구를 위하여만 사용될 것입니다.

다음의 질문들은 옳고 그른 답이 없습니다. 번거로우시더라도 설문 내용을 잘 읽으신 후, 한 문항도 빠짐없이 솔직하게 응답하여 주시면 대단히 감사하겠습니다.

본 설문응답에 소요되는 시간은 15분 정도이며 ○월 ○일까지 돌려 주시면 대단히 감사하겠습니다. 본 설문에 응해주셔서 진심으로 감사의 말씀을 드립니다.

20○○년 ○월 ○일
○○대학교 대학원
연구자 ○ ○ ○ 올림

4) 질문지 제작

연구와 관련된 질문지의 내용은 크게 연구에 참여하는 연구대상들의 개인 **신상정보를 묻는 부분과 연구대상의 지각, 태도, 의견 등을 묻는 부분**으로 구성된다.

개인 신상정보를 물을 때에는 연구에 필요한 정보만을 물어야 한다. 연구에 필요한 개인정보가 무엇인지를 열거하여 그 내용을 분석한 다음 구체적으로 질문을 하여야 한다. 불필요한 개인 신상정보를 묻는 것은 바람직하지 않으며, 때로는 개인의 사생활을 침해하는 것이 되어 질문지의 회수율을 저하시키는 중요한 원인이 되기도 한다. 일반적으로 개인의 신상정보는 연구에서 독립변수로 이용되므로 분석하고자 하는 독립변수의 형태로 질문하여야 한다. 연구의 목적 부분에서 설명하였듯이 집단비교 시에는 집단을 구분하는 질문을 하여 해당 집단에 응답하도록 하는 고정된 형태의 문항으로 제작하고, 두 변수의 관계를 밝히고자 할 때는 개방형(open form) 문항으로 제작하여야 한다.

응답자의 의견, 느낌, 지각, 인식, 태도, 가치관 등을 묻는 부분에 있어 연구의 목적에 따라서 응답자의 의견을 묻는 질문은 다양할 수밖에 없다. 질문지를 제작하는 연구자는 연구의 목적을 완전히 이해하여야 양질의 질문지를 제작할 수 있다. 연구의 목적에 따라 구체적으로 독립변수와 종속변수의 척도가 규명되기 때문이다. 즉, 조사되어야 하는 변수들의 특성이 질적변수인지, 양적변수인지, 질적변수라면 명목변수인지 범주변수인지를 결정할 수 있게 된다. 질문지 제작원리는 제8장에서 설명하였다.

5) 사전연구의 실시

안내문과 질문지 제작이 끝나면 질문지가 연구의 목적을 수행하기에 충분한지 또한 연구목적이 분명하고 연구의 대상이 적합한지를 밝히고 예상되는 연구의 문제점을 미연에 방지하기 위하여 **사전연구**를 실시한다. 사전연구를 위해서 실제연구와 같이 모집단을 대표하는 표본을 추출하여 연구를 수행하기가 어려우므로 응답자료를 얻기가 용이한 연구대상을 선택한다. 예를 들어, 친분이 있는 개인이나 지인이 소속되어 있는 학교의 학생이나 교사 등이 사전연구의 대상이 될 수 있다.

사전연구는 일반적으로 30명에서 100명을 대상으로 실시하며 연구의 결과를 예상하고 연구에서 나타날 수 있는 문제점을 찾는다. 모호한 문항들은 질문지의 타당도와 신뢰도를 저하시키며 연구의 목적과 다른 결과를 초래하기 때문에 사전연구를 통하여 문항이 제거되거나 수정되어야 한다. 사전연구를 통해서 얻은 응답결과로 질문지의 타당도 및 신뢰도 분석, 문항분석 등을 실시하여 연구에서 나타날 수 있는 문제점을 미리 발견하여야 한다.

6) 질문지의 분석 및 수정

사전연구자료를 분석하여 질문지의 문제점을 발견하고 문제가 있는 문항을 제거하거나 수정한다. 질문지에서 개인 신상정보를 묻는 질문 중 많은 응답자가 응답하지 않은 문항이 있다면 그 문항은 연구의 목적과 관계가 없거나 응답하기 곤란한 문항일 수 있다. 또한 어떤 특정한 범주에만 응답이 집중된 문항이 있다면 다시 검토할 필요가 있는 문항이다. 예를 들어, 학력을 물었을 때 거의 대부분의 응답자가 대졸 항목에 응답하였다면 이를 대졸, 대학원졸 등으로 분류하거나 더 구체적으로 대졸, 석사, 박사 등으로 구분하여 질문할 수 있다. 개인 신상정보를 묻는 질문에서 무응답이 발생하는 또 하나의 이유는 응답자에게 해당되는 항목이 존재하지 않기 때문일 가능성이 있다. 간혹 해당 질문에 답을 하지 않은 응답자 중 자신에게 해당하는 내용을 기타 항목에 기록하여 주는 경우가 있는데 이와 같은 경우 사전조사를 통하여 문항을 수정할 수 있다.

질문지의 두 번째 부분인 개인의 지각, 느낌, 태도를 묻는 질문 중 응답자의 5% 이상이 답변하지 않았다면 그 문항을 검토하는 작업이 반드시 이루어져야 한다. 이같은 문항은 연구의 목적에 부합되지 않거나 응답자와 관계가 없는 문항일 가능성이 크다. 이처럼 무응답이 많은 문항은 문항의 타당성과 응답자들의 개인 사생활을 침해하는 문항이 아닌지를 재검토하여야 한다.

또한 문항의 변별도를 계산하여 문항변별력이 낮은 문항은 수정하거나 제거한다. 문항변별도란 문항이 연구대상을 얼마나 잘 변별하여 주는지의 정도다. 지각이나 인식을 측정하는 질문지에서 어떤 문항에 높은 점수를 얻은 연구대상의 총점이 높다면 그 문항은 변별력이 높다고 할 수 있다. 만약 총점이 높은 연구대상들이 어떤 문항에서 낮은 점수를 얻었다면 이 문항은 변별력이 낮은 문항이다. 이처럼 문항변별도는 검사의 총점과 문항 점수와의 상관계수에 의하여 추정한다. 또한 질문지의 타당도와 신뢰도를 추정하여 타당도와 신뢰도를 저해하는 문항이 어떤 문항인지, 그 원인이 무엇인지를 밝혀 문항을 수정하거나 제거하도록 한다.

7) 표본 추출

모집단을 대표하는 표본을 추출하여 연구대상을 선정한다. 표본을 추출하는 방법은 제6장에서 설명하였으므로 제6장을 참고하기 바란다.

8) 질문지 발송

안내문과 개인 신상정보 및 느낌, 태도, 지각을 묻는 질문지를 반송봉투와 함께 응답자에게 발송한다. 반송봉투에는 연구자의 주소를 적어 응답자의 번거로움을 덜어주고, 우표나 수취인 납부 도장을 찍는 것이 바람직하다.

질문지를 발송하기 전에 전화나 공문 혹은 편지로 질문지 발송을 사전에 알리면 질문지의 회수율이 높아질 수 있다. 질문지의 분량이 많아 질문지의 회수율이 낮아질 것이 우려되면 간단한 답례품을 동봉하는 것도 질문지의 응답률과 신뢰도를 높이는 방법이 될 수 있다. 예를 들어, 유아의 부모들을 연구대상으로 한 질문지일 경우에는 응답자에게 유아용 동요 CD를 선물할 수 있을 것이다.

9) 미회송자에게 독촉

조사연구에서 질문지의 회수율이 낮은 경우에는 연구결과의 타당성이 상실된다. 일반적으로 연구에 응답하지 않은 사람들은 해당 연구에 대하여 무관심하거나 부정적인 견해를 지니고 있는 사람들일 가능성이 크기 때문이다. 그러므로 미응답자들에게 독촉편지를 보내 가급적 질문지를 회수하도록 해야 한다. 연구자가 질문지 발송목록을 가지고 있으면 미응답자 파악에 도움이 된다.

미응답자에게 질문지의 응답을 재촉하는 편지를 쓸 때 질문지의 원래 안내문과 동일한 내용이 아니라 다시 응답을 부탁하는 내용과 다른 회수기일을 명기하여야 한다.

일반적으로 응답하지 않은 연구대상들은 질문지를 버렸거나 분실하였을 가능성이 높으므로 질문지와 반송봉투를 다시 발송하는 것이 바람직하다.

10) 응답자료 분석

회수된 질문지의 응답결과를 모두 수합하여 자료분석을 실시한다. 그러나 수집된 모든 응답자료가 연구에 이용되지는 않는다. 때로는 응답하지 않은 문항이 많거나, 불성실한 응답지도 있을 수 있다. 그러므로 연구자는 수집한 자료를 분석하기에 앞서 사전에 자료의 신뢰성을 검토하는 것이 바람직하다.

5 연구의 장단점

조사연구는 현재의 사실, 즉 현상이 어떠한가를 밝히는 연구다. 그러므로 어떤 처치를 가하거나 상황을 통제하지 않고 자연적 상황에서 연구를 실시할 수 있다는 것이 장점이다. 그러나 통제되거나 처치가 가해지지 않은 있는 그대로의 자연 상황에서 연구를 실시하므로 인과관계 해석이 용이하지 않다.

6 연구 시 주의사항

조사연구를 수행할 때 주의해야 할 사항은 다음과 같다.

첫째, 타당하고 신뢰로운 질문지를 제작하여야 한다.
둘째, 연구에 적합한 대상을 표집하여야 한다.
셋째, 사전연구를 실시하여야 한다.
넷째, 질문지 회수율이 높아야 한다.
다섯째, 연구목적에 부합하는 통계적 방법으로 자료를 분석하여야 한다.

조사연구는 질문지나 면접에 의하여 연구가 수행되므로 무엇보다도 질문지나 면접지가 타당하고 신뢰로워야 한다. 타당하고 신뢰롭지 않은 질문지나 면접지에 의한 연구결과 역시 타당하고 신뢰롭지 않을 것이기 때문이다.

조사연구는 모집단을 대표하는 표본을 추출하여 모집단의 특성을 분석하는 연구이므로 연구대상의 선정과 그에 따른 표집에 주의를 기울여야 한다. 표본이 대표성을 상실하면 연구결과의 일반화에 문제가 발생한다.

또한 사전연구를 실시하는 것이 바람직하다. 조사연구에서는 표집뿐 아니라 질문지 발송 및 회수에 따른 여러 가지 문제점이 발생할 수 있으므로 본 연구에서 나타날 수 있는 문제를 해결하고, 본 연구를 보다 용이하고 효율적으로 진행할 수 있게 하기 위해서 사전연구를 실시하여야 한다. 또 질문지 회수율이 높아야 하는데, 회수율이 낮은 조사연구는 연구결과의 타당성이 문제가 될 뿐 아니라 기대하는 연구결과를 얻기가 용이하지 않기 때문이다. 일반적으로 회수율이 낮을 때는 질문지나 연구의 목적이 연구대상에게 적합하지 않은 경우가 많으므로 회수율에 따라 연구결과가 달라질 수 있다.

마지막으로 연구목적을 구체화한 가설에 따라 정확한 통계방법을 이용하여 자료를 분석하여야 한다. 집단비교분석, 상관분석 등 연구의 목적 및 특성에 따라서 올바른 통계방법으로 자료를 분석할 때 타당한 결론을 도출할 수 있다.

연습문제

01 다음 단어를 설명하시오.

조사연구

전화면접

면접

횡단적 연구

종단적 연구

경향성 연구

동류집단 연구

패널 연구

빅데이터 분석 연구

02 조사연구의 절차를 요약하시오.

03 안내문에 포함되어야 하는 내용을 설명하시오.

04 조사연구에 사용된 안내문을 찾아 분석하고 수정하시오.

05 조사연구를 위한 안내문을 작성하시오.

06 조사연구를 찾아 다음의 질문에 답하시오.

1) 제목이 조사연구와 관련이 있는지를 분석하시오.
2) 연구대상이 연구목적과 부합하는지를 판단하시오.
3) 표집방법을 분석하고 수정하시오.
4) 안내문에 생략된 내용이나 불필요한 내용이 없는지를 분석하시오.
5) 질문지가 질문지 작성방법에 의하여 작성되었는지를 분석하시오.
6) 사전연구를 실시하였는지 확인하시오.
7) 질문지 회수율을 확인하시오.
8) 자료분석이 타당한지를 분석하시오.
9) 연구보고서의 양식을 갖추었는지를 분석하시오.

07 질문지나 면접지를 이용한 조사연구를 실시하시오.

08 빅데이터 분석을 이용한 조사연구를 실시하시오.

Chapter

12 실험연구

있는 그대로의 현상을 파악하기보다는 한걸음 더 나아가 그러한 현상들 간의 원인과 결과를 밝히고자 하는 연구가 있다. 인과관계를 밝히기 위해서는 어떤 처치를 연구대상에게 가하고 그 처치에 따른 변화를 분석하여야 한다. 이와 같이 인위적으로 설계된 상황에서 처치를 가한 후 그 결과를 분석하는 연구를 실험연구라 한다. 이 장에서는 실험연구의 정의, 유형, 통제집단과 실험집단, 매개변수의 통제, 실험연구 절차, 장단점, 실험연구에 대한 평가기준을 설명한다.

1 정의

조사연구는 통제되지 않은 자연적 상황에서 질문을 통하여 현상을 파악하는 연구로서 변수들 간의 인과관계보다는 상호관계 분석을 연구의 목적으로 하고 있다. 반면 **실험연구**는 처치, 자극, 환경 조건을 의도적으로 조작 혹은 통제하여 연구대상이나 물체에 어떤 변화가 있는지를 분석함으로써 인과관계를 밝히는 연구다. Campbell과 Stanley(1963)는 실험연구란 변수들을 조작해서 다른 변수에 미치는 영향을 분석하는 연구라고 하였다. 멀티미디어를 사용한 교수법이 학습 증진에 미치는 영향을 밝히거나, 어떤 약물을 투여하여 나타나는 반응을 분석하는 경우를 예로 들 수 있다. 즉, 처치를 가하고 그 처치의 효과를 밝히는 연구가 실험연구다.

실험연구는 독립변수인 처치변수의 조작과 종속변수에 영향을 주는 처치변수 이외의 변수 통제 여부가 연구의 질을 좌우한다. 예를 들어, 알코올 섭취량에 따른 반응시간의 변화를 연구할 때, 반응시간에 영향을 주는 변수로서 성별이나 개인 특성 등의 변수가 통제되어야 한다. 특히 반응시간과 관계있는 개인 특성 변수가 통제되어야 알코올이 반응시간에 미치는 효과를 분석하기가 용이하다. 얼마만큼 알코올을 섭취했을 때 반응시간이 얼마만큼 늦어지는가를 분석하여 음주운전에 대한 벌금이나 법적 조치의 정도를 조정할 수 있다.

2 연구유형

실험연구는 연구의 체계성과 엄격성에 따라 실험설계와 준실험설계로 구분된다. **실험설계**(experimental design)란 조건통제가 완벽한 상태에서 처치변수의 조절이 수월하고 매개변수가 철저하게 통제된 연구를 말한다. 완벽한 실험연구로는 실험실 연구(laboratory experiment)를 들 수 있다. **실험실 연구**는 연구대상이 철저하게 통제된 상태에서 처치나 자극을 주고 나타나는 현상에 대한 효과를 분석한다. 실험실 연구는 주로 동물을 대상으로 이루어지는데 쥐와 토끼 등이 흔히 사용된다. 인간을 실험실에 감금 상태로 연구하는 것은 불가능하고, 특히 해로운 처치가 가해질 때는 윤리적인 문제가 발생하므로 동물을 대상으로 실험을 한다.

실험실 연구의 장점은 매개변수를 완벽하게 통제할 수 있으므로 인과관계 분석이 가능하다는 것이다. 즉, 어떤 변화가 있었다면 이는 처치변수에 의한 결과라고 볼 수 있으므로 독립변수인 처치변수의 효과를 알 수 있다는 것이다. 반면 **단점**은 연구결과를 실제상황에 적용하는 데 문제가 따른다는 점이다. 예를 들어, 실험실 연구결과, 영지버섯이 항암효과가 있다는 연구결과가 나왔다고 하여 암환자에게 영지버섯을 복용하게 하면 다른 음식이나 의약품과의 상호작용에 의하여 병이 악화될 수도 있다. 즉, 사람들의 일상생활은 통제된 실험실 상황과 차이가 있기 때문에 실험실 연구에서 얻어진 연구결과를 실제상황에 적용할 때는 제한점이나 예상하지 못했던 일들이 발생할 수 있다는 것이다.

준실험설계(quasi-experimental design)는 조건통제가 느슨하고 처치변수의 조절이 철저하지 않은 실험연구를 말한다. 다시 말해서 준실험설계란 자연적 상태에서의 실험이나 실험조건을 충분히 통제하지 못한 연구설계를 말한다. 사회과학분야에서 행해지는 대부분의 실험연구가 준실험설계에 해당된다. 사회과학분야의 준실험설계는 연구대상을 철저하게 통제할 수 없는 상황에서 처치를 가하게 되므로 실험실 연구보다는 체계성이 떨어진다.

준실험실연구의 장점은 자연 상태에서 처치를 가해 얻은 결과이므로 실제상황에 적용이 쉽다는 것이다. 예를 들어, 암환자에게 항암 처치를 하고 음식도 섭취하는 상태에서 영지버섯을 먹게 하여 항암 효과를 얻었다면, 이 결과에 의하여 암환자에게 영지버섯을 먹게 할 수 있다. **단점**은 변수를 조작할 수 없으므로 인과관계의 분석이 모호하다는 것이다. 앞의 예에서 영지버섯의 항암성이 반드시 확인되었다고 보기는 어렵다. 영지버섯과 함께 투여된 항암제의 효과일 수도 있기 때문이다.

Campbell과 Stanley(1963)는 실험연구를 실험조건 통제 여부에 따라 실험실연구와 준실험실연구로 구분하고, 준실험연구에 대하여 강조하였으나 최근에는 실험연구와 준실험연구의 구분을 강조하지 않는 경향이 있다. 왜냐하면 실험실 연구라도 실험조건을 완벽하게 통제할 수는 없기 때문이다. 실험연구의 단점은 완벽한 통제가 이루어졌다 하더라도 연구결과를 실제 세계에 일반화하는 데 어려움이 있으며 연구대상이 되는 표본이 모집단을 대표하지 못하는 경우 연구결과를 모집단에 일반화할 수 없다는 점이다. 또한 변수의 인위적 조작과 통제가 가능한 경우에만 연구가 가능하다.

3 주요 용어

실험연구에서 가장 많이 쓰이는 단어는 통제, 처치변수, 통제집단, 처치집단 등이다.

1) 통제

실험연구는 실험상황을 통제하는 연구라고 하였다. 여기서 **통제**(control)란 처치변수를 조절(manage)한다는 것과 매개변수를 규제 혹은 고정(fixed)시킨다는 두 가지 의미를 포함하고 있다. 어떤 기계를 통제(control)할 수 있다는 말은 기계를 자유자재로 다룰 수 있다는 뜻이며, 온도를 통제(control)하고 부피를 증가시킬 때 압력이 내려간다고 할 때의 통제(control)는 고정시킨다는 의미다.

예를 들어, 초등학교 3학년 학생의 어휘력 향상에 있어서 전통적 교수법과 멀티미디어를 사용한 교수법이 어떤 영향을 미치는지를 연구할 때 두 집단에 할당되는 연구대상들의 암기력 수준이 다르다면 암기력이 어휘력에 주는 영향을 제거하여야 한다. 즉, 이 연구에서는 암기력과 같이 교수법을 제외하고 어휘력에 영향을 줄 수 있는 다른 능력을 모두 배제하여야 한다. 이때 매개변수가 되는 암기력 수준이 동일하도록 연구대상을 집단에 할당하여 두 집단의 연구 시작 전 단계를 같게 하거나 그 암기력의 영향을 제거하는 것을 통제라고 한다.

2) 처치변수와 매개변수

실험연구는 인과관계를 밝히는 것이 연구의 목적이므로 무엇이 영향을 주는 변수이고 무엇이 영향을 받는 변수인지를 규명해야 한다. 독립변수는 영향을 주는 변수이고, 종속변수는 영향을 받는 변수다. 실험연구에서는 독립변수를 처치변수라고 하며, **처치변수**(treatment variable)는 연구상황에 가해지는 변수로서 연구결과의 변화를 유도하는 변수를 말한다.

실험연구에서 처치에 따라 어떤 변화가 일어났는지는 종속변수를 통해서 알 수 있다. 즉, 종속변수의 변화는 처치에 의한 것이라고 분석하게 된다. 이런 과정에서 처치변수 이외의 다른 변수가 종속변수에 영향을 줄 수 있는데, 이와 같은 변수를 매개변수라고 한다. **매개변수**란 종속변수에 영향을 주는 독립변수 이외의 변수를 말한다. Best와 Kahn(1989)은 매개변수를 **혼재변수**(confounding variable)라고 하고 매개변수를 **간섭변수**(intervening variable)와 **외재변수**(extraneous variable)로 구분하였다. 간섭변수는 독립변수와 종속변수의 관계에 개입되는 변수를 말한다. 예를 들어, 직접 강화가 말하기 학습효과에 미치는 영향을 알아보는 예에서는 불안, 피로, 동기 등이 간섭변수로 취급될 수 있다. **외재변수**는 종속변수에 영향을 주는 독립변수 이외의 변수로서 연구자가 통제할 수 없는 나이, 성별, 사회계층 등의 변수를 말한다.

『교육측정 · 평가 · 연구 · 통계 용어사전』(한국교육평가학회, 1995)에서는 종속변수에 영향을 주는 독립변수 이외의 변수를 **매개변수**(intervening variable), **혼재변수**(confounding variable), **잡음변수**(nuisance variable), **외재변수**(extraneous variable), **관련변수**(concomitant variable) 등으로 칭하고 있으며 통계적으로는 **공변인**(covariate)이라고 한다. 물론 용어들의 영문표기가 다르므로 다소 다른 의미로 정의될 수 있으나 『교육측정 · 평가 · 연구 · 통계 용어사전』에서는 이를 유사한 용어로 정의하고 있다. 실험연구에서는 매개변수의 통제 여부가 실험연구의 성패를 좌우한다.

두 교수법에 따른 어휘력의 차이를 비교할 때, 지능이나 암기력, 사전 어휘능력 등이 매개변수로 작용할 수 있다. 이같은 매개변수는 실험설계로 통제되거나 통계적으로 통제할 수 있다. 매개변수를 통제하는 설계방법이나 통계적 방법은 제15장을 참고하기 바란다.

실험연구 중 연구자가 고려하여야 할 매개변수로는 반복설계에서 초래될 수 있는 처치변수의 누적효과, 실험기간 중에 발생할 수 있는 피험자의 성숙, 사전-사후 검사 시에 나타날 수 있는 기억이나 검사에 대한 요령의 습득, 측정도구의 난이도 등이 있다. 특히 검사로 피험자의 능력을 측정할 때 매우 어려운 검사라면 처치효과가 있었다 하여도 처치효과가 측정되지 않으며, 너무 쉬울 경우에도 처치효과를 밝혀낼 수 없다. 왜냐하면 전자의 경우 모든 피험자의 점수가 매우 낮을 것이고, 후자의 경우 모든 피험자의 점수가 높을 것이기 때문이다. 점수의 상한계가 명확한데 처치가 매우 효과적이거나 검사의 난이도가 너무 낮아서 모든 피험자가 검사에서 높은 점수를 얻는 경우를 **천장효과**(ceiling effect)라고 한다. 반대로 처치효과가 전혀 없거나 검사의 난이도가 높아서 모든 피험자가 매우 낮은 수준이지만 점수는 하한계 이하로 내려가지 않는 경우를 **바닥효과**(floor effect)라고 한다. 천장효과나 바닥효과가 있을 경우에는 집단비교가 제대로 이루어지기 어렵다.

3) 통제집단과 실험집단

실험연구 시 처치효과를 알아보기 위하여 사전검사를 실시하고 처치를 가한 뒤 사후검사를 실시하여 사후검사에서 변화된 양이 처치에 기인한 것이라고 분석할 수 있다. 그러나 사전검사의 경험이 사후검사에 영향을 주는 경우가 있다. 즉, 검사를 두 번 실시함으로써 검사에 대한 기억이나 검사요령이 축적될 수 있다. 이와 같은 문제를 제거하기 위하여 한 집단의 사전-사후 비교를 하지 않고 두 집단비교를 실시할 수 있다. 한 집단에는 처치를 가하지 않고, 다른 집단에는 처치를 가한 뒤 두 집단 간에 차이가 있는지를 비교한다. 이럴 경우 처치를 가하지 않은 집단을 **통제집단**(control group)이라 하고, 처치를 가한 집단을 **실험집단**(experimental group)이라고 한다.

4 연구대상의 선정과 연구의 타당도

1) 연구대상의 선정

조사연구의 경우 모집단을 대표하는 연구대상을 표집하기 위하여 단순무선표집이나 층화표집, 군집표집을 실시한다. 그러나 실험연구는 실험의 특성상 모집단을 대표하는 연구대상을 각지에서 추출할 수 없으므로 연구자가 접촉이 가능한 집단을 선정하여 이들을 대상으로 연구를 한다. 이때 주로 사용하는 방법이 무선할당이다. 무선할당을 하여 연구대상을 선정하는 자세한 방법은 제6장을 참고하라.

2) 연구의 타당도

실험연구의 타당성은 내적타당도과 외적타당도에 의해 평가된다. 내적타당도는 수집된 표본자료를 통해 인과성이 확인될 수 있는지를 나타내고, 외적타당도는 표본자료에서 나타난 결과들이 모집단에 일반화될 수 있는지를 나타낸다.

(1) 내적타당도(internal validity)

내적타당도란, 종속변수, 즉 연구결과에서 나타나는 변화가 독립변수의 변화에 의한 것임을 확신할 수 있는 정도를 의미하는 것으로서 인과관계에 대한 추론이 어느 정도 가능한지를 나타낸다. 대부분의 연구에서는 연구대상 집단 전체, 즉 모집단에 대한 자료를 구하지 않고 표본을 사용하는 것이 일반적이므로 내적타당도의 적용범위는 수집된 표본자료에 제한된다.

Campbell과 Stanley(1963)는 **내적타당도를 저해하는 요인**으로 다음의 것들을 제시하였다.

① **특정 사건의 영향**(history effect)

연구기간 동안 천재지변이나 예상치 않았던 행사와 같이 특정한 사건이 일어나는 경우, 환경이 바뀌고 이에 따라 연구결과가 다르게 나타날 수 있다. 준실험 연구에서는 연구를 위한 환경이나 매개변수에 대한 통제가 어렵기 때문에 인과관계에 대한 입증은 그만큼 약화된다.

② **성숙효과**(maturation effect)

인간의 특성은 시간이 경과함에 따라 자연적으로 성장한다. 그럼에도 불구하고 이러한 자연적인 성장들을 마치 실험의 효과인 것처럼 보고하는 연구들이 있다. 시간의 경과나 자연적인 성숙효과 등이 연구 설계에서 적절하게 통제될 때 연구에서 의도하는 변수들 간의 인과관계가 설명될 수 있다.

③ **시험효과**(testing effect)

두 번 이상의 검사를 실시하는 연구들에서 나타나는 현상으로서 독립변수의 투입 여부에 관계없이 사전 검사의 경험 자체가 사후에 실시되는 검사 결과에 영향을 미칠 수 있다. 특정 프로그램의 효과를 알아보기 위해 동일한 검사를 두 번 실시하였을 경우 피험자들의 검사에 대한 기억 혹은 연습으로 인하여 두 번째의 검사 점수가 첫 번째의 검사 점수에 비해 높아질 수 있으므로 순수한 프로그램의 효과를 검증하기가 쉽지 않다.

④ **검사도구효과**(instrument variation effect)

시험효과가 동일한 검사를 실시했을 경우에 나타나는 문제라면, 검사도구 효과는 사전과 사후의 검사를 다른 검사도구로 실시하였을 때 발생하는 문제를 의미한다. 시험효과를 줄이기 위해 사전과 사후의 검사를 다른 종류로 선택하였다면 사전과 사후의 결과에 차이가 나타났을 때 그것이 검사 도구의 차이인지 아니면 프로그램의 효과 때문인지를 구분하기가 쉽지 않다.

⑤ **통계적 회귀**(statistical regression)

사전 검사의 결과가 지나치게 낮은 대상에게 독립변수를 투입할 경우, 사후 검사의 결과는 독립변수의 효과에 관계없이 평균 쪽으로 접근하려는 회귀 성향을 가질 수 있다. 이러한 통계적 회귀 성향은 독립변수의 효과와 관련된 인과관계를 약화시킨다.

⑥ **편향된 표본 선정**(selection bias)

표본을 잘못 선택하여 변수들 간에 예상치 않은 관계가 나타나거나 실험집단과 통제집단 사이에 종속변수의 차이가 존재하는 경우 독립변수의 효과를 제대로 파악할 수 없다. 즉, 유사하지 않은 집단들을 대상으로 독립변수의 효과를 측정하려고 할 때, 비교되는 집단 간의 차이가 독립변수에 기인한다고 볼 수 없으므로 이 집단들을 비교하여 연구목적을 달성할 수 없다. 연구자가 임의로 실험집단과 통제집단에 연구대상을 할당할 때 이러한 문제가 발생할 가능성이 높아지므로 설계 과정에서 무선할당의 방법을 사용하거나, 두 집단의 사전 차이를 파악하여 분석과정에서 통계적인 방법으로 조정하는 과정이 필요하다.

⑦ **연구대상의 손실**(mortality effect)

실험연구에서 자주 나타나는 문제로서 실험 대상자들이 어떤 이유에서든 실험 도중에 실험에 참여하지 않을 수 있다. 실험에서 중도 탈락하는 사람들은 나름대로의 특성들을 가지고 있으며, 그것을 배제한 상태에서 실험 전과 실험 후의 결과를 비교하는 것은 타당하지 않다. 따라서 실험에 남아 있는 사람들과 탈락한 사람들의 특성을 적절하게 선별해내는 방법이 없다면 연구대상의 손실은 독립변수와 종속변수 사이의 인과관계를 밝히는 데 중요한 장애 요인으로 작용할 수 있다.

⑧ **확산 혹은 모방효과**(diffusion effect or imitation effect of treatment)

확산 혹은 모방효과란 실험집단과 통제집단 간의 상호작용이나 모방으로 인해 의도했던 집단 간의 차이가 분명해지지 않게 되는 것을 의미한다. 이는 실험집단과 통제집단의 분리가 적절하게 통제되지 않았을 경우 나타나는 문제로서 실험집단과 비교집단의 연구참여자들이 물리적으로 근접해 있거나 심리적으로 경쟁적인 관계에 있을 때 발생하기 쉽다. 예를 들어, 특정한 프로그램이 이 프로그램을 처치하는 실험집단에게는 우월감을 갖게 하고 통제집단에게는 열등감을 갖게 할 때 통제집단의 교사가 실험집단에서 적용하는 방법의 일부를 통제집단 학생들에게도 적용하게 되면 처치효과의 검증은 어렵게 된다.

연구 문제의 성격에 따라 내적타당도와 관련한 문제들은 각기 다르게 나타날 수 있다. 따라서 특정한 연구 문제를 해결하기 위해 어떤 연구 설계가 적합한지를 판단하기 위해서는 내적타당도에 대한 적절한 고려가 필요하다.

(2) 외적타당도(external validity)

내적타당도가 표본자료에 한정시켜 결과를 해석하는 것이라면, **외적타당도**는 표본자료의 결과가 얼마만큼 일반화될 수 있는 것인지를 다룬다. 그러므로 외적타당도란 표본에서 얻어진 연구의 결과를 다른 집단 혹은 다른 환경에 확대 해석 또는 일반화할 수 있는 정도를 의미한다. 많은 연구는 현실적인 문제로 인해 전체 연구대상자 중에서 일부만을 추출하여 조사를 하게 되는데, 표본에서 발견된 특정한 사실들이 일반화될 수 있기 위해서는, 표본이 모집단을 적절하게 대표할 수 있어야 하며 연구 환경이나 절차 등도 모집단을 대표할 수 있어야 한다. 외적타당도는 모집단에 대한 타당도와 연구환경과 관련된 생태학적 타당도로 구분하여 평가할 수 있다.

① 모집단에 대한 타당도

모집단에 대한 타당도는 연구에 사용되는 표본이 모집단의 특성을 충분히 반영하고 있는지를 평가하는 것이다. 이는 표집과 관련된 것으로 적절한 표집방법을 선택하면 연구결과를 모집단에 일반화할 수 있다. 나아가 표집이 성공적으로 시행되어 실제 수집된 자료가 연구자가 처음에 의도했던 모집단을 잘 대표하고 있는지에 대한 검토도 이루어져야 한다.

② 생태학적 타당도

생태학적 타당도(ecological validity)는 표본자료에서 발견된 사실들이 다른 일반적인 환경들에도 적용될 수 있는지의 여부를 검토하는 것이다. 실험집단이나 통제집단에 속한 연구대상들이 처치변수의 투입과 상관없이 스스로 어떠한 의미를 부여하여 종속변수의 변화를 발생시킬 수 있는데, 그 효과가 실험집단에서 나타나는 Hawthorne 효과와 통제집단에서 나타나는 John Henry 효과 및 연구자에 의한 효과 등이 생태학적 타당도와 관련된 문제들이다.

a. Hawthorne 효과

Hawthorne 효과는 연구대상이 연구의 목적을 알고 있거나 알게 될 때 평상시와는 다르게 행동함으로써 연구결과에 영향을 미치는 것을 의미한다. Hawthorne은 미국 서부지역의 전기회사 이름으로 이 회사에서 실시한 '작업환경의 변화가 생산성에 미치는 영향에 대한 연구'에서 Hawthorne 효과라는 용어가 유래되었다. 작업환경의 변화에 따른 생산성의 차이를 비교하기 위하여 실험집단에는 작업장의 조명도를 밝게 하고, 통제집단에는 종전의 작업환경을 유지하는 실험을 한 결과, 실험집단의 생산성이 실험이 시작하면서 증가하다가 실험이 끝나면서 감소하는 경향을 보였다. 따라서 이 연구에서는 작업환경이 바뀌면 실험집단에 속한 종업원들이 연구의 목적에 대해 인식하게 되므로 통제집단에 비해 생산성이 향상된다는 결과를 보고하였다.

Hawthorne 효과가 연구에 미치는 영향을 배제하기 위해 의학 분야에서 제안된 방법으로 **Placebo 효과**가 있다. 이는 실험대상자들이 스스로 실험에 반응함으로써 나타나는 효과로, 실제로는 실험 처치나 개입이 이루어지지 않았는데도 불구하고 그것을 받은 것과 유사한 효과가 나타나는 경우를 의미하며 위약 효과라고도 한다. 예를 들어, 약물에 대한 테스트에서 가짜로 된 알약을 먹은 집단이 진짜 알약을 먹은 집단에서 나타나는 효과들을 부분적으로 보이는 것과 같은 것이다. 이는 조사 대상자들의 순수한 심리적인 반응에 의해 나타나는 효과다.

b. John Henry 효과

John Henry 효과란 Hawthorne 효과와 반대되는 현상으로 통제집단에 있는 연구대상들이 실험집단에 있는 연구대상들보다 더 나은 결과가 나타나도록 노력하는 현상을 의미한다. John Henry는 증기의 힘으로 움직이는 기계보다 자신이 더 우수함을 보이기 위해 무리하게 경쟁하다 죽었다는 미국 전설에 나오는 흑인 노동자의 이름이다.

만약 통제집단에 속한 연구대상들이 연구결과로부터 어떤 불이익을 받게 된다는 것을 알게 되면 실험집단에 속한 연구대상들보다 더 많은 노력을 하게 되므로 기대와 다른 결과가 나타나게 된다. 이러한 결과는 처치변수의 효과가 아니라 통제집단에 있는 연구대상의 노력에 의한 것이므로 연구의 외적타당도에 영향을 미치게 된다.

c. 연구자 효과

연구자 효과는 연구자가 연구결과에 영향을 미치는 말이나 행동을 함으로써 연구대상이 평상시와 다르게 행동하는 것을 의미한다(Rosenthal, 1966). 연구자 효과를 줄이기 위해서는 실험을 담당하는 사람이나 실험 대상자 모두에게 연구의 목적에 대하여 알리지 않고 연구를 진행시키기도 한다.

앞에서 제시한 Hawthorne 효과, John Henry 효과, 연구자 효과 등은 인간이 관찰대상이 되는 연구에서 연구대상자들이 갖는 심리적 반응성의 문제가 실험결과의 일반화에 지장을 초래한다는 것을 보여 주는 사례들이다. 실험 환경에서 연구대상자들은 연구자의 의도를 파악하려 하고, 그에 적절한 반응을 보이려 한다. 그러나 이러한 반응은 자연스런 상태에서의 반응이 아니므로 연구결과를 일반화하는 데 장애요인으로 작용할 수 있다.

(3) 내적타당도와 외적타당도의 관계

내적타당도는 외적타당도를 위한 필요조건이지, 충분조건은 되지 않는다. 즉, 연구자료의 내적타당도가 높다고 해서, 그것이 일반화의 여부를 결정하는 것은 아니다. 내적타당도와 함께 연구 설계의 외적타당도를 높이는 것은 중요하다. 일반화되지 못하고 특수한 조건에만 한정된 인과관계의 검증은 일반화된 현상을 설명하는 이론 정립에 기여할 수 없기 때문이다.

5 매개변수의 통제

실험설계에서 매개변수를 통제하는 방법은 연구설계에 의해 통제하는 방법과 통계적으로 매개변수의 영향을 제거하는 방법이 있다. 설계에 의한 방법은 무선할당 시 대응집단 혹은 균형집단으로 두 집단을 유사하게 하거나 두 종속표본 t검정, 반복설계, 무선화구획설계, 무선화구획요인설계, 분할구획요인설계를 하는 것이며, 통계적인 방법으로는 공분산분석이 있다. 이상의 방법은 이 책의 제15장이나 Kirk(1982, 1995)를 참고하기 바란다.

6 연구절차

실험연구의 일반적인 연구절차는 다음과 같다.

첫째, 연구목적을 명료화한다.

둘째, 연구가설을 구체화한다.

셋째, 처치변수, 종속변수, 매개변수를 규명하고 그 특징을 파악한다.

넷째, 연구대상을 선정한다.

다섯째, 종속변수의 변화를 측정할 도구를 개발한다.

여섯째, 사전연구를 실시한다.

일곱째, 사전연구에서 나타난 문제점을 제거한다.

여덟째, 실험을 실시한다.

아홉째, 자료를 수집한다.

열째, 결과를 분석한다.

연구목적의 명료화, 연구가설의 구체화, 처치변수, 종속변수, 매개변수의 규정 등은 이론적 배경에 의하며, 측정도구 역시 문헌연구를 기초로 개발될 수 있다. 연구대상은 연구의 목적에 따라 선정된다. 특히 실험을 실시할 때는 실험절차가 매우 중요하다. 처치를 몇 회, 얼마 간격으로, 얼마만큼 실시할 것인지 등의 절차가 선행연구 검토를 통한 이론적 배경이나 연구자의 경험적 배경에 의하여 구체화되어야 한다. 그러나 연구절차가 구체화되었다고 해서 연구가 항상 순조롭게 진행된다는 보장은 없다. 그러므로 소수의 연구대상을 선발하여 사전연구를 실시하여야 한다. 사전연구의 연구대상 수는 연구목적에 따라 달라지나 한 집단에 5명 이하로 실시할 수 있다. 사전연구를 통하여 연구목적이 타당한지, 처치가 제대로 이행되었는지, 매개변수의 통제가 제대로 이루어졌는지, 측정도구가 타당하고 신뢰로웠는지, 실험절차가 체계적이었는지 등을 검토한다.

7 연구의 장단점

실험실연구와 준실험실연구에서 설명한 것과 같이 **실험연구의 장점**은 변수를 조작하고 통제할 수 있어서 변수들 간의 인과관계를 검증할 수 있다는 것이다. 조사연구를 통해서는 인과관계를 분석하는 것이 불가능한 경우가 많으나 실험연구를 통해서는 인과관계를 분석하는 것이 가능하다.

실험연구의 결과는 변수의 처치 혹은 통제에 의한 실험상황의 결과이며 실제상황의 결과가 아니다. 따라서 실제상황에 실험연구의 결과를 적용하는 데에는 제한점이 있을 수 있으며, 실제상황에 적용하고자 할 때에는 세심한 고려를 하여야 한다. 또한 실험연구에 의한 연구결과는 일반화하는 데 문제가 있다. 특수한 실험상황에서 얻은 결과일수록 연구결과를 일반화하는 데 제약이 따른다. 실험연구의 한계점은 변수의 처치, 조작이 가능한 경우에만 연구가 가능하다는 것이다. 즉, 변수의 처치, 조작이 불가능할 경우에는 연구를 진행할 수 없다는 단점이 있다.

8 연구에 대한 평가

실험연구에 대한 평가 요인은 다음과 같다.

- 연구의 명료성
- 연구목적을 위한 변수나 요인의 고려
- 매개변수의 통제
- 변수 측정의 타당도와 신뢰도
- 실험절차의 공정성
- 자료수집 절차의 타당성
- 가설 검증방법의 타당성
- 올바른 해석

실험연구를 평가하기 위해서는 무엇보다도 먼저 연구의 목적이 명확한지, 연구를 위하여 고려해야 할 모든 변수를 고려하였는지를 확인해야 한다. 처치변수뿐 아니라 매개변수의 영향을 간과하면 연구의 내적타당도가 상실되므로 매개변수의 통제 여부도 확인하여야 한다. 또한 변수 측정을 위하여 사용한 검사도구의 타당도와 신뢰도는 물론 실험절차의 과학성, 자료수집 절차의 타당성, 올바른 통계적 방법으로 가설을 검증했는지의 여부, 분석결과의 올바른 해석 등에 대해서도 확인을 해야 한다.

연습문제

01 다음 단어를 설명하시오.

실험연구	준실험설계	통제
처치변수	매개변수	혼재변수
잡음변수	외재변수	관련변수
통제집단	실험집단	천장효과
바닥효과	무선할당	내적타당도
외적타당도	성숙효과	검사도구효과
통계적 회귀	시험효과	Hawthorne 효과
John Henry 효과		

02 실험연구의 절차를 요약하시오.

03 실험연구에서 매개변수를 통제하는 방법을 설명하시오.

04 두 종속표본 t 검정을 실시하여 매개변수를 통제하는 실험연구의 예를 드시오.

05 반복설계로 매개변수를 통제하는 실험연구의 예를 드시오.

06 무선화구획설계로 매개변수를 통제하는 실험연구의 예를 드시오.

07 무선화구획요인설계로 매개변수를 통제하는 실험연구의 예를 드시오.

08 공분산분석으로 매개변수를 통제하는 실험연구의 예를 드시오.

09 실험연구를 찾아 다음 질문에 답하시오.

1) 연구제목이 적합한지를 분석하시오.
2) 연구대상이 모집단을 대표하는지를 검증하시오.
3) 처치변수를 밝히고 처치가 체계적으로 가해졌는지를 분석하시오.
4) 매개변수 통제가 이루어졌는지를 분석하시오.
5) 종속변수의 측정이 타당하고 신뢰로운지를 증명하시오.
6) 연구결과의 해석이 타당한지를 분석하시오.
7) 실험대상의 손실을 분석하시오.
8) 연구를 평가하시오.

Chapter

13 관찰연구

연구를 위한 다양한 방법 중에서 관찰법은 역사가 가장 오래된 연구방법이다. 관찰연구는 실제 현상을 직접 관찰하여 진행하는 연구로서 조사연구나 실험연구에 비하여 직관적이므로 여러 분야에서 수행되고 있다. 관찰연구가 과학적 연구인가에 대한 규명은 체계적 관찰을 통하여 연구가 진행되었느냐에 따라 평가한다. 이 장에서는 관찰연구의 정의, 유형, 관찰기록 방법, 관찰자 훈련, 관찰연구 시 주의점을 설명한다.

1 정의

조사연구나 실험연구에서 사용되는 측정도구는 질문지나 표준화검사이다. 질문지나 표준화검사에 의한 응답결과는 자기기록(self-report)에 의한 것이므로 응답결과가 응답자들의 허위반응이나 가치중립화에 의한 왜곡된 정보일 수 있다. 이와는 달리 관찰법은 연구대상이 아닌 관찰자에 의하여 관찰결과가 기록되므로 자기보고식 연구의 한계를 극복할 수 있다.

관찰연구(observational research)는 관찰자의 관찰에 의하여 연구대상의 특성을 파악하고 분석하는 연구다. 관찰대상이 다수이고 관찰내용이 수량화되어 분석되면 양적연구가 되고, 관찰대상이 소수이고 관찰내용이 서술에 의해 기록되면 질적연구가 된다.

2 연구유형

관찰연구는 세 가지 기준에 의하여 구분된다.

- 관찰의 통제 여부: 통제적 관찰
  비통제적 관찰
- 관찰의 조직성 여부: 자연관찰
  조직적 관찰
- 관찰상황 여부: 참여관찰
  비참여관찰

관찰연구는 통제 여부에 따라 통제적 관찰과 비통제적 관찰로, 관찰의 조직성 여부에 따라 자연관찰과 조직적 관찰로, 연구자의 관찰상황 참여 여부에 따라 참여관찰과 비참여관찰로 구분된다. **통제적 관찰**은 처치를 가하거나 자극을 준 실험적 상황에서 관찰을 통하여 처치나 자극에 대한 효과를 분석하는 연구방법이다. 예를 들어, 학급 내에서 학급환경을 변화시켰을 때 학생들의 목소리 변화를 보는 연구가 이에 해당된다. **비통제적 관찰**이란 전혀 통제하지 않은 상태에서 관찰하는 연구를 말한다. 인류학에서의 관찰연구의 대부분은 비통제적 관찰이다.

조직적 관찰은 관찰의 내용이 제한적이어서 관찰내용, 관찰방법, 기록방법 등이 사전에 규명되어 있는 관찰이며 일반적으로 점검표에 의하여 관찰할 경우 관찰방법이 구조화되어 있다고 할 수 있다. **자연관찰**은 조직적 관찰과 반대되는 관찰방법으로 관찰의 내용, 시기, 방법 등을 규명하지 않고 자연스럽게 관찰하는 방법이다.

참여관찰이란 연구자가 관찰상황에 참여하여 관찰하는 연구방법이다. 참여관찰은 **완전참여관찰**과 **부분참여관찰**로 나뉘는데, 완전참여관찰이란 관찰자가 역할을 숨기고 연구상황에 참여하여 관찰하는 방법이다. 완전참여관찰의 경우 연구대상들이 관찰자에 의하여 영향을 받지 않는다는 장점이 있지만 관찰자가 신분을 숨김으로써 연구대상을 기만하는 것이므로 윤리적 문제가 제기될 소지가 있다. 또한 관찰결과의 기록이 용이하지 않으며, 관찰자로 밝혀질 때 연구에 차질을 빚는 경우도 발생할 수 있다. **비참여관찰**이란 연구대상과의 상호작용을 극소화하기 위하여 관찰자가 관찰상황에 참여하지 않고 관찰하는 방법이다. 관찰결과의 기록을 극대화시킬 수 있다는 장점이 있으며, 비디오를 사용하여 촬영한 후 관찰하는 방법과 일방경(one-way mirror)이 있는 관찰실을 이용하는 방법이 있다.

3 연구절차

관찰연구는 연구의 자료를 수집하는 방법이 관찰에 의존한다는 특징이 있다. **관찰연구의 일반적인 절차**는 다음과 같다.

① 연구의 목적에 따라 연구가설을 수립한다.
② 관찰대상을 설정한다.
③ 관찰내용과 자료수집 방법을 규명한다.
④ 관찰자들을 훈련시킨다.
⑤ 사전연구를 통하여 자료를 수집한다.
⑥ 관찰자내 신뢰도와 관찰자간 신뢰도를 분석한다.
⑦ 관찰의 불일치 분석 등을 통하여 관찰내용과 기록방법, 자료화 방식 등을 설정한다.
⑧ 관찰자 재훈련을 실시한다.
⑨ 관찰대상의 관찰 허가가 요구되는 경우 공식적인 승인을 얻는다.
⑩ 관찰을 실시하여 자료를 수집한다.
⑪ 관찰자내, 관찰자간 신뢰도를 검증한다.
⑫ 자료를 분석한다.

보다 체계적이고 과학적인 연구를 위해서 관찰내용이 구체화되어야 관찰자들의 주관적 판단이 개입될 소지를 제거할 수 있다. 뿐만 아니라 어떤 내용을 어떤 방법으로 수집하고 기록할 것인지, 나아가 기록된 자료를 어떻게 분석할 것인지도 구체화하여야 한다. 관찰 기록 내용이라든지 기록 내용에 대한 점수화 방법 등도 상세히 규명되어야 한다.

관찰 내용과 기록방법의 구조화에 대해 관찰자들에게 훈련을 실시하여야 한다. 사전연구를 통하여 관찰자들에게 관찰내용, 기록방법 등을 숙지시키고 실제 연구대상을 관찰하여 기록하여 봄으로써 관찰자 간 불일치를 줄일 수 있다. 관찰자 간에 관찰결과에 불일치가 있을 경우 관찰내용, 분류기준과 방법, 점수 부여 등을 검토하고 그 원인을 밝혀 관찰자 간 일치도를 높여야 한다.

4 관찰대상의 표집과 관찰기록

관찰기록에서는 무엇을 어떻게 기록하고 기록 시 어떤 점에 유의해야 하느냐가 중요하다. 매우 체계적이고 과학적인 방법으로 관찰을 실시하였다고 하더라도 기록이 체계적이고 충실하지 못하면 관찰연구의 타당성에 문제가 생길 수 있다.

1) 관찰대상의 표집방법

관찰대상을 표집하는 방법은 관찰할 시간을 추출하는 시간표집법과 관찰 장면이나 사건을 추출하는 사건표집법으로 구분된다.

(1) 시간표집법

시간표집(time sampling)은 관찰할 시간을 설정하여 그 시간 동안 발생하는 특정 행위나 사건을 주기적으로 기록하는 방법이다. 시간표집의 대상은 먹기, 놀기, 사회적 상호작용 등과 같이 비교적 자주 일어나는 전형적인 행동이어야 하며 표집시간의 간격이나 관찰시간은 연구목적이나 관찰하고자 하는 행동의 빈도와 유형에 따라 달라질 수 있다. 시간표집은 비교적 짧은 시간 동안 다양한 상황에서 발생하는 많은 행동을 표집할 수 있고, 기록과 분석이 용이하다는 장점이 있는 반면, 자주 나타나는 행동들에 대해 제한되며 행동의 원인이나 질적인 측면에 대해서는 분석하기 어려운 단점이 있다.

(2) 사건표집법

사건표집(event sampling)은 특정 행동의 출현을 확인하고 행동이 일어나는 순서를 파악하기 위한 방법으로, 시간표집법과 달리 관찰의 단위가 시간간격이 아닌 특정 행동이나 사건 그 자체다. 따라서 사건표집에서는 관찰하고자 하는 특정 행동이나 사건이 발생할 때만 관찰하며 자주 나타나는 행동이나 드물게 나타나는 행동 모두에 적용 가능한 방법이다. 이 방법을 적용하기 위해서는 우선 관찰하고자 하는 행동이나 사건을 명확히 정하고, 언제, 어디서 그러한 행동을 관찰할 것인지를 규정해야 한다. 사건표집법에서는 문제행동 전후의 사건을 서술하여 행동의 원인을 밝히는 데 도움을 주는 서술식 사건표집과 문제행동이 얼마나 자주 일어나는지를 알 수 있는 빈도식 사건표집이 있다.

사건표집법은 특정 행동과 그 행동이 일어난 맥락에 대한 자세한 분석이 가능하며, 기록 시 서술적 방법과 계량적 방법 모두 적용할 수 있는 장점이 있는 반면, 특정 행동이 발생할 시간을 예측하기 어려운 단점이 있다.

시간표집법과 사건표집법의 차이를 요약하면 〈표 13-1〉과 같다.

표 13-1 시간표집법과 사건표집법의 비교

비교 내용	시간표집법	사건표집법
연구의 초점	행동, 사건의 존재 유무	행동, 사건의 특성
측정의 단위	시간 단위	특수한 사건 및 행동
정보의 종류	행동의 빈도나 지속시간	행동의 순서 및 전후관계
기록 방식	빈도표, 체크리스트	빈도표, 체크리스트, 서술

2) 관찰기록 방법

관찰기록 방법으로는 지필에 의한 방법이 주로 사용되어 왔으나 최근에는 비디오가 많이 사용되고 있다. 기록방법으로는 크게 일화기록법, 표본기록법, 점검표나 평정지를 활용하는 방법, 오디오와 비디오, 컴퓨터를 이용하는 방법이 있다.

일화기록법은 관찰내용을 일기 쓰듯이 기술하는 방법으로 구체적 절차나 양식이 있는 것은 아니다. **일화기록법**(anecdotal record)은 개인의 특성을 이해하기 위하여 개인의 구체적 행동이나 어떤 사건과 관련된 일들을 직접 관찰하여 기록하는 방법이다. 개인의 특성이나 조직 내의 관계, 문화인류학적 현상을 연구하는 데 주로 사용한다. 특히 예기치 않은 행동이나 사건을 관찰하여 기록하고자 할 때 유용하다. **일화기록법을 사용할 때 주의해야 할 점**은 다음과 같다(이종승, 1984).

첫째, 어떤 행동 또는 사건이 언제, 어떤 상황에서 발생되었는지를 사실적으로 진술한다. 따라서 일화가 발생한 후 될 수 있는 한 바로 기록해두는 것이 좋다.

둘째, 객관적 사실과 이에 관한 관찰자의 해석이나 처리방안을 명확히 구분하여 기록한다. 구체적인 특수한 사건을 기록하고, 일반적이거나 평가적인 서술은 피하는 것이 좋다.

셋째, 여러 시기에 일어난 서로 다른 일화들은 총괄적으로 기록하지 말고, 각각의 일화를 독립적으로 기록하고, 일화는 그것이 일어난 순서대로 기록한다.

표본기록(specimen description)은 미리 정해 놓은 시간, 인물, 상황 등에 따라 관찰된 행동이나 사건내용을 기록하고, 그것이 일어나게 된 환경적 배경을 상세하게 이야기하는 식으로 서술하는 방법이다. 현장에서 일어나는 행동의 진행상황을 이야기식으로 기록하기 때문에 **진행기록**(running record) 또는 **설화적 기술**(narrative description)이라고도 한다. 표본기록은 수집된 정보들을 서로 비교할 수 있고, 진행상황을 도표화하거나 변화양상을 검토하고 평가할 수 있어 어떤 계획을 수립하고 문제를 해결하기 위한 정보를 수집하는 방법으로 가치가 있다.

표본기록은 일화기록 시 유의해야 할 사항 외에 피관찰자의 행동에 영향을 미치는 상황적 요인을 자세하게 기록하며, 관찰자의 의견이나 해석은 모두 괄호를 사용하여 직접 관찰한 내용과 구별되도록 한다. 이 기록법은 기록을 하고 평가하는 데 시간이 많이 소요되며, 주관적인 해석이나 추론이 이루어질 수 있으며, 한번에 적은 수의 대상만을 관찰한다.

점검표(check list)는 관찰하고자 하는 행위나 내용이 발생하였을 때 이를 기록하는 방법으로, 행동유형의 분류나 관찰행동을 분류할 때 주로 사용된다. 관찰결과를 기록하는 점검표의 예는 [그림 13-1]과 같다.

평정지는 관찰자가 관찰한 내용을 3단계나 5단계 척도에 의하여 평정하는 방법으

사건표집법: 분류행동

관찰아동 : 생년월일 : (남 · 여)
관 찰 자 : 관 찰 일 :

관찰의 대상 : 분류—사물을 유사점이나 상이점에 따라 나누는 능력
지시 : 아동이 다음의 활동 영역에서 분류행동을 보였을 때 적합한 항에 V로 표시를 한다.

분 류 / 주도형 / 영역	비논리적		동일성		유사성(실수)		유사성		재분류	
	아동	교사	아동	교사	아동	교사	아동	교사	아동	교사
적목 영역 미술 영역 극놀이 영역 조작놀이 영역 언어 영역 과학 영역										
기 타										

〈주도형〉
1. 아동이 활동을 스스로 시작하였을 때(아)
2. 교사가 활동을 먼저 제시하였을 때(교)

그림 13-1 점검표

유아의 자주성 평정척도

관찰유아 : 생년월일 : (남 · 여)
관 찰 자 : 관 찰 일 :

지시 : 유아의 자주성에 대해서 다음과 같이 1~5로 평가하여 해당 숫자에 ○표를 하시오.

	5 매우 잘함	4 잘함	3 보통	2 못함	1 매우 못함	n/o 관찰 못함
옷입기	5	4	3	2	1	n/o
간식 먹은 책상 치우기	5	4	3	2	1	n/o
화장실 가기	5	4	3	2	1	n/o
손씻기	5	4	3	2	1	n/o
장난감 치우기	5	4	3	2	1	n/o
자신의 의사 표현하기	5	4	3	2	1	n/o
활동을 스스로 선택하기	5	4	3	2	1	n/o
갈등 상황 해결하기	5	4	3	2	1	n/o

요약 :

그림 13-2 평정지

로 면접뿐 아니라 관찰연구에도 면접대상자의 태도, 인상, 가치관, 느낌 등을 평정하기 위하여 많이 사용된다. 평정지의 예는 [그림 13-2]와 같다.

관찰결과를 즉시 기록하는 것에는 한계가 있으므로 관찰현장을 그대로 소리나 영상으로 담아 계속적으로 관찰함으로써 관찰의 객관성을 높이기 위하여 최근에는 오디오와 비디오가 연구에 사용되고 있다. 특히 비디오는 영상매체의 발달과 더불어 관찰연구에서 널리 사용되고 있다. 최근 컴퓨터 공학의 발달로 관찰결과의 자료를 곧바로 컴퓨터에 입력시키는 방법도 개발되어 사용되고 있다. 특히 교육학과 심리학 연구에서는 많은 양의 관찰정보를 수집·분석해야 하기 때문에 손으로 일일이 관찰 결과를 기록하고 분석하는 과정에서 실수를 범할 가능성이 있다. 이러한 문제를 해결하기 위하여 컴퓨터, event-recording device, 스캐너 등이 사용된다. 이와 같은 전산장비를 사용하면 손쉽고 정확하게 많은 자료를 부호화하고 입력할 수 있다.

이상의 관찰방법을 사용하여 **관찰결과를 기록할 때의 주의점**은 다음과 같다.

첫째, 기록 시 활용방법을 미리 염두에 두어야 한다.

둘째, 기록결과를 수량화하는 방법을 구안하여야 한다.

셋째, 관찰내용을 관찰 즉시 기록하여야 한다.

5 관찰자 훈련

관찰자는 예리한 감각기관, 신속하고 정확한 판단력, 정서적 안정성을 갖추고 있어야 하며, 편견이 없어야 한다.

관찰자는 관찰상황에서 일어나고 있는 많은 사건이나 현상, 특히 작은 일까지 감지할 수 있는 예민한 오감의 감각능력이 있어야 한다. 일반적으로 관찰은 시각에 의존하나 청각, 후각 등도 관찰을 보다 정확하게 한다. 관찰자는 순간에 포착되는 관찰행동이 어떤 행동유형으로 분류될 수 있을지를 빠르게 판단하는 능력이 필요하다. 이는 연구대상의 행동들이 연속적으로 발생하므로 신속·정확하게 연속행동을 분류해야 하기 때문이다. 또한 관찰자는 관찰 순간의 상황과 주변환경 등에 영향을 받지 않고 정서적으로 안정된 상태를 유지하여야 한다. 왜냐하면 관찰자가 정서적으로 안정되어 있지 않으면 동일한 관찰행동이 관찰상황에 따라 달리 분류될 수 있기 때문이다.

관찰연구에서 중요한 부분의 하나가 **관찰자 훈련**이라고 할 수 있다. 관찰자간 신뢰도를 확보하기 위하여 관찰자를 두 명 이상 훈련시켜 관찰하게 하여야 한다. 물론 연구과정에서 중요하지 않은 부분은 없겠지만, 특히 관찰자 훈련은 자료수집의 기본적인 절차로서 연구결과의 타당성과 직결된다.

관찰자에게 무엇을 관찰하고, 어떻게 기록할 것인가, 즉 관찰내용, 관찰방법, 관찰규칙 및 기록방법을 훈련시켜야 한다. 이와 같은 훈련은 일반적인 훈련과 토의를 병행하는 것이 바람직하다. 관찰을 하다 보면 의외의 상황이 발생하여 관찰 훈련내용에 포함되지 않는 내용도 관찰되므로 서로 논의하는 것이 도움이 된다. **토의를 병행한 훈련에 포함되는 내용**은 다음과 같다.

첫째, 무엇을 관찰할 것인지를 구체적으로 규명한다.
둘째, 측정방법을 명료화한다. 기록하고 수량화하는 방법을 구체화한다.
셋째, 관찰자 간 토의를 거쳐 분류하고, 기록하는 방법을 일치시킨다.
넷째, 관찰자의 관찰행위에 대한 일관성 여부를 검토한다.

이와 같은 훈련을 마친 후 실제 관찰상황을 담은 비디오테이프를 반복 관찰하여 관찰자 훈련 시 문제가 되었던 점이나 예상하지 못했던 점에 대해 논의한다. 특히 비디오테이프를 보면서 관찰행위가 발생할 때마다 기록하게 하고 기록내용에 차이가 있을 경우 불일치의 원인을 분석하여 관찰자간 신뢰도를 증진시켜야 한다.

관찰자의 자질 중 하나는 관찰자는 편견을 지니고 있지 않아야 한다는 것이다. 성별 및 인종에 대한 편견뿐 아니라 문화적인 편견도 지니고 있지 않아야 한다. Guilford (1954)는 관찰결과를 평정할 때 **관찰자의 편향성**(observer bias) 때문에 발생할 수 있는 오류로 관용의 오류, 중심경향의 오류, 후광효과, 논리성의 오류, 근접의 오류, 대비의 오류 등을 제시하였다(Irwin & Bushnell, 1980, 재인용). **관용의 오류**(error of leniency)는 관찰대상에 대하여 지나치게 관대하게 기록하려는 경향을 의미하며, **중심경향의 오류**(error of central tendency)는 질문지법에서 나타나는 가치중립화와 유사한 경향으로 관찰결과를 기록할 때 가능하면 중간 점수로 기록하려는 경향을 의미한다. 또한 관찰자가 관찰대상에 대하여 좋은 인상을 가지고 있으면 관찰결과를 보다 좋은 쪽으로 기록하려는 경향이 있는데, 이를 **후광효과**(halo effect)라고 한다. **논리성의 오류**(error of logic)는 논리적으로 관련 있는 항목에 대해 같은 평정을 하는 경향을 의미하며, **근접의 오류**(proximity error)는 가까운 위치에 있는 항목들에 대해 비슷한 평정을 하는 경향을 의미한다. **대비의 오류**(error of contrast)는 평가되는 속성을 어떻게 보느냐에 따라 자신과 정반대로 평정하거나 아주 비슷하게 평정하는 경향을 의미한다.

한편, Richarz(1980)는 관찰 기록 시에 발생할 수 있는 오류로 누락의 오류, 첨가의 오류, 전달의 오류를 제시하였다(Bentzen, 1997, 재인용). **누락의 오류**(error of omission)는 관찰대상 행동을 이해하는 데 도움이 되거나 필요한 정보를 제외시키는 오류로서 다양한 방해요인들로 인해 이미 일어난 행동을 관찰하지 못하거나 기록을 잘못하는 경우에 발생할 수 있다. **첨가의 오류**(error of commission)는 현장에서 일어나지 않은 행동, 대화, 상호작용 등을 보고하거나 현장에 없었던 사람이 있었던 것처럼 보고하는 것과 같이 실제로 일어난 내용 이외의 불필요한 정보를 포함시키는 오류를 의미한다. **전달의 오류**(error of transmission)는 관찰한 행동을 기록함에 있어 순서를 틀리게 기록하는 것을 의미한다. 관찰기록을 할 때 시간을 기록함으로써 이러한 오류를 줄일 수 있다.

이와 같은 관찰자 오류는 관찰자내 신뢰도 및 관찰자간 신뢰도를 저하시키고 연구결과의 정확도에 부정적인 영향을 미치게 되므로 관찰자 훈련을 통하여 최소화시키도록 노력해야 한다.

6 연구의 장단점

관찰연구의 장점은, 첫째, 질문지나 표준화검사에서 측정할 수 없는 개인의 내면적 특성을 파악할 수 있다는 것이다. 예를 들어, 교직적성 면접을 통하여 학생들의 가치관을 물으면서 태도를 관찰하면 교직적성 검사에서 알아낼 수 없는 개인특성을 심도 있게 파악할 수 있다. 둘째, 자기보고식 응답에 의해서 얻을 수 있는 자료보다 보다 객관적인 자료를 얻을 수 있다. 예를 들어, 교실에서 유아들 간의 상호작용을 분석하기 위하여 비디오로 촬영한 내용을 관찰한다면 교사에게 질문지나 면담을 실시하는 것보다 자세하고 많은 정보를 얻을 수 있다.

관찰연구의 단점은, 첫째, 관찰자의 주관이 개입될 수 있다는 것이다. 관찰기록에는 관찰내용에 대한 관찰자의 견해가 반영되므로 관찰자의 편견이 개입될 소지가 있다. 이와 같은 관찰자의 주관성은 관찰자 훈련과 관찰자내 신뢰도 및 관찰자간 신뢰도 검증을 통해 배제할 수 있다. 둘째, 관찰자에 의하여 관찰상황이 변화된다. 특히 참여관찰을 할 경우 연구대상의 행동이 부자연스러워지거나 연구목적에 부합하는 가식적인 행위를 하는 경우가 많다. 셋째, 시간이 많이 소요된다. 관찰을 통하여 자료를 수집하는 과정은 간단하지 않을 뿐만 아니라 많은 시간이 소요되는 작업이다.

7 연구 시 주의점

관찰연구에서 주의할 점은, 첫째, 관찰절차를 체계적으로 자세하게 계획해야 한다. 무엇을 어떻게 관찰하고 기록하며, 어떻게 사용할 것인지가 명료하여야 한다. 그러므로 관찰결과를 객관화할 수 있도록 점검표와 평정지를 구조화하는 것이 바람직하다. 뿐만 아니라 관찰자에게 기대되는 연구의 결과와 연구대상의 개인정보 등을 알리지 않는 것이 바람직하다. 둘째, 관찰자 훈련을 실시하여야 한다. 관찰자 간의 관찰결과가 일치하도록 관찰자들을 훈련시켜야 한다. 셋째, 관찰자간 신뢰도를 검증하여야 한다. 관찰자 훈련으로 관찰자간 신뢰도를 보장받을 수 있는 것은 아니다. 관찰자 훈련이 철저하였다 하더라도 관찰자간 신뢰도를 확인하여야 한다. 관찰자내 신뢰도와 관찰자간 신뢰도는 제10장에서 설명하였다. 넷째, 관찰상황에 대한 고려가 있어야 한다. 어떤 상황에서 그 같은 결과가 나타났는지를 분석하면 관찰결과에 보다 많은 의미를 부여할 수 있다. 다섯째, 관찰행동에 대한 표집의 대표성이 확보되어야 한다. 일반적으로 나타날 수 있는 행동의 범위에 속하는 행동이 관찰되어야 연구결과를 일반화시킬 수 있다. 여섯째, 관찰결과를 객관적 입장에서 해석하여야 한다.

이상의 여섯 가지 주의점 이외에도 많은 점을 고려하여 세심한 주의를 기울일 때 보다 타당한 연구결과를 얻을 수 있다.

연습문제

01 다음 용어를 설명하시오.

관찰연구	통제적 관찰
자연관찰	참여관찰
비참여관찰	시간표집
사건표집	일화기록법
후광효과	중심경향의 오류
관용의 오류	논리성의 오류
근접의 오류	대비의 오류
첨가의 오류	누락의 오류
전달의 오류	

02 관찰기록 내용의 종류를 열거하고 예를 드시오.

03 관찰기록 시 염두에 두어야 할 내용을 설명하시오.

04 관찰자 훈련 시 강조해야 할 내용을 설명하시오.

05 관찰연구를 찾아 다음 질문에 답하시오.

1) 연구제목이 적절한지를 분석하시오.
2) 관찰방법을 규명하시오.
3) 관찰기록의 종류를 구분하시오.
4) 관찰기록 방법이 과학적인지를 분석하시오.
5) 관찰자간 훈련을 실시하였으며 체계적인지를 분석하시오.
6) 관찰자내 신뢰도와 관찰자간 신뢰도를 분석하시오.
7) 관찰연구를 평가하시오.

Part 5

통계와 자료분석

Chapter

14 연구를 위한 통계의 기본개념

1 정의

자연과 사회에서 일어나는 현상을 체계적으로 설명하기 위하여 새로운 이론을 수립하거나, 기존의 이론을 지지하거나 거부하기 위하여 자료를 수집하여 분석하는 과학을 **경험과학**이라고 한다. 경험과학에는 통계가 필요하다. **통계**란 이론을 도출, 지지, 거부, 수정하기 위하여 수집된 자료를 가지고 가설을 검증하는, 즉 확률적으로 판정하는 수리적 논리다. 예를 들어, 멀티미디어를 사용한 교수법이 전통적 교수법보다 학업성취도 향상에 효과적인지를 검증하기 위해서 두 교수법으로 연구대상에게 수업을 실시한 후, 학업성취도 검사를 실시하여 얻어진 자료를 분석하여 두 교수법에 따른 학업성취도에 차이가 있는지의 여부를 검증할 수 있다. 이처럼 검사 점수를 얻어 두 집단 간에 차이가 있는지를 확률적으로 밝히기 위해 필요한 것이 통계다.

주관적 판단에 의한 외침과 구호로 이론이나 의견의 타당성을 주장하기보다는 객관적 자료에 입각하여 이론이나 의견을 주장하는 것이 보다 합리적이고 바람직하므로, 자료분석을 위한 통계는 경험과학에 있어서 필수적인 수단이다.

2 종류

통계의 종류는 크게 두 가지로 나뉜다. 하나는 주어진 자료를 일목요연하게 정리하고자 하는 목적을 가진 **기술통계**(descriptive statistics)이며, 다른 하나는 자료를 통해서 그 자료를 추출한 모집단의 현상이나 사실을 추정 · 예견하고 나아가 일반화하려는 목적을 지닌 **추리통계**(inferential statistics)다.

기술통계와 추리통계의 근본적인 차이점은 연구결과의 일반화 여부에 있다. 표본집단에 대한 연구결과를 모집단에 일반화하고자 하는 추리통계에서는 모집단을 대표할 수 있는 적절한 표집방법의 선택이 중요하다. 반면 모집단의 속성에 관심을 두지 않고 표본 자료 자체를 요약, 정리하는 것에만 목적이 있는 통계가 기술통계다. 기술통계를 **서술통계**라고도 한다.

기술통계와 추리통계는 그 목적이 다를 뿐이지 중요도에 차이가 있는 것은 아니다. 일반적으로 추리통계가 기술통계보다 복잡하고 때로는 어려운 계산절차를 거친다고 해서 추리통계가 기술통계보다 더 중요하다거나 모든 연구에 추리통계가 사용되어야 한다고 생각하는 것은 잘못된 것이다. 연구의 목적에 따라 기술통계만으로 충분할 수도 있고, 추리통계가 꼭 필요한 경우도 있다. 추리통계에서도 보다 복잡한 통계적 방법을 사용하여야 논문의 질이 높아진다고 생각하는 것은 잘못된 것이다. 연구문제 및 연구가설에 따라 적절한 수준의 통계적 방법이 선택되어야 한다.

3 변수

양적 연구의 목적은 크게 집단비교와 상관연구로 나뉜다. 집단비교연구든 상관연구든 통계분석의 대상이 되는 연구의 내용이 있으며 이 내용들을 일컬어 변수라고 한다. 예를 들어, 학력과 소득 간의 관계를 연구하고자 할 때 변수는 학력과 소득이 된다. 남녀 대졸자의 초임의 차이를 연구하고자 할 때는 성별과 취업 직후 급여가 변수가 된다. 이와 같이 연구문제는 변수에 의하여 서술된다. **변수**(variable)는 변하는 수를 말하며, 일반적으로 X나 Y로 표기하고 아래첨자가 있는 X_i나 Y_i는 i번째 사례의 값을 의미한다. 변수를 변인(變因)이라고도 한다.

변수의 반대개념은 상수로서, **상수**(constant)는 변하지 않는 수를 말한다. 변수는 인과관계에 의하여 다음과 같이 구분된다.

1) 인과관계에 의한 변수 구분

- 독립변수
- 종속변수
- 매개변수

독립변수(independent variable)는 영향을 주는 변수이고, **종속변수**(dependent variable)는 영향을 받는 변수다. 위에서 예로든 학력과 소득의 관계에 대한 연구에서 학력은 독립변수, 소득은 종속변수가 된다. 성별에 따른 임금 차이 연구에서는 성별이 독립변수, 급여가 종속변수가 된다.

매개변수(nuisance variable)는 독립변수 이외에 종속변수에 영향을 주는 변수를 말한다. 예를 들어, 교수법에 따른 학업성취도의 차이 연구에서 독립변수는 교수법이다. 하지만 교수법 이외에 학업성취도인 종속변수에 영향을 주는 변수가 있을 수 있다. 예를 들어, 선수학습능력이나 지능 등이 종속변수에 영향을 줄 수 있는데, 이와 같은 변수를 매개변수라고 한다. 매개변수를 잡음변수라고 하기도 한다.

연구는 독립변수와 종속변수의 성격규명이 확실하여야 하며, 특히 실험연구에서는 매개변수의 통제가 연구의 질을 결정하는 요인이 된다. 매개변수의 통제가 제대로 되지 않으면 연구의 내적타당도를 상실하게 된다.

2) 특성에 의한 변수 구분

연구가설은 변수를 통해 규명되며, 변수의 특성에 따라 연구가설을 검증하는 통계적 방법이 달라지게 된다. 그러므로 변수의 특성이 무엇인지를 규명하는 것이 중요하다.

변수는 변수가 지닌 특성에 의하여 다음과 같이 분류된다.

- 양적변수: 연속변수
  비연속변수
- 질적변수: 서열변수
  비서열변수

변수는 수로 표시할 수 있는지의 여부에 따라 양적변수와 질적변수로 나뉜다. **양적변수**(quantitative variable)는 수로 표기되는 변수로서, 다시 연속적 양적변수와 비연속적 양적변수로 구분된다. 양적변수 중 **연속변수**(continuous variable)는 어떤 값도 지닐 수 있는 변수를 말하는 것으로, 체중, 키 등이 연속변수의 대표적인 예다. 양적변수 중 **비연속변수**(discontinuous variable)는 변수의 값이 정해진 단위로 부여되는 변수로서, 일반적으로 소수점보다는 정수로 표현된다. 비연속변수로는 지능, 학업성취도 점수 등을 들 수 있다.

지능이나 학업성취도 점수가 정수로 표기되기 때문에 비연속변수로 간주되기는 하지만, 인간의 능력이 어떤 간격을 두고 분절된 것은 아니다. 비록 얻은 점수는 정수이나 그 정수는 어느 점수 간격 사이에 존재하므로 연속성을 위한 교정을 실시하여 연속변수로 치환하는 경우가 많다. 예를 들어, 어떤 사람의 불안도 점수가 50점 중 30점으로 나왔을 때, 그 사람의 불안 정도는 30점의 정지된 점수가 아니라 29.5점과 30.5점 사이에 존재한다는 것이다. 그러므로 양적변수라고 할지라도 연속변수인지 비연속변수인지는 내용분석에 기초하여 결정하는 것이 바람직하다. 예를 들어, 나이는 일반적인 나이와 태어난 연도로 나타내는 두 가지가 있다. 일반적 나이는 매순간 증가하고 있으므로 양적 연속변수이나, 태어난 연도는 정수로 표현하므로 양적 비연속변수다.

질적변수(qualitative variable)는 수로 표현할 수 없는 변수로, 사물을 구분하기 위한 변수다. 예를 들어, 성별, 인종, 색 등이 이에 해당된다. 질적변수도 서열변수와 비서열변수로 나뉜다. **서열변수**(ordered variable)는 사물이나 사람을 위계에 의하여 구분하는 변수로서, 군인들의 계급을 예로 들 수 있다. **비서열변수**(non ordered variable)는 질적변수 중에서 위계에 의하여 구분되지 않는 변수로서 성별이나 인종 등을 예로 들 수 있다. 성차별주의자, 백인 우월주의자 등은 성별이나 인종을 서열적 질적변수로 구분하기도 하나, 이는 인간을 보는 철학이나 윤리의식이 결여된 특정집단의 관점일 뿐이다.

또 예/아니요, 찬성/반대, 정답/오답과 같이 둘로 양분되는 변수가 있다. 이런 변수는 일반적으로 질적변수로 분류된다. 어떤 문항의 답을 맞히거나 틀리는 경우를 질적변수라고 할 수 있는지에 대해서는 의문이 있을 수 있다. 이와 같이 둘로 양분되는 변수를 **이분변수**(dichotomous variable)라고 한다. 이분변수라고 하더라도 성별과 같이 질적인 속성에 의해 구분되는 변수가 있는가 하면, 합격/불합격과 같이 정도에 기초하여 특정 수준을 기준으로 양분되는 변수도 있다. 그 기저에는 양적변수의 속성이 있으나 구분점을 기준으로 양분되어 이분변수가 되는 경우를 말한다.

또한 많은 연구에서 5단계 혹은 7단계 Likert 척도를 사용하여 연구대상의 느낌, 태도, 가치관 등을 묻는다. 어떤 사실이나 사건에 대한 느낌을 '매우 만족한다', '만족한다', '보통이다', '불만족한다', '매우 불만족한다' 등의 형태로 묻는 변수는 질적변수로 분류하기도 애매하고 양적변수라고 단언하기도 어렵다. 이러한 변수를 **범주변수**(categorical variable)라고 한다. 그러나 범주변수의 특성을 지닌 다수의 문항으로 개인의 느낌, 태도, 가치관 등을 측정하였을 때 그 점수들은 양적변수로 분류된다. 예를 들어, 학교에 대한 만족도를 동일한 척도를 사용하는 여러 개의 문항으로 질문하여 얻은 측정치는 양적변수가 된다.

이상에서 열거한 변수의 특성에 따라 적용할 수 있는 통계적 방법이 달라진다. 예를 들어, 한 문항으로 학교에 대한 만족도를 물었을 때, 대학원생, 학부생들 간의 만족도에 차이가 있는지를 검증하기 위해서는 χ^2 검정을 실시하여야 한다. 반면 만족도를 묻는 질문이 여러 문항으로 구성되었다면 만족도의 정도는 점수화가 가능하며, 양적변수가 되므로 두 독립표본 t 검정을 실시한다.

4 가설

가설(hypothesis)은 연구를 유도하기 위한 잠정적 진술을 말한다. 예를 들어, 남녀 간의 언어능력에 차이가 있는지를 연구하고자 할 때 남자와 여자의 언어능력에 차이가 없다 또는 차이가 있다라는 두 가지의 진술이 가설이 될 수 있다. Kirk(1982)는 가설이 어떤 사실을 설명하기 위하여 잠정적으로 적용되며 다른 연구를 유도한다는 점에서 가설을 검증가능한 가상적 추측이라고 정의하였다. Good(1959)도 가설이란 어떤 사실을 설명하기 위하여 잠정적으로 적용되며 다른 연구를 유도하는 검증가능한 가상적 추측이라고 정의하였다.

가설은 영가설과 대립가설로 구분되며, 서술 방법에 따라 서술적 가설과 통계적 가설로, 부등호의 포함 여부에 따라 등가설과 부등가설로 구분된다.

1) 영가설과 대립가설

연구는 그 자체가 의사결정이다. 우주에 존재하는 많은 사실을 체계적이고 과학적인 방법을 통해 긍정하거나 부정하는 것이 연구이므로 연구 자체가 의사결정일 수밖에 없다. 그렇다면 연구는 검증하여야 할 가설을 필요로 한다. 일반적으로 연구에서 검증하는 가설을 영가설이라고 하고 **영가설**과 반대되는 진술을 **대립가설**이라고 한다. 예를 들어, 기독교인과 비기독교인 간의 도덕성에 차이가 있는가를 검증하기 위한 연구에서, 검증하여야 할 진술을 영가설로 채택한다. 연구에 익숙하거나 많은 연구논문을 읽은 학생은 "기독교인과 비기독교인 간의 도덕성에 차이가 없다."라는 진술을 영가설로 설정하고 그와 반대되는 진술인 "기독교인과 비기독교인 간의 도덕성에 차이가 있다."는 진술을 대립가설로 쉽게 설정할 것이다. 일반적으로 집단 간 비교연구에서는 "집단 간에 차이가 없다."를 영가설로, "집단 간에 차이가 있다."를 대립가설로 설정한다. 또한 상관연구에서는 "두 변수 간에 관계가 없다."를 영가설로, "두 변수 간에 관계가 있다."를 대립가설로 규정한다. 이와 같이 기계적으로 영가설과 대립가설을 설정하는 기본적 배경은 연구를 하면서 나타날 수 있는 잘못된 판단, 즉 오판과 관계가 있다.

모든 연구에서 연구자는 두 가지의 오판을 범할 수 있다. 예를 들어, 수질 연구를 할 때 연구자는 "물이 오염되었는데 물을 마셔도 된다."는 오판과 "물이 깨끗함에도 불구하고 마시면 안 된다."는 오판을 할 수 있다. 이 두 가지 오판 중 연구자가 절대로 범해서는 안 되는 오판은 "물이 오염되었는데 마셔도 된다."는 오판이다. 연구자는 윤리적으로 심각한 오판을 가능한 한 범하지 말아야 한다. 왜냐하면 심각한 오판은 연구대상에게 치명적이거나 큰 해를 입히게 되기 때문이다. 그러므로 연구에서 검증하여야 하는 가설은 심각한 오판과 관계된 사실을 검증하여야 한다. 영가설은 연구에서 심각한 오판의 사실인 내용이 되며 연구는 이를 검증한다. 따라서 앞의 수질연구에서 영가설은 "물이 오염되었다."가 되고 대립가설은 "물이 오염되지 않았다."가 된다.

다른 예로 전통적 교수법과 멀티미디어 교수법에 의하여 학업성취도에 차이가 있는가를 연구할 때 영가설과 대립가설이 무엇인지를 생각하여 보자. 우선 연구자가 범할 수 있는 잘못된 판단은 두 교수법에 의한 학업성취도에 차이가 없는데 차이가 있다고 판단을 내리거나 두 교수법에 의한 학업성취도의 차이가 있는데 차이가 없다고 판단을 내리는 경우가 있을 수 있다. 두 오판 중 심각한 오판은 “두 교수법에 의한 학업성취도의 차이가 없는데 차이가 있다.”고 판단을 내리는 것이다. 왜냐하면 두 교수법에 의한 학업성취도의 차이가 없음에도 불구하고 두 교수법에 의한 학업성취도에 차이가 있다는 판단을 하게 되면 많은 학생에게 불필요한 교수법을 강요하게 되므로 학생들에게 피해를 주게 되기 때문이다. 영가설은 심각한 오판의 사실인 내용이 되므로 앞의 연구에서 영가설은 “교수법에 따른 학업성취도에는 차이가 없다.”가 된다. 따라서 대립가설은 “교수법에 따라 학업성취도에 차이가 있다.”가 된다.

연구에서 연구가설이란 용어가 자주 사용된다. 교육평가연구회(1995)에서 발간한 『교육측정 · 평가 · 연구 · 통계 용어사전』에 의하면, **연구가설**(research hypothesis)이란 연구자가 연구문제에 대한 잠정적인 해답의 형태로 표현한 진술문이라고 정의되어 있다. Kerlinger(1986)는 연구를 위한 가설을 실질적 가설과 연구가설로 설명하였다. **실질적 가설**(substantive hypothesis)은 간혹 연구가설(research hypothesis)로 불리며 연구자가 기대하는 연구결과에 대한 서술을 말한다. 예를 들어, 보상이 학업성취도에 미치는 영향을 분석하는 연구에서 실질적 가설은 “보상이 초등학생의 학업을 증진시킨다.”이다. 연구가설은 연구자가 연구에서 주장하고자 하는 가설이므로 일반적으로 대립가설을 연구가설이라고 한다. 위 교수법에 의한 학업성취도 연구에서 연구가설은 “두 교수법에 의한 학업성취도에 차이가 있다.”이다.

연구보고서를 작성할 때 연구가설은 연구방법 부분에 서술한다. 통계책에서는 영가설과 대립가설을 연구문제마다 동시에 서술하는 경우가 많지만 연구논문에서는 영가설과 대립가설을 모두 서술할 필요가 없다. 일반적으로 대립가설 혹은 연구가설로 서술하는 것이 바람직하다.

2) 서술적 가설과 통계적 가설

서술적 가설과 통계적 가설은 가설의 서술형태에 따른 분류이다. 언어로 표현된 가설이 **서술적 가설**이고, 수식이나 기호로 표기된 가설이 **통계적 가설**이다. 위 교수법에 의한 학업성취도 연구의 예에서 서술적 가설과 통계적 가설은 다음과 같다.

서술적 가설
H_0: 전통적 교수법과 새로운 교수법에 의한 학업성취도에 차이가 없다.
H_A: 전통적 교수법과 새로운 교수법에 의한 학업성취도에 차이가 있다.

통계적 가설
H_0: $\mu_{전} = \mu_{새}$
H_A: $\mu_{전} \neq \mu_{새}$

일반적으로 수학이나 통계학과 관계가 깊은 연구논문에서는 통계적 가설형태로 가설을 진술하고, 그 외의 대부분의 논문에서는 서술적 가설형태로 가설을 진술한다.

3) 등가설과 부등가설

연구자는 이론적 배경에 기초하여 두 가지 형태로 가설을 설정할 수 있다. 일반적으로 집단 간에 차이가 있다 혹은 없다라는 형태로 표현하거나 보다 구체적으로 한 집단의 종속변수 값이 다른 집단의 종속변수 값보다 크다 혹은 작다로 표현할 수 있다. 전자의 표현 형태는 등호를 포함하고 있으므로 **등가설**이라고 하고, 후자는 부등호를 포함하고 있으므로 **부등가설**이라고 한다.

연구가설을 등가설로 하느냐 부등가설로 하느냐는 연구자의 이론적 배경에 기초한다. 만약 이론적 배경이 약하면 특정 방법이나 집단이 다른 방법 혹은 다른 집단보다 높은지 또는 낮은지를 알지 못하므로, 차이가 있다 혹은 없다의 등가설 형태로 표현하게 된다. 이론적 배경이 강하면 많은 사전연구를 통하여 어느 집단이 다른 집단보다 높을지 혹은 낮을지를 예측하고 연구를 수행할 수 있다. 많은 연구에서 가설이 등가설의 형태로 표현되어 있으나 연구자의 이론적 배경이 강하면 부등가설을 설정할 수 있다. 사전 연구가 많이 이루어져 있거나 이론적 배경이 강한 연구일 경우 부등가설을 설정하여 연구를 실시하는 것이 바람직하다.

일반적으로 대부분의 연구들이 등가설을 설정하여 집단 간의 차이가 있는지 없는지를 검증한다. 검증 결과, 집단 간에 유의한 차이가 있다는 통계적 결과가 나타났을 때 어떤 집단의 평균이 다른 집단의 평균보다 높다는 결론을 내리는 경우를 보게 된다. 어떤 집단이 다른 집단에 비하여 평균이 높다든지 혹은 낮다든지로 결론을 내리고자 할 때는 부등가설을 이용한 일방적 검증을 실시하여야 한다.

5 오류와 유의수준

1) 1종 오류와 2종 오류

연구자는 모집단의 특성, 즉 모수치를 모르는 경우가 대부분이므로, 표본을 추출하여 표본에서 나온 추정치, 즉 표본의 평균과 표준편차 등으로 모집단의 특성을 추정하게 된다. 이때 연구자는 확률이론에 입각하여 가설을 검증하기 위하여 잠정적으로 진술한 가설을 통계적 가설의 형태로 바꾸게 된다.

가설의 설정에 있어 심각한 오판에서 진실인 내용을 영가설로, 영가설과 반대되는 내용의 진술을 대립가설로 설정하여 연구를 실시한다. 연구자는 추정치를 이용한 확률적 의사결정을 통해 모집단의 특성에 대한 결론을 내리게 되므로 확률적으로 판단의 오류 역시 포함되게 된다. 판단의 오류에는 두 가지 종류가 있으며, 심각한 오판을 1종 오류라 하고 덜 심각한 오판을 2종 오류라 한다. 영가설과 대립가설에 의하여 설명하면, **1종 오류**(type I error)는 영가설이 진(眞)일 때 영가설을 기각하고 대립가설을 채택하는 오류로서 α라고 표기하고, **2종 오류**(type II error)는 영가설이 거짓일 때 영가설을 채택하는 오류로 β라고 표기한다. 이때 1종 오류인 α의 수준을 유의수준이라

의사결정 \ 진리	H_0	H_A
H_0	$1-\alpha$	β (2종 오류)
H_A	α (1종 오류)	$1-\beta$ (검정력)

그림 14-1 1종 오류, 2종 오류, 검정력

고 한다. 1-β는 영가설이 진이 아닐 때 영가설을 기각하는 확률로 **검정력**(power)이라 한다. α, β, 1-β는 [그림 14-1]과 같다.

학업성취도 연구에서 영가설은 "두 교수법에 의한 학업성취도는 차이가 없다."이고, 대립가설은 "두 교수법에 의한 학업성취도는 차이가 있다."이다. 이 연구에서 1종 오류는 "두 교수법에 의한 학업성취도의 차이가 없는데 차이가 있다."고 판단하는 오판이다. 2종 오류는 "두 교수법에 의한 학업성취도의 차이가 있는데 차이가 없다."고 결론을 내리는 오판이다. 오류 중에서 1종 오류가 더 심각한 오판이므로 이를 범할 확률을 줄여야 한다. 1종 오류를 허용하는 수준을 **유의수준**이라고 하고 α로 표기한다. 검정력은 "두 교수법에 의한 학업성취도의 차이가 있을 때 차이가 있다."고 정확한 판단을 내릴 확률로서 1-β로 표기하며 검정력이 높은 것이 바람직하다.

2) 유의수준의 설정과 해석

연구보고서의 결과 부분에서 '유의수준 .05에서 영가설이 기각되었다.' 또는 '유의수준 .05에서 집단 간의 능력에 차이가 있었다.'라고 하는 진술을 자주 보게 된다. 유의수준 .01 혹은 .05 등은 연구자가 내린 판단이 오판일 확률을 말한다. 오판을 했을 때 그 영향이 심각할 것이라고 생각되는 경우는 유의수준을 낮추어야 한다. 예를 들어, 수질검사의 경우 심각한 오판은 물이 오염되었는데 마셔도 된다고 판단하는 것이다. 이럴 경우에는 유의수준을 매우 낮추어야 하며 때로는 전혀 오판을 해서는 안 되는 상황에 직면하기도 한다. 그러므로 이와 같은 경우에는 유의수준을 .00000001 혹은 .000000001로 하는 것이 바람직하다. 일반적으로 의학이나 약학과 같은 생명과학의 경우는 유의수준을 매우 낮게 설정한다. 유의수준은 연구자가 이론적 · 경험적 배경에 근거하여 정하며, 사회과학에서는 .01이나 .05로 정하는 것이 일반적이다. 유의수준이 .01이라는 것은 연구자가 동일한 연구를 100번 시행한다고 가정했을 때 표본에서 얻어진 통계치가 영가설이 진리인 분포하에서 나올 확률이 1번 정도로 매우 낮아 영가설이 진이 아니라고 판단할 때 발생할 수 있는 오판의 확률을 의미한다. 즉, 실제 영가설을 채택해야 하는데도 불구하고 그것을 기각하는 경우가 100번 중의 1번 정도임을 의미한다.

표본에서 얻어진 통계치가 영가설 분포하에서 나올 확률을 **유의확률**(p값)이라 하며, 유의확률이 연구자가 설정한 유의수준보다 낮으면 영가설이 진인 분포하에서는 흔히 일어나지 않는 결과이므로 영가설을 기각하고 통계적으로 유의한 차이가 있다고 해석한다. 그러므로 통계적으로 유의하다는 것은 표본에서 계산된 통계치가 영가설하에서의 모집단 특성과 통계적으로 유의한 차이가 있음을 나타낸다.

예를 들어, 유의수준 .05에서 남녀 초등교사들 간의 교직에 대한 직업만족도에 차이가 있다는 결론을 얻었다고 했을 때 그에 대한 해석은 다음과 같다. 전국의 남녀 초등교사들을 대표하는 일정 수의 교사들을 추출하여 직업만족도 검사를 실시한 결과, 모집단에서 두 집단 간에 직업만족도의 차이가 없다는 영가설하에서 표본에서 계산된 통계치가 나올 확률은 100번 중 5번 이하로 매우 드문 경우이므로 영가설을 기각하고 두 집단 간에 차이가 있다는 대립가설을 채택한다는 의미다.

가설과 유의수준에 대한 개념 정의를 기초로 **가설검정의 일반적 절차**를 설명하면 다음과 같다.

첫째, 연구문제에 따라 영가설과 대립가설을 설정한다.

둘째, 가설에 대한 의사결정의 기준이 되는 유의수준을 설정한다. 사회과학에서는 일반적으로 .01이나 .05로 설정한다.

셋째, 해당 가설과 자료의 특성에 적합한 통계적 방법(예: Z검정, t 검정, F검정, χ^2검정 등)을 결정한다.

넷째, 선택한 통계적 방법에 기초하여 검정통계치(Z값, t값, F값, χ^2값 등)를 계산한다.

다섯째, 영가설의 기각 여부를 결정한다.

해당 표집분포(예: Z분포, t분포, F분포, χ^2분포 등)상에서 연구자가 설정한 유의수준과 자유도에 따른 기각값을 수표에서 찾아(Z검정에서는 자유도를 고려하지 않음) 계산된 검정통계치의 절대값이 기각값보다 크면 영가설을 기각한다. 그러나 수표에서 기각값을 찾는 과정이 번거로울 뿐 아니라 SPSS, SAS 등의 통계분석 프로그램에서는 정확한 유의확률이 제시되기 때문에 최근에는 통계분석 프로그램에서 제공되는 유의확률을 논문에 보고하고, 이를 연구자가 설정한 유의수준과 비교하여 통계적 의사결정을 하는 것이 일반적인 추세다. 이 경우 유의확률이 유의수준보다 작으면 영가설을 기각한다.

3) 통계적 유의성과 실제적 유의성

통계적 검증 결과, 검정통계치에 따라 유의확률이 산출되면 이를 근거로 통계적 가설을 수용하거나 기각하는 연구결과를 도출한다. 그러나 연구결과를 어떻게 해석하느냐의 문제는 주관적인 판단과 의사결정의 과정이다. 통계적 가설의 검증 결과가 중요하기는 하지만 이에 대한 해석은 판단의 과제로서 심도 있는 과학적 통찰을 필요로 한다.

유의성 검증에 있어서 가장 일반적이면서도 심각하게 잘못된 해석은 연구결과의 통계적 유의성과 실제적 유의성이라는 두 측면을 모두 고려하지 않고 통계적 유의성에만 의존할 때 나타난다. **통계적 유의성**(statistical significance)은 통계적 가설 검증을 위해 설정한 유의수준에 입각한 유의성을 말하며, **실제적 유의성**(practical significance)은 연구결과가 실제 상황에서 실질적인 의미가 있는지를 말하는 것이다.

유의수준에 의한 통계적 검증 결과는 연구에 참여한 연구대상의 수에 영향을 받는다. 즉, 통계적 의사결정에서는 표본의 크기가 커질수록 일정한 유의수준에 도달하는 데 필요한 차이는 적어지게 된다. 예를 들어, 1,000명의 피험자 표본에 대한 상관계수 .08은 .01 유의수준에서 유의한 반면, 22명의 피험자 표본에 대한 상관계수 .42는 .05 유의수준에서 유의하지 않다. 그러나 후자의 상관계수가 전자보다 훨씬 더 크기 때문에 전자보다 더 실제적 유의성을 지닌다고 볼 수 있다. 예를 들어, 전통적인 교수법과 시청각 매체를 사용한 교수법에 따라 학업성취도에 차이가 발생하는가를 비교하는 연구에서 영가설은 "두 교수법 간의 차이가 없다."이고 대립가설은 "두 교수법 간의 차이가 있다."이다. 이 연구에서 표본 수를 각각 1,000으로 하여 두 교수법에 의한 평균점수의 차이가 2점이 나왔을 때 영가설 분포하에서 2점이 나타날 확률이 유의수준 .05보다 작으면 영가설을 기각하게 된다. 이때 "유의수준 .05에서 두 교수법에 의한 학업성취도에 차이가 있다."라고 결론을 내린다. 그러나 실제 상황에서 시청각 매체를 사용한 수업을 통해 얻은 점수의 평균이 88점이고 전통적 수업의 결과로 얻은 점수의 평균이 86점이라고 할 때, 이 두 집단 간의 점수 차이가 실제 학생평가 상황에서 실질적으로 의미 있는 차이인지는 재고해 볼 필요가 있다. 즉, 통계적 검증의 결과, 연구자가 얻은 통계값은 영가설을 기각할 만큼 유의성이 있었지만 실제적으로 평균점수 2점의 차이는 학교현장에서 그렇게 의미가 있는 것이 아니라는 해석을 할 수가 있다. 만약 이와 동일한 연구를 50명을 대상으로 시행하였다면 두 교수법에 의한 학업성취도의 평균점수 차이가 6점이라고 해도, 영가설 분포상에서 6점의 평균 차이가 나타날 확률이 유의수준보다 크게 되어 영가설을 기각할 수 없게 된다. 이와 같이 두 교수법에 의한 실질적인 점수의 차이가 6점이어도 사례 수가 작아서 통계적으로 유의한 차이가 나타나지 않을 수 있음을 보여 주는 예다. 즉, 표본 크기가 영가설의 기각과 채택 여부에 영향을 미치므로 통계적 유의성의 해석에 주의가 필요하다.

표본의 수가 클수록 표집오차가 줄어들기 때문에 표집분포의 폭은 좁아지게 되고, 표본의 수가 작을수록 표집오차가 커져서 표집분포는 넓게 퍼지게 된다. 따라서 사례 수가 1,000명일 때는 1점의 차이로 영가설을 기각했는데, 사례 수가 50명일 때는 평균 점수의 차가 6점이라도 영가설을 기각하지 못하게 된다.

표본의 수를 늘리거나 줄임으로써 실제적으로 의미 있는 차이가 없는데도 통계적으로는 유의할 수도 있고, 반대로 실제적으로 유의하더라도 통계적으로는 유의하지 않은 경우가 있을 수 있으므로, 연구자는 연구결과의 해석에 있어서 항상 주의를 기울여야 한다. 통계적 유의성에 대한 의사결정은 표본의 크기에 따라 달라질 수 있기 때문이다.

양적연구를 수행하는 많은 연구자가 통계적 유의성에 관심을 두고 있으나 현대통계학에서는 통계적 유의성 못지않게 실제적 유의성을 강조하고 있다. 앞에서 설명한 바와 같이 통계적 유의성은 연구대상의 수와 관련이 있으므로 연구대상 수를 증가시키면 실제적으로는 집단 간의 차이가 적거나 두 변수 간의 상관관계가 강하지 않더라도 통계적 유의성이 있다고 결론 내릴 수 있다. 그러므로 최근의 많은 연구에서는 실제적 유의성에 관심을 두고 있다. 이는 연구결과를 해석할 때 통계적 유의성에만 치중하지 말라는 것이다. 비록 통계적으로 유의한 결과를 얻지 못하였어도 두 집단 간에 의미 있는 차이가 있거나 두 변수 간에 의미 있는 상관관계가 밝혀졌다면 의미 있는 연구결과를 얻은 것이다. 반대로 통계적으로 의미 있는 결과를 얻었지만 두 집단 간에 주지할 만한 차이를 발견하지 못하거나 차이가 경미하다면, 또는 두 변수 간의 상관관계가 낮다면 그 연구결과는 전자보다 의미가 없는 연구결과일 수 있다. 모든 연구결과는 〈표 14-1〉에서와 같이 네 가지 경우 중의 하나에 해당된다.

결론적으로 연구자는 연구결과를 통계적으로만 해석해서는 안 되며 실제적인 차이도 고려해야 한다는 점을 명심하여야 한다. 가장 바람직한 연구결과는 실제적 유의성

표 14-1 통계적 유의성과 실제적 유의성에 의한 연구결과

		통계적 유의성	
		있다	없다
실제적 유의성	있다		
	없다		

과 통계적 유의성을 동시에 지니는 연구결과이고, 그다음으로 바람직한 연구결과는 실제적 유의성은 있으나 통계적 유의성을 결여한 연구결과이며, 그다음이 통계적 유의성은 있으나 실제적 유의성이 없는 연구결과다. 일반적으로 통계적 유의성을 기준으로 기계적으로 연구결과를 해석하나 연구결과는 결국 의사결정의 문제이므로 실제적 유의성에도 관심을 기울여야 한다. 그러므로 통계분석 프로그램으로 자료를 분석한 후 유의확률이 유의수준보다 작지 않다고 낙담하는 것은 적절하지 않다.

연습문제

01 다음 단어를 설명하시오.

통계	기술통계
추리통계	변수
독립변수	종속변수
매개변수	양적변수
질적변수	이분변수
범주변수	가설
영가설	대립가설
연구가설	서술적 가설
통계적 가설	등가설
부등가설	1종 오류
2종 오류	검정력
유의수준	통계적 유의성
실제적 유의성	

02 독립변수와 종속변수, 매개변수가 있는 연구를 구안하고, 매개변수의 통제방법을 설명하시오.

03 독립변수와 종속변수가 양적변수인 연구의 제목을 설정하고 설명하시오.

04 독립변수가 이분변수 혹은 범주변수이고, 종속변수가 양적변수인 연구의 제목을 설정하고 설명하시오.

05 부등가설에 의한 연구문제를 설정하시오.

06 1종 오류와 2종 오류의 관계를 설명하시오.

07 연구자가 통계적 가설 검정의 오류에 대하여 취해야 할 태도를 설명하시오.

08 통계적 유의성은 있으나 실제적 유의성이 없는 연구논문을 찾아 통계적 유의성과 실제적 유의성을 분석하시오.

09 통계적 유의성은 없으나 실제적 유의성이 있는 연구논문을 찾아 통계적 유의성과 실제적 유의성을 분석하시오.

10 양적연구를 찾아 중요한 가설을 선택하여 다음 질문에 답하시오.

1) 독립변수, 종속변수, 매개변수가 무엇인지 밝히시오.
2) 각 변수의 특성을 규명하시오.
3) 가설이 등가설인지 부등가설인지를 밝히고 타당한 가설인지를 분석하시오.
4) 유의수준에 의한 해석이 옳은지를 분석하시오.
5) 통계적 유의성이 있는지를 밝히고 그 이유를 설명하시오.
6) 실제적 유의성이 있는지를 규명하시오.

Chapter

15 집단비교를 위한 통계방법

많은 연구가 집단비교를 목적으로 한다. 남녀 간에 차이가 있는지, 전통적 교수법과 새로운 교수법으로 학습한 집단 간에 차이가 있는지, 혹은 교사와 학생들 사이에 교육개혁에 관한 만족도의 차이가 있는지를 검증하는 예와 같이 집단 간의 비교를 목적으로 하는 연구를 검증하는 통계적 방법은 모집단의 분포가 정규분포인지 아닌지에 따라 달라진다. 또한 연구에서 측정되는 종속변수가 단일 속성인지, 여러 속성이 혼합된 복합적 속성인지에 따라 다른 통계적 방법이 사용된다.

모집단의 분포가 정규분포일 때 사용하는 통계는 **모수통계**(parametric statistics)이고 모집단의 분포가 비정규분포일 때 사용하는 통계는 **비모수통계**(nonparametric statistics)다. 모집단 분포가 정규분포인지 편포인지는 연구자가 이론적 배경과 경험적 배경에 의하여 판단한다. 예를 들어, 일반적으로 정상인들의 학업능력은 정규분포이나 정신지체아들의 학업능력은 편포일 가능성이 높다.

연구에서 종속변수가 단일 속성을 지닌 변수일 경우는 **단변량분석**(univariate analysis) 방법을 사용하고, 다양한 변수들이 섞인 복합변수일 때는 **다변량분석**(multivariate analysis) 방법을 사용한다. 또한 종속변수가 양적변수인지, 질적변수 내지는 범주변수인지에 따라서도 집단 간 비교를 위한 통계적 방법이 달라진다. 종속변수가 양적변수일 때는 Z검정, t 검정, F검정을 실시하고, 종속변수가 질적변수 또는 범주변수일 때는 χ^2검정을 실시한다.

제15장에서는 집단비교를 위한 통계적 방법을 소개하고 각 통계적 방법에 의한 가설과 가설에 따라 분석한 결과를 해석 · 보고하는 방법을 설명한다.

1 Z검정

Z검정은 모수통계로 어떤 집단의 특성이 특정 수치와 같은지 혹은 집단 간의 차이가 있는지를 밝히는 통계적 방법이다. **Z검정을 실시하기 위해서는 다음과 같은 가정**이 충족되어야 한다.

첫째, 연구의 종속변수가 양적변수이어야 한다.
둘째, 종속변수의 모집단 분포가 정규분포이어야 한다.
셋째, 두 집단의 비교일 경우 두 모집단의 분산이 같아야 한다.
넷째, 모집단의 분산을 알고 있어야 한다.

연구에서 통계적 방법을 선택할 때는 우선 그 통계적 방법을 사용하기 위해 요구되는 기본가정을 점검하여야 한다. 연구자료의 특성이 해당 통계분석 방법의 기본가정을 충족시키지 못할 경우, 타당한 연구결과를 얻을 수 없기 때문이다.

대부분의 경험과학 연구에서 모집단의 분산을 알 수 있는 경우는 흔하지 않다. 국가 단위의 조사나 인구센서스와 같은 전수조사를 통하여 수집된 자료가 있을 경우에는 모집단의 분산을 아는 것이 가능하나, 일반적으로 모집단의 분산을 알 수 있는 경우는 드물다. 그러므로 집단비교 연구에서 Z검정을 사용하는 경우는 많지 않다. 간혹 지능검사나 전국단위 학력고사의 경우와 같이 표준화검사가 개발되어 전체 모집단의 평균과 분산이 조사된 경우에 Z검정을 사용한다.

Z검정은 연구가설이나 연구목적에 따라 단일표본 Z검정, 두 종속표본 Z검정, 두 독립표본 Z검정으로 구분할 수 있다.

1) 단일표본 Z검정

교육연구에서 **단일표본 Z검정**을 사용하는 경우는 흔하지 않지만, 학업성취도나 널리 알려진 인간의 속성에 대한 연구를 실시할 경우에는 Z검정을 사용한다. 예를 들어, 전국 고등학생들의 어휘력에 대한 평균과 표준편차를 알고 있을 때, 어떤 특정 학교나 학군 학생들의 어휘력을 검증하기 위하여 단일표본 Z검정을 사용할 수 있다. 예전에는 지능에 관한 연구에서 Z검정을 흔히 사용하였다. 지능 향상을 위한 프로그램을 개발한 후 이 방법을 사용하여 교육을 받은 학생들의 지능이 일반학생들의 지능과 같은지의 여부를 단일표본 Z검정을 사용하여 검증할 수 있다. 즉, 전체 학생 지능의 평균이 100이고 분산이 15점 혹은 16점이라는 사실을 알고 있을 때 지능 향상 프로그램에 참여한 학생들의 지능 평균이 110점인 경우 프로그램의 효과를 Z검정을 사용하여 검증할 수 있다. 이는 평균에 대한 특정 수치와 표본집단의 평균을 비교하는 것이므로 단일표본 Z검정에 해당된다.

2) 두 종속표본 Z검정

두 종속표본 Z검정은 모집단에서 쌍으로 추출된 표본들이 종속적이고 모집단의 분산을 알고 있을 경우에 사용하는 통계적 방법이다. 교육연구에서 두 종속표본 Z검정을 사용하는 경우는 흔하지 않다. 남녀 지능을 비교할 때 쌍둥이들을 표집하여 연구를 실시할 경우, 두 종속표본 Z검정을 사용할 수 있다. 쌍둥이의 남녀가 독립적이지 않기 때문이다.

3) 두 독립표본 Z검정

두 독립표본 Z검정은 두 모집단에서 각기 추출된 표본들이 상호독립적이고 두 모집단의 분산을 알고 있으며 종속변수가 양적변수일 때 두 집단 간의 차이가 있는가를 분석하기 위해서 사용하는 통계적 방법이다. 예를 들어, 남녀 초등학교 3학년 학생들의 키에 대한 비교나 널리 알려진 인지능력에 있어서 성별에 따른 차이가 있는지를 검증하고자 할 때 이 방법을 사용할 수 있다. 남녀 초등학생들의 키에 대한 비교연구를 할 경우 지난해 학생들의 키에 대한 정보를 가지고 있으면 두 독립표본 Z검정을 사용할 수 있다. 만약 두 모집단의 분산을 알지 못할 경우에는 두 독립표본 t검정을 사용한다. 사전연구가 많아 모집단에 대한 정보가 많으면 Z검정을 사용할 수 있지만 그렇지 않을 경우에는 t검정을 사용한다.

2 t검정

t검정은 모집단의 분포가 정규분포이며 종속변수가 양적변수일 경우 집단 평균의 비교를 위하여 사용하는 통계적 방법이다. **t검정을 사용하기 위해서는 다음과 같은 기본가정**이 충족되어야 한다.

첫째, 연구의 종속변수가 양적변수이어야 한다.
둘째, 종속변수의 모집단 분포가 정규분포이어야 한다.
셋째, 두 집단의 비교일 경우 두 모집단의 분산이 같아야 한다.

t검정이 Z검정과 다른 점은 모집단의 분산을 알지 못하는 경우에 사용할 수 있다는 점이다. 많은 연구가 알아내기 어려운 모집단의 특성을 밝히기 위하여 이루어지므로 실제로 모집단의 분산을 아는 경우가 많지 않다. 따라서 이와 같은 경우에 t검정을 사용하게 된다. 특히 복잡하지 않은 설계에 t검정을 사용하는 경우가 흔하다. t검정도 Z검정과 마찬가지로 단일표본 t검정, 두 종속표본 t검정, 두 독립표본 t검정의 세 종류가 있다.

1) 단일표본 t검정

단일표본 t검정(one-sample t test)은 단일표본 Z검정과 동일한 연구목적을 지닌 가설을 검증하되 모집단의 분산을 알지 못하는 경우에 사용되는 통계적 방법이다. 예를 들어, 새로운 교수법을 개발하였을 때 새로 개발된 교수법에 의하여 학습한 집단의 학업성취도 평균이 어떤 특정 수치와 같은지를 검증하기 위해 이 통계적 방법을 사용할 수 있다. 특정 수치는 연구자의 이론적 배경이나 경험적 배경에 의하여 제시되는 것으로서 사전 문헌연구를 통하여 그 값을 알 수 있다. 초등학생의 과학탐구 능력을 증진하기 위하여 새로운 학습방법을 개발한 후, 모집단인 서울시 초등학교 3학년 학생 중에서 30명을 추출하여 새로운 교수법으로 탐구능력을 가르친 후 그 학생들의 탐구능력 점수가 80점인지 아닌지를 검증하고자 할 때 단일표본 t 검정을 사용한다. 단일표본 t 검정은 연구결과의 검증 절차가 간단하다는 장점이 있다. 그러나 단일표본 t 검정이 간단하다고 하여 연구의 가치가 저하되는 것은 아니다. 단일표본 t 검정이 연구목적에 부합한다면 간단한 절차에 의해 명료한 연구결과를 도출할 수 있기 때문에 많은 연구에서 활용되는 통계적 방법이다.

✓ 가설과 결과보고의 예

a. 가설

중학교 2학년 학생들을 대상으로 한 과학성취도 국제비교 연구에서 국제 평균은 470점이었다. 우리나라 학생들의 과학 성취수준이 국제 성취수준과 같은지 비교하고자 할 때, 가설은 다음과 같다.

영가설 : 우리나라 중학교 2학년 학생들의 과학성취도 평균은 470점이다.
대립가설 : 우리나라 중학교 2학년 학생들의 과학성취도 평균은 470점이 아니다.

b. 분석결과 보고

우리나라 중학교 2학년 학생들의 과학성취도가 국제 성취도 평균인 470점과 같은지 알아보기 위하여 단일표본 t 검정을 수행하였다. 우리나라 학생들의 과학성취도의 평균, 표준편차, 최저점수, 최고점수 및 t통계값은 〈표 15-1〉과 같다.

표 15-1 우리나라 학생들의 과학성취도에 대한 단일표본 t검정 결과

평균	표준편차	최저점수	최고점수	사례 수	t	유의확률
486.06	20.11	309.00	537.00	1,000	25.26	.000

1,000명의 학생들을 대상으로 과학성취도를 평가한 결과, 평균은 486.06, 표준편차는 20.11이며 최저점수는 309.00점, 최고점수는 537.00점이다. t통계값은 25.26이고, 이에 따른 유의확률은 .000으로 유의수준 .05에서 우리나라 학생들의 과학성취도 평균은 470점이 아님을 알 수 있다.

2) 두 종속표본 t 검정

두 종속표본 t 검정(two dependent samples t-test; matched pair t-test)은 종속변수가 양적변수이고 두 집단이 독립적이지 않을 경우, 두 집단의 종속변수 평균에 대한 차이를 검증하기 위하여 사용하는 통계적 방법으로, 행동과학 연구에서 자주 사용된다. 두 집단이 종속적이라는 것은 추출된 표본의 모집단들이 서로 관계가 있음을 뜻한다. 대표적인 예로 남녀 비교의 경우 남녀 표본을 남녀 모집단에서 독립적으로 추출하는 것이 아니라 부부 모집단이나 남매 모집단에서 추출하는 경우를 들 수 있다. 이때 남녀 표본은 서로 관계를 가지고 있으며 두 모집단 역시 관계가 있다. 다른 예는 사전-사후검사다. 사전검사를 실시하고 난 후 어떤 처치를 가하고 처치효과가 있는지를 검증하기 위하여 사후검사를 실시하였을 때 사후검사에서 연구대상에 어떤 변화가 나타났다면 이는 처치효과가 있음을 말하여 준다. 이때 사전검사 자료와 사후검사 자료는 동일한 연구대상에게 검사를 두 번 실시하여 얻은 자료이기 때문에 서로 독립적이지 않으며 서로 종속되어 있다. 이런 자료를 짝지어진 자료(matched pair data)라고도 한다.

예를 들어, 어떤 초등학교 교사가 수줍음이 심한 학생들을 위해 수줍음을 줄이기 위한 프로그램을 개발하고 그 효과가 있는지를 알아보고자 할 때 두 종속표본 t 검정을 사용할 수 있다. 연구대상이 되는 초등학교 3학년 학생 20명을 표집하여 사전검사를 통해 수줍음을 측정한 다음, 교사가 개발한 수줍음 감소 프로그램을 실시한 후 수줍음의 정도에 변화가 있는지를 알아보기 위하여 다시 수줍음의 정도를 측정하는 사후검사를 실시한다. 이때 수줍음을 타는 정도를 측정하기 위해 사전 검사와 사후검사에 동일한 도구를 사용할 수도 있으며, 기억효과가 있을 것으로 예상되는 경우에는 동형검사를 사용할 수도 있다.

실험연구에서 두 종속표본 t 검정은 연구대상에 대한 매개변수의 영향을 완벽하게 통제하기 위하여 사용한다. 예를 들어, 음주 여부에 따라 자극에 대한 반응시간에 차이가 있는지를 검증하고자 하는 경우에 두 종속표본 t 검정을 사용한다. 만약 알코올을 섭취한 성인집단과 알코올을 섭취하지 않은 성인집단을 각각 표집하여 실험을 한다면 어느 집단에는 여자들이 많을 수 있으며, 남녀 비율이 같더라도 개인마다 주량의 정도가 다를 수 있고, 그 외에도 음주 빈도나 건강상태 등과 같은 개인의 특성에 따라 반응속도가 다를 수 있다. 이런 경우 통제하여야 할 매개변수가 너무 많아져서 실험연구의 타당성이 상실될 수 있다. 이러한 문제를 해결하기 위해 한 집단만을 대상으로 사전에 반응시간을 측정한 다음 알코올을 섭취하게 한 후 다시 자극에 대한 반응시간을 측정한다면 성별뿐 아니라 연령, 주량 등의 개인 특성에 따른 모든 매개변수를 통제할 수 있다. 이상의 설계는 [그림 15-1]과 같다.

피험자	음주 전	음주 후
A	4	12
B	3	8
C	4	7
D	5	8
E	6	10

그림 15-1 알코올 섭취량에 따른 반응시간

이처럼 동일한 연구대상에게 두 가지의 처치를 가하거나 처치 전후의 결과를 비교할 수 있으며 이는 반복설계에 해당된다. 두 종속표본 t 검정을 사용하는 반복설계의 장점은 매개변수를 철저하게 통제할 수 있으며 실험 실시가 간단하다는 것이다. 반면에 실험의 결과로 연구대상들에게 행동이나 특성의 누적효과가 발생한다면 이 설계를 사용할 수 없다는 단점이 있다. 그러므로 학습 효과에 대한 연구에 두 종속표본 t 검정을 이용한 반복설계를 적용하는 것은 적합하지 않다. 반복측정으로 학습 효과를 측정하고자 할 때는 사전과 사후에 동일한 검사를 사용하기보다 2 종류의 동형검사를 사용하면 기억효과에 의한 영향을 줄일 수 있다.

가설과 결과보고의 예

a. 가설

체력 증진을 위해 개발된 새로운 프로그램의 효과를 검증하기 위해 고등학교 2학년 학생 150명을 대상으로 한 학기 동안 프로그램을 적용한 경우, 연구의 가설은 다음과 같다.

영가설 : 프로그램 투입 전과 투입 후의 학생들의 기초 체력에 차이가 없다.
대립가설 : 프로그램 투입 전과 투입 후의 학생들의 기초 체력에 차이가 있다.

b. 분석결과 보고

프로그램의 효과를 알아보기 위하여 두 종속표본 t검정에 의하여 사전과 사후의 기초체력을 비교한 결과는 〈표 15-2〉와 같다.

표 15-2 체력 증진 프로그램의 효과에 대한 두 종속표본 t검정 결과

	사전 체력	사후 체력
평균	64.07	68.25
표준편차	21.61	9.01
최저점수	10.00	31.00
최고점수	98.00	98.00
사례 수	150	150
t = −2.94(p = .004)		

사전 기초체력의 평균은 64.07, 표준편차는 21.61이며 사후 기초체력의 평균은 68.25, 표준편차는 16.01이다. 사전 기초체력과 사후 기초체력의 차이에 대한 통계적 유의성을 검정한 결과, t통계값은 −2.94, 유의확률은 .004로서 유의수준 .05에서 체력 증진 프로그램에 의한 학생들의 기초 체력에 유의한 차이가 있는 것으로 분석되었다.

이 연구에서 연구자의 이론적 혹은 경험적 배경에 의하여 체력 증진 프로그램의 효과가 있다는 확신이 강하면 부등가설에 의한 일방적 검정을 실시할 수 있다. 이때의 영가설과 대립가설은 다음과 같다.

영가설 : 체력 증진 프로그램은 기초체력을 저하시키거나 변화시키지 못한다.

대립가설 : 체력 증진 프로그램은 기초체력을 향상시킨다.

결과보고의 형식은 〈표 15-2〉와 동일하고, SPSS에서는 양방적 검정에 따른 유의확률을 제공해 주므로 일방적 검정을 하고자 할 경우에는 SPSS에서 제시되는 유의확률 값의 1/2에 해당하는 값 .002와 유의수준을 비교하여 결론을 내린다.

3) 두 독립표본 t 검정

두 독립표본 t 검정(two independent samples t-test)은 두 표본이 추출된 모집단이 서로 독립적일 때, 두 집단의 평균이 같은지를 비교하기 위해 사용되는 통계적 방법이다. 두 독립표본 t 검정을 위한 기본가정은 두 독립표본 Z검정과 동일하되, 두 모집단의 분산을 모르는 경우에 사용한다. 국 · 공립학교 교사들과 사립학교 교사들의 교직만족도 차이 연구나 남녀 고등학생들의 도덕성에 대한 차이 연구와 같은 두 집단 간 비교연구에 두 독립표본 t 검정을 사용한다. 학교 설립유형에 따른 교직만족도의 차이에 대한 연구의 경우 교직만족도 변수는 양적변수이어야 하며 국 · 공립학교 교사들과 사립학교 교사들의 모집단의 교직만족도 점수의 분포는 정규분포이어야 한다. 모집단의 정규분포 여부는 연구자의 경험적 배경이나 이론적 배경에 의하여 판단한다. 그렇다고 해서 연구자의 주관적 판단에 의해서 이론적 근거 없이 모집단 분포의 정규성 여부를 판단해서는 안 된다.

연구에서 사용되는 조사나 검사 문항이 서열척도라도 서열척도 문항들의 합계나 평균이 종속변수라면 양적변수로 간주할 수 있으므로 두 독립표본 t 검정을 사용할 수 있다. 종속변수가 질적변수일 경우에는 t 검정을 사용하지 않는다.

☑ 가설과 결과보고의 예

a. 가설

성별에 따라 고등학교 2학년 학생들의 외국어 능력에 차이가 있는지 알아보고자 할 때 가설은 다음과 같다.

영가설 : 남녀 고등학교 2학년 학생들의 외국어 능력에 차이가 없다.

대립가설 : 남녀 고등학교 2학년 학생들의 외국어 능력에 차이가 있다.

b. 분석결과 보고

고등학교 2학년 학생들의 성별에 따른 외국어 능력의 차이를 알아보기 위하여 두 독립표본 t 검정을 실시한 결과는 〈표 15-3〉과 같다.

표 15-3 성별에 따른 외국어 능력의 차이에 대한 두 독립표본 t검정 결과

성별	남학생	여학생
평균	39.71	42.44
표준편차	10.15	9.12
최저점수	19.00	22.00
최고점수	59.00	59.00
사례 수	105	123
t = −2.14(p = .034)		

남학생들의 외국어 능력 평균은 39.71, 표준편차는 10.15이며 여학생들의 외국어 능력 평균은 42.44, 표준편차는 9.12이다. 남녀 학생들의 외국어 능력에 차이가 있는지에 대한 t통계값은 −2.14, 유의확률은 .034로서 유의수준 .05에서 성별에 따라 외국어 능력에 유의한 차이가 있는 것으로 분석되었다.

4) t 검정의 선택

연구의 목적과 연구대상에 따라 통계적 방법이 달라진다. 동일한 연구목적이라도 연구설계가 다르면 다른 통계적 방법을 선택할 수 있다. 예를 들어, 창의력 증진 교수법을 개발하고 그 효과를 검증하기 위한 일반적인 방법으로 다음의 네 가지 설계를 들 수 있다. 여기서 연구대상은 초등학교 2학년 남학생으로 가정한다.

(1) 단일집단 사후검사설계

우선, 창의력 증진법을 배운 학생들의 창의력과 특정 수치를 비교할 수 있다. 연구

자가 현재 초등학교 2학년 남학생의 창의력 수준이 얼마인지를 알기 위하여 초등학교 2학년 학생이라는 모집단을 대표하는 표본을 추출한 후 창의력 수준을 측정하여 창의력 점수의 평균을 알고 있거나, 표준화검사 또는 국가수준 검사의 결과에 대한 자료가 있을 때 사용할 수 있는 연구방법이다. 초등학교 2학년을 대표하는 일정 수의 학생들을 추출하여 창의력 증진법을 가르친 후 그 학생들의 평균 점수가 이미 알고 있는 전국 규모의 평균과 같은지를 검증하며, 이 경우 단일표본 t 검정을 사용한다.

이러한 실험설계 방법을 **단일집단 사후검사설계**(one-group posttest-only design)라 한다. 한 집단을 추출하여 그 집단에 처치를 가한 후 처치의 효과가 있는지를 알아보는 단순한 설계로서 도식화하면 [그림 15-2]와 같다.

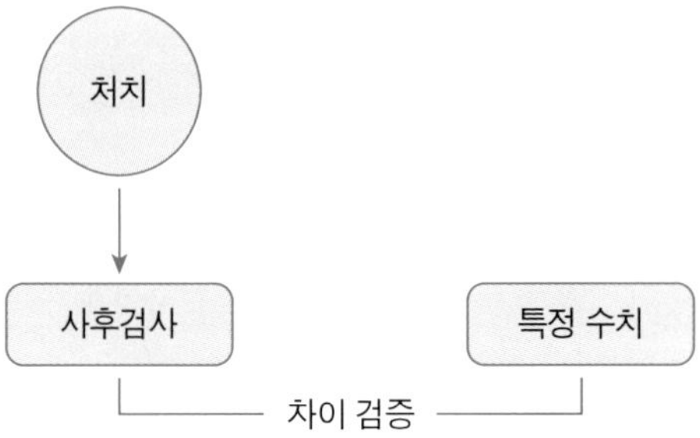

처치	사후검사
T	O

T: 처치, O: 관찰 혹은 측정

그림 15-2 단일집단 사후검사설계

단일집단 사후검사설계는 간단하다는 장점이 있으나 매개변수나 조건의 통제가 되지 않아 연구결과를 일반화하는 데 문제가 제기될 수 있다.

(2) 통제집단 사후검사설계

창의력 증진법을 배우지 않은 집단과 학습한 집단을 비교할 수 있다. 즉, 창의력 증진법을 배우지 않은 모집단과 배운 모집단이 있음을 가정하고 두 모집단에 차이가 있는지를 검증함으로써 창의력 증진법이 효과가 있는지를 검증하는 방법이다. 초등학교 2학년 학생들을 추출하여 한 집단의 학생들에게는 창의력을 증진시키는 어떤 교수법도 가하지 않고, 다른 집단에게는 창의력 증진법을 가르친 후 두 집단 간의 창의력에 차이가 있는지를 검증하는 경우에 두 독립표본 t검정을 사용한다. 전자의 집단은 어떤 처치도 가하지 않았으므로 통제집단이라고 하고 후자의 집단은 실험집단 혹은 처치집단이라고 한다. 이 경우의 두 집단 비교를 위한 실험연구의 설계방법을 **통제집단 사후검사설계**(posttest-only control group design)라고 하며 [그림 15-3]과 같다.

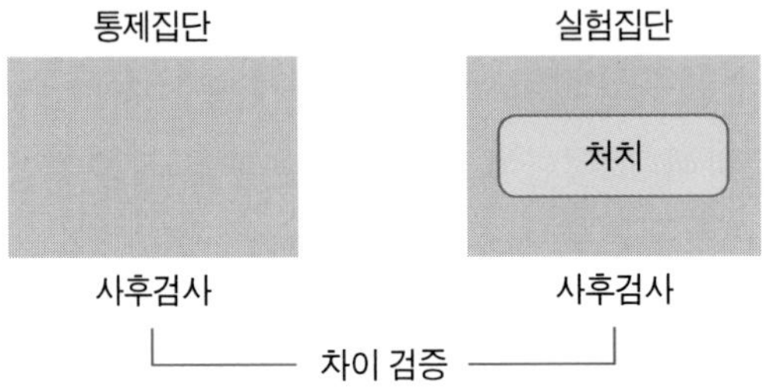

	처치	사후검사
통제집단		O_1
실험집단	T	O_2

그림 15-3 통제집단 사후검사설계

이 설계의 경우 사전검사를 실시하지 않으므로 실험을 실시하기 전 두 집단의 창의력 수준이 동일하다는 조건이 충족돼야 타당한 연구결과를 얻을 수 있다.

(3) 단일집단 사전사후검사설계

모집단에서 추출된 연구대상에게 사전 창의력 검사와 사후 창의력 검사를 실시하여 두 측정치 간에 차이가 있는지를 분석함으로써 창의력 증진법의 효과를 검증할 수 있다. 연구자에게 전국의 초등학교 2학년 남학생의 창의력에 대한 정보가 없거나 통제해야 할 매개변수가 많아 현실적으로 사전 수준이 동일한 두 집단을 구성하기가 어려운 경우에 사용하는 설계방법이다. 모집단에서 초등학교 2학년 남학생을 추출하여 창의력 증진법을 투입하기 전에 창의력 수준을 측정하고, 일정기간 동안 창의력 증진법을 가르친 후 다시 창의력을 측정하여 창의력 증진법을 배운 후에 변화가 있었는지를 검증하는 방법이다. 이 경우 두 종속표본 t검정을 사용한다. 간단한 연구설계 방법이면서 처치효과 여부를 명확하게 검증할 수 있으므로 자주 사용되는 방법이다. 실험연구에서는 이 설계방법을 **단일집단 사전사후검사설계**(one-group pretest-posttest

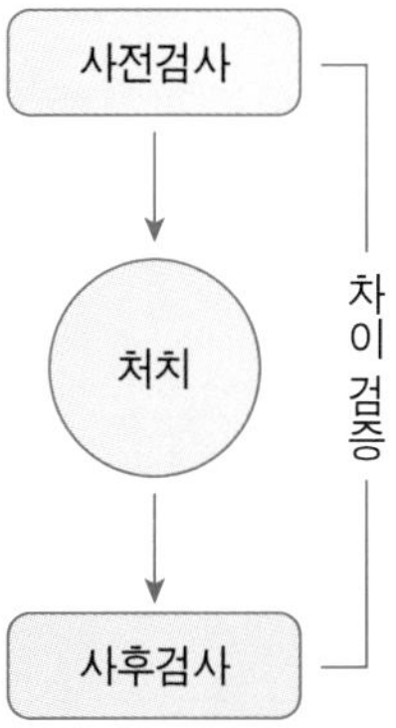

사전검사	처치	사후검사
O_1	T	O_2

그림 15-4 단일집단 사전사후검사설계

design)라고 하며 [그림 15-4]와 같다.

그러나 사전검사에 대한 기억효과나 연습효과가 사후검사 점수에 영향을 줄 경우에는 사전점수와 사후점수의 차이가 순수하게 처치효과를 의미한다고 볼 수 없다. 이러한 문제가 발생할 소지가 있는 경우에는 사전과 사후에 동일한 검사를 사용하지 않고 동형검사나 유사동형검사를 사용하는 것이 좋다. 뿐만 아니라 사전검사와 사후검사의 시행 간격이 긴 경우에는 처치효과와 더불어 연구대상의 자연적인 성장 · 발달이 사후검사에 영향을 줄 수도 있다. 따라서 연구대상에게 처치효과 이외에 기억효과나 성숙효과가 작용할 경우에는 두 종속표본 t 검정을 사용하지 않는 것이 바람직하다.

(4) 통제집단 사전사후검사설계

통제집단과 실험집단을 설정하고 각 집단의 변화 정도에 차이가 있는지를 분석할 수 있다. 앞서 설명한 세 가지 설계보다는 절차상으로 복잡한 듯 하나 연구의 목적에 따라서는 이 방법을 사용할 수 있다. 실험집단과 통제집단을 설정한 후 실험집단에서 창의력에 대한 사전 측정치와 사후 측정치의 차이를 계산하고, 통제집단에서도 역시 창의력의 사전 사후 측정치의 차이를 계산하여 실험집단과 통제집단의 창의력의 변화량에 차이가 있는지를 검증하는 방법이다. 이 설계방법에서 종속변수는 창의력의 변화량, 즉 증가분이다. 통제집단 사후검사설계에서는 실험집단과 통제집단의 창의력 측정치가 종속변수지만 이 설계에서는 창의력의 변화량이 종속변수다. 이 경우 두 독립표본 t 검정을 사용한다. 종속변수가 창의력의 사후 측정치에서 사전 측정치를 뺀 차이 점수라는 점을 연구결과 해석 시 정확하게 보고하여야 한다. 실험연구에서 이러한 설계를 **통제집단 사전사후검사설계**(pretest-posttest control group design)라고 하며 [그림 15-5]와 같다.

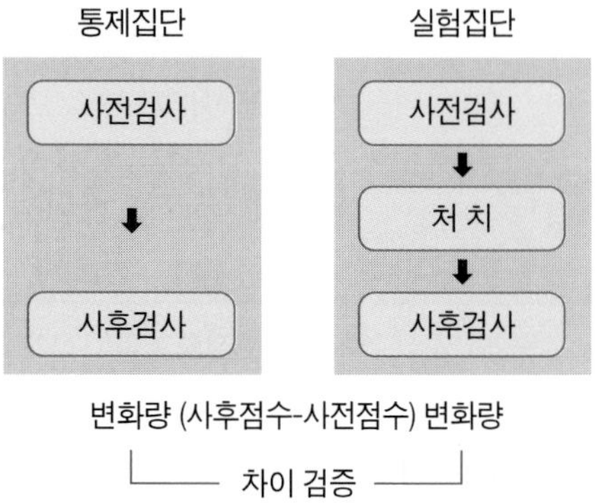

	사전검사	처치	사후검사
통제집단	O_1		O_2
실험집단	O_3	T	O_4

그림 15-5 **통제집단 사전사후검사설계**

이 설계의 경우 연구결과에 영향을 줄 수 있는 두 집단의 출발단계, 성숙 등의 매개변수를 통제할 수 있다는 장점이 있다. 종속변수가 사전검사 점수 대비 사후검사 점수의 변화량이 되므로 연구의 결론은 두 집단 간 종속변수의 변화량에 유의한 차이가 있는가를 나타낸다. 통제집단 사전사후검사설계에 적합한 통계적 방법은 두 독립표본 t 검정이며 사전과 사후의 차이점수(변화점수)를 계산한 후, 이를 종속변수로 통계적 분석을 실시한다.

이와 같이 연구의 목적이 같더라도 연구설계에 따라 다른 통계적 방법을 사용할 수 있으므로 어떤 방법이 가장 타당하고 과학적인지는 연구환경에 따라 판단한다.

3 분산분석

분산분석(analysis of variance: ANOVA)은 세 집단 이상의 집단 간에 차이가 있는지를 검증하는 통계적 방법으로 다음의 **기본 가정**을 전제조건으로 한다.

첫째, 종속변수가 양적변수여야 한다.
둘째, 각 모집단의 분포가 정규분포이어야 한다.
셋째, 모집단의 분산이 같아야 한다.

분산분석은 두 독립표본 t검정을 확장한 것으로 세 집단 이상일 경우 집단 간의 차이가 있는지를 검증하는 통계적 방법이며, 독립변수의 수와 설계방법에 따라 분산분석 방법을 구분할 수 있다.

1) 독립변수 수에 따른 분산분석 방법

분산분석은 독립변수의 수에 따라 일원분산분석, 이원분산분석, 삼원분산분석 등으로 명명할 수 있다.

(1) 일원분산분석

일원분산분석 방법은 독립변수가 하나로서, 전통적 교수법, 멀티미디어 교수법, 개인 교수법을 투입한 후 학습효과가 있는지를 비교하는 연구를 예로 들 수 있다. 이 경우 독립변수는 교수법 하나이며 세 가지 다른 수준의 처치를 포함하므로 교수법에 따른 세 집단의 평균을 비교하기 위한 통계적 방법을 일원분산분석(one-way analysis of variance: ANOVA)이라고 하고 [그림 15-6]과 같이 도식화할 수 있다.

교수법		
전통적 교수법	멀티미디어 교수법	개인 교수법

그림 15-6 일원분산분석(완전무선화설계)의 예

☑ 가설과 결과보고의 예

a. 가설

교수법에 따른 외국어 성취수준의 차이를 알아보기 위하여 고등학교 2학년 두 개 학급씩을 선정하여 각각 강의식 방법, 멀티미디어 방법, 조별 토론식 방법을 적용하여 한 학기 동안 수업을 진행하였으며 가설은 다음과 같다.

영가설 : 교수법에 따라 외국어 성취도에 차이가 없다.

대립가설 : 교수법에 따라 외국어 성취도에 차이가 있다.

b. 분석결과 보고

각 집단의 사례 수와 한 학기 후에 측정한 외국어 성취도 검사의 평균, 표준편차, 최저점수, 최고점수는 〈표 15-4〉와 같다.

표 15-4 교수법에 따른 사후 외국어 성취도에 대한 기술통계

	강의식	멀티미디어	조별토론식	합계
평균	37.79	42.32	43.45	41.18
표준편차	9.34	10.43	8.33	9.68
최저점수	21.00	19.00	26.00	19.00
최고점수	59.00	59.00	58.00	59.00
사례 수	76	76	76	228

강의식으로 수업 받은 학생들의 평균은 37.79, 표준편차는 9.34이고, 멀티미디어 방법으로 수업 받은 학생들의 평균은 42.32, 표준편차는 10.43이며 조별 토론식으로 수업받은 학생들의 평균은 43.45, 표준편차는 8.33이다.

교수법에 따라 외국어 성취도에 차이가 있는지 알아보기 위하여 일원분산분석을 실시한 결과는 〈표 15-5〉와 같다.

표 15-5 교수법에 따른 외국어 성취도에 대한 일원분산분석 결과

	제곱합	자유도	평균제곱	F	유의확률
교수법	1362.42	2	681.21	7.70	.001
오차	19909.84	225	88.49		
합계	21272.26	227			

세 집단의 평균 차이에 대한 검정통계량 F값이 7.70, 유의확률은 .001로서 유의수준 .05에서 교수법에 따라 학생들의 외국어 성취수준에 유의한 차이가 있다고 결론 내린다.

(2) 이원분산분석

이원분산분석 방법은 교수법에 송환(feedback) 여부를 처치변수로 추가하여 독립변수가 두 개일 경우 사용한다. 교수법과 송환의 효과를 분석하는 이원분산분석(two-way analysis of variance)은 [그림 15-7]과 같다.

		교수법		
		전통적 교수법	멀티미디어 교수법	개인 교수법
송환 여부	송환함			
	송환 안 함			

그림 15-7 **이원분산분석(완전무선화요인설계)의 예**

이원분산분석 방법은 교수법의 효과가 있는지, 송환효과가 있는지를 알 수 있을 뿐만 아니라 교수법과 송환효과의 상호작용도 분석할 수 있다. 상호작용 효과는 종속변수에 대한 독립변수들의 결합효과로서 종속변수에 대한 독립변수 A의 효과가 독립변수 B의 각 수준에서 동일하지 않은 것을 의미한다. 즉, 교수법과 송환의 예에서 교수법의 효과가 송환을 준 집단과 주지 않은 집단에서 다르게 나타나면 상호작용 효과가 있는 것이다.

이원분산분석의 다른 예로 교수법과 성별을 들 수 있는데, 교수법은 처치변수이나 성별은 처치변수가 아니라 매개변수 혹은 구획변수이므로 이런 경우 교수법과 성별 사이에 상호작용이 있는가를 알아보는 것은 연구의 주요 목적이 아닐 수 있다. 이와 같이 상호작용에 관심이 없는 설계도 이원분산분석이라고 한다.

☑ 가설과 결과보고의 예 1

a. 가설

교수법과 송환 여부에 따라 외국어에 대한 학습태도에 차이가 있는지 알아보기 위하여 강의식 교수법, 멀티미디어 교수법, 조별 토론식 교수법으로 구분하고 각 교수법에서 송환을 제공하는 조건과 제공하지 않는 조건으로 구분하여 중학교 2학년 학생들을 대상으로 각 실험조건하에서 한 학기 동안 수업을 진행하였다. 이에 따른 가설은 다음과 같다.

- 교수법의 효과

영가설 : 교수법에 따라 외국어 학습태도에 차이가 없다.
대립가설 : 교수법에 따라 외국어 학습태도에 차이가 있다.

- 송환 여부의 효과

영가설 : 송환 여부에 따라 외국어 학습태도에 차이가 없다.
대립가설 : 송환 여부에 따라 외국어 학습태도에 차이가 있다.

- 상호작용 효과

영가설 : 외국어 학습태도에 대한 교수법과 송환 여부의 상호작용 효과가 없다.
대립가설 : 외국어 학습태도에 대한 교수법과 송환 여부의 상호작용 효과가 있다.

b. 분석결과 보고

강의식 교수법, 멀티미디어 교수법, 조별 토론식 교수법으로 수업 받은 학생들 그리고 송환을 받지 않은 학생들과 받은 학생들의 사례 수와 외국어 학습태도의 평균, 표준편차는 〈표 15-6〉과 같다.

표 15-6 교수법과 송환 여부에 따른 외국어 학습태도에 대한 기술통계

송환 여부	기술통계	강의식	멀티미디어	조별토론식	합계
송환 안 함	평균	35.63	34.81	39.54	36.70
	표준편차	8.64	8.00	7.30	8.19
	사례 수	38	37	39	114
송환함	평균	39.95	49.44	47.57	45.67
	표준편차	9.64	6.87	7.36	8.98
	사례 수	38	39	37	114
합계	평균	37.79	42.32	43.45	41.18
	표준편차	9.34	10.43	8.33	9.68
	사례 수	76	76	76	228

강의식 교수법에 의한 외국어 학습태도의 평균과 표준편차는 37.79, 9.34이고, 멀티미디어 교수법에 의한 외국어 학습태도의 평균과 표준편차는 42.32, 10.43이며 조별토론식 교수법에 의한 외국어 학습태도의 평균과 표준편차는 43.45, 8.33이다. 한편, 송환을 받지 않은 학생들의 평균과 표준편차는 36.70, 8.19이며 송환을 받은 학생들의 평균과 표준편차는 45.67, 8.98이다. 외국어 학습태도가 가장 높은 집단은 멀티미디어 방식으로 수업을 받으면서 송환을 제공받은 학생들로 이들의 평균은 49.44, 표준편차는 6.87이다. 반면, 외국어 학습태도가 가장 낮은 집단은 멀티미디어 방식으로 수업을 받으면서 송환을 제공받지 못한 학생들로 평균과 표준편차는 34.81, 8.00이다.

교수법의 효과, 송환 여부의 효과 및 교수법과 송환 여부의 상호작용 효과에 대한 통계적 유의성을 검정한 분산분석결과는 〈표 15-7〉과 같다.

표 15-7 교수법과 송환 여부에 따른 외국어 학습태도에 대한 분산분석결과

분산원	제곱합	자유도	평균제곱	F	유의확률
교수법	1368.78	2	684.39	10.65	.000
송환 여부	4604.61	1	4604.61	71.63	.000
교수법×송환 여부	1035.56	2	517.78	8.05	.000
오차	14270.78	222	64.28		
합계	21272.26	227			

외국어 학습태도에 대한 교수법의 효과를 분석한 결과, F통계값이 10.65로 유의수준 .05에서 교수법에 따라 외국어에 대한 학습태도에 차이가 있는 것으로 나타났다. 송환 여부가 외국어 학습태도에 영향을 주는지에 대한 검정 결과, F통계값이 71.63으로 유의수준 .05에서 송환을 준 집단과 주지 않은 집단 간에 유의한 차이가 있는 것으로 분석되었다. 한편, 교수법과 송환 여부 간의 상호작용에 대한 F통계값은 8.05로 유의수준 .05에서 외국어 학습태도에 대한 상호작용 효과가 유의한 것으로 나타났다.

상호작용의 효과를 구체적으로 알아보기 위한 그래프는 [그림 15-8]과 같다. 모든 교수법에서 송환을 받은 집단이 송환을 받지 않은 집단보다 높은 학습태도를 나타내고 있지만 멀티미디어 교수법의 경우 다른 교수법을 적용했을 때보다 송환의 효과가 더 크게 나타나고 있음을 알 수 있다.

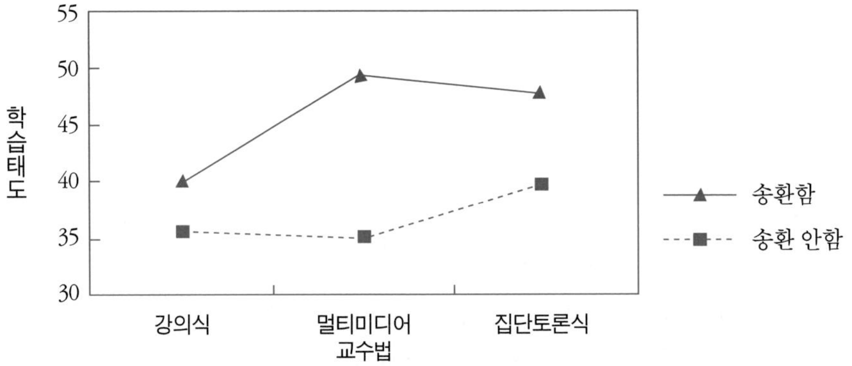

그림 15-8 외국어 학습태도에 대한 교수법과 송환 여부의 상호작용 효과

☑ 가설과 결과보고의 예 2

앞서 제시된 [예 1]은 이원분산분석을 적용한 실험연구의 전형적 사례라 할 수 있다. 그러나 일반적으로 조사연구에서는 인위적인 처치를 가하지 않기 때문에 상호작용에 대한 의미가 경감된다. 예를 들어, "아프리카 지역의 빈곤퇴치를 위한 범국가적 노력에 대해 인종, 성별 간에 인식의 차이가 있는지 알아보고자 하는 조사연구에서 빈곤퇴치활동 선호도에 대한 인종과 성별의 상호작용은 주요 관심사가 아닐 수 있다. 이러한 경우, 인종과 성별에 따른 인식의 차이에 관심을 두기 때문에 인종과 성별의 상호작용보다는 각 인종마다 성별의 차이가 유의한가 또는 남자의 인종 간 차이와 여자의 인종 간 차이를 각각 검증하는 것에 연구관심이 있는 것이다. 동일 인종 내에서 성별에 따라 인식의 차이가 있는지와 각 성별 내에서 인종에 따라 인식의 차이가 있는지 중 어떤 것을 연구문제로 설정한 것인지는 연구자의 연구 관심에 의하여 정해진다.

a. 가설

연구자가 동일한 인종 내에서 빈곤퇴치활동에 대한 선호도가 성별에 따라 다르게 나타나는지에 관심이 있다고 할 때 가설은 다음과 같다.

영가설 : 각 인종 내에서 성별에 따라 빈곤퇴치활동에 대한 선호도에 차이가 없다.
대립가설 : 각 인종 내에서 성별에 따라 빈곤퇴치활동에 대한 선호도에 차이가 있다.

b. 분석결과 보고

남녀에 따라 빈곤퇴치활동에 대한 인식에 차이가 있다고 할 때 빈곤퇴치활동에 대한 인종 내 남녀 간 인식 차이에 대한 기술통계는 〈표 15-8〉과 같다.

표 15-8 빈곤퇴치활동에 대한 인종별 남녀 간 인식 차이에 대한 기술통계

	백인			황인			흑인			전체
	여자	남자	합계	여자	남자	합계	여자	남자	합계	
평균	35.19	39.28	37.53	41.08	43.76	42.40	40.00	44.60	42.93	40.96
표준편차	8.81	9.08	9.13	11.34	9.47	10.48	10.07	9.17	9.70	10.04
최저점수	21.00	22.00	21.00	19.00	25.00	19.00	22.00	24.00	22.00	19.00
최고점수	52.00	59.00	59.00	59.00	58.00	59.00	56.00	59.00	59.00	59.00
사례 수	32	43	75	38	37	75	27	48	75	225

백인 여자들의 빈곤퇴치활동 인식에 대한 평균과 표준편차는 35.19, 8.81, 백인 남자들의 평균과 표준편차는 39.28, 9.08, 황인 여자들의 평균과 표준편차는 41.08, 11.34, 황인 남자들의 평균과 표준편차는 43.76, 9.47, 흑인 여자들의 평균과 표준편차는 40.00, 10.07, 흑인 남자들의 평균과 표준편차는 44.60, 9.17이다.

인종 내에서 남녀 간의 차이가 있는지에 대한 분산분석 결과는 〈표 15-9〉와 같다.

표 15-9 빈곤퇴치활동에 대한 동일 인종 내 남녀 간 인식의 차이에 대한 분산분석표

분산원	제곱합	자유도	평균제곱	F	유의확률
인종	1279.65	2	639.82	6.85	.000
성차 in 인종	1807.88	3			
성차 in 백인	307.14	1	307.14	3.29	.071
성차 in 황인	134.43	1	134.43	1.44	.231
성차 in 흑인	366.31	1	366.31	3.92	.049
집단 내	20446.58	219	193.36		
총	22586.64	224	100.83		

백인의 남녀 간 인식 차이에 대한 F통계값은 3.29, 유의확률은 .071, 황인의 남녀 간 인식 차이에 대한 F통계값은 1.44, 유의확률은 .231, 흑인의 남녀 간 인식 차이에 대한 F통계값은 3.92, 유의확률은 .049로서, 백인과 황인의 경우 성별에 따른 빈곤퇴치 활동에 대한 인식의 차이가 없었으나, 흑인의 경우 유의수준 .05에서 성별에 따라 인식의 차이가 있는 것으로 나타났다.

앞의 교수법과 송환 여부에 따른 외국어 학습태도의 차이에 대한 연구는 주효과인 교수법과 송환의 영향과 두 효과의 상호작용을 분석하고자 하는 연구로서 **교차설계**(crossed design)라 하고, 빈곤퇴치에 관한 연구는 인종 내에서 성별 간의 인식차이를 분석하는 것으로서 **이요인내재비교**(two-way nested comparison)라고 한다(Marasuilo & Serlin, 1988). 인종 내에서 성별에 따른 인식의 차이를 분석할 것인지, 성별 내에서 인종에 따른 인식의 차이를 분석할 것인지는 연구자의 이론적 · 경험적 배경에 의한 연구목적에 따라 선택한다.

2) 연구설계에 따른 분산분석

이원분산분석 및 삼원분산분석 방법을 사용하더라도 연구목적이나 연구변수의 특성, 매개변수의 통제 여부에 따라 다음과 같이 **다양한 설계방법**이 있다.

- 완전무선화설계(completely randomized design: CR)
- 완전무선화요인설계(completely randomized factorial design: CRF)

- 무선화구획설계(randomized block design: RB)
- 무선화구획요인설계(randomized block factorial design: RBF)
- 반복설계(repeated design)
- 분할구획요인설계(spilt-plot factorial design)
- 공분산분석(analysis of covariance: ANCOVA)

완전무선화설계와 완전무선화요인설계는 독립변수가 모두 처치변수일 때 각 처치변수의 효과 및 상호작용 효과를 검증하는 분산분석 방법으로, 연구대상의 무선할당을 통해 매개변수를 통제하고자 하는 설계다. 실험연구에서 실험설계는 매우 중요하며, 특히 매개변수의 통제 여부는 연구결과의 내재적 타당성을 결정짓는 요인이다. 그러므로 연구자는 매개변수를 통제하기에 가장 타당한 설계방법을 구안하여야 한다. 무선화구획설계, 무선화구획요인설계는 질적변수인 매개변수를 구획으로 설정하여 매개변수의 영향을 통제한다. 즉, 설계를 통하여 매개변수의 영향을 통제하는 방법이다.

반복설계와 분할구획요인설계는 통제하여야 할 변수가 많을 경우 동일 대상에게 시간 간격을 두고 각기 다른 처치를 가하는 설계다. 이 설계는 매개변수에 대한 비교집단 간 사전 동질성 유지가 어려울 경우, 동일집단에 대한 반복측정 결과를 비교하는 설계를 통해 매개변수를 통제한다. 공분산분석은 매개변수가 양적변수일 때 매개변수의 영향을 통계적으로 제거하는 방법이다. 매개변수를 통제하기 위하여 어떤 설계방법을 사용할 것인지는 연구대상, 독립변수, 매개변수의 특성에 따라 결정해야 한다.

(1) 완전무선화설계

완전무선화설계(completely randomized design: CR)는 일원분산분석과 같다. 독립변수가 하나이고 처치변수이며, 독립변수가 3개 이상의 수준을 지니는 설계방법을 의미하며, 교수법에 따른 학업성취도 연구를 예로 들 수 있다. 전통적 교수법, 멀티미디어 교수법, 개인 교수법에 따라 학생들의 수리력에 차이가 있는지를 연구하는 경우, 교수법이 독립변수이며 처치변수이므로 각각의 교수법을 실시하는 수업에 연구대상이 무선할당되었을 때 이를 완전무선화설계라고 하며, [그림 15-6]과 같다. 완전무선화설계에 따른 분석의 예는 독립변수 수에 따른 분산분석 중 [일원분산분석의 가설과 결과서술의 예]와 같다.

(2) 완전무선화요인설계

완전무선화요인설계(completely randomized factorial design: CRF)는 두 개 이상의 처치변수인 독립변수가 포함된 완전무선화설계로서 독립변수의 수에 따라 이원분산분석, 삼원분산분석 등에 해당된다. 완전무선화설계의 예인 교수법에 따른 수리력의 차이 연구에 연구자가 다른 처치변수를 추가하는 경우 완전무선화요인설계가 된다. 예를 들어, 학생들이 특정 교수법으로 학습하는 동안에 칭찬이나 격려 등의 보상을 하는 집단과 전혀 보상을 하지 않는 집단으로 나누어 처치를 하였을 때 교수법과 보상이 각각 독립변수이고 두 독립변수가 모두 처치변수이므로 이를 완전무선화요인설계라고 한다. 완전무선화요인설계의 예는 [그림 15-7]과 같다.

완전무선화요인설계는 처치변수가 2개 이상이므로 연구에서 두 처치변수 간의 상호작용을 분석할 수 있는 장점이 있다. 앞의 예에서 수리력에 영향을 주는 변수는 교수법 효과, 보상효과 그리고 교수법과 보상 여부의 상호작용 효과이다. 여기서 교수법과 보상효과를 **주효과**(main effect)라고 하고, 교수법과 보상 여부의 상호작용을 **상호작용 효과**(interaction effect)라고 한다.

독립변수가 두 개인 완전무선화요인설계에 의한 분석의 예는 독립변수 수에 의한 분산분석 중 [이원분산분석의 가설과 결과서술의 예 1]과 같다.

만약 교수법, 보상 여부 이외에 다른 처치변수인 독립변수를 추가하면 이는 삼원분산분석이 되며 이 설계도 완전무선화요인설계에 해당된다. 예를 들어, 앞의 실험에서 학급 규모를 20, 30, 40명으로 변화시켜 연구를 실시한다면, 이 경우의 실험설계는 [그림 15-9]와 같다.

교수법 / 보상 여부 / 학급규모	전통적 교수법		멀티미디어 교수법		개인 교수법	
	보상 안 함	보상함	보상 안 함	보상함	보상 안 함	보상함
20명						
30명						
40명						

그림 15-9 **완전무선화요인설계의 예**

이 연구의 주효과는 교수법 효과, 보상효과, 학급크기 효과가 되며 상호작용 효과는 교수법과 보상의 상호작용 효과, 교수법과 학급크기의 상호작용 효과, 보상과 학급크기의 상호작용 효과가 있고, 마지막으로 교수법, 보상 그리고 학급크기의 상호작용 효과가 있다. 완전무선화요인설계는 상호작용 효과를 분석할 수 있는 것이 특징이나 세 변수 이상의 상호작용은 해석이 곤란하다.

3) 무선화구획설계

무선화구획설계(randomized block design: RB)는 이원분산분석에 포함되며 두 독립변수 중 한 독립변수는 처치변수이고 다른 변수는 매개변수로 구획변수(blocking variable)다. **구획변수**란 종속변수에 영향을 주는 독립변수 이외의 매개변수로서 구획을 만들 수 있는 변수를 말한다. 이와 같이 구획설정을 하는 이유는 구획변수를 통제함으로써 독립변수가 종속변수에 주는 영향을 정확하게 측정하기 위해서다. 교수법에 따른 수리력 차이 연구에서 연구자가 이론적 배경에 의하여 교수법 이외에 수리력에 영향을 주는 매개변수로 성별을 설정한 경우, 성별이 구획변수가 될 수 있다.

교수법과 성별이 모두 독립변수이나 교수법은 처치변수이고 성별은 구획변수이므로 이는 무선화구획설계이며 [그림 15-10]과 같다.

교수법 / 성별	전통적 교수법	멀티미디어 교수법	개인 교수법
남학생			
여학생			

그림 15-10 **구획변수가 하나인 무선화구획설계의 예**

연구에서 성별을 통제하는 이유는 수리력에서 성별의 차이가 있거나 어떤 교수법이 특정 성에 유리하거나 불리할 경우가 있으므로 남녀를 각 교수법 집단에 균등하게 배분하며 성별의 매개효과를 통제하기 위해서다. 만약 한 집단에는 남학생이 주로 할당되고 다른 집단에는 여학생이 주로 할당된다면, 연구의 사전 조건이 동일하지 않기 때문에 연구의 타당성이 결여된다. 이러한 문제가 발생하는 것을 사전에 배제하기 위해서 성별을 구획변수로 하여 같은 수의 남녀 학생을 각 처치집단에 배치할 수 있다.

성별과 더불어 매개변수로 사전 수리력을 고려해야 할 경우도 있다. 세 교수법 집단에 동일한 사전 수리력을 지닌 연구대상이 할당된다는 보장이 없을 때 사전 수리력을 상, 중, 하로 구분하여 고르게 할당할 수 있다. 사전 수리력을 매개변수로 보고 구획변수로 설정할 때 어려운 점은 상, 중, 하 집단으로 구분하는 확실한 기준이 없다는 것이다. 이러한 경우 집단 구분을 위한 이론적 배경이 필요하다. 왜냐하면 집단을 구분하는 기준에 따라 연구결과가 달라질 수 있기 때문이다. 그러므로 매개변수를 통제하는 구획변수는 성별이나 인종, 거주지역과 같은 명명척도로서 구분 기준이 명확한 질적변수를 선택하는 것이 바람직하다.

연구자가 고려할 매개변수가 2개 이상이고 이 매개변수들이 구획변수일 경우도 무선화구획설계에 해당한다. 예를 들어, 성별과 사전 수리력을 구획변수로 하고 교수법을 처치변수로 하였을 경우 무선화구획설계는 [그림 15-11]과 같다.

이 설계는 삼원분산분석으로서, 상호작용에는 관심이 없고 성별과 사전 수리력을 통제하기 위한 설계방법이다.

		교수법		
성별	사전수리력	전통적 교수법	멀티미디어 교수법	개인 교수법
남학생	상위 중위 하위			
여학생	상위 중위 하위			

그림 15-11 구획변수가 2개인 무선화구획설계의 예

4) 무선화구획요인설계

무선화구획요인설계(randomized block factorial design: RBF)란 무선화구획설계에 독립변수인 처치변수를 추가한 설계방법이다. 즉, 하나 이상의 구획변수와 두 개 이상의 처치변수를 사용한 설계로서, 완전무선화요인설계에 구획변수가 추가된 모형이다. 예를 들면, 성별을 통제하고 교수법에 따른 수리력에 차이가 있는지를 밝히는 연구에 보상 여부를 추가할 경우 이는 무선화구획요인설계가 되며 [그림 15-12]와 같다.

성별 \ 보상 \ 교수법	전통적 교수법		멀티미디어 교수법		개인 교수법	
	보상 안 함	보상함	보상 안 함	보상함	보상 안 함	보상함
남학생						
여학생						

그림 15-12 **무선화구획요인설계의 예**

무선화구획요인설계는 삼원분산분석 이상이 되며 구획변수가 하나 이상이고 처치변수가 두 개 이상인 설계방법이다. 또 다른 예로 구획변수가 성별과 거주지역이고 처치변수가 교수법과 보상 여부인 무선화구획요인설계는 사원분산분석이 된다.

5) 반복설계

반복설계(repeated design)는 독립변수의 처치효과를 분석할 때 매개변수가 많아서 통제가 불가능할 경우에 사용하는 설계로서 동일한 연구대상에게 다른 처치를 반복적으로 가하여 그 처치 간에 차이가 있는지를 검증하는 방법이다. 주로 생리학이나 약학, 체육학 등에서 사용하는 실험설계법이다.

예를 들면, 일정 거리를 달리고 난 후 혈압에 어떤 변화가 있는지를 분석하고자 할 때 반복설계가 사용된다. 100m, 500m, 1000m, 2000m를 달리고 나서 혈압에 어떤 차이가 있는지를 분석하기 위해서는 통제하여야 할 변수가 매우 많다. 우선 남녀에 따라 차이가 있을 수 있고, 나이, 체중, 평소 혈압 등에 따라 혈압의 차이가 달라질 수 있으므로 모든 매개변수를 통제하는 것이 불가능하다. 따라서 이와 같은 경우에는 동일한 피험자에게 100m, 500m, 1000m, 2000m를 달리게 한 후 혈압을 측정하여 달리는 거리가 혈압에 영향을 주는 정도를 분석해야 한다. 달리는 거리가 혈압에 주는 영향을 연구하는 반복설계는 [그림 15-13]과 같다.

피험자 \ 거리	100m	500m	1000m	2000m
1				
2				
3				
4				
5				

그림 15-13 **반복설계의 예**

피험자 5명에게 100m를 달리게 한 후 혈압을 측정하고 일정기간이 지나 혈압이 정상으로 돌아온 후 500m를 달리게 한다. 만약 100m를 달린 후 바로 500m를 달리게 하면 100m를 달리고 난 후의 혈압이 그대로 남아 있어서 500m를 달린 후의 혈압이 매우 높아질 수 있으므로 달린 거리에 의한 혈압효과를 측정할 수 없다.

반복설계는 처치 간에 충분한 시간을 두어 전 단계의 처치효과가 완전히 사라진 뒤에 다음 단계의 처치를 가해야 한다. 그렇지 않으면 전 단계의 처치효과가 잔존하여 다음 단계의 처치효과를 제대로 측정할 수 없다. 이런 이유 때문에 반복설계는 학습효과 연구에는 잘 사용되지 않는다. 인간의 학습은 바로 소멸되지 않으므로 시행효과와 누적효과가 있어서 측정 시점별 처치변수의 영향을 정확하게 분석할 수 없기 때문이다. 만약 교수법에 따른 학습효과 연구를 위하여 반복설계를 사용한다면 학습의 누적효과 때문에 사실상 가장 효과적인 교수법보다는 가장 나중에 사용한 교수법이 가장 높은 학습효과가 있는 것으로 나타나게 될 것이다.

☑ 가설과 결과보고의 예

a. 가설

최첨단 소재를 사용한 A사의 운동화와 인기상품인 B사와 C사의 운동화에 대한 소비자들의 선호도를 비교하기 위하여 228명의 소비자들을 선정하여 A사, B사, C사의 운동화를 한 달 간격으로 착용해 보도록 하고, 각 제품에 대한 선호도를 측정하였다. 가설은 다음과 같다.

영가설 : A사, B사, C사 운동화에 대한 소비자들의 선호도에 차이가 없다.

대립가설 : A사, B사, C사 운동화에 대한 소비자들의 선호도에 차이가 있다.

b. 분석결과 보고

A사, B사, C사 운동화에 대한 선호도의 평균, 표준편차, 최저점수, 최고점수는 〈표 15-10〉과 같다.

표 15-10 A사, B사, C사 제품 선호도에 대한 기술통계

	A사	B사	C사
평균	35.38	31.79	32.92
표준편차	8.34	10.24	8.74
최저점수	7.00	5.00	6.00
최고점수	50.00	49.00	50.00
사례 수	228	228	228

최첨단 소재를 사용한 A사 제품에 대한 선호도의 평균은 35.38, 표준편차는 8.34, B사 제품에 대한 평균은 31.79, 표준편차는 10.24이며, C사 제품에 대한 선호도의 평균은 32.92, 표준편차는 8.74이다.

제품에 대한 소비자들의 선호도의 차이를 알아보기 위하여 반복측정 분산분석을 실시한 결과는 〈표 15-11〉과 같다.

표 15-11 제품 선호도에 대한 반복측정 분산분석

분산원	제곱합	자유도	평균제곱	F	유의확률
소비자 간	44474.45	227	195.92		
소비자 내	13985.77	456			
제품	1536.01	2	768.01	28.01	.000
오차	12449.76	454	27.42		
전체	58460.22	683			

각 회사의 제품에 대한 선호도의 차이에 대한 통계적 유의성 검정 결과, F값은 28.01, 유의확률은 .000으로서 유의수준 .05에서 각 제품에 대한 소비자들의 선호도에 차이가 있는 것으로 분석되었다.

6) 분할구획요인설계

분할구획요인설계(split plot factorial design)는 독립변수 중 구획변수가 하나 이상이며 동일 연구대상에게 반복하여 처치를 하는 반복설계의 일종이다. 예를 들어, 음주량에 따른 반응속도를 연구하고자 할 때 연구대상을 남자로 하거나 남자 중 애주가로 한다면 음주량에 따른 반응속도의 변화를 알 수가 없다. 또한 최근에는 여성 음주운전자도 늘고 있는 추세이므로 성별을 고려하여 연구하고자 할 때 분할구획요인설계를 사용할 수 있다. 즉, 남녀 집단에서 각각 연구대상을 추출하여 맥주를 마시지 않았을 때, 100cc, 500cc, 1000cc, 2000cc를 마셨을 때 각각 반응속도를 측정한다. 이 또한 반복설계의 일종이므로 일정 간격을 두어 술이 깨고 난 상태에서 다시 다른 양의 술을 마시게 하여 반응속도를 측정해야 한다. 이 예는 [그림 15-14]와 같다.

		음주량				
성별		비음주(0cc)	100cc	500cc	1000cc	2000cc
남자	김두식 오모주 김고래 이밀밭 홍덕룡					
여자	성나미 김애주 이꽉지 송혜경 나유진					

그림 15-14 **분할구획요인설계의 예**

☑ 가설과 결과보고의 예

a. 가설

앞의 반복설계 분산분석의 예에서 제품에 대한 소비자들의 선호도가 성별에 따라 다르게 나타나는지 알아보고자 한다. 가설은 다음과 같다.

• 피험자 간 효과

영가설 : 성별에 따라 제품에 대한 선호도에 차이가 없다.

대립가설 : 성별에 따라 제품에 대한 선호도에 차이가 있다.

• 피험자 내 효과

– 제품의 효과

영가설 : 제조사에 따라 제품에 대한 선호도에 차이가 없다.

대립가설 : 제조사에 따라 제품에 대한 선호도에 차이가 있다.

– 제품과 성별의 상호작용 효과

영가설 : 제품의 선호도에 대한 제조사와 성별의 상호작용 효과가 없다.

대립가설 : 제품의 선호도에 대한 제조사와 성별의 상호작용 효과가 있다.

b. 분석결과 보고

제품에 대한 소비자들의 선호도를 성별에 따라 분석한 기술통계는 〈표 15-12〉와 같다.

각 제품의 선호도에 대한 성별 차이에 대한 분석결과, 남자들의 A사 운동화에 대한 선호도의 평균은 35.19, 표준편차는 7.70, B사 운동화에 대한 선호도의 평균은 30.83,

표 15-12 성별에 따른 제품 선호도에 대한 기술통계

성별	선호도	A사	B사	C사
남자 (105명)	평균	35.19	30.83	31.93
	표준편차	7.70	10.48	9.03
	최저점수	18.75	7.50	6.00
	최고점수	47.50	47.50	47.92
여자 (123명)	평균	35.54	32.61	33.75
	표준편차	8.87	10.01	8.43
	최저점수	7.00	5.00	17.09
	최고점수	50.00	49.00	50.00
합계 (228명)	평균	35.38	31.79	32.92
	표준편차	8.34	10.24	8.74
	최저점수	7.00	5.00	6.00
	최고점수	50.00	49.00	50.00

표준편차는 10.48, C사 운동화에 대한 선호도의 평균은 31.93, 표준편차는 9.03이다. 한편, 여자들의 A사 운동화에 대한 선호도의 평균은 35.54, 표준편차는 8.87, B사 운동화에 대한 선호도의 평균은 32.61, 표준편차는 10.01, C사 운동화에 대한 선호도의 평균은 33.75, 표준편차는 8.43이다.

성별을 구획변수로 하여 제품의 효과가 성별에 따라 다르게 나타나는지 알아보기 위하여 분할구획요인설계에 의한 분산분석을 실시한 결과는 〈표 15-13〉과 같다. 성별 차이에 대한 통계적 유의성 검정 결과, F통계값은 1.51, 유의확률은 .220으로서 제품에 대한 선호도는 성별에 따라 차이가 없는 것으로 나타났다. 제조사에 따라 제품에 대한 선호도에 차이가 있는지에 대한 F통계값은 28.84, 유의확률은 .000으로서 유의수준 .05에서 유의한 차이가 있었으며, 제조사별 제품과 성별의 상호작용 효과에 대한 F값은 1.44, 유의확률은 .237로 상호작용 효과가 없는 것으로 분석되었다.

표 15-13 성별에 따른 제품선호도의 차이에 대한 분산분석결과

분산원	제곱합	자유도	평균제곱	F	유의확률
소비자 간	44474.45	227			
성별	295.27	1	295.27	1.51	.220
오차	44179.18	226	195.48		
소비자 내	14028.48	456			
제품	1578.73	2	789.36	28.84	.000
제품×성별	78.99	2	39.50	1.44	.237
오차	12370.77	452	27.37		
합계	58502.93	683	27.37		

7) 공분산분석

무선화구획설계와 반복설계는 매개변수를 실험설계 방법에 의해서 통제하는 방법이다. 무선화구획설계에서 매개변수로 사전 수리력을 고려하여 사전 수리력을 상, 중, 하 집단으로 구분할 수 있다고 하였다. 이때 발생하는 문제는 사전 수리력에 따라 집단을 상, 중, 하로 구분하는 절대적 기준이 없어 그 기준에 따라 분석결과가 달라진다는 것이다. 이와 같이 매개변수가 질적변수가 아니고 연속변수일 경우 매개변수의 영향을 통계적으로 제거하기 위하여 **공분산분석**(analysis of covariance: **ANCOVA**)을 사용할 수 있다.

예를 들어, 교수법에 따라 수리력에 차이가 있는지를 분석하고자 할 때 학습의 누적효과 때문에 반복설계는 사용할 수가 없으며 사전 수리력에 따라 집단을 구분하는 것이 임의적이므로 무선화구획설계를 사용하기도 어렵다. 이와 같은 경우에 가장 적합한 통계적 방법이 공분산분석이다. 사전 수리력을 측정하여 유사한 능력의 피험자를 각 교수법 집단에 똑같이 할당할 수 없거나 학교나 학급과 같이 연구자가 실험을 위해 연구대상을 특정 집단에 할당하는 것이 어려운 경우에 교수법을 투입한 후 측정한 수리점수에서 사전 수리력이라는 매개변수의 영향을 공분산분석을 통해 제거할 수 있다. 그러므로 공분산분석을 사용할 경우 사전 수리력에 따라 피험자를 인위적으로 균등 배치할 필요가 없이 공분산분석을 사용하여 각기 다른 교수법을 받고 난 후 측정된 수리점수에서 사전 수리력에 의한 영향을 제거하면 된다.

공분산분석의 개념을 간단히 설명하면 다음과 같다. 세 교수법을 사용하여 학습을 하고 난 후 측정한 수리점수와 사전 수리력 점수가 〈표 15-14〉와 같은 경우, 각 교수법 집단에 있는 피험자들의 사전 수리력이 같지 않음을 알 수 있다.

표 15-14 사전 수리력과 교수법에 따른 수리점수

교수법	전통적 교수법		멀티미디어 교수법		개인 교수법	
수리력	사전능력	수리점수	사전능력	수리점수	사전능력	수리점수
피험자 A	9	10	5	8	2	7
피험자 B	8	9	5	7	1	5
피험자 C	7	8	2	3	3	9
평균	8	9	4	6	2	7

각기 다른 교수법을 받고 난 후 측정한 수리점수를 비교하면 전통적 교수법으로 학습한 피험자들의 수리점수가 9점으로 가장 높은 점수를 얻었고, 그다음이 개인 교수법, 멀티미디어 교수법의 순임을 알 수 있다. 단순히 수리점수만 보면 전통적 교수법이 수리력에 가장 효과적인 교수법이라고 결론내릴 수 있으나 사전 수리력 점수를 보면, 전통적 교수법 집단에 우수한 학생들이 할당되었음을 알 수 있다. 개인 교수법을 받은 학생들이 전통적 교수법을 받은 학생들보다 높은 수리점수를 얻지 못한 것은 사

전 수리력이 우수하지 못하였기 때문이다. 그러나 수리력이 낮은 학생들이었음에도 불구하고 개인 교수법을 받은 학생들은 평균점수가 7점으로 향상되었기 때문에 실질적으로 개인 교수법이 가장 효과적인 교수법이라 할 수 있다. 그러므로 수리점수에 영향을 준 사전 수리력을 통계적으로 제거한다면 가장 높은 수리점수를 얻는 교수법은 개인 교수법이 될 것임을 예상할 수 있다.

수리점수에 대한 사전 수리력의 영향력을 제거하는 통계적 방법은 세 집단 간의 사전 수리력 수준이 모두 다른 상태에서 실험이 이루어졌으므로 사전 수리력이 같을 경우에 받을 수 있는 수리점수의 교정값을 계산한다. 즉, 전통적 교수법을 받은 피험자들의 사전 수리력 평균은 8이고, 멀티미디어 교수를 받은 피험자들의 평균 수리력은 4, 개인 교수법을 받은 피험자의 사전 수리력 평균은 2로 사전 능력이 각각 다르다. 각 집단마다 다른 사전 수리력과 수리점수의 관계를 회귀분석한 후 사전 수리력의 전체 평균 점수인 4.7을 기점으로 수리점수를 교정하여 집단 간 수리점수 차이를 검증하는 것이 공분산분석의 기본개념이다. 회귀분석을 이용한 공분산분석의 원리를 설명하면 [그림 15-15]와 같다.

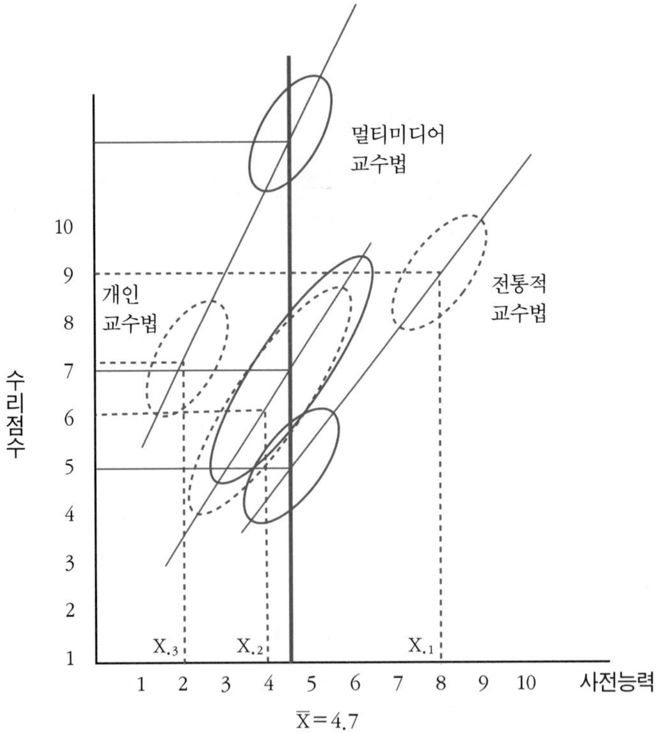

그림 15-15 공분산분석의 원리

전통적 교수법에 의한 수리점수가 높았던 이유는 그 집단에 속한 학생들의 사전능력이 높았기 때문이며, 멀티미디어 교수법에 의한 수리점수가 낮았던 이유는 해당 집단의 사전능력이 낮았기 때문이다. 그러므로 세 집단의 사전능력을 전체 평균($\overline{X}$) 수준으로 교정하면 전통적 교수법 집단의 수리점수 분포는 낮아지고 멀티미디어 교수법 집단의 점수분포는 올라가게 된다(점선 → 실선). 즉, 사전능력 점수가 4.7인 수준으로 세 집단 평균을 조정하게 되면 각 교수법에 따른 수리점수의 교정평균을 계산할 수 있게 된다. [그림 15-15]에서 각 교수법에 따른 수리점수의 교정 평균값은 개인 교수법, 멀티미디어 교수법, 전통적 교수법의 순으로 높다.

통제집단 사전사후검사설계의 경우 종속변수는 사전검사와 사후검사의 차이 점수였으나 공분산분석의 종속변수는 차이 점수가 아닌 사전검사 점수의 영향력을 제거한 교정된 사후검사 점수가 된다. 그러므로 공분산분석이 통제집단 사전사후검사설계를 대치할 수 있는 통계적 방법이다.

☑ 가설과 결과보고의 예

a. 가설

교수법에 따른 과학성취도의 차이를 보다 정확히 비교하기 위해 통계적으로 사전성취도의 영향을 통제할 수 있는 공분산분석을 적용하였다. 완전무선화설계인 일원분산분석을 실시한 경우, 각 교수법에 할당되는 연구대상들의 사전 성취도가 동일하다는 보장을 할 수 없으므로 사전검사를 실시하여 사후 성취도에 미치는 사전 성취도의 영향을 배제하는 것이 연구의 내적타당도를 높일 수 있기 때문이다. 이를 위한 가설은 다음과 같다.

영가설 : 교수법에 따른 과학성취도의 교정 평균은 차이가 없다.
대립가설 : 교수법에 따른 과학성취도의 교정 평균은 차이가 있다.

b. 분석결과 보고

교수법에 따른 세 집단의 사례 수, 사전 성취도, 사후 성취도, 사전 성취도를 통제한 교정된 사후 성취도의 평균과 표준편차는 〈표 15-15〉와 같다. 강의식으로 수업받은 학생들의 사후검사에 대한 교정 평균은 41.29, 실험 · 실습을 이용한 학생들의 교정 평균은 43.71, 멀티미디어를 이용한 학생들의 교정 평균은 42.56이다.

표 15-15 교수법에 따른 사전, 사후, 교정된 사후 과학성취도에 대한 기술통계

		강의식	실험 · 실습	멀티미디어	합계
사전	평균	40.96	37.02	40.77	39.58
	표준편차	11.08	10.69	8.48	10.27
사후	평균	42.32	41.79	43.45	42.52
	표준편차	10.43	9.34	8.33	9.39
교정 사후	평균	41.29	43.71	42.56	42.52
	표준오차	.64	.65	.64	.37
사례 수		76	76	76	228

교정된 사후 성취도 평균이 교수법에 따라 차이가 있는지에 대한 공분산분석 결과는 〈표 15-16〉과 같다. 사전 성취도의 영향을 통제한 후 교정된 사후 성취도의 통계적 유의성을 검정한 결과, F값은 3.51, 유의확률은 .032로서 유의수준 .05에서 교수법에 따라 교정된 과학 성취도에 유의한 차이가 있다고 결론내릴 수 있다.

표 15-16 교수법에 따른 교정된 사후 과학성취도에 대한 공분산분석 결과

분산원	제곱합	자유도	평균제곱	F	유의확률
공분산(사전성취)	12966.43	1	12966.43	418.31	.000
교수법	217.64	2	108.82	3.51	.032
오차	6943.41	224	31.00		
합계	20018.93	227			

4 다변량분산분석

다변량분산분석(multivariate analysis of variance: MANOVA)은 두 개 이상의 종속변수에 대해 집단 간의 차이가 있는지를 검증하는 분산분석 방법이다. 두 개 이상의 종속변수들이 관계가 있으며, 종속변수들이 합성되어 하나의 상위개념을 설명할 때, 독립변수의 영향에 따른 집단 간의 차이가 있는지를 검증한다.

예를 들어, 세 가지 교수법에 따라 어휘발달에 차이가 있는지를 검증할 때, 다변량분산분석을 사용할 수 있다. 이때 종속변수인 유아의 어휘발달이 단일 변수가 아니라 문자해독 능력, 말하는 빈도 수, 어휘수준 등이 합쳐져서 유아의 어휘발달을 설명한다면 유아 어휘발달은 최소한 세 변수 이상이 합성된 것이다. 그리고 이 세 변수 간에 관계가 있으므로 이런 경우 다변량분산분석을 실시한다. 만약 하나의 개념을 구성하는 여러 변수 사이에 관계가 전혀 없다면, 각 변수별로 분산분석을 실시한 결과와 다변량분산분석의 결과에 차이가 없게 된다. 어떤 개념을 설명하기 위해서 두 개 이상의 변수가 합성되었을 때 이 변수들 간에 관계가 있는지는 일차적으로 연구자의 이론적 혹은 경험적 배경에 의하여 판단하며, 사전연구를 통하여 변수들 간의 관계가 있는지를 검증할 수 있다.

다변량분산분석의 경우 종속변수가 합성된 변수에 의하여 설명되는 것이 분산분석과 다를 뿐 설계방법은 독립변수의 수에 의한 분산분석과 동일하다. 인간의 속성은 단일변수로 설명되기보다는 많은 변수에 의해 설명되는 경우가 많으므로 다변량분산분석 방법의 사용이 증가되고 있는 추세다.

✓ 가설과 결과보고의 예

a. 가설

학생들의 사회성 지위에 따라 학생들의 사회부적응성에 차이가 있는지 알아보고자 한다. 학생들의 집단은 인기집단, 양면성집단, 보통집단, 무시집단, 거부집단 등 다섯 단계로 범주화하였으며 학생들의 사회부적응성을 구성하는 요인으로 불안, 우울, 외로움, 수줍음, 자존감을 설정하였다. 인기집단은 또래들로부터 선호의 대상이 되면서 가장 적게 거부되는 집단이고, 거부집단은 또래들로부터 가장 싫어하는 집단으로 지목되고 또래들이 좋아하지 않는 집단이며 무시집단은 다른 또래들에게 선호의 대상이 되지 못하지만 거부의 대상도 아닌 집단이다. 한편, 양면성집단은 또래들로부터 선호되는 동시에 거부되는 집단이며 보통집단은 인기집단에 미치지 못하지만 어느 정도 선호를 받고 있는 집단을 의미한다. 가설은 다음과 같다.

영가설 : 학생들의 사회성 지위에 따라 수줍음, 외로움, 우울, 불안, 자존감의 조합으로 구성된 사회부적응성에 차이가 없다.

대립가설 : 학생들의 사회성 지위에 따라 수줍음, 외로움, 우울, 불안, 자존감의 조합으로 구성된 사회부적응성에 차이가 있다.

b. 분석결과 보고

사회성 지위에 따른 각 집단의 사례 수와 사회부적응성을 구성하고 있는 하위요인들에 대한 평균과 표준편차는 〈표 15-17〉과 같다.

표 15-17 사회성 지위에 따른 사회부적응성 하위요인에 대한 기술통계

		인기집단 (n=93)	양면성집단 (n=30)	보통집단 (n=33)	무시집단 (n=74)	거부집단 (n=73)
불안	평균	11.95	15.93	12.79	13.26	20.52
	표준편차	3.30	3.95	3.79	4.70	3.95
우울	평균	12.83	15.50	16.61	17.01	22.12
	표준편차	4.38	4.12	4.51	4.16	4.22
외로움	평균	11.28	11.77	12.52	18.38	25.44
	표준편차	4.08	3.51	4.25	4.18	5.42
수줍음	평균	15.84	16.93	18.33	18.34	27.22
	표준편차	4.77	4.55	5.02	5.71	5.59
자존감	평균	19.87	21.73	22.42	23.09	30.49
	표준편차	6.21	4.79	5.14	5.76	4.19

불안 요인에 대한 인기집단의 평균은 11.95, 양면성집단의 평균은 15.93, 보통집단의 평균은 12.79, 무시집단의 평균은 13.26, 거부집단의 평균은 20.52이며, 우울 요인에 대한 인기집단의 평균은 12.83, 양면성집단의 평균은 15.50, 보통집단의 평균은 16.61, 무시집단의 평균은 17.01, 거부집단의 평균은 22.12이다. 외로움 요인에 대한 인기집단의 평균은 11.28, 양면성집단의 평균은 11.77, 보통집단의 평균은 12.52, 무시집단의 평균은 18.38, 거부집단의 평균은 25.44이며, 수줍음 요인에 대한 인기집단의 평균은 15.84, 양면성집단의 평균은 16.93, 보통집단의 평균은 18.33, 무시집단의 평균은 18.34, 거부집단의 평균은 27.22이다. 한편, 낮은 자존감에 대한 인기집단의

평균은 19.87, 양면성집단의 평균은 21.73, 보통집단의 평균은 22.42, 무시집단의 평균은 23.09, 거부집단의 평균은 30.49이다.

불안요인을 제외한 모든 요인에서 거부집단, 무시집단, 보통집단, 양면성집단, 인기집단의 순으로 평균이 낮아지고 있으며 거부집단의 경우 모든 요인에서 평균이 가장 높은 반면, 인기집단은 모든 요인에서 가장 낮은 평균을 나타내고 있다. 양면성집단의 경우에는 보통집단과 무시집단에 비해 불안 수준이 더 높은 것으로 분석되고 있다.

불안, 우울, 외로움, 수줍음, 낮은 자존감으로 구성된 사회부적응성이 학생들의 사회성 지위에 따라 차이가 있는지 알아보기 위하여 다변량분산분석을 실시한 결과는 〈표 15-18〉과 같다.

표 15-18 사회성 지위에 따른 사회 부적응성의 차이에 대한 다변량 분산분석결과

독립변수	종속변수	Wilks' λ	단변량 F	자유도	유의확률	η^2	단계적 F	자유도	유의확률
사회성 지위	불안	.23 (p=.000)	55.98	4/298	.000	.43	55.98	4/298	.000
	우울		49.09	4/298	.000	.40	18.47	4/297	.000
	외로움		124.94	4/298	.000	.63	58.30	4/296	.000
	수줍음		54.43	4/298	.000	.42	5.09	4/295	.001
	자존감		42.00	4/298	.000	.36	2.82	4/294	.025

출처: 장지영(2002). 집단따돌림 피해 학생 판별도구 개발. 이화여자대학교 대학원 석사학위논문, p. 67.

불안, 우울, 외로움, 수줍음, 자존감으로 구성된 사회부적응성 점수에 대한 집단의 효과를 분석한 결과, Wilks' λ는 .23, 유의확률은 .000으로 유의수준 .05에서 학생들의 사회성 지위에 따라 사회부적응성에 차이가 있는 것으로 분석되었다. Wilks' λ는 총분산 중 집단 내 분산이 차지하는 비율로서 0에 가까울수록 집단에 따른 차이가 크다는 것을 의미한다. 집단에 따른 차이를 개별 종속변수별로 분석하여 보면 단변량 F검정과 단계적 F검정 모두에서 사회성 지위에 따라 사회부적응성을 구성하고 있는 불안, 우울, 외로움, 수줍음, 자존감에 통계적으로 유의한 차이가 있는 것으로 나타났다. 단계적 F검정은 먼저 투입된 종속변수를 공변인으로 하여 그 효과를 교정한 상태에서 집단 간 차이를 검증하는 것이다.

각 종속변수에 대한 독립변수의 설명력을 나타내는 η^2에 의하면 불안요인은 총 변화량의 43%, 우울요인은 40%, 외로움 요인은 63%, 수줍음 요인은 42%, 자존감 요인은 36% 정도가 학생들의 사회성 지위에 의해 설명되고 있으며 독립변수에 의해 가장 많이 설명되는 심리적 특성은 외로움이다.

5 χ^2 검정

Z검정, t검정, 분산분석은 집단비교에 있어서 종속변수가 양적변수일 때 사용하는 통계적 방법이다. 종속변수가 질적변수 혹은 범주변수일 때 집단비교를 하기 위해서는 χ^2 검정을 사용한다. 예를 들어, 한국이 직면한 가장 어려운 문제에 대한 연령별 인식의 차이를 연구하기 위하여 고등학생, 대학생, 직장인, 노인들을 대상으로 의견조사를 하여 〈표 15-19〉와 같은 조사결과를 얻었을 때 χ^2 검정을 실시할 수 있다. χ^2 검정을 통하여 집단 간의 인식 차이를 파악함으로써 한국이 직면한 문제를 해결하기 위한 정책 수립에 활용할 수 있다.

표 15-19 한국이 직면한 어려운 문제에 대한 의견 조사 결과

문제 \ 집단	고등학생	대학생	직장인	노인
경제문제				
정치문제				
대학입시				
사회복지				
부정부패				
도덕성				

χ^2 검정을 이용하여 집단 간 차이가 있는지를 검증하기 위해서는 다음의 기본가정이 충족되어야 하며 구체적 내용은 성태제(2019b)의 『현대 기초통계학-이해와 적용(8판)』을 참고하기 바란다.

첫째, 표본은 각 모집단으로부터 추출되어야 한다.

둘째, 종속변수가 질적변수 혹은 범주변수이어야 한다.

셋째, 각 범주의 응답이 독립적이어야 한다.

넷째, 응답이 되지 않은 칸이 적어야 한다.

☑ 가설과 결과보고의 예

a. 가설

현행 학교군 제도에서 학생배정 방식을 조정할 때 가장 먼저 고려해야 할 요인에 대한 초 · 중 · 고 교사들의 인식에 차이가 있는지 알아보고자 한다. 가설은 다음과 같다.

영가설 : 학생배정 방식에 대한 교사들의 인식은 학교급에 따라 차이가 없다.

대립가설 : 학생배정 방식에 대한 교사들의 인식은 학교급에 따라 차이가 있다.

b. 분석결과 보고

현행 학교군 제도의 학생배정 방식을 조정할 때 가장 먼저 고려해야 할 요인에 대한 초 · 중 · 고 교사들의 인식을 조사한 결과는 〈표 15-20〉과 같다.

표 15-20 학교군 제도 조정 시 고려해야 할 요인에 대한 초 · 중 · 고 교사들의 인식 차이

단위: 명(%)

	초등학교	중학교	고등학교	전체
통학시간 단축	75 (37.5)	43 (21.5)	31 (15.5)	149 (24.8)
학교선택권 존중	70 (35.0)	86 (43.0)	86 (43.0)	242 (40.3)
특정학교로의 편중 방지	20 (10.0)	18 (9.0)	26 (13.0)	64 (10.7)
학군 간 격차해소	35 (17.5)	53 (26.5)	57 (28.5)	145 (24.2)
전체	200 (100)	200 (100)	200 (100)	600 (100)
χ^2 = 30.26 (df=6, p=.000)				

초등학교 교사들의 경우 통학시간의 단축이라고 응답한 사람이 75명으로 전체의 37.5%로 가장 많았으며 학생들의 학교선택권이라고 응답한 사람도 35%를 차지하고

있다. 반면, 중학교 교사들의 경우 전체의 43%인 86명이 학생들의 학교선택권을 가장 먼저 고려해야 한다고 응답하였으며 학군 간 격차해소(53명, 26.5%)와 통학시간의 단축(43명, 21.5%)이 그다음 순으로 나타나고 있다. 고등학교 교사들 역시 학생들의 학교선택권을 가장 먼저 고려해야 한다고 응답한 사람들이 86명으로 전체의 43%로 가장 많았으며 학군 간 격차해소라고 응답한 교사는 57명으로 28.5%의 비율을 나타내고 있다.

학교급에 따라 학교배정 방식에 대한 의견에 유의한 차이가 있는지 알아보기 위해 χ^2 검정을 실시한 결과, χ^2 통계값은 30.26, 이에 따른 유의확률은 .000으로서 유의수준 .05에서 학교급에 따라 교사들의 인식에 유의한 차이가 있다고 할 수 있다.

6 집단 간 비교연구를 위한 사후비교와 사전비교

집단 간의 차이를 밝히는 연구의 대부분은 집단 간에 차이가 있다고만 결론짓고, 어느 집단과 어느 집단이 차이가 있는지를 구체적으로 밝히지 않는 경우가 많다. A, B, C 세 집단의 비교연구에서 세 집단 간의 차이가 있다고 하였을 때 구체적으로 다음과 같은 경우가 있을 수 있다.

A vs B

A vs C

B vs C

A vs (B+C)

B vs (A+C)

C vs (A+B)

이와 같이 집단 간의 차이가 있음을 알고 난 후 어느 집단 간에 차이가 있는지를 밝히는 방법을 **사후비교분석**(post hoc comparison analysis)이라고 하며, 구체적인 대비에 의해서 관심 있는 집단 간의 차이를 밝힐 수 있다.

이론적 · 경험적 배경이 강한 연구자는 어느 집단과 어느 집단에 차이가 있는지를 예상할 수 있으므로 차이가 있을 것으로 예상되는 집단을 사전에 구체적으로 설정하고 연구를 실시할 수 있는데, 이를 **사전비교분석**(planned comparison analysis)이라고 한다. 사전비교분석 방법은 이론적 배경이 강하고 구체적인 연구관심이 특정 대비에만 있을 경우에 사용할 수 있다. 사후비교분석과 사전비교분석은 분산분석이나 χ^2 검정 모두에서 가능하며, 자세한 절차는 성태제(2019b)의 『현대 기초통계학-이해와 적용(8판)』을 참고하기 바란다.

☑ 가설과 결과보고의 예

a. 가설

일원분산분석의 [가설과 결과서술의 예]에서 교수법에 따라 외국어 학습태도에 유의한 차이가 있는 것으로 분석되었다. 이 차이가 구체적으로 어느 집단 간의 차이에 기인한 것인지 짝비교를 통해 알아보고자 한다. 가설은 다음과 같다.

- 대비 1: 강의식과 멀티미디어 교수법의 비교

  영가설 : 강의식과 멀티미디어 교수법에 의한 외국어 학습태도에 차이가 없다.

  대립가설 : 강의식과 멀티미디어 교수법에 의한 외국어 학습태도에 차이가 있다.

- 대비 2: 강의식과 조별토론식 교수법의 비교

  영가설 : 강의식과 조별토론식 교수법에 의한 외국어 학습태도에 차이가 없다.

  대립가설 : 강의식과 조별토론식 교수법에 의한 외국어 학습태도에 차이가 있다.

- 대비 3: 멀티미디어와 조별토론식 교수법의 비교

  영가설 : 멀티미디어와 조별토론식 교수법에 의한 외국어 학습태도에 차이가 없다.

  대립가설 : 멀티미디어와 조별토론식 교수법에 의한 외국어 학습태도에 차이가 있다.

b. 분석결과 보고

Scheffé 검정에 의해 사후분석을 실시한 결과는 〈표 15-21〉과 같다.

표 15-21 교수법에 따른 외국어 학습태도에 대한 사후분석 결과

대비	평균 차이	표준오차	유의확률
강의식 vs. 멀티미디어	-4.53	1.53	.013
강의식 vs. 조별토론식	-5.66	1.53	.001
멀티미디어 vs. 조별토론식	-1.13	1.53	.760

유의수준 .05에서 유의한 차이를 나타내는 집단은 강의식 수업을 받은 집단과 멀티미디어를 이용한 집단, 강의식 수업을 받은 집단과 조별토론식으로 학습한 집단이며 멀티미디어 교수법과 조별토론식 교수법을 적용한 집단 간에는 통계적으로 유의한 차이가 없다. 그러므로 분산분석에서 유의한 차이가 나타났던 이유는 강의식으로 수업받은 집단과 나머지 집단들과의 차이 때문임을 알 수 있다.

연습문제

01 다음 단어를 설명하시오.

Z검정	t 검정
단일표본 t 검정	두 독립표본 t 검정
두 종속표본 t 검정	F검정
분산분석	일원분산분석
이원분산분석	매개변수
통제집단 사후검사설계	단일집단 사전사후검사설계
통제집단 사전사후검사설계	완전무선화설계
완전무선화요인설계	무선화구획설계
무선화구획요인설계	반복설계
분할구획요인설계	공분산분석
다변량분석	χ^2 검정
사후비교분석	사전비교분석

02 다음 설계방법을 이용한 가설을 만들고 설계를 하시오.

통제집단 사후검사설계	단일집단 사전사후검사설계
통제집단 사전사후검사설계	완전무선화설계
완전무선화요인설계	무선화구획설계
무선화구획요인설계	반복설계
분할구획요인설계	공분산분석
다변량분석	χ^2 검정

03 집단비교를 실시한 연구논문을 찾아서 다음 질문에 답하시오.

1) 실험설계 방법을 분석하고 수정, 보완하시오.
2) 사전 · 사후비교분석을 실시하였는지를 확인하고 비교분석을 실시하시오.

Chapter 16

관계분석을 위한 통계방법

양적연구에서 집단비교 연구와 더불어 연구가설 검정에 중요한 역할을 하는 연구가 상관관계를 분석하는 연구다. 상관관계 분석를 기초로 회귀분석, 경로분석, 구조방정식모형 등이 발전하였다. 사회 · 경제적 배경과 학업성취도가 관계가 있는지, 교육연한과 수입이 관계가 있는지, 청소년 비행의 원인이 무엇인지 등을 분석하는 것이 그 예라고 할 수 있다.

1 상관분석

상관계수는 Fisher(1929)의 분산분석 방법이 소개되기 전까지 사회현상을 설명하기 위한 대표적인 통계적 방법으로 사용되었다. 지능과 학업성취도의 관계, 체중과 키와의 관계 등이 Karl Pearson(1896)의 **단순적률상관계수**(simple product-moment correlation coefficient, 이하 상관계수) 공식에 의하여 분석되었다. 상관계수는 교육 연한과 수입의 관계와 같이 두 변수가 양적변수일 때 사용한다. 그러므로 교육 연한과 수입의 관계에서 교육 연한은 학교교육을 받은 총 연수 혹은 개월 수로 측정하여 양적변수가 되도록 하여야 한다. 만약 고졸 이하, 대졸, 대학원 이상으로 구분하여 조사하면 양적변수가 아니라 범주변수가 되기 때문에 학력과 수입의 관계를 분석하는 것이 아니라 학력에 따른 수입의 차이를 검증하는 것이 바람직하다. 그러나 양적으로 측정된 원자료를 집단비교연구를 위해 인위적으로 범주화하거나 변형하여 집단비교분석을 하는 것은 바람직하지 않다. 이럴 경우 자료가 왜곡되거나 중요한 정보를 상실할 수 있기 때문이다.

상관계수의 일반적인 특징은 다음과 같다. 첫째, 상관계수의 범위는 -1.0에서 1.0 사이의 값을 갖는다. 둘째, 상관계수의 크기는 관련성의 정도를 나타낸다. 절대값이 크면 두 변수가 밀접하게 관련되어 있음을 의미하며 절대값이 작으면 두 변수 간의 관련성이 낮음을 의미한다. +는 정적인 상관을, -는 부적인 상관을 나타내며 상관계수가 0인 것은 두 변수 간에 선형적인 관련성이 없음을 의미한다. 셋째, 상관관계가 인과관계를 담보하지는 않는다.

상관계수에 의해 **상관분석**을 하기 위해서는 **다음과 같은 점들을 고려**하여야 한다.

첫째, **표본의 사례 수**로서 표본의 크기가 작으면 표본에 따라 상관계수가 변하게 되어 모집단의 상관계수와 멀어지게 된다. 따라서 사례 수가 많을 때 더 안정적인 상관계수를 추정할 수 있다.

둘째, **등분산성**으로서 X변수의 각 점수에 대응하는 Y점수의 분산과 Y변수의 각 점수에 대응하는 X점수의 분산이 동일하여야 한다.

셋째, **점수의 분산과 비연속성**으로서 점수의 분산이 클수록 높은 상관관계를 나타내며 분산이 작을수록 낮은 상관관계를 나타낸다. 따라서 자료가 절단되어 비연속적 분포를 나타낼 경우에는 상관계수의 해석에 주의를 기울여야 한다.

넷째, **국외자**(outlier)로서 극단값은 상관계수에 영향을 미치므로 두 변수 간 관계의 경향성으로부터 매우 동떨어진 국외자가 있을 경우 그 자료가 의미 있는 것인지 고려하여 연구의 특성상 신뢰롭지 못한 자료라면 제거한 후 상관계수를 추정하는 것이 바람직하다.

한편, 상관계수의 통계적 유의성은 사례 수에 민감하게 영향을 받으므로 항상 실제적인 의미에 기초하여 해석을 하여야 한다. 실제적인 의미를 판단할 때 일반적으로 〈표 16-1〉과 같은 기준을 따르게 된다.

표 16-1 상관계수의 해석기준

상관계수의 범위	상관관계의 해석
±.00 ~ .20	상관이 거의 없다.
±.20 ~ .40	상관이 낮다.
±.40 ~ .60	상관이 있다.
±.60 ~ .80	상관이 높다.
±.80 ~ 1.00	상관이 매우 높다.

단순적률상관계수 외에도 변수의 특성과 측정척도에 따라 〈표 16-2〉와 같은 상관계수들을 사용할 수 있다. 두 변수가 양적 연속변수일 경우 상관관계를 알아보기 위해 단순적률상관계수를 사용하고, 한 변수는 성별처럼 자연적 이분변수이며 다른 변수는 양적 연속변수일 경우 **양류상관계수**를 사용한다. 두 변수가 모두 양적변수이나 한 변수가 인위적으로 양분되었을 경우에는 **양분상관계수**를 이용하여 추정한다. 두 변수 모두 질적인 이분변수일 때 상관계수는 ϕ계수로 계산하고, 질적변수가 하나라도 3개 이상의 범주를 가지고 있을 때 두 질적변수의 관계는 Cramer의 V로 측정한다.

표 16-2 변수의 특성과 측정척도에 따른 상관계수

변수의 특성		측정 척도		상관계수
X	Y	X	Y	
연속	연속	등간, 비율	등간, 비율	적률상관계수(r)
비연속	비연속	서열	서열	Spearman의 등위상관계수(r_S)
이분(자연적)	연속	명명	등간, 비율	양류상관계수(r_{pb})
이분(인위적)	연속	명명	등간, 비율	양분상관계수(r_b)
이분(자연적)	이분(자연적)	명명	명명	ϕ
다분(자연적)	다분(자연적)	명명	명명	Cramer의 V

☑ 가설과 결과보고의 예

a. 가설

학생부, 논술, 수능점수 간의 상관을 알아보고자 할 때, 가설은 다음과 같다.

영가설 : 변수들 간의 상관은 0이다.

대립가설 : 변수들 간의 상관은 0이 아니다.

b. 분석결과 보고

학생부, 논술, 수능점수 간의 상관분석 결과는 〈표 16-3〉과 같다.

표 16-3 학생부, 논술, 수능점수 간의 상관계수 (N=1,000)

	학생부	논술
논술	.31**	
수능	.71***	.32**

** p<.01, ***p<.001

학생부, 논술, 수능점수 간의 상관계수를 살펴보면, 학생부와 논술 간의 상관계수는 .31, 논술과 수능점수 간의 상관계수는 .32로서 상관이 낮은 편이다. 반면, 학생부와 수능점수 간의 상관계수는 .71로 높은 상관을 나타내고 있다. 학생부, 논술, 수능점수 간의 상관관계는 유의수준 .05에서 유의하였다.

2 요인분석

요인분석(factor analysis)이란 자료의 구조를 밝히기 위해 문항이나 변수들 간의 상호관계를 분석하여, 상관이 높은 문항이나 변수들을 모아 요인으로 규명하고 그 요인의 의미를 부여하는 통계적 방법이다. 요인분석은 인간의 심리적 특성을 규명하기 위하여 개발된 통계적 방법으로 지능의 구조를 밝히는 데 사용되었다. 최근에는 구조방정식모형에서 잠재변수를 밝히는 데에도 요인분석이 사용되고 있다.

요인분석을 통하여 Spearman은 지능을 일반요인과 특수요인으로 구분하였으며, Thurstone은 지능이 일곱 가지 기본 정신능력으로 구성되어 있다고 주장하였다. 일곱 가지 기본 정신능력은 어휘력, 수리력, 공간력, 지각력, 추리력, 암기력, 언어유창성이다. 즉, 알지 못하는 지능을 연구하기 위해서 많은 문항으로 제작된 지능검사를 실시하여 얻은 자료를 가지고 요인분석을 한 결과, 지능은 일곱 가지 하위능력으로 합성된 것임을 알게 된 것이다. 이 하위능력을 요인이라고 한다. 이와 같이 검사도구의 구인 타당도를 검증하는 데 요인분석이 사용되었다.

요인분석은 다소 복잡한 통계적 방법이지만 이 또한 문항 혹은 변수 간의 상관계수에 근거한다. 즉, 관계가 높은 문항들이나 변수들을 묶어 하나의 요인으로 의미를 부여한다. **요인분석의 절차**는 다음과 같다.

첫째, 문항점수를 얻거나 변수들을 측정한다.
둘째, 문항이나 변수들 간의 상관계수 행렬을 구한다.
셋째, 회전하지 않은 요인을 추출한다.
넷째, 요인을 회전시킨다.
다섯째, 회전된 요인과 관계있는 요인부하량이 큰 문항이나 변수들의 내용에 근거하여 요인을 해석하고 이름을 부여한다.

알지 못하는 잠재적 특성을 측정하기 위하여 검사를 실시하거나 변수를 측정하여 그들 간의 상관계수를 구하면 관계가 깊은 문항이나 변수들이 묶여지게 된다. 묶여진 문항이나 변수들은 요인이 되며 해석을 쉽게 하기 위하여 요인들을 회전하고 그 결과에 따라 요인을 분석한다.

요인분석에는 탐색적 요인분석과 확인적 요인분석이 있다. **탐색적 요인분석**(exploratory factor analysis)은 연구자가 어떤 요인들과 요인의 수에 대하여 확실한 정보가 없을 경우 실시하는 분석이고, **확인적 요인분석**(confirmatory factor analysis)은 연구자가 요인 수에 대한 정보를 가지고 있을 때 실시하는 분석이다. 탐색적 요인분석을 실시할 때 요인의 수를 결정하기 위하여 **고유값**(eigen value)을 참고하며 일반적으로 고유값이 1 이상일 때 하나의 요인으로 간주한다. 예를 들어, 창의성을 규명하는 하위 구인이 무엇인지 탐색적으로 밝히고자 할 때 고유값(eigen value)이 1 이상인 요인들을 추출한 결과, 6개의 요인으로 추출되었다면 연구자는 각 요인에 속하는 문항들의 공통적 속성을 분석하여 각 요인의 의미를 부여하면 된다.

문항이나 각 변수가 어떤 요인과 관련이 있는지는 **요인부하량**(factor loading)에 의하여 결정된다. 일반적으로 요인부하량이 .3 이상인 문항이나 변수를 해당 요인과 관계가 있다고 해석한다. 일반적으로 안정적인 상관계수를 얻기 위해서는 300명 이상의 연구대상이 필요하나 요인구조가 간단한 경우 100명 이상의 사례 수로도 요인분석이 가능하다.

☑ 분석과 결과보고의 예

앞의 다변량분산분석의 예에서 사용하였던 자료를 기초로 사회부적응성 측정도구의 구인타당도를 검정하고자 한다. 사회부적응성 측정도구는 외로움, 자존감, 불안, 우울, 수줍음의 5가지 하위척도로 구성되어 있으며, 각 하위척도는 8개의 문항으로 구성되어 있다. 검사에 포함되어 있는 문항들이 이론에서 가정하고 있는 요인구조를 타당하게 반영하고 있는지 알아보기 위해 확인적 요인분석을 실시하였으며, 분석결과는 〈표 16-4〉와 같다.

5개의 요인을 추출한 결과, 전체 분산의 48.32%가 설명되고 있으며 .3이상의 요인부하량을 나타내는 문항을 해당 요인에 포함되는 것으로 판단할 때 첫 번째 요인은 외로움, 두 번째 요인은 수줍음, 세 번째 요인은 자존감, 네 번째 요인은 우울, 다섯 번째 요인은 불안 요인으로 분류될 수 있다. 각 요인에 해당하는 문항들의 특성을 볼 때 전체적으로 해당 요인을 타당하게 측정하고 있다고 평가할 수 있다. 그러나 불안을 측정하기 위해 제작한 문항 중 1번 문항은 외로움, 수줍음 요인과 더 관련이 있는 것으로 나타나고 있으며 3번 문항은 수줍음 요인과 더 관련이 있는 것으로 나타나고 있다. 또한 우울을 측정하기 위해 제작한 문항 중 2번 문항은 모든 요인에 대한 부하량이 .25보다 낮은 값을 나타내고 있어 이 문항은 학생들의 사회부적응성을 측정하기에 적절한 문항이라 할 수 없다. 따라서 불안척도의 1번 문항과 3번 문항, 우울척도의 2번 문항을 제외하여 본 검사를 구성하였다.

표 16-4 사회부적응성 측정도구에 대한 요인분석 결과

	요인1 외로움	요인2 수줍음	요인3 자존감	요인4 우울	요인5 불안	공통분
외로1	.725	.170	.130	.088	.061	.582
외로6	.724	.134	.145	.153	.154	.610
외로3	.718	.261	.161	.180	.155	.666
외로2	.703	.193	.122	.174	.082	.583
외로4	.700	.195	.182	.172	.183	.623
외로5	.650	.250	.182	.169	.272	.620
외로7	.638	.178	.166	.331	.101	.586
외로8	.616	.184	.171	.353	.069	.572
불안1	.376	.351	.155	.069	.144	.314
우울2	.251	.199	.028	.209	.185	.181
수줍3	.178	.716	.084	.164	.059	.581
수줍4	.150	.684	.066	.215	.115	.555
수줍5	.206	.678	.100	.114	.051	.527
불안3	.165	.586	.176	-.017	.269	.474
수줍2	.054	.548	.008	.045	.222	.355
수줍7	.247	.519	.195	.177	.150	.422
수줍8	.199	.505	.076	.127	.133	.334
수줍6	.353	.463	.104	.233	.180	.436
수줍1	.426	.427	.172	.152	.210	.460
자존2	.040	.043	.780	.132	.034	.630
자존3	.005	.089	.728	.057	.109	.553
자존4	.190	.089	.725	.165	.033	.598
자존1	.106	-.003	.725	.194	-.049	.576
자존5	.153	.106	.611	.363	-.003	.540
자존7	.130	.133	.551	-.054	.058	.345
자존6	.270	.247	.524	.016	.137	.428
자존8	.287	.050	.516	.224	.112	.414
우울4	.158	.156	.040	.659	.175	.516
우울5	.155	.170	.254	.587	.133	.480
우울7	.261	.125	.156	.511	.191	.406
우울8	.231	.194	.093	.497	.265	.416
우울6	.205	.130	.343	.482	.115	.423
우울3	.305	.205	.221	.474	.093	.417
우울1	.270	.086	.335	.376	.148	.355
불안5	.138	.192	.051	.115	.644	.487
불안8	.196	.213	.052	.281	.617	.546
불안4	.208	.324	.155	.183	.514	.470
불안6	.396	.261	.049	.239	.484	.519
불안2	.138	.289	.236	.241	.397	.374
불안7	.118	.391	-.022	.169	.396	.352
고유값	5.407	4.259	4.235	3.073	2.352	
설명분산	13.518	10.648	10.588	7.681	5.880	
누적분산	13.518	24.166	34.754	42.436	48.316	
문항 수	8	8	8	8	8	40(전체)

** 반복주축분해법과 직각회전에 의한 분석결과

3 정준상관

정준상관은 상관관계의 확장된 개념으로 다변량분석의 한 종류다. 상관은 한 변수와 다른 변수와의 관계 혹은 하나의 종속변수와 하나의 독립변수의 관계를 설명하는 반면, **정준상관**(canonical correlation)은 두 개 이상의 종속변수와 독립변수의 관계를 설명한다. 그러므로 정준상관은 다변량분석으로 분류된다. 정준상관관계를 기호로 표현하면 다음과 같다.

$$\boldsymbol{r}_{(Y_1,\, Y_2,\, Y_3) \cdot X_1}$$

앞의 예에서 독립변수는 하나이고 종속변수는 세 개다. 일반적으로 정준상관은 두 개 이상의 독립변수와 두 개 이상의 종속변수와의 관계를 검증한다. 독립변수의 합성이나 종속변수의 합성은 선형조합이다. 정준상관관계에서는 독립변수나 종속변수가 여러 개일 경우 변수들끼리 상호 관련된 부분을 제거하고 순수한 독립변수들의 합성부분과 종속변수의 합성부분 간의 상관계수를 추정한다.

정준상관 분석을 실시하기 위해서는 다음의 가정이 충족되어야 한다.

첫째, 변수들의 관계가 선형이어야 한다.
둘째, 독립변수의 합성과 종속변수의 합성 간의 관계가 선형이어야 한다.
셋째, 가능하면 변수들이 정규분포 가정을 충족하여야 한다.

앞의 가정은 상관계수를 추정할 때의 가정과 동일하다. 변수 간의 관계가 선형관계가 아니라 곡선형 관계일 때 정준상관 분석결과는 타당하지 않다. 또한 가능하면 변수들이 정규분포 가정을 충족할 때 정준상관 분석이 가능하다. **정준상관 분석 절차**는 다음과 같다.

첫째, 이론적 배경에 의하여 독립변수들과 종속변수를 추출한다.
둘째, 독립변수와 종속변수들을 선형 조합하고, 경우에 따라 가중치를 고려한다.

셋째, 정준상관계수를 추정한다.

넷째, 결과를 해석한다.

☑ 분석과 결과보고의 예

중학생들을 대상으로 가정특성과 학습의욕이 서로 관련이 있는지 알아보고자 한다. 가정특성은 부모의 사회경제적 지위(SES), 부모의 자녀에 대한 기대, 가정 분위기로 정의하였고 학습의욕은 자주적 학습태도, 성취지향성, 책임감으로 규정하였다.

중학생들의 가정특성과 학습의욕 간의 정준상관함수에 따른 다변량 통계치와 정준상관계수는 〈표 16-5〉와 같다.

표 16-5 정준상관함수의 통계적 유의성 및 정준상관계수

정준상관함수	Wilks' λ	X^2	자유도	유의확률	Rc (Rc^2)
함수 1	.27	654.37	9	.000	.83 (.69)
함수 2	.87	70.13	4	.000	.36 (.13)
함수 3	1.00	1.76	1	.185	.06 (.00)

3개의 정준상관함수 중 첫 번째 함수(X^2=654.37, p=.000)와 두 번째 함수(X^2=70.13, p=.000)만이 유의수준 .05에서 통계적 유의성을 나타내는 것으로 분석되었다. 두 정준함수에 대한 분석결과를 보면, 첫 번째 정준함수에서 두 변수군 간의 정준상관계수는 .83으로 두 변수군 사이에 매우 높은 상관관계가 있음을 보여 주고 있다. 한편, 제곱정준상관계수(Rc^2)는 .69로서 첫 번째 함수에서 두 변수군의 선형결합에 의해 설명되는 공유분산의 비율은 69%이다. 한편, 두 번째 함수의 정준상관계수는 .36, Rc^2는 .13으로서 두 번째 함수에서 두 변수군의 선형결합에 의해 설명되는 공유분산의 비율은 13%이다.

두 번째 함수에서 두 변수군 간의 상관계수나 공유분산의 비율이 높지 않으므로 이하에서는 첫 번째 함수에 의한 분석 결과만을 적용하여 두 변수군 간의 관계를 설명하고자 한다. 첫 번째 함수에 기초한 표준화 정준계수, 정준부하량, 정준교차부하량, 정준중복지수는 〈표 16-6〉과 같다.

표 16-6 가정특성과 학습의욕 간의 정준상관분석 결과

	독립변수군(가정특성)			종속변수군(학습의욕)		
	SES	부모기대	가정 분위기	자주적 학습	성취지향성	책임감
표준화정준계수	-.70	-.13	-.36	-.63	-.29	-.29
정준부하량	-.93	-.57	-.77	-.90	-.71	-.79
정준교차부하량	-.77	-.48	-.64	-.75	-.59	-.65
정준중복지수 (해당 변수군)	.59			64		
정준중복지수 (상대 변수군)	.41			.22		
Rc (Rc^2) = .83 (.69)						

독립변수군과 종속변수군 사이의 상관의 정도를 나타내는 정준상관계수의 값이 .83으로서 가정특성과 학습의욕은 매우 높은 정적인 상관을 나타내고 있다. 따라서 가정특성이 좋은 학생일수록 높은 학습의욕을 나타낸다고 할 수 있으며 제1정준함수에서 두 변수군의 선형결합에 의해 설명될 수 있는 공유 분산의 비율은 69%다 (Rc^2=.69). 정준중복지수는 산출된 정준함수에 의해 해당 변수군과 상대 변수군의 분산이 어느 정도 설명될 수 있는지를 나타내는 것으로서 독립변수군인 가정특성 요인에서는 제1정준함수에 의해 독립변수군 분산의 59%, 종속변수군 분산의 41%가 설명되며 종속변수군인 학습의욕 요인에서는 제1정준함수에 의해 종속변수군 분산의 64%, 독립변수군 분산의 22%가 설명된다. 즉, 제1정준함수에 기초할 때 가정특성 요인이 학습의욕 요인을 설명하는 정도는 41%이며, 학습의욕 요인이 가정특성 요인을 설명하는 정도는 22%이다.

각 변수군에 포함되어 있는 개별 변수들과 정준함수 간의 관계를 살펴보면, 표준화 정준계수와 정준부하량은 개별 변수들의 해당 변수군에 대한 상대적 기여도를 나타내는 것으로서 가정특성요인 중에서는 부모의 사회경제적 지위의 표준화정준계수가 -.70, 정준부하량은 -.93으로서 독립변수군에 가장 많은 기여를 하는 것으로 나타났으며, 학습의욕요인 중에서는 자주적 학습태도의 표준화정준계수가 -.63, 정준부하량은 -.90으로서 종속변수군에 가장 많은 기여를 하는 것으로 나타났다. 정준교차부하량은 각 변수들의 상대 변수군에 대한 상대적 기여도를 의미한다. 가정특성 요인

중 부모의 사회경제적 지위의 정준교차부하량이 -.77로서 종속변수군인 학습의욕과 가장 많은 관련성을 지니는 것으로 분석되었으며 학습의욕 요인 중에서는 자주적 학습태도의 정준교차부하량이 -.75로서 독립변수군인 가정특성과 가장 많은 관련성을 지니는 것으로 분석되었다.

4 회귀분석

회귀분석(regression)은 하나의 종속변수에 영향을 주는 변수가 무엇이고 그 변수 중 가장 큰 영향을 미치는 변수가 무엇인지 또 종속변수를 설명해 줄 수 있는 가장 적합한 모형이 무엇인지를 밝히는 통계적 방법으로 상관계수에 기초한다. 회귀분석은 종속변수가 양적변수이고 독립변수는 양적 혹은 질적변수일 때 사용이 가능하다. 만약 독립변수가 하나면 **단순회귀분석**(simple regression analysis)이라고 하고 독립변수가 다수일 경우에는 **중다회귀분석**(multiple regression analysis)이라고 한다. **회귀분석**을 사용하기 위하여 충족시켜야 할 **조건**과 **가정**은 다음과 같다.

첫째, 종속변수는 양적변수이어야 한다

둘째, 종속변수는 정규분포 가정을 충족하여야 한다.

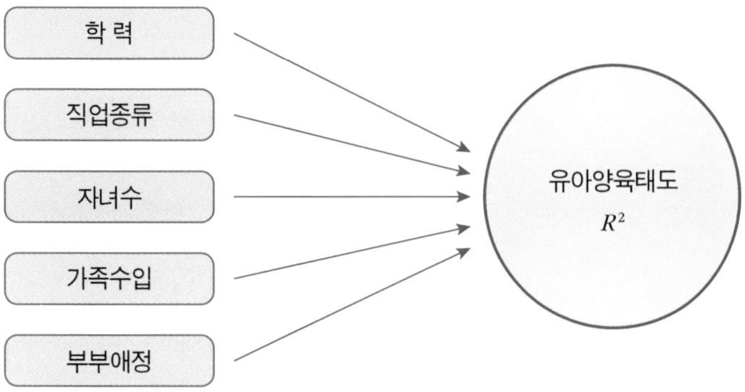

그림 16-1 유아양육태도에 영향을 주는 변수

중다회귀분석은 알지 못하는 사회현상을 설명하는 데 널리 사용되고 있다. 예를 들어, 어머니의 유아에 대한 양육태도에 영향을 주는 변수를 파악하기 위해서 중다회귀분석을 사용할 수 있다. 선행연구 분석을 통하여 연구자는 학력, 직업종류, 자녀 수, 수입, 부부 애정 등을 독립변수로 설정하고 이를 통해 각 변수들이 유아에 대한 양육태도에 얼마만큼 영향을 주는지를 밝히고자 할 수 있다.

이상의 다섯 개의 변수가 유아양육태도에 영향을 주는 정도는 결정계수인 R^2값에 의하여 설명되고 각 독립변수가 종속변수에 영향을 주는 정도는 회귀계수인 B나 표준화 회귀계수인 β에 의하여 설명된다.

결정계수 R^2은 유아양육태도의 총변화량 중 독립변수가 설명한 총변화량의 비율을 말하므로 결정계수 R^2이 높을수록 독립변수들의 설명력이 높다. 회귀계수는 각 변수가 종속변수에 주는 영향을 말하며 이는 회귀식의 기울기에 해당한다. 중다회귀분석의 회귀식은 다음과 같다.

$$\hat{Y} = B_0 + B_1X_1 + B_2X_2 + B_3X_3 + B_4X_4 + \cdots\cdots, + B_KX_K$$

일반적으로 회귀계수인 B가 클수록 각 변수의 영향력이 커지는 관계에 있으나 각 변수들의 측정척도가 다르므로 절대적 크기 비교는 할 수 없다. 독립변수들의 상대적 기여도를 비교하기 위해서는 동일한 척도로 변환한 표준화 회귀계수(β)를 참조한다.

종속변수를 효율적으로 설명하는 모형을 찾기 위하여 **전진선택법**(forward selection), **후진제거법**(backward elimination), **단계선택법**(stepwise selection) 등의 방법을 사용한다.

☑ 가설과 결과보고의 예

a. 가설

특정 제품에 대한 소비자의 만족도에 영향을 미치는 요인을 알아보고자 한다. 독립변수로 상품의 질, 제품의 가격, 서비스, 기업 인지도를 선택하였으며 각 독립변수의 통계적 유의성을 분석하기 위해 중다회귀분석을 실시하였다. 가설은 다음과 같다.

- 모형에 대한 통계적 유의성

  영가설　: 결정계수는 0이다.

  대립가설 : 결정계수는 0이 아니다.

- 독립변수들에 대한 통계적 유의성

  영가설　: 모든 독립변수들의 회귀계수는 0이다.

  대립가설 : 최소한 하나의 회귀계수는 0이 아니다.

b. 분석결과 보고

제품 만족도에 대한 중다회귀분석 결과는 〈표 16-7〉과 같다. 4개의 독립변수로 소비자들의 제품에 대한 만족도를 측정하는 모형에 대한 통계적 유의성 검정 결과, F통계값은 32.02, 유의확률은 .000으로 모형에 포함된 독립변수들은 유의수준 .05에서 제품에 대한 만족도를 유의하게 설명하고 있으며, 만족도 총변화량의 57%(수정 결정계수에 의하면 56%)가 모형에 포함된 독립변수들에 의해 설명되고 있다.

개별 독립변수들의 종속변수에 대한 기여도와 통계적 유의성을 검정한 결과, 유의수준 .05에서 만족도에 유의하게 영향을 미치는 독립변수는 상품의 질(t=3.41, p=.001), 서비스(t=3.79, p=.000), 기업에 대한 인지도(t=3.62, p=.000)이며 독립변수들의 상대적 기여도를 나타내는 표준화 계수에 의하면 상품의 질과 서비스의 기여도는 동일하며, 그다음으로 기업 인지도가 만족도에 영향을 미치고 있다.

표 16-7 제품 만족도에 대한 중다회귀분석

독립변수	비표준화 계수		표준화 계수	t	유의확률
	B	표준오차			
상품의 질	.23	.07	.35	3.41	.001
제품 가격	-.08	.04	-.14	-1.69	.094
서비스	.40	.10	.35	3.79	.000
기업 인지도	.28	.08	.26	3.62	.000
(상수)	25.91	4.18		6.20	.000
$R^2(adj.\ R^2)$=.57(.56), F=32.02, p=.000					

5 로지스틱 회귀분석

로지스틱 회귀분석은 회귀분석과 개념적으로 동일하다. 다만 종속변수가 양적변수가 아니라 이분변수라는 점만이 다르다. 즉, 종속변수가 양적변수일 때 종속변수에 영향을 주는 변수를 찾아내는 방법이 회귀분석이며, **로지스틱 회귀분석**(logistic regression)은 종속변수가 이분변수일 때 사용하는 통계적 방법이다. 이분변수는 두 범주로 구분되는 변수로 정답/오답, 합격/불합격, 물건 구입 집단/구입하지 않는 집단 등의 경우를 예로 들 수 있다.

예를 들어, 자격시험의 합격에 영향을 주는 독립변수가 무엇인지, 즉 합격여부를 어떤 변수들이 얼마만큼 설명하고 있는지를 로지스틱 회귀분석으로 설명할 수 있다. 그러므로 로지스틱 회귀분석은 두 집단 판별분석과 유사하다. 자료가 판별분석을 사용하기 위한 기본가정에 위배될 경우에도 로지스틱 회귀분석을 사용할 수 있다. **로지스틱 회귀분석**은 다음과 같은 경우에 **사용**한다.

첫째, 종속변수가 이분변수로서 정규분포가 아닌 이항분포를 따른다.
둘째, 종속변수가 정규분포 가정을 충족하지 못한다.
셋째, 두 모집단 간의 등분산 가정을 충족하지 못한다.

두 집단 판별분석보다 로지스틱 회귀분석을 선호하는 이유는 종속변수의 정규분포 가정과 등분산성 가정 충족 여부에 제한을 받지 않을 뿐만 아니라 회귀분석과 매우 유사하기 때문이다. 로지스틱 회귀등식은 다음과 같다.

$$\frac{P(\text{한 집단})}{P(\text{다른 집단})} = e^{B_0 + B_1X_1 + B_2X_2 + \cdots\cdots + B_KX_K}$$

앞 등식의 좌항을 **승산비**(odd ratio)라고 하며 B_1, B_2, ……, B_K를 로지스틱 회귀계수라고 한다. 회귀분석은 잔차를 최소화하는 모형을 찾아내는 데 주안점을 두고 있으나, 로지스틱 회귀분석은 사건이 일어날 가능성(likelihood)을 최대화하는 모형을 찾아내는 데 관심을 두고 있다. 우도함수에 log를 취하고 -2를 곱한 -2LL 값이 0일 경우 최적합 모형이 된다. **우도함수**(likelihood function)가 1일 때가 최적합 모형이 되므로 여기에 log 함수를 취하면 0이 되기 때문이다. 최적합 모형을 찾기 위하여 회귀분석과 같이 **전진선택법**, **후진제거법**, **단계선택법** 등의 방법을 사용한다. 로지스틱 회귀계수에 대한 검정은 **Wald 통계값**을 이용하며 이는 회귀분석에서 t 검정을 하는 것과 유사하다.

☑ 분석과 결과보고의 예

A대학교의 입학사정을 위한 주요 전형요소인 내신성적, 수능성적, 논술고사 점수 중 학생들의 합격 여부에 유의한 영향을 미치는 독립변수는 무엇이며 그중에서 가장 많은 영향을 미치는 독립변수는 무엇인지 A대학교 지원자 중 1,000명의 자료를 기초로 분석하고자 한다.

내신과 수능시험 및 논술고사 성적의 평균, 표준편차, 최저점수, 최고점수는 〈표 16-8〉과 같다. 합격자들의 내신성적의 평균과 표준편차는 399.33, 1.40이고, 수능시험의 평균과 표준편차는 429.68, 8.96이며, 논술고사의 평균과 표준편차는 74.85, 3.84이다. 한편, 불합격자들의 내신성적의 평균과 표준편차는 397.24, 4.44이고, 수능시험의 평균과 표준편차는 409.28, 32.44이며, 논술고사의 평균과 표준편차는 71.30, 5.13이다.

표 16-8 합격 여부에 따른 내신과 수능시험 및 논술고사 성적의 기술통계

		합격(n=528)	불합격(n=472)	전체(N=1000)
내신	평균	399.33	397.24	398.34
	표준편차	1.40	4.44	3.38
수능	평균	429.68	409.28	420.06
	표준편차	8.96	32.44	25.34
논술	평균	74.85	71.30	73.18
	표준편차	3.84	5.13	4.83

합격 여부에 대한 내신성적, 수능시험 및 논술고사 점수를 독립변수로 하는 모형에 대한 통계적 유의성 및 집단 분류의 정확도를 로지스틱 회귀분석으로 분석한 결과는 〈표 16-9〉와 같다.

표 16-9 모형 검정 및 합격 여부 분류의 정확도

		관찰값			정확도
		합격	불합격	전체	
예측값	합격	456	126	582	86.4%
	불합격	72	346	418	73.3%
	전체	528	472	1000	80.2%

-2LL=961.15,
χ^2(절편모형-이론모형)=422.00(df=3, p=.000), Nagelkerke R^2= .46

모형에 포함된 모든 독립변수들의 회귀계수가 0인지에 대한 가설검정 결과, 절편만을 포함하고 있는 모형의 -2LL과 연구자가 설정한 이론모형의 -2LL의 차이를 나타내는 χ^2값은 422.00, 이에 따른 유의확률은 .000으로서 내신성적, 수능시험 점수, 논술고사 점수에 의해 합격 여부를 예측하는 모형은 유의수준 .05에서 통계적으로 유의하며 Nagelkerke R^2에 의하면 회귀모형에 의해 종속변수 변화량의 46% 정도가 설명되고 있다. 합격자와 불합격자에 대한 관찰치와 예측치 간의 차이를 보면 합격자의 경우 86.4%, 불합격자의 경우 전체의 73.3%가 정확히 분류되어 전체적으로는 80.2%의 높은 정확도를 나타내고 있다.

합격 여부에 대한 개별 독립변수들의 통계적 유의성 및 상대적 기여도를 분석한 결과는 〈표 16-10〉과 같다. 내신성적(Wald=24.11, p=.000)과 수능시험 점수(Wald=118.52, p=.000), 논술고사 점수(Wald=79.65, p=.000) 모두 유의수준 .05에서 대입합격 여부에 유의하게 영향을 미치고 있으며 독립변수들의 상대적 영향력을 나타내는 R통계값을 살펴보면 세 가지의 독립변수 중 수능시험 점수가 가장 큰 영향을 미치는 것으로 분석되었다. 로지스틱 회귀분석에 의해 도출된 회귀식은 다음과 같다.

표 16-10 대입 합격 여부에 대한 로지스틱 회귀분석 결과

	회귀계수	표준오차	*R*	Wald	자유도	유의확률	Exp(B)
내신성적	.23	.05	.13	24.11	1	.000	1.26
수능시험점수	.09	.01	.29	118.52	1	.000	1.09
논술고사점수	.19	.02	.24	79.65	1	.000	1.20
상수	-141.64	18.88		56.30	1	.000	.00

Logit(합격의 승산비) = -141.64 +.23(내신성적)+.09(수능시험점수)+.19(논술고사점수)

로지스틱 회귀분석에서 회귀계수(B)는 다른 독립변수들의 값을 일정하게 하였을 때 독립변수의 값이 1단위 증가하면 대학에 합격할 확률이 합격하지 않을 확률보다 Exp(B)배만큼 증가함을 의미한다. 따라서, 다른 독립변수들의 점수가 동일하다고 할 때 각 독립변수에서 1점 높은 점수를 받은 학생은 대학에 합격할 확률이 합격하지 않을 확률보다 내신에서는 1.26배, 수능시험에서는 1.09배, 논술고사에서는 1.20배 정도 높아진다고 예측할 수 있다.

6 판별분석

판별분석(discriminant analysis)은 종속변수가 두 개 혹은 그 이상의 집단으로 구성되었을 때 여러 개의 독립변수들을 통해 집단 구성원을 판별하거나 분류를 예측하기 위한 통계 기법으로 집단판별에 영향을 주는 독립변수가 무엇이며, 그러한 독립변수 중 영향력이 가장 큰 변수가 무엇인지를 밝히고자 할 때 사용하는 방법이다. 판별분석은 독립변수의 선형조합으로 종속변수를 설명하고자 한다는 점에서 회귀분석과 유사하지만 종속변수가 범주변수라는 차이점이 있으며, 종속변수가 3개 이상으로 분류되었을 때 독립변수가 주는 영향력을 분석할 수 있다는 점에서 로지스틱 회귀분석과 차이가 있다.

예를 들어, 결혼 후 같이 생활하는 부부, 별거하는 부부, 이혼한 부부에 영향을 줄 수 있다고 고려되는 변수로서 학력, 수입, 직업, 자녀수, 부부 애정, 혼전 성경험, 종교

등을 들고 판별분석으로 어떤 변수가 가장 많은 영향을 주는지를 밝힐 수 있다. 또한 판별분석으로도 특정대학의 입학여부를 결정하는 중요한 변수가 무엇인지를 밝힐 수 있다. 합격과 불합격에 영향을 주는 변수로서 대학 수학능력시험 점수, 논술시험 점수, 학생부 점수, 성별, 거주지역 등을 열거한 후 어떤 변수가 대학입학에 결정적인 영향을 주는지를 분석할 수 있다.

또한 연속변수인 종속변수를 연구자가 어떤 준거에 의하여 상, 중, 하의 집단으로 구분한 후 그 집단 구분이 효율적일 때 어떤 독립변수가 영향을 주는지도 판별분석으로 분석할 수 있다. 예를 들어, 사회계층을 상, 중, 하로 구분하고 그에 영향을 주는 독립변수로 성별, 직업, 수입, 자녀 수, 거주 지역, 학력, 스포츠 참여 정도 등의 변수를 설정하여 연구자가 설정한 상, 중, 하의 구분이 효율적이며 어떤 독립변수가 사회계층 구분에 영향을 주는지, 즉 사회계층 구분을 위하여 어떤 변수들이 보다 효율적인지를 밝힐 수 있다. 세 집단 이상의 구분을 분석하는 판별분석을 중다판별분석(multiple discriminant analysis)이라고 한다. 판별분석도 중다회귀분석과 같이 다음과 같은 선형등식을 갖는다.

$$Z = W_1X_1 + W_2X_2 + W_3X_3 + \cdots\cdots + W_KX_K$$

Z: 판별점수
W_K: 판별계수
X_K : 독립변수

판별분석의 등식은 회귀등식과 유사한 선형함수로서 판별점수를 종속변수로 한다. 판별함수를 통해 각 집단에 속한 개인의 판별점수를 산출하며, 개인의 점수를 평균한 것이 각 집단의 평균, 즉 **센트로이드**(centroid: 선형 조합에 의한 집단의 가중치 평균)가 된다. 종속변수의 집단이 두 개이면 두 개의 센트로이드가 구해진다. 판별함수분석은 각 집단의 센트로이드에 차이가 있는지를 검증하는 것이며, 그 차이는 판별계수에 의해 결정된다. **판별계수**는 집단 간 차이를 극대화시키고 집단 내 분산을 최소화시키는 원리에 의해 추정되며, 이렇게 추정된 판별계수는 개별 독립변수의 상대적 중요도를 나타낸다. 즉, 판별계수가 높으면 해당 독립변수가 집단을 구분하는 데 영향을 많이 주는 변수라고 해석할 수 있다. 만일 집단 내 분산에 비해 집단 간 분산이 상대적으로 크다면 판별함수가 집단을 잘 판별해 준다고 할 수 있다. **판별분석**을 위해서는 다음과 같은 **조건**과 **가정**을 충족하여야 한다.

첫째, 종속변수가 질적변수이거나 최소한 집단을 구분하는 범주변수이어야 한다.
둘째, 각 독립변수가 정규분포를 가정하여야 한다.
셋째, 각 집단 간의 등분산성 가정이 충족되어야 한다.
넷째, 독립변수들이 상호 독립적이어야 한다.
다섯째, 극외자(outlier)가 없어야 한다.

독립변수가 양적변수일 때 각 모집단의 분포가 정규분포를 이룬다는 가정을 충족하여야 한다. 모수통계에서와 같이 정규분포 가정은 이론적이거나 경험적 가정에 근거한다. 정규분포 가정을 충족하지 않을 때는 로지스틱 회귀분석을 사용하는 것이 바람직하다. 또한 각 모집단에서 독립변수의 분산이 같아야 한다. 또한 집단 구분에 영향을 주는 독립변수 간에 관계가 없어야 한다. 만약 어떤 독립변수가 다른 독립변수와 높은 상관관계를 지니고 있다면 판별분석이 용이하지 않다. 극외자는 회귀분석의 경우와 같이 판별분석에 영향을 주므로 자료분석 전에 검토하는 것이 바람직하다. 판별분석을 사용할 때 종속변수가 다수의 집단으로 구분되어 있으면 판별분석이 불가능해진다. 일반적으로 판별분석은 다섯 집단 이하로 구분된 집단연구에 사용된다.

판별분석을 위한 연구대상 수에 절대적인 규칙은 없으나 독립변수 수의 20배에 해당하는 사례 수를 권장한다(Hair, Anderson, Tatham, & Black, 1995). 예를 들어, 독립변수 수가 5개라면 100명 이상의 연구대상이 필요하다. 최소한 한 집단의 사례 수가 독립변수 수보다 많으면 판별분석이 가능하다고 보나 대체로 20명 이상의 연구대상을 필요로 한다.

☑ 분석과 결과보고의 예

사회부적응 학생을 판별하기 위한 검사도구의 하위요인(외로움, 자존감, 불안, 우울, 수줍음)들이 학생들의 사회성 지위(인기집단, 양면성 집단, 보통집단, 무시집단, 거부집단)를 타당하게 구별할 수 있는지 검증하기 위하여 각 하위요인들을 독립변수로 하고, 집단 특성을 종속변수로 하여 판별분석을 실시하였다. 학생들의 사회성 지위를 가장 잘 판별할 수 있는 판별함수를 도출하고, 독립변수들의 상대적 기여도를 파악하기 위하여 Wilks' λ의 값이 최소가 되게 하는 단계적 판별분석방법을 선택하였다. 분석결과는 〈표 16-11〉과 같다.

표 16-11 사회부적응성이 학생 집단 특성을 구별하는 기능에 대한 단계적 판별분석결과

독립변수	투입순서	Wilks' λ(p)	η^2	판별함수와 독립변수와의 상관			
				1	2	3	4
외로움	1	.30(.000)	.70	.76	-.57	-.28	.12
자존감	2	.22(.000)	.78	.75	.03	.54	-.40
불안	3	.18(.000)	.82	.74	.41	-.52	-.12
수줍음	4	.17(.000)	.83	.65	.20	.24	.69
우울				.47	.05	-.04	.04
고유값				3.86	.13	.06	.01
설명분산				95.1	3.1	1.4	.3
$Rc(Rc^2)$				.89(.79)	.33(.11)	.24(.06)	.12(.01)
Wilk's λ(p)				.17(.000)	.83(.000)	.93(.000)	.99(.046)

단계적 판별분석은 독립변수의 우선 순위를 파악하거나 집단을 분류하기 위한 판별모형을 가설적으로 만들고자 할 때 유용하게 사용되는 방법으로써 단계적 판별 분석을 적용한 결과, 우울 요인을 제외한 나머지 독립변수들이 모두 판별식에 투입되었으며, 외로움, 자존감, 불안, 수줍음의 순으로 투입되고 있다. Wilks' λ는 전체분산 중에서 집단 내 분산(오차분산)이 차지하는 비율로써 λ값이 0에 가까우면 집단 내 분산의 비율이 작고 집단 간 분산이 커지는 것을 의미한다. 〈표 16-11〉에 의하면 독립변수의 수가 추가됨에 따라 단계별 Wilks' λ의 값은 점차 감소하고 있어 판별의 기능이 더욱 향상되고 있음을 알 수 있다. 이는 모형의 예측력을 나타내는 η^2의 값을 통해서도 알 수 있는데 외로움 요인만 포함되었을 때 모형의 예측력은 70%였으며 단계별로 자존감, 불안, 수줍음 요인이 추가되면서 .78, .82, .83으로 모형의 예측력이 이전 단계에 비해 각각 8%, 4%, 1% 정도 더 향상되고 있다. 따라서 외로움 요인이 집단을 판별하는 데 가장 많은 기여를 하고 있으며 그다음은 자존감, 불안, 수줍음 요인의 순으로 영향을 미치고 있음을 알 수 있다.

도출되는 판별함수의 수는 집단의 수에서 하나를 뺀 값과 같으므로 총 4개의 판별함수가 도출되었으며 판별함수의 통계적 유의성을 나타내는 Wilks' λ에 의하면 유의수준 .05에서 모두 통계적으로 유의한 함수들이다. 그러나 각 판별함수의 고유값을 살펴보면 3.86, .13, .06, .01으로서 가장 먼저 도출된 판별함수의 고유값이 가장 크다. 고유값은 집단 내 분산에 대한 집단 간 분산의 크기를 나타내는 것으로서 이 값이 크면 클수록 도출된 판별함수가 집단을 구분하는 좋은 판별함수라는 것을 의미한다. 판별함수의 설명분산을 보더라도 첫 번째 판별함수에 의해 전체분산의 95.1%가 설명되고 있다. 정준상관계수 R_C는 판별함수와 집단 간의 상관을 의미하며 정준상관계수의 제곱값인 R_C^2는 판별함수와 집단 간에 공유되는 분산의 비율을 의미한다. 첫 번째 판별함수와 집단 간의 상관은 .89, 공유분산의 비율은 79%로서 첫 번째 판별함수가 집단 구분에 가장 많은 기여를 하고 있음을 알 수 있다. 이상의 여러 통계치들에 근거할 때 함수 1에 의해 집단을 가장 정확히 예측할 수 있다고 하겠다. 첫 번째 판별함수와 각 독립변수와의 상관계수를 보면 외로움, 자존감, 불안, 수줍음 요인과 높은 상관을 보이고 있다. 이것은 이러한 요인들이 집단을 판별하는 데 있어 매우 중요한 요인이 될 수 있음을 의미하는 것이다.

표 16-12 사회적 지위 분류의 정확도

단위: 명(%)

<table>
<tr><th colspan="2" rowspan="2"></th><th colspan="5">실제 소속 집단</th></tr>
<tr><th>인기집단</th><th>양면성집단</th><th>보통집단</th><th>무시집단</th><th>거부집단</th></tr>
<tr><td rowspan="6">예측 소속 집단</td><td>인기집단</td><td>77
(82.8)</td><td>7
(6.7)</td><td>7
(6.1)</td><td>4
(5.4)</td><td>2
(2.7)</td></tr>
<tr><td>양면성집단</td><td>6
(6.50)</td><td>16
(53.3)</td><td>11
(33.3)</td><td>11
(14.9)</td><td>0
(0)</td></tr>
<tr><td>보통집단</td><td>8
(8.6)</td><td>5
(16.7)</td><td>12
(36.4)</td><td>10
(13.5)</td><td>0
(0)</td></tr>
<tr><td>무시집단</td><td>2
(2.2)</td><td>6
(20.0)</td><td>8
(24.2)</td><td>43
(58.1)</td><td>4
(5.5)</td></tr>
<tr><td>거부집단</td><td>0
(0)</td><td>1
(3.3)</td><td>0
(0)</td><td>6
(8.1)</td><td>67
(91.8)</td></tr>
<tr><td>전체</td><td>93
(100)</td><td>30
(100)</td><td>33
(100)</td><td>74
(100)</td><td>73
(100)</td></tr>
</table>

전체의 정확분류비율: 71.0%

모형에 포함된 독립변수들에 의해 학생들의 사회성 지위가 어느 정도 정확하게 분류될 수 있는지 분석한 결과는 〈표 16-12〉와 같다.

도출된 판별함수에 의해 인기집단의 경우 82.8%, 양면성집단의 경우 53.3%, 보통집단의 경우 36.4%, 무시집단의 경우 58.1%, 거부집단의 경우 91.8%의 학생들이 정확하게 분류되어 전체적으로는 71%의 정확도를 나타내고 있다. 따라서 사회부적응성을 측정하기 위한 검사도구를 통해 학생들의 사회성 지위를 판별해 낼 수 있는 예측력이 높은 검사라 할 수 있다.

7 경로분석

경로분석(path analysis)이란 변수가 세 개 이상일 때 변수들 간의 인과관계를 밝혀 영향을 주고 받는 경로를 찾아내고자 하는 통계적 방법이다. 경로분석은 변수들 간의 상관계수에 근거하여 원인과 결과를 찾아냄으로써 어떤 현상을 설명하려는 데 목적이 있다. 경로분석은 독립변수가 세 개 이상일 때 다른 통계방법보다 인과관계의 모형을 구체적으로 밝혀낼 수 있다. 즉, 독립변수가 여러 개일 때 어떤 독립변수는 종속변수에 직접 영향을 주고, 어떤 독립변수는 종속변수에 영향을 주는 다른 독립변수에 영향을 주어 간접적으로 종속변수에 영향을 줄 수 있다. 또한 독립변수들끼리 서로 영향을 줄 수도 있다. 이런 변수들 간의 관계를 모형으로 검증하는 통계적 방법을 경로분석이라고 한다. 종속변수에 영향을 주는 독립변수를 밝혀내고 현상을 설명하는 최적의 모형을 찾아내려는 목적은 중다회귀분석과 같으나, 중다회귀분석은 간접효과와 같이 종속변수에 영향을 주는 독립변수들 간의 인과관계를 검증하지 못한다.

연구에서 **경로분석**을 실시하기 위한 **절차**는 다음과 같다.

첫째, 연구의 관심이 되는 변수들 간의 인과관계를 가정하여 모형을 설정한다.
둘째, 변수들을 타당하고 신뢰롭게 측정한다.
셋째, 변수들 간의 상관계수를 추정한다.
넷째, 수집한 자료가 설정한 모형과 일치하는지를 분석한다. 모형의 적합도를 판단하는 기준에 대해서는 '8. 구조방정식모형'을 참고하기 바란다.

다섯째, 수집한 자료와 모형이 일치하지 않으면 인과관계 모형을 수정한다.

여섯째, 수집한 자료와 수정한 모형이 일치하는지를 검증한다.

연구자는 연구목적을 설정한 후 이론적 배경과 경험적 배경에 의하여 어떤 현상과 관계된 변수들을 추출하고 그 현상을 설명하기 위한 변수들 간의 인과관계 모형을 설정한다. 인과관계 모형을 설정하기 위해서는 연구자의 이론적 · 경험적 배경이 강해야 한다. 특히 많은 변수가 개입된 연구나 복잡한 현상, 이론을 설명하기 위한 인과모형은 매우 복잡하다. 그러므로 연구에서 설정된 변수들을 타당하고 신뢰롭게 측정하여야 인과관계 모형으로 현상을 설명할 수 있다. 측정결과가 타당하고 신뢰롭지 않으면 연구의 내적타당도가 떨어지는 것은 말할 것도 없고 경로분석의 경우는 모형의 적합도가 떨어져서 위에서 언급한 경로분석의 다섯째와 여섯째의 단계를 반복해야 하는 어려움에 처하게 된다. 자료를 수집하고 난 후 측정한 변수들 간의 상관계수는 경로분석의 기초자료가 되어 인과관계 모형을 설정하는 데 사용된다. 연구자가 설정한 인과모형이 자료와 일치하여 현상을 설명하고 이론을 정립할 수 있는지를 분석하였을 때, 인과모형이 자료와 일치하지 않으면 이는 현상을 설명하지 못하는 것이기 때문에 연구자가 이론적 · 경험적 배경에 의존하여 설정한 모형을 수정해야 한다. 독립변수가 종속변수에 직접적으로 영향을 주는지, 간접적으로 영향을 주는지, 독립변수들 간에 어떠한 관계가 있는지 등을 재검토하여 수정해야 한다. 새로운 인과관계 모형을 수립한 후 경로분석을 다시 실시하여 이 모형이 자료와 적합한지를 검증한다. 연구자의 이론적 배경이나 경험적 배경이 강할수록 현상을 잘 설명하는 적합도가 높은 모형을 설정할 가능성이 높아진다.

경로분석의 예로 초등학생의 성적에 영향을 주는 변수들 간의 인과관계 연구를 들 수 있다. 연구자는 초등학생의 성적에 영향을 주는 변수로서 가정의 사회경제적 배경, 지능, 교사와의 관계, 출석률을 설정하고 변수들 간의 인과관계를 모형으로 구안한다. 연구자는 이론적 배경과 경험적 배경에 의하여 [그림 16-2]와 같은 모형을 설정할 수 있다.

이 모형은 학생 가정의 사회경제적 배경은 출석률과 상호관계가 있으며, 지능에 영향을 주어 지능이 초등학교 성적에 영향을 준다고 가정하는 것이다. 또한 출석률은 교사와의 관계를 결정지으며 교사와의 관계는 학교 성적에 직접적으로 영향을 미친

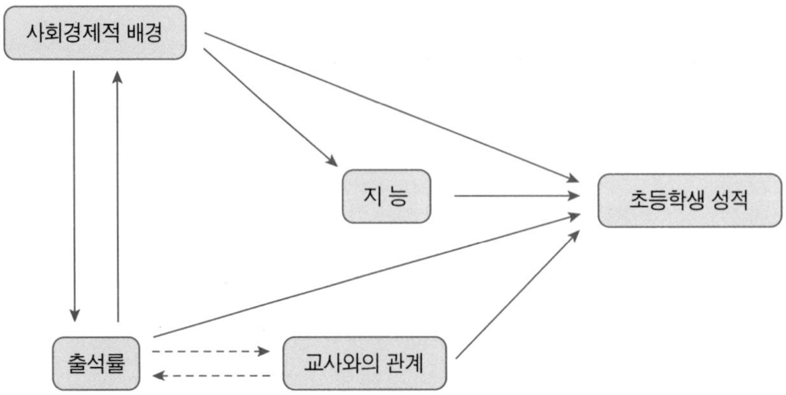

그림 16-2 초등학생의 성적에 영향을 주는 변수의 인과모형

다는 것을 가정하고 있다. 그러므로 사회경제적 배경과 출석률은 초등학생의 성적에 직접적, 간접적으로 영향을 주는 변수이며, 지능과 교사와의 관계는 초등학생의 성적에 직접적으로 영향을 주는 변수임을 알 수 있다.

인과모형에서 화살표는 영향의 방향을 나타내며 두 변수 간에 쌍방향의 화살표가 있으면 상호 인과관계가 있음을 나타낸다. 인과관계 모형을 나타낼 때 인과관계를 일방적 방향으로만 나타내는 모형을 **일방모형**(recursive model)이라고 하고, 두 변수들 간의 관계를 상호영향을 주는 양방적 형태로 나타내면 **비일방모형**(nonrecursive model)이라고 한다. 앞의 모형은 일방모형과 비일방모형을 혼합한 모형이다.

경로분석에서는 회귀분석에서의 회귀계수와 같이 경로계수가 있다. **경로계수**(path coefficient)는 표준화 회귀계수로서 한 변수가 다른 변수에 주는 영향력을 나타내며 -1에서 +1사이의 값을 지닌다. 경로계수의 절대값이 클수록 한 변수가 다른 변수에 주는 영향력이 높음을 의미한다.

경로분석은 현상의 인과관계들을 설명하여 이론적 모형을 구축할 수 있다는 장점이 있으나, 수집된 자료가 타당하지 않거나 신뢰롭지 않고 자료수가 충분하지 않으면 적합한 인과관계 모형을 제대로 구안할 수가 없는 단점이 있다. 설령 수집한 자료가 타당하고 신뢰로우며 사례 수가 충분하다 하더라도 설정한 인과관계 모형이 실제 자료와 일치하지 않으면 모형을 수정하고 적합도를 검증하는 절차를 반복할 수밖에 없어서 경로분석에 익숙하지 않은 연구자는 어려움을 느끼게 된다. 즉, 이론적 배경에 의하여 구안한 모형이 자료와 부합되지 않으면 새로운 인과모형을 구안하고 분석하는 작업을 반복하여야 한다. 경로분석의 특성상 기존에 연구된 인과모형에 새로운 변수를 하나만 추가하더라도 인과모형의 적합도와 경로계수에 많은 변화를 가져오기 때문에 경로분석을 사용하는 연구에는 풍부한 선행연구와 자료분석 경험이 필요하다.

경로분석은 Wright(1934)에 의하여 생리학 분야에서 개발된 분석방법으로 통제가 철저한 실험상황의 자료를 분석하기 위하여 고안되었다. 실험에서는 통제가 가능하므로 인과관계를 명확하게 결정할 수 있으나 완벽한 통제가 불가능한 사회과학에 적용하기에는 문제점이 있다는 지적이 있다.

☑ 분석과 결과보고의 예

학생들의 교육적 열망과 관련된 변수들 간의 관계를 알아보기 위하여 교육적 열망에 영향을 미치는 요인으로 학생의 정신능력, 사회경제적 지위, 학문적 수행능력, 타인에 대한 영향력을 선정하고, 3,500명의 학생들을 대상으로 각 특성에 대해 측정하였다. 예측변수인 정신능력, 사회경제적 지위, 학문적 수행능력, 타인에 대한 영향력과 종속변수인 교육적 열망 간의 상관계수 행렬은 〈표 16-13〉과 같다.

표 16-13 교육적 열망과 관련된 변수들 간의 상관계수

	정신능력	사회경제적 지위	학문적 수행능력	타인에 대한 영향력
사회경제적 지위	.29			
학문적 수행능력	.59	.19		
타인에 대한 영향력	.44	.36	.47	
교육적 열망	.42	.38	.46	.61

변수들 간의 관계를 검증하기 위하여 [그림 16-3]과 같은 모형을 설정하고, AMOS 프로그램을 이용하여 모형의 적합도 및 경로계수의 값을 추정하였다. 이론모형의 적합도는 〈표 16-14〉와 같다.

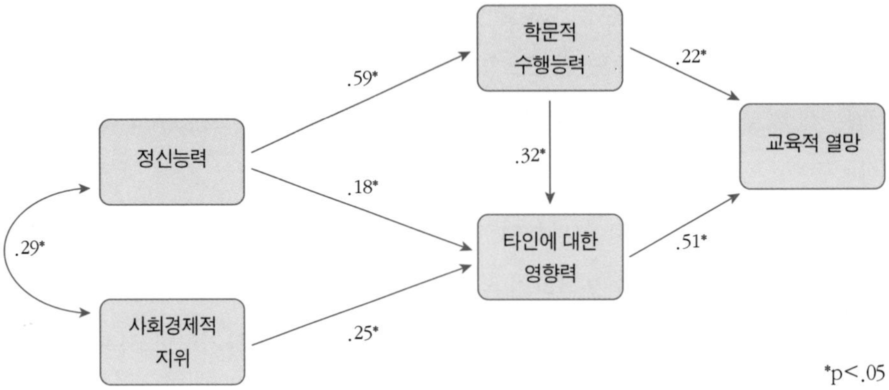

그림 16-3 교육적 열망에 대한 경로모형

출처: Jöreskog, K. G., & Sörbom, D. (1996). *LISREL 8: User's reference guide*, p. 180. Scientific Software International.

표 16-14 모형의 적합도

	χ^2(p)	자유도	RMSEA	NNFI	GFI	CFI
이론 모형	193.53(.000)	3	.14	.88	.98	.96
기준값	p>유의수준	.05 이하	.9 이상	.9 이상	.9 이상	

연구자가 설정한 모형이 수집한 자료의 특성을 잘 반영할 수 있는지에 대해 검정한 결과, χ^2값은 193.53, 유의확률은 .000으로서 유의수준 .05에서 모형과 자료가 일치한다는 영가설이 기각되었다. 그러나 χ^2검정은 표본의 크기에 매우 민감하게 영향을 받는다는 단점이 있으므로 다른 적합도 지수들을 함께 고려하여 모형의 적합도에 대해 평가해 볼 필요가 있다. 표본 크기에 영향을 받지 않는 적합도 지수는 RMSEA, NNFI, CFI로서 연구모형의 RMSEA는 .14 NNFI는 .88로서 수용할 수 있는 기준값(〈표 16-14〉 참고)과 비교할 때 다소 낮은 적합도를 보이고 있다. 그러나 GFI와 CFI는 각각 .98과 .96으로 기준치보다 높은 적합도를 나타내고 있어 대체로 양호한 모형이라고 평가할 수 있다.

연구모형에서 추정된 경로계수의 값을 살펴보면 정신능력→학문적 수행능력의 경로계수는 .59, 정신능력→타인에 대한 영향력의 경로계수는 .18, 학문적 수행능력→타인에 대한 영향력의 경로계수는 .32, 타인에 대한 영향력→교육적 열망의 경로계수는 .51로서 모두 유의수준 .05에서 유의한 값을 나타내고 있다. 학문적 수행능력→교육적 열망의 전체효과는 직접효과 .22와 간접효과(.32×.51)의 합으로 구성되므로 .38이다. 이와 같이 경로분석에서는 직접적인 인과관계만을 다루는 회귀분석과 달리 매개변수에 의한 간접효과까지 파악할 수 있다는 장점이 있다.

8 구조방정식모형

구조방정식모형(Structural Equation Modeling: SEM)은 경로분석보다 더 발전된 형태의 통계적 방법으로 최근 심리학, 교육학, 사회학, 경영학 등의 분야에서 가장 많이 사용되는 분석 방법 중의 하나이며, 다음과 같은 **장점**이 있다(홍세희, 2001). 첫째, 회귀분석과 비교할 때 구조방정식모형에서는 매개변수의 사용이 가능하다. 회귀분석에서는 직접적인 인과관계만 분석할 수 있지만 구조방정식모형에서는 여러 개의 종속변수를 가지는 여러 개의 회귀모형을 동시에 검증할 수 있다. 둘째, 경로분석과 비교할 때 구조방정식모형에서는 측정의 오차를 통제할 수 있다. 경로분석을 통하여 매개변수의 영향을 파악할 수는 있지만 경로분석에서는 잠재변수가 아닌 측정변수가 사용되기 때문에 측정의 오차를 통제할 수 없다. 반면, 구조방정식모형에서는 여러 개의 측정변수에서 추출된 공통변량을 잠재변수로 사용하므로 측정의 오차가 통제된 추정치들을 얻을 수 있다. 따라서, 구조방정식모형에 기초하여 산출된 값들은 측정변수에 기초하여 산출된 값들에 비해 더 정확하다고 할 수 있다. 셋째, 이론모형에 대한 통계적 평가가 가능하다. χ^2검정 및 다양한 적합도 지수들을 적용하여 연구자가 개발한 이론적 모형이 실제 자료와 얼마나 부합되는지 평가할 수 있으며 이를 기초로 연구자는 자신이 설정한 모형을 받아들이거나 수정할 수 있다.

구조방정식모형은 잠재변수모형(구조모형)과 측정모형의 두 부분으로 구성된다. **잠재변수모형**은 잠재변수들 간의 인과관계 및 상관관계를 나타내는 부분으로서 경로분석과 회귀분석의 형태를 나타낸다. 잠재변수는 직접적으로 관찰하거나 측정할 수 없으므로 여러 개의 측정 문항을 통해 이론적으로 구성되는 변수다. 잠재변수모형은 외생잠재변수와 내생잠재변수 및 오차변수로 구성된다. **외생잠재변수**(exogenous latent variable: ξ로 표시)는 독립변수의 역할을 하는 변수이며 **내생잠재변수**(endogenous latent variable: η로 표시)는 종속변수의 역할을 하는 변수다. **오차변수**는 잠재변수모형을 구성하는 각각의 방정식에서 내생잠재변수(η)에 영향을 주지만 방정식에 포함되지 않은 잠재변수들의 영향을 나타낸다. 즉, 외생변수에 의해 설명되지 않는 나머지 부분으로 이를 **설명오차**(ζ로 표시)라 한다.

한편, **측정모형**은 잠재변수와 관찰변수들 간의 인과관계를 나타내는 부분으로 **잠재변수**와 **관찰변수** 및 **오차변수**로 구성된다. 측정모형은 요인분석과 유사하나 요인분석에서는 많은 관찰변수가 적은 수의 요인으로 축약되는 것에 초점을 두지만 측정모형에서는 잠재변수가 어떤 관찰변수를 통해 가시적으로 드러나는가에 초점을 둔다. 각 측정변수에서 잠재변수에 의해 설명되지 않은 나머지를 **측정오차**(X에 대한 측정오차는 δ로, y에 대한 측정오차는 ε으로 표시)라 한다. 잠재변수모형과 측정모형으로 구성된 구조방정식모형의 예는 [그림 16-4]와 같다.

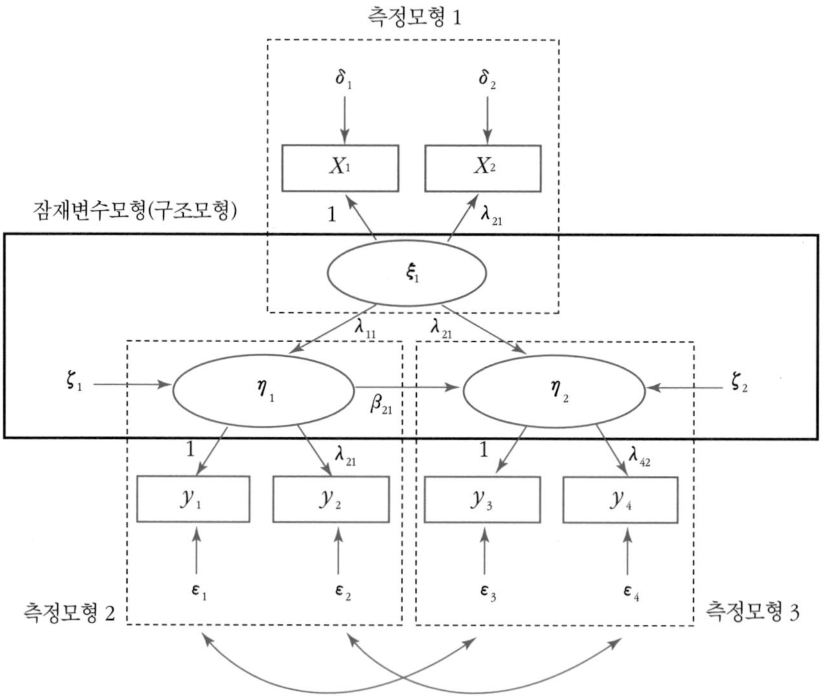

그림 16-4 구조방정식모형의 예

그림에서 보는 바와 같이 구조방정식모형은 회귀분석, 경로분석, 요인분석을 결합한 모형으로서, 다른 통계적 방법들에 비해 변수들 간의 인과관계를 명확하게 규명할 수 있다.

구조방정식모형의 주요 분석절차는 다음과 같다.

첫째, 이론모형 또는 가설모형의 개발: 문헌연구에 기초하여 각 잠재변수의 측정방법과 잠재변수들 간의 관계를 경로도로 나타낸다. 구조방정식모형을 설정할 때 다음과 같은 점들을 고려해야 한다(홍세희, 2001).

① 외생변수에 대해서만 공분산을 자유미지수로 설정할 수 있다.

② 모든 내생변수에 대해 오차변수를 설정해야 한다. 반면, 외생변수에 대해서는 오차변수를 설정하지 않는다.

③ 모든 외생변수와 오차변수의 분산은 자유미지수로 설정되어야 한다.

④ 잠재변수에 척도를 부여하기 위해 하나의 요인계수를 1.0으로 고정하거나 잠재변수의 분산을 1.0으로 고정한다.

⑤ 오차변수의 계수를 1.0으로 고정한다.

둘째, **모형의 식별**(model identification): 주어진 정보의 수와 미지수의 수를 확인하여 설정된 모형이 부정모형인지, 포화모형인지, 간명모형인지를 확인한다. **정보의 수**는 관찰변수에 근거한 방정식의 수로서 관찰변수의 수를 k라고 할 때 정보의 수는 k(k+1)/2가 되며, '정보의 수-미지수의 수'를 **자유도**(degree of freedom)라 한다. **부정모형**(under identified model)은 정보의 수가 산출될 미지수의 수 보다 적은 경우, 즉 '자유도<0'인 모형을 의미하며, **포화모형**(saturated model)은 가능한 모든 미지수를 추정하는 모형으로서 '자유도가 0'인 모형을 의미한다. **간명모형**(over identified model)은 정보의 수가 산출될 미지수의 수보다 많은 경우, 즉 '자유도>0'인 모형을 의미한다. 부정모형은 미지수가 고유값을 갖지 못하므로 해석할 수 없으며, 포화모형은 전혀 간명성이 없으므로 통계적 검증이 불가능하고 분석의 의미도 없게 된다. 따라서 모형이 합리적으로 파악될 수 있는 조건은 간명모형의 경우로서 적은 미지수로 적합도가 좋은 모형을 산출하는 것이 연구의 주요 목적이 된다.

셋째, **미지수의 추정**(parameter estimation): **AMOS, EQS, LISREL**과 같은 프로그램을 이용하여 각 미지수의 값을 추정함으로써 이론모형이 실제 자료와 어떤 관계에 있는지를 분석한다.

넷째, **모형 평가**(assessment of model fit): 이론모형이 실제자료와 얼마나 합치하는지 χ^2검증과 여러 가지 **적합도 지수**를 이용하여 평가한다. χ^2검증은 구조방정식모형이 개발된 초기에 모형의 적합도를 판단하기 위해 가장 많이 쓰였던 방법으로서, χ^2검증에서의 영가설은 "모형을 통해 재생된 공분산 행렬과 원자료의 공분산 행렬 사이에 차이가 없다"이다. 그러나 가설이 너무 엄격해서 쉽게 기각되는 경향이 있으며, 표본크기에 민감하다는 단점을 갖는다. 이러한 문제점을 해결하기 위해 많은 적합도 지수들이 개발되었으며, 일반적으로 사용되는 적합도 지수는 〈표 16-15〉와 같다(Hoyle & Panter, 1995; Marsh, Balla, & Hau, 1996; 홍세희, 2001).

표 16-15 구조방정식모형에서의 적합도 지수

적합도 지수		개발자	기준값	표본크기	간명도
상대 적합도 지수	NFI (Normed Fit Index)	Bentler & Bonett, 1980	.90 이상	민감	비고려
	NNFI (Non Normed Fit Index) = TLI(Tucker-Lewis Index)	Bentler & Bonett, 1980	.90 이상	덜 민감	고려
	CFI (Comparative Fit Index)	Bentler, 1990	.90 이상	덜 민감	비고려
절대 적합도 지수	GFI(Goodness of Fit Index)	Joreskog & Sorbom, 1984	.90 이상	민감	비고려
	AGFI (Adjusted Goodness of Fit Index)	Joreskog & Sorbom, 1984	없음	민감	고려
	RMSEA (Root Mean Square Error of Approximation)	Steiger & Lind,1980	.05 이하	덜 민감	고려

상대 적합도 지수(relative fit index)는 독립모형과 비교하여 모형의 적합도를 평가하는 지수로서 이론모형이 독립모형에 비해 자료를 얼마나 잘 설명하는지 나타내준다. 독립모형은 변수들 간에 관계가 없다는 것을 가정하는 최악의 모형을 의미한다. 상대 적합도 지수에는 NFI, NNFI, CFI 등이 있다. 반면, **절대 적합도 지수**(absolute fit index)는 이론모형의 적합도를 독립모형의 적합도와 비교하지 않고, 이론모형이 자료와 얼마나 잘 합치하는지 절대적으로 평가한다. 절대 적합도 지수에는 GFI, AGFI, RMSEA 등이 있다.

좋은 이론이란 동일한 현상을 가장 간단하게 설명할 수 있는 것이므로 적합도 지수를 선택할 때에는 표본크기에 민감하지 않고, 모형의 간명성을 고려하는 적합도 지수를 선택하는 것이 바람직하다. 이러한 기준에 비추어 볼 때 모형 평가를 위해 가장 권장할 만한 적합도 지수는 NNFI(TLI)와 RMSEA이다.

다섯째, **모형의 수정 및 재평가**(model modification and cross validation): 이론모형과 실제자료가 잘 맞지 않으면 모형을 수정하여 다시 평가를 하게 된다. 이때 단순히 자료에 의존해서 모형을 설정하는 것이 아니라, 이론적으로 의미가 있어야 하며, 최종 선택된 모형은 다른 표본 혹은 다른 자료에도 적용하여 교차타당도를 확인해야 한다.

모형을 평가하는 방법에는 단일모형 평가방법과 경쟁모형 평가방법이 있다. **단일모형 평가방법**은 하나의 이론모형만을 제시하고, 그 모형의 적합도가 좋으면 그 모형을 선택하고, 적합도가 좋지 않으면 수정지수를 이용하여 모형을 수정한 후 적합도가 좋으면 최종모형으로 선택하는 것을 의미한다. 반면, **경쟁모형 평가방법**은 이론적으로 가능한 여러 모형을 제시하고 모형 간의 비교를 통해 해석이 용이하고 자료와 잘 맞는 모형을 최종모형으로 선택하는 방법이다. 단일모형 평가방법은 모형의 적합도가 좋을 경우 더 나은 모형을 선택할 가능성이 없으며, 적합도가 좋지 않을 경우 특정자료에서 산출된 수정지수를 이용하여 모형을 수정하게 되므로 수정된 모형을 일반화하는 데 문제가 있다. 따라서 이론적으로 설명 가능한 경쟁모형을 설정할 수 있다면 경쟁모형 평가방법을 사용하는 것이 바람직하다.

경쟁모형을 평가할 때는 비교하는 두 모형이 서로 포함 관계에 있는 모형인지, 아닌지에 따라 평가방법이 달라진다. 모형 A에서 추정하고자 하는 모든 미지수가 모형 B에서 추정하고자 하는 미지수에 모두 포함되었을 때 모형 A와 모형 B는 포함관계에 있다고 한다. 이와 같이 한 모형이 다른 모형에 포함된 경우에는 χ^2 차이 검정을 이용하여 최종모형을 선택한다. 이때 영가설이 기각되면 자료를 설명하는 정도에서 두 모형 간 유의한 차이가 있음을 의미하므로 더 복잡한 모형, 즉 자유도가 작은 모형을 선택하며, 기각되지 않으면 더 간단한 모형, 즉 자유도가 큰 모형을 선택한다. 한편, 한 모형이 다른 모형에 포함되지 않은 경우에는 χ^2 차이 검정 대신 적합도 지수를 이용하여 더 좋은 적합도 지수를 보이는 모형을 선택한다. 경쟁모형의 자유도가 다를 때는 모형의 적합도와 간명성을 동시에 고려하는 적합도 지수, 즉 NNFI나 RMSEA 등을 이용하여야 한다.

구조방정식모형을 적용하기 위해서는 타당하고 신뢰로운 측정이 전제되어야 하며 사례 수도 충분히 커야(최소한 200명 이상) 안정적인 결과를 얻을 수 있다. 또한 자료와 잘 합치되는 이론 모형을 구축하기 위해서는 연구자의 이론적 배경이나 경험적 배경이 강해야 한다.

✓ 분석과 결과보고의 예

가정특성 요인과 학습태도 및 학습능력 간의 관계를 알아보기 위하여 [그림 16-5], [그림 16-6]과 같은 구조모형을 설정하였다. 모형 1은 가정특성 요인과 학습태도 요인이 학습능력에 미치는 영향을 병렬적으로 검증하기 위한 것이고, 모형 2는 학습태도의 매개효과를 검증하기 위한 모형이다. 가정특성 요인을 구성하는 하위 요인으로 부모의 기대 수준과 가정 분위기를 설정하였고, 학습태도 요인을 구성하는 하위요인으로 행동통제와 학습전략을 설정하였으며 학습능력을 구성하는 하위요인으로 창의적 사고력과 논리적 사고력을 설정하였다.

500명의 중학교 학생들을 대상으로 각 특성에 대해 측정한 결과, 변수들 간의 상관계수는 〈표 16-16〉과 같다.

표 16-16 가정특성, 학습태도, 학습능력 간의 상관계수

	행동통제	학습전략	창의적 사고	논리적 사고	가정분위기	부모기대
행동통제	1.00					
학습전략	.79	1.00				
창의적 사고	.35	.47	1.00			
논리적 사고	.44	.52	.71	1.00		
가정분위기	.34	.41	.35	.37	1.00	.70
부모기대	.32	.35	.30	.34		1.00
평균	13.61	14.76	14.13	14.90	10.90	3.60
표준편차	3.44	3.06	3.54	3.16	3.10	3.60

〈표 16-16〉에 의하면 가정특성과 학습태도, 가정특성과 학습능력 및 학습태도와 학습능력 간에 정적인 상관관계가 있음을 알 수 있다. AMOS 프로그램을 이용하여 두 모형의 적합도 지수 및 각 변수의 분산과 공분산, 잠재요인과 관찰변수들 간의 관계를 나타내는 요인계수, 잠재변수들 간의 관계를 나타내는 경로계수들을 추정하였다. 가정특성과 학습태도 및 학습능력은 잠재변수이므로 잠재변수에 척도를 부여하기 위해 부모기대와 행동통제, 창의적 사고의 요인계수를 1로 고정시켰다. 모형의 적합도를 평가하기 위해 χ^2검정과 적합도 지수를 고려하였으며, 여러 적합도 지수 중 표본크기에 민감하지 않으면서 모형의 간명성을 고려하는 NNFI(TLI)와 RMSEA를 사용하였다. 두 구조모형에 대한 적합도 분석결과는 〈표 16-17〉과 같다.

표 16-17 모형의 적합도

	χ^2(p)	자유도	NNFI(TLI)	RMSEA
모형1	106.16(.000)	7	.86	.17
모형2	9.19(.000)	6	1.00	.03
기준값	p>유의수준		.90 이상	.05 이하

모형 1은 모형 2에 포함된 모형이므로 모형 간의 비교를 위해 χ^2차이 검증을 하였다. χ^2검증은 비교하는 두 모형이 포함된 관계일 때 두 모형의 자유도 차이에 따른 χ^2값의 차이가 통계적으로 유의한지 검증하는 방법이다. 〈표 16-17〉에서 보는 바와 같이 자유도가 하나 감소함에 따라 χ^2값도 유의하게 감소하고 있으며 적합도 지수들도 모형 2의 적합도 지수들이 더 나은 합치도를 보이고 있다. 모형 2의 NNFI(TLI)는 1.0, RMSEA는 .03으로 이 모형의 적합도는 매우 좋은 것으로 해석할 수 있다. 따라서 학습태도의 매개효과를 가정하는 모형 2가 모형 1보다 자료의 속성을 더 잘 반영한다고 할 수 있으므로 모형 2를 최종모형으로 결정하였다. 모형 2에서 얻은 표준화된 추정치들은 [그림 16-6]에 직접 제시하였다. 모든 추정치들이 유의수준 .05에서 통계적으로 유의한 값을 나타내고 있어 가정특성과 학습태도는 학습능력에 유의한 영향을 미치고 있으며, 특히 가정특성이 학습태도에 의해 매개되고 있음이 검증되었다.

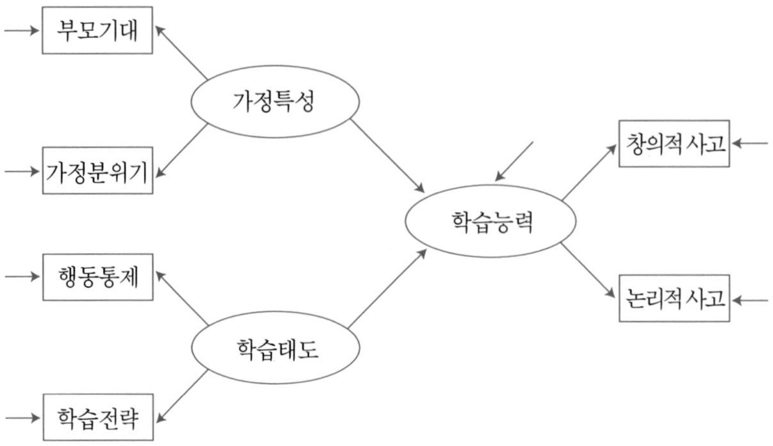

그림 16-5 모형 1: 학습태도의 매개효과를 가정하지 않는 모형

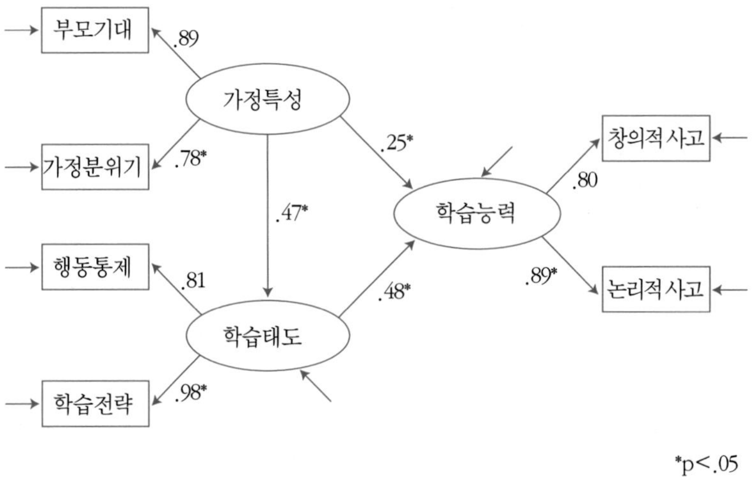

그림 16-6 모형 2: 학습태도의 매개효과를 가정하는 모형

9 다층모형분석

다층모형은 특정 수준에서 측정된 변수가 상위수준에 내재되어 있는 위계적 구조를 가질 때 활용할 수 있는 통계적 기법이다. 이러한 자료를 다층자료(multilevel data)라고 하며, 개인수준(1수준)에서 측정된 변수와 집단수준(2수준)에서 측정된 변수를 동시에 포함한다. 예를 들면, 학생이 학교에 속해있거나 학교가 시 · 도 교육청에 속해 있는 것과 같이 위계적 구조를 가진 자료를 말한다. 다층모형을 통하여 연구자는 각 집단의 평균 차이, 각 집단의 기울기 차이, 개인수준 변수와 집단수준 변수 간의 상호작용 효과(cross-level interaction)등을 확인할 수 있다.

또한 다층모형은 종단자료(longitudinal data) 분석에도 적용할 수 있다. 종단자료나 시간의 간격을 두고 반복 측정된 자료는 개인 안에 여러 측정값이 내포된 다층자료이기 때문이다. 종단자료에 다층모형을 적용한 모형 중 가장 단순한 형태는 1수준이 반복 측정된 값이고 2수준이 개인인 2단계 모형이다. 종단자료를 분석할 때, 시간 간격이 일정하지 않은 경우와 개인별로 측정횟수가 동일하지 않을 때에도 적용이 가능하기 때문에 패널이 탈락하거나 자료가 손실된 경우에도 분석에 지장을 받지 않는다는 큰 장점이 있다(Hox, 2002).

다층모형은 다음 다섯 가지 **가정**이 1수준과 2수준 모두에서 만족되어야 한다.

① 1수준의 잔차는 상호 독립적이고, 평균은 0이며, 정규분포를 갖는다.
② 1수준 독립변수는 1수준의 잔차와 독립적이어야 한다.
③ 2수준 잔차의 평균은 0이고, 각 집단의 분산-공분산은 다변량 정규분포를 갖는다.
④ 2수준 독립변수는 2수준의 잔차와 독립적이어야 한다.
⑤ 1수준의 잔차와 2수준의 잔차는 서로 독립적이어야 한다.

각 수준별로 하나의 독립변수가 투입된 다층모형은 다음과 같다.

$$1수준 \quad Y_{ij}=\beta_{0j}+\beta_{1j}X_{ij}+e_{ij}$$

$$2수준 \quad \beta_{0j}=\gamma_{00}+\gamma_{01}W_j+u_{0j}$$

$$\beta_{1j}=\gamma_{10}+\gamma_{11}W_j+u_{1j}$$

1수준 모형에서 Y_{ij}는 집단j에서의 개인i의 측정치로, 모형의 종속변수에 해당한다. X_{ij}는 집단j에서의 개인i의 특성변수로 종속변수를 예측 또는 설명하기 위한 독립변수다. β_{0j}와 β_{1j}는 1수준의 계수(level-1 coefficients)로 각각 평균과 X_{ij}의 영향력에 대한 회귀계수다. e_{ij}는 1수준의 무선 효과(level-1 random effect)로 집단j에서 개인i의 측정치에 대하여 독립변수에 의해 설명되지 않는 부분인 잔차(residual), 즉 무선 오차를 의미한다.

2수준 모형은 1수준의 계수인 β_{0j}와 β_{1j}를 예측 또는 설명하기 위한 모형이다. 1수준의 절편과 기울기를 예측하기 위한 2수준 독립변수 W_j는 집단j의 특성변수다. γ_{00}와 γ_{10}, γ_{01}, γ_{11}는 2수준의 계수(level-2 coefficients)로 γ_{00}와 γ_{10}는 2수준 모형의 절편을, γ_{01}는 2수준 독립변수 W_j의 효과를, 그리고 γ_{11}는 1수준 독립변수와 2수준 독립변수의 상호작용 효과를 의미한다. u_{0j}와 u_{1j}는 2수준의 무선효과(level-2 random effect)로 집단수준의 독립변수가 설명하지 못한 각 집단별 잔차다. 앞의 모형에서 γ_{00}, γ_{10}, γ_{01}, γ_{11}는 고정효과(fixed effects) 모수이고, e_{ij}, u_{0j}, u_{1j}는 무선효과(random effects) 모수를 의미한다.

이와 더불어 종속변수의 분산을 1수준과 2수준으로 나누어 추정한 후, 전체 분산 중 집단수준의 분산이 차지하는 비율, 즉 **집단내 상관계수**(intraclass correlation: ICC)를 구할 수 있다. 식으로 표현하면 다음과 같다.

$$ICC=\frac{\sigma^2_{u0}}{\sigma^2_{u0}+\sigma^2_e}$$

σ^2_{u0}: 집단간 분산
σ^2_e: 집단내 분산

2수준 무선효과(u_{0j}, u_{1j})의 통계적 유의성과 함께, 기초모형(null model)에서 산출한 ICC 역시 2수준 다층모형 적용의 적절성을 판단하는 근거가 된다.

다층모형은 각 수준의 독립변수 투입여부와, 무선효과 허용여부 등에 따라 다양한 모형이 존재한다. 무선효과모형(one-way ANOVA with random effects, fully unconditional model), 무선절편모형(random intercept regression model with fixed slope), 무선계수모형(random-coefficients regression model), 무선절편 · 기울기 모형(intercepts-and slopes-as-outcomes regression model) 등이다. **무선효과모형**은 1수준과 2수준 모형에 독립변수를 투입하지 않고, 절편과 1수준의 효과(e_{ij})와 2수준의 효과(u_{0j})만을 추정하는 모형이다. **무선절편모형**은 1수준 모형에 투입된 독립변수의 효과는 2수준의 집단별로 동일하지만, 집단에 따라 절편값은 다르다고 가정하는 모형이다. **무선계수모형**은 1수준 모형에 투입된 독립변수의 효과가 집단에 따라 다르다고 가정하는 모형이며, **무선절편 · 기울기 모형**은 2수준 모형에 독립변수를 투입함으로써, 집단의 특성과 집단 내 개인 특성 변수의 상호작용까지 추정하는 모형이다.

☑ 분석과 결과보고의 예

분석에 사용된 다층자료는 50개 학교에 재학중인 10,000명의 학생을 대상으로 영어성적과 성별, 방과후학교 참여여부를 조사한 자료이며, 학교수준 변수로는 학교의 설립 유형과 저소득층 학생 비율, 공학여부를 포함한다. 분석모형은 어떠한 독립변수도 투입하지 않은 기초모형을 시작으로 개인수준 변수와 집단수준 변수를 이어 투입하는 순차적 형태로 구성한다. 이를 통해 추가적 변수 투입의 타당성을 검토할 수 있고, 모형 비교를 통해 적절한 모형을 선택할 수 있다. 분석에서 사용된 변수들의 기술통계 결과와 변수 값은 〈표 16-18〉, 세 개의 다층모형에 따른 분석결과는 〈표 16-19〉와 같다.

표 16-18 기술통계 결과 및 변수 값

		평균	표준편차	변수 값
종속변수	영어성적	77.31	10.70	연속변수
학생 수준	성별	0.40	0.49	남0, 여1
	방과후학교 참여여부	0.22	0.41	비참여0, 참여1
학교 수준	학교 설립 유형	0.56	0.50	국 · 공립0, 사립1
	저소득층 학생 비율	3.64	3.82	연속변수
	공학여부	0.46	0.50	별학0, 공학1

표 16-19 다층모형분석 결과

		기초모형	모형1	모형2
교정평균		77.165*** (0.694)	74.668*** (0.854)	71.649*** (1.684)
성별			3.893*** (0.511)	4.159*** (0.498)
방과후학교 참여여부			2.772*** (0.379)	2.635*** (0.377)
학교 설립 유형				4.087* (1.567)
저소득층 학생 비율				-0.368* (0.155)
공학여부				1.500 (1.620)
학교내 분산		94.986	90.552	90.557
학교간 분산	상수	23.577***	33.335***	25.787***
	성별 기울기		5.218***	4.487***
	방과후 참여 기울기		3.862*	3.663*
Deviance(-2LL)		74085.89	73653.34	73637.00

*p<.05, **p<.01, ***p<.001

기초모형에서 전체 학생의 영어성적 평균은 77.165이며, 학교간 분산은 23.577이다. 또한 학교간 분산이 유의미한 것으로 나타나 학교가 달라짐에 따라 영어성적에 유의한 차이가 있음을 알 수 있다. 학교내 분산 및 학교간 분산을 바탕으로 구한 집단 내 상관계수(ICC)는 .199로, 이는 종속변수인 영어성적 분산의 약 19.9%가 학교간 차이에서 기인했음을 의미한다. 즉, 학교간 분산의 유의성과 ICC를 통하여 앞의 자료는 다층모형 분석이 필요함을 알 수 있다.

각 학교의 개인수준 변수와 영어성적 간 관련성을 보여 주는 모형1은 개별 학교마다 고유한 절편과 기울기를 갖는다고 가정한다. 이 모형으로 분석할 때, 분석대상 학교의 평균 절편과 평균 기울기를 추정할 수 있다. 분석결과, 영어성적의 전체 평균은 74.668이며, 학생의 성별 및 방과후학교 참여여부와 영어성적 간에는 유의한 관련 있다. 즉, 남학생에 비하여 여학생의 영어성적이 평균 3.893(t=7.614, p<.001)점 높고, 방과후학교에 참여한 학생의 영어성적이 평균 2.772(t=7.320, p<.001)점 높다. 무선효과

를 살펴보면, 학교평균의 학교간 분산은 33.335로 유의하였다. 이는 학교에 따른 평균 영어성적에는 유의한 차이가 있음을 의미한다. 성별 기울기의 분산은 5.218, 방과후 학교 참여여부 기울기의 분산은 3.862로 역시 유의하여, 학생의 성별 및 방과후학교 참여여부가 영어성적에 미치는 영향은 학교마다 다름을 알 수 있다.

모형2는 개인수준 변수만 포함된 모형1에 이어, 모든 학교의 평균 영어성적을 예측하기 위하여 학교수준 변수를 추가로 포함한 연구모형이다. 분석결과, 저소득층 학생 비율이 평균 수준인 국·공립 별학 학교의 영어성적 평균은 71.694임을 알 수 있다. 저소득층 학생 비율과 공학 여부를 통제한 후에도, 사립학교가 국·공립학교보다 영어성적이 평균적으로 약 4.087(t=2.607, p<.05)점 높은 것으로 나타났다. 학교 설립유형과 공학여부가 통제되었을 때, 저소득층 학생 비율이 1% 증가함에 따라 평균적으로 영어성적은 약 0.368(t=−2.375, p<.05)점 유의하게 감소한다. 마지막으로, 학교 설립유형과 저소득층 학생 비율을 통제한 후 공학여부의 효과를 보면, 공학일 때 별학에 비하여 영어성적이 약 1.5(t=0.926, p>.05)점 증가하는 것으로 나타났지만, 공학여부에 따른 평균차이는 유의하지 않았다.

학생의 성별 및 방과후학교 참여여부와 영어성적 간에는 유의한 상관이 있다. 즉, 학교수준 변수의 조건이 동일할 때, 남학생에 비하여 여학생의 영어성적이 평균적으로 4.159(t=8.357, p<.001)점 높고, 방과후학교에 참여한 학생이 평균적으로 2.635(t=6.997, p<.001)점 높다.

다음으로 무선효과를 살펴보면, 학교평균의 학교간 분산은 25.787로 통계적으로 유의하다. 즉, 영어성적의 학교별 평균에는 유의한 차이가 있음을 알 수 있다. 성별 기울기 분산은 4.487, 방과후학교 참여여부 기울기의 분산은 3.663으로 역시 유의하다. 따라서 학생의 성별 및 방과후학교 참여여부와 영어성적 간의 관계는 학교마다 유의한 차이가 있음을 알 수 있다.

모형이 자료를 얼마나 적합하게 설명하는지, 모형간의 적합성을 비교할 때 Deviance를 이용할 수 있으며, 이 값이 작은 모형일수록 자료에 더욱 적합한 모형이라 할 수 있다. 2수준 독립변수까지 포함한 모형2의 Deviance는 73637.00으로, 기초모형 Deviance인 74085.89에 비해 작은 값이다. 이는 모형2가 기초모형과 비교해 볼 때, 학생들의 영어성적을 설명하는 데 더욱 적합한 모형임을 나타낸다.

연습문제

01 다음 단어를 설명하시오.

상관계수	단순회귀분석
다중회귀분석	회귀계수
결정계수	전진선택법
후진제거법	단계선택법
로지스틱 회귀분석	판별분석
판별계수	정준상관
경로분석	경로계수
일방적 모형	비일방 모형
구조방정식모형	잠재변수
요인분석	고유값
요인계수	

02 다음 통계방법을 이용한 연구문제를 설정하고 설명하시오.

상관계수	중다회귀분석
로지스틱 회귀분석	판별분석
경로분석	구조방정식모형
요인분석	다층모형

03 연구에서 상관계수와 단순회귀분석을 사용할 때 같은 점과 다른 점은 무엇인지 설명하시오.

04 회귀분석, 로지스틱 회귀분석, 판별분석의 관계를 설명하시오.

05 회귀분석, 경로분석, 구조방정식모형의 관계를 설명하시오.

06 다음 통계방법을 사용한 논문을 찾아서 연구목적과 부합하는 통계방법을 사용하였는지를 분석하고 수정하시오.

중다회귀분석	로지스틱 회귀분석
판별분석	경로분석
구조방정식모형	요인분석
다층모형분석	

Chapter 17 자료분석절차

연구결과를 분석하기 전에 해야 할 일은 수집된 자료를 검토하여 통계적 분석에 적합한 형태로 입력하기 위한 양식을 정하고, 그 규칙에 따라 자료를 입력하는 것이다. 이 장에서는 자료의 검토 및 코딩양식의 설계와 자료파일을 작성하는 방식 및 분석절차에 대해 설명한다.

1 자료의 검토

자료의 정확성을 높이기 위해서는 문항에 대한 응답을 검토하는 과정이 필수적으로 요구된다. 응답 자료를 검토하다 보면 판독하기 어려운 응답이나 불완전한 응답, 일관성이 없는 응답, 애매모호하거나 함축적인 의미를 지니는 응답, 하나만 선택하도록 되어 있는 선택형 문항에서 여러 개를 선택한 경우와 같이 잘못된 응답들을 발견할 수 있다. 문항의 수가 많을수록, 구조화되어 있지 않은 문항이 많을수록 응답 오류가 발생할 가능성이 높다. 이러한 경우 연구자는 자료에 대한 검토를 통하여 잘못된 응답을 어떻게 처리해야 할 것인지에 대하여 결정하여야 한다. 잘못된 응답에 대한 처리 방법으로는 재조사하는 방법, 해당 문항만 결측값으로 처리하는 방법, 잘못 응답한 피험자의 자료를 모두 제거하는 방법 등이 있다.

1) 재조사

응답자에 대한 확인이 가능하고, 표본의 수가 적을 경우 잘못 응답한 응답자를 다시 접촉하여 부족한 부분의 응답을 재수집할 수 있다. 그러나 재접촉하여 얻은 자료가 시간의 경과나 자료 수집 방법의 변화로 인해 처음에 수집한 자료와 일치하지 않을 수도 있다는 단점이 있다. 처음에는 우편 조사를 하였으나 재접촉에서는 대인면접을 통해 자료를 수집하는 경우를 그 예로 들 수 있다. 이러한 오류를 최소화하기 위해서는 자료수집방법을 동일하게 유지하는 것이 바람직하다.

2) 결측값으로 처리

잘못 응답한 자료가 많지 않고, 잘못 응답된 비율이 상대적으로 낮으며, 해당 문항이 연구에서 중요하지 않을 경우 잘못 응답한 항목에 대해 **결측값**(missing value)으로 처리하는 방법을 고려할 수 있다.

3) 응답자 제거

표본의 수가 많고, 잘못 응답을 한 응답자의 수가 약 10% 이내이며, 이들이 많은 문항에서 잘못된 응답을 하였거나, 연구에서 중요한 문항에 대해 제대로 응답하지 않았을 경우 잘못 응답한 응답자의 자료를 모두 제거시키는 것이 자료의 신뢰성과 타당성을 높일 수 있다. 그러나 이때 주의할 점은 잘못 응답한 응답자의 특성이 다른 응답자의 특성과 크게 다르지 않다고 판단될 때에 제거해야 한다는 점이다. 불충분한 응답을 이유로 무조건 제거하게 되면, 왜곡된 결과를 초래할 수 있기 때문이다. 만일, 잘못 응답한 응답자의 특성이 다른 응답자의 특성과 차이가 크다고 판단될 때에는 연구자의 판단 아래 선택적으로 제거해야 하며, 잘못 응답한 응답자의 자료를 제거하였을 때는 제거한 응답자의 수와 이유를 논문에 보고해야 한다.

2 코딩양식의 설계

수집된 자료를 일정한 규칙에 따라 정리하는 단계를 코딩이라 하며 코딩을 보다 효과적으로 수행하기 위해서는 **코딩양식**(coding scheme)을 미리 정해야 한다. **코딩양식을 설계할 때 다음의 사항들을 고려**하면 자료 분석에 도움이 된다.

첫째, 응답대상자를 구별하기 위한 일련번호가 설문지와 자료 파일에 기록되어 있어야 한다. 일련번호가 있어야 자료를 분실하거나 입력 오류가 있을 때 어떤 자료에 문제가 있는지를 쉽게 찾아볼 수 있기 때문이다. 설문조사의 경우 설문지를 발송할 때부터 일련번호를 기재하여 발송하면 회수 여부를 확인하기도 쉽고 입력 오류를 확인하기도 편하다. 일련번호를 미리 부여하지 못했을 때에는 설문지가 수거된 후에라도 반드시 기록하도록 한다.

둘째, 범주형 질적변수의 경우에는 각 범주를 구별할 수 있는 값을 할당한다. 예를 들어, 성별과 같이 응답이 범주형으로 구분되는 경우에는 남자는 '1', 여자는 '2'와 같이 숫자로 변환해 준다. 개방형(자유반응형) 질문일 경우에도 유사한 내용의 응답끼리 범주화하여 값을 부여하면 자료분석을 효율적으로 수행할 수 있다.

셋째, 한 문항에서 두 가지 이상의 항목을 선택하도록 구성된 다중응답문항의 경우 한 가지 항목만을 선택하는 문항과 자료를 입력하는 방식에서부터 차이가 있으므로 코딩양식을 설계할 때 이를 고려하여야 한다. 다중응답문항의 경우 각 항목을 하나의 변수로 취급하여 그 값을 입력한다. 값을 할당하는 방식은 해당 항목을 선택했을 때 '1', 선택하지 않았을 때 '0'으로 입력하는 이분법과 선택한 항목의 번호를 그대로 입력하는 중복법이 있다. 다중응답문항의 입력과 분석에 관한 구체적인 내용은 통계 프로그램을 다루는 책들에서 대부분 소개하고 있으므로 참고하기 바란다.

코딩설계 양식의 예는 〈표 17-1〉과 같다. 이 연구에서는 수입과 직업만족도에 영향을 주는 요인들을 알아보기 위해 연구대상자의 성별, 학력, 근무 연한, 자격증 소지 유무, 나이에 대한 정보를 수집하였다. 코딩설계 양식에는 각 변수의 이름과 변수의 구체적인 내용을 기록하며, 각 변수들이 자료파일의 어디에 위치하며 몇 칸을 차지하는지, 각 변수들을 어떤 값으로 부호화할 것인지를 기록한다. 이와 같이 코딩설계 양식이 기록되어 있는 종이를 자료입력 정보용지라고 한다.

표 17-1 자료입력 정보용지

변수명	변수 설명	위치	칸 수	변수 값 설명
일련번호	연구대상의 일련번호	1~3	3	
성별	성별	5	1	1: 남자, 2: 여자
학력	최종 학력	7	1	1: 고졸 이하, 2: 대졸, 3: 대학원 이상
근무연한	현 직장에서의 근무 연한	9~10	2	
자격증	자격증소지 유무	12	1	0: 없다 1: 있다
나이	만 나이	14~15	2	
수입	월 수입(단위: 만 원)	17~19	3	
직업만족도	직업만족도(10문항)	21~30	각 1칸	1: 매우 불만, 2: 불만, 3: 보통, 4: 만족, 5: 매우 만족

3 자료파일의 작성

자료의 입력은 다양한 프로그램을 이용하여 수행할 수 있다. 한글이나 MS 워드와 같은 프로그램을 활용할 수도 있고, 메모장이나 워드패드 같은 편집기를 쓰거나 엑셀과 같은 스프레드시트를 사용하여 입력하여도 된다. 또한 SPSS, SAS 등의 통계분석 프로그램에 직접 입력할 수도 있다. 응답자료가 한글을 포함하고 있는 경우에는 엑셀이나 SPSS, SAS 등을 이용하여 입력하는 것이 더 편리하며, 한글이나 MS 워드와 같은 프로그램을 사용하여 입력하였을 때는 ASCII 코드로 인식되도록 파일을 텍스트 형식

(*.txt)으로 저장하여야 한다는 점을 주의해야 한다.

학위논문을 준비하는 대학원생의 경우 설문지에 응답된 내용을 보고 코딩설계 양식에 따라 개인 컴퓨터에 자료를 입력하는 방법을 사용한다. 한글이나 MS 워드 혹은 메모장이나 워드패드 같은 텍스트 편집기에 텍스트 형식(ASCII 코드)으로 자료를 입력하는 예는 [그림 17-1]과 같다.

```
001 2 3 24 0 51 400 2345432344
002 1 2 17 1 37 300 3524443335
003 2 2 03 0 23 150 2211122222
004 1 4 15 1 48 500 2333332222
005 2 3 22 1 51 400 3444444344
006 1 3 24 1 40 600 4444345554
007 2 3 04 0 30 200 2332322332
008 2 3 22 0 48 250 2233332333
009 1 2 09 1 29 300 3332444333
010 1 4 20 1 56 700 5555445544
```

그림 17-1 텍스트 형식에 의한 자료파일의 작성(data.txt)

SPSS 프로그램에 직접 자료를 입력하는 예는 [그림 17-2]와 같다. SPSS의 데이터 편집기는 스프레드시트 형식으로 되어 있어 엑셀에 자료를 입력하는 방식과 동일하며 변수의 이름과 특성을 지정할 수 있는 변수보기 창이 별도로 구성되어 있다는 점만 다르다. 엑셀에서 입력된 자료와 SPSS에 입력된 자료는 쉽게 호환이 가능하다. SPSS 프로그램을 이용하여 자료를 입력하는 방법은 [부록 4]에 자세히 소개하였다.

수작업으로 자료를 입력하지 않고, 스캐너로 응답지를 읽어 자료파일을 자동적으로 생성하게 하는 방법도 있다. **응답지**(answering sheet)란 질문지나 검사지와는 별도로 특정답지를 선택하는 경우 해당 위치에 표시하도록 설계된 용지로서 [그림 17-3]과 같다.

국가단위나 많은 양의 자료를 분석하는 연구기관에서는 질문지에 맞게 응답지를 도안하여 자동적으로 자료파일이 생성되도록 하고 있다. 응답지를 사용하는 이유는 자료입력 시간을 단축할 수 있으며 자료입력을 수작업으로 할 때 발생할 수 있는 실수를 방지할 수 있기 때문이다. 단점으로는 응답지 인쇄에 따른 비용과 응답용지를 읽는 스캐너 및 프로그램이 필요하다는 점을 들 수 있다.

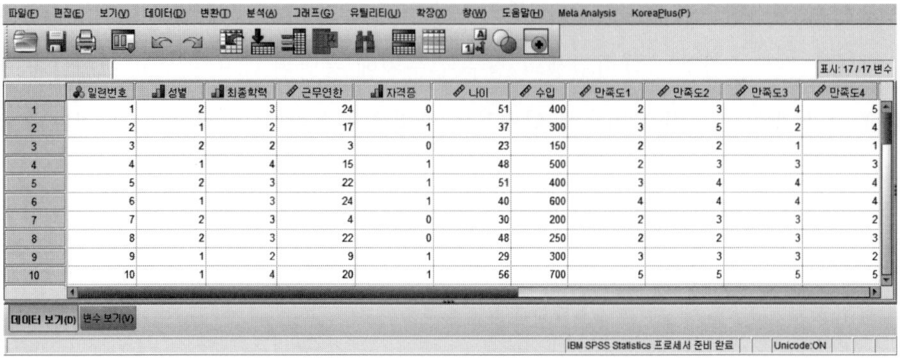

	일련번호	성별	최종학력	근무연한	자격증	나이	수입	만족도1	만족도2	만족도3	만족도4
1	1	2	3	24	0	51	400	2	3	4	5
2	2	1	2	17	1	37	300	3	5	2	4
3	3	2	2	3	0	23	150	2	2	1	1
4	4	1	4	15	1	48	500	2	3	3	3
5	5	2	3	22	1	51	400	3	4	4	4
6	6	1	3	24	1	40	600	4	4	4	4
7	7	2	3	4	0	30	200	2	3	3	2
8	8	2	3	22	0	48	250	2	2	3	3
9	9	1	2	9	1	29	300	3	3	3	2
10	10	1	4	20	1	56	700	5	5	5	5

그림 17-2 SPSS를 이용한 자료파일의 작성(data.sav)

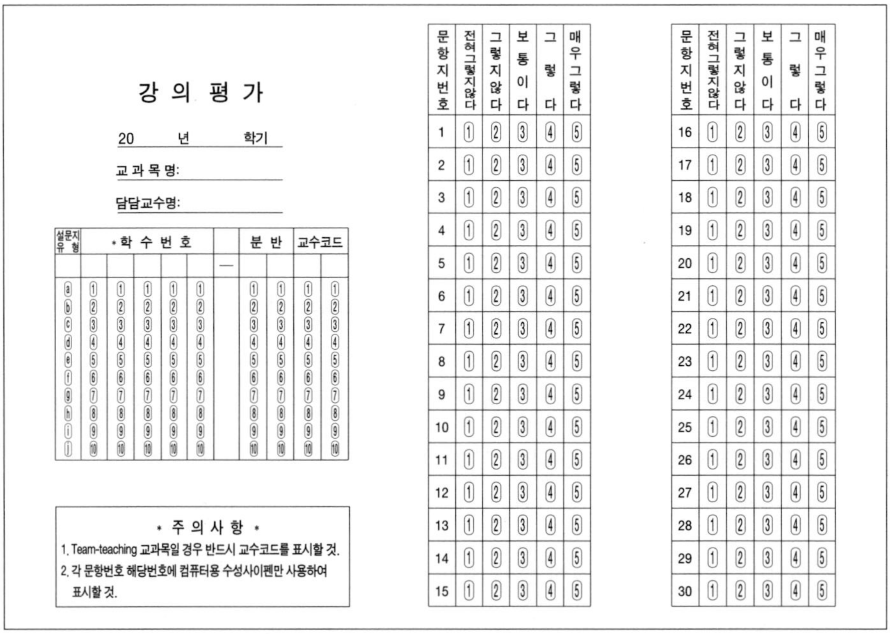

그림 17-3 응답지(answering sheet)

4 자료분석

자료분석에 앞서 결측값에 대한 처리 및 자료가 제대로 입력 혹은 변환되었는지에 대한 검토작업이 반드시 필요하다.

1) 결측값 처리

수집된 자료는 대부분 결측값을 포함하게 마련이다. 그러나 많은 통계적 방법은 모든 변수값이 완전하게 있는 자료만 다루므로 결측 자료는 편향된 분석결과를 초래할 수 있다. 따라서 결측값이 전체 자료의 10% 이상을 차지하는 경우, 결측값을 어떻게 처리해야 할지에 대해 결정하여야 한다. 일반적으로, 자료를 제외시키거나 다른 값으로 결측값을 대체하는 방법이 사용된다.

(1) 자료의 제거

자료를 제거하는 방법에는 결측값 제거와 응답자 제거 방법이 있다. **결측값 제거**(pairwise deletion)는 결측값이 있는 항목을 분석할 때에만 해당 응답자의 자료를 제거시키는 방법이며, **응답자 제거**(casewise deletion 혹은 listwise deletion)는 결측값이 한 개라도 있는 응답자를 모두 제거시키는 방법이다.

결측값 제거의 방법을 선택하게 되면 분석하는 변수마다 사용되는 표본의 수가 달라지지만, 응답자 제거의 방법을 선택하면 모든 분석 자료에서 사용되는 표본의 수가 동일하다. 결측값 제거 방법은 결측값의 수가 적고, 변수들 사이의 연관성이 높지 않을 경우에 적절하다. 반면, 응답자 제거 방법은 시간과 비용을 절약할 수 있는 장점이 있지만, 하나 이상의 결측값을 갖는 응답자의 수가 많을 경우 자료의 손실이 크며 자료의 일부에 대한 결과만을 얻게 되는 문제가 발생한다. 또한, 모두 응답한 응답자와 불완전하게 응답한 응답자 사이에 체계적인 차이가 존재하는 경우, 편향된 결과를 얻을 가능성이 높다.

(2) 결측값 대체

특정 변수의 결측 확률이 다른 변수의 영향을 받을 때에는 결측값을 다른 값으로 대체하는 방법을 고려할 수 있다. 결측값을 대체하는 방법에는 중심경향값 대체, 회귀대체(regression imputation) 및 EM 대체(imputation by EM algorithm), hot deck 방법 등이 있다.

중심경향값에 의한 대체 방법은 연속변수인 경우에는 해당 변수의 평균으로, 범주변수의 경우에는 최빈값으로 대체하는 방법이다. 그러나 결측값을 갖는 응답자의 특성이 특별히 높거나 낮은 경향이 있다면, 이 방법은 왜곡된 결과를 제공할 수 있는 단점이 있다. **회귀 대체 방법**은 결측값 대체가 필요한 변수를 종속변수로 하고 이와 관련된 변수들을 설명변수로 하는 회귀모형을 사용하여 결측값을 대체하는 방법이며 **EM 대체 방법**은 확률모형에 기초한 EM 알고리즘을 적용하여 결측값을 대체하는 방법이다. 회귀 대체와 EM 대체 방법은 SPSS의 **MVA**(Missing Value Analysis) 프로시저를 통해 수행할 수 있다.

한편, **hot deck 방법**은 결측값이 발견되었을 때 주변에서 유사한 특성을 갖는 응답자를 찾아 그 값으로 결측값을 대체하는 방법으로서 유연성이 큰 장점이 있으나 많은 시간과 노력을 필요로 하며, 분석결과에서 심각한 편차가 발생될 수 있는 단점을 가진다.

연구자는 여러 가지 대체방법을 이용하여 해를 구한 뒤 가장 나은 값으로 결측값을 대체시키는 것이 바람직할 것이다(김계수, 2004; 허명회, 2004b).

2) 입력오류의 확인

입력오류는 분석결과에 지대한 영향을 미칠 수 있다. 입력오류는 다양한 곳에서 다양한 형태로 일어날 수 있기 때문에 가능하면 응답지 원본과 입력된 자료파일을 하나하나 대조해 보는 것이 좋지만 자료가 너무 많아서 일대일 확인이 어려울 경우에는 최소한 10% 정도라도 응답지를 임의추출하여 대조해 보아야 한다. 또한 각 변수별로 기본적인 기술통계값을 산출해 보는 것도 입력오류를 확인할 수 있는 좋은 방법이 될 수 있다. 예를 들어, 연속변수의 경우에는 평균, 표준편차, 최소값, 최대값 등을 구해 보고, 범주변수의 경우에는 빈도표 등을 산출해 보면 자료에 포함될 수 없는 이상한 값들을 발견할 수 있다.

3) 컴퓨터 프로그램을 이용한 자료분석의 절차

결측값에 대한 처리 및 입력오류에 대한 확인이 끝나면 연구가설을 검증하기 위해 자료분석을 실시한다. 자료분석을 수행하기 위해서는 통계 프로그램이 필요하다. 사회과학, 자연과학 그리고 생명과학에서 사용되는 통계는 연구의 목적에 따라 다소 상이하나 흔히 사용되는 통계 프로그램은 다음과 같다.

BMDP(Bio-Medical Development Program)

MINITAB

SAS(Statistical Analysis System)

SPSS(Statistical Package for Social Science)

jamovi

BMDP는 생명과학 분야에서 주로 쓰이는 통계 프로그램으로, 1990년대 이후에 개인용 컴퓨터(Personal Computer)를 위한 프로그램이 개발되었다. **MINITAB**은 Pennsylvania 대학에서 개발된 통계 프로그램으로 기초 통계 분석을 위해 일반인들이 쉽게 사용할 수 있도록 개발되었다. MINITAB 프로그램의 특징은 통계 분석을 위한 명령어가 통계에서 사용하는 용어와 일치하도록 제작되어 통계를 통해 얻은 지식을 컴퓨터로 즉시 전환하여 자료를 분석할 수 있다는 장점이 있다. **SAS**는 통계 분석뿐 아니라 간단한 용어를 사용하여 프로그램을 제작하고 자료분석을 할 수 있는 프로그램으로, 현재 널리 사용되고 있다.

많은 컴퓨터 프로그램이 윈도우용으로 개발되고 있어서 명령어를 치지 않고 화면에 나타난 표식에 마우스로 클릭만 하여도 자료분석을 할 수 있게 되었다. 급속히 보급되고 있는 윈도우용 통계분석 프로그램으로는 SPSS와 SAS 등이 있다.

SPSS의 경우 현재 영문 프로그램과 한글 프로그램 모두 26.0까지 개발된 상태이며 출력결과 파일(*.spv: 도표 포함)이 자동생성된다. Windows용 프로그램이므로 다변량 분석과 같은 특수한 경우를 제외하고는 별도의 명령어 파일을 만들지 않고 마우스에 의한 메뉴 선택만으로도 분석을 수행할 수 있다. SPSS를 이용한 자료분석의 절차는 [그림 17-4]와 같다.

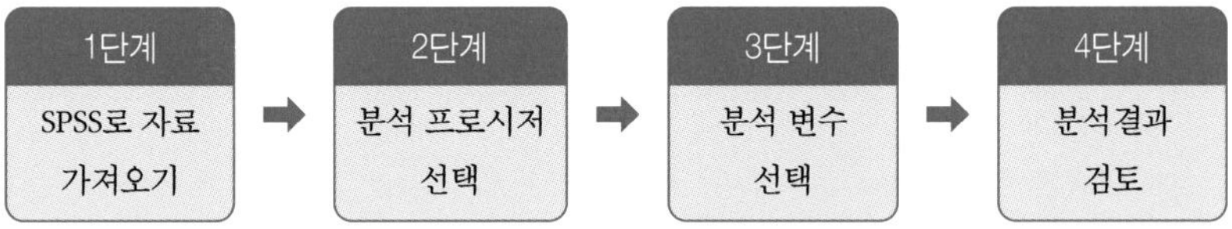

그림 17-4 SPSS를 이용한 자료분석의 절차

jamovi는 오스트레일리아 통계학자 Jonathon Love, Damian Dropmann, Ravi Selker가 개발한 통계분석 프로그램으로 R기반의 GUI(Graphic User Interface) 프로그램이다. jamovi는 실행이 편리하고 데이터와 분석결과를 한 화면에서 확인할 수 있을 뿐 아니라 SPSS나 SAS에 비해 컴퓨터 용량을 많이 필요로 하지 않는 장점을 가지고 있다(성태제, 2019). jamovi 프로그램은 https://www.jamovi.org/download.html에서 무료로 내려받을 수 있으며, jamovi를 이용한 분석 예는 [부록 2-2]와 [부록 4-2]에 소개하였다.

연습문제

01 다음 단어를 설명하시오.

자료파일

부호화

자료입력 정보용지

스캐너

ASCII 코드

SAS

SPSS

BMDP

MINITAB

jamovi

02 질문지에 의한 자료입력 정보용지를 작성하시오.

03 자료파일을 작성하여 제출하시오.

Part 6

연구 보고서 작성 및 평가

Chapter

18 연구보고서

수집된 자료를 분석하고 나면 연구결과를 얻을 수 있으므로 실질적으로 연구는 종료된 것이나 다름없다. 하지만 아무리 훌륭한 연구결과를 얻었다고 하더라도 연구보고서를 제대로 작성하지 못하면 연구의 가치가 저하된다. 연구보고서는 학위논문 형태로, 학회지에 게재되는 형태로 혹은 특정한 기관에 제출하는 형태로 작성되므로 보고서의 형태에 따라 양식이 다소 상이하다. 그러므로 연구보고서를 작성하는 형식은 제출하는 기관의 연구보고서 양식에 따르는 것이 일반적이다. 학위논문인 경우 대학에서 정한 논문작성지침에 따라 연구보고서를 작성한다. 또한 학회마다 다소 다른 논문작성 지침을 제시하는 경우도 있다. 외국에 논문을 게재할 경우 행동과학 분야의 연구는 일반적으로 APA(American Psychological Association) 양식에 따른다. 또한 연구기관이나 정책기관에 연구보고서를 제출할 경우에는 각 기관에서 요구하는 보고서 양식에 따르는 것이 일반적이다.

연구보고서는 다양한 목적을 지니며 제출되는 기관에 따라 보고서의 양식이 다소 다르지만 연구가 진행되어 온 과정을 간단 명료하게 기록하는 것이라는 점에서 기본양식은 유사하다. 일반적으로 **연구보고서의 기본 골격**은 다음의 다섯 장으로 구성된다.

I. 서론
II. 이론적 배경
III. 연구방법
IV. 결과
V. 결론 및 논의

연구주제 혹은 연구방법에 따라 다소 다른 목차를 사용할 수 있으나 일반적으로 위의 다섯 장에 모든 내용이 포함될 수 있다. 학회지의 경우 서론에 이론적 배경의 내용이 포함되어 네 개의 장으로 구성되기도 한다. 앞서 제4장에서 연구계획서 작성 시 각 장에 서술될 내용을 상세히 설명하였기 때문에 이 장에서는 연구계획서 작성과 다른 점만을 설명한다.

경험과학의 논문(thesis)이나 연구논문(article)을 구성하는 세부 절은 연구분야에 따라 다소 상이하나 대체로 다음과 같다.

I. 서론
  A. 연구와 관련된 일반적 진술
  B. 연구문제와 연구의 중요성
  C. 연구목적
II. 이론적 배경
  A.
  B.
  C.
III. 연구방법
  A. 연구대상
  B. 연구절차
  C. 측정도구 및 측정절차
    1. 측정도구
    2. 측정절차
  D. 연구가설

Ⅳ. 연구결과

A. 연구대상의 특징

B. 측정도구의 신뢰도와 타당도

C. 연구가설에 따른 기술통계와 추리통계 분석결과

Ⅴ. 결론 및 논의

A. 결론

B. 적용과 시사점

C. 연구의 제한점 및 제언

1 서론

논문의 도입부분으로, 특정 사회현상에 대한 설명, 그에 따른 문제점과 의문점, 연구의 필요성과 연구의 목적 등을 기록한다. 연구계획서의 서론 부분과 다른 점은 별로 없다. 그러나 연구를 진행하는 과정에서 얻게 되는 특정 사회현상에 대한 비판적 분석, 그와 관련된 문제의 구체적인 설명 그리고 연구의 필요성을 보다 체계적이고 매력적으로 기술하고 연구의 목적을 보다 명료하게 서술하여야 한다. 즉, 연구계획서의 서론 부분을 보강하여 보다 논리적이고 구체적으로 서술한다.

2 이론적 배경

이론적 배경은 연구에 기초가 되는 이론을 전개하는 부분으로 참고서적이나 문헌의 내용을 체계적으로 전개하는 부분이다. 연구계획서 작성 시 이론적 배경은 연구논문의 뼈대가 되는 참고문헌을 수록하므로 일반적으로 소수의 참고문헌이 인용된다. 그러나 연구보고서의 이론적 배경 부분은 연구에서 참고한 모든 참고문헌을 참고하여 서술하므로 다수의 서적과 논문이 인용된다. 어떤 문헌이든 연구를 위해 참고하였을 경우 반드시 참고문헌으로 기록하여야 한다. 이를 명시하지 않고 연구결과를 서술하면 마치 본인의 연구가 새로운 사실을 발견한 것처럼 오해를 불러일으켜 논문내용의 표절이라는 논란을 야기한다. 다른 연구자의 연구결과를 인용하였을 때는 반드시 참고문헌에 명시하는 것이 연구자의 기본자세다.

참고문헌이 많이 수록된 연구보고서가 우수한 논문으로 평가된다고 착각하여 인용하지 않은 참고문헌을 게재하는 경우가 있으나 이는 바람직하지 않으며 연구를 위하여 참고한 문헌만을 기록해야 한다. 참고문헌 수에 의해서 연구보고서가 평가되는 것은 아니며, 참고문헌이 하나도 없는 연구보고서도 훌륭한 논문이 될 수 있다. 왜냐하면 그와 같은 연구보고서는 독창적인 연구일 가능성이 있기 때문이다.

3 연구방법

연구방법은 연구를 진행하는 절차를 기록하는 부분으로 연구대상, 표집방법, 연구절차, 실험·측정도구, 연구가설 등을 포함한다. 연구계획서에서는 연구방법 부분을 미래형으로 서술하는 반면, 연구보고서에서는 과거형으로 서술한다. 즉, 연구보고서는 연구를 실시하고 난 후 작성하므로 과거형으로 서술할 수밖에 없다. 또한 연구보고서의 연구방법 부분은 연구를 시행한 절차에 따라 연구계획서보다 구체적이고 체계적으로 서술되어야 한다. 또한 연구보고서의 연구방법 내용은 연구계획서의 연구절차 내용과 다소 다를 수 있다. 왜냐하면 연구를 진행하는 과정에서 나타나는 문제점이나 연구의 제한점을 해결하기 위하여 다른 방법을 사용하는 경우가 있기 때문이다.

연구대상의 경우는 연구계획서와 같은 내용이지만 모집단으로부터 연구대상을 표집하는 방법을 보다 구체적으로 설명한다. 제6장에서 설명한 연구대상 표집 절차 등의 내용을 이 부분에 상세하게 서술한다. 연구논문을 참조하는 다른 연구자들이 서술된 내용을 읽었을 때 연구의 대상에 대한 자세한 내용을 이해할 수 있도록 하여야 한다.

연구절차는 연구 수행과정에 비추어 체계적인 순서에 의해 서술하는 것이 바람직하다. 조사연구, 실험연구와 관찰연구 등에서 연구가 진행되는 모든 절차를 자세히 기록하여야 연구의 타당성을 입증받을 수 있다. 조사연구인 경우 제11장, 실험연구인 경우 제12장, 관찰연구인 경우 제13장의 내용에 따라 기술한다.

측정도구와 **검사도구**를 서술할 때 연구에서 사용한 도구의 특징으로 도구명, 제작자와 회사명, 도구의 내용을 기록하고 타당도와 신뢰도에 관한 정보를 제시하여야 한다. 이때 타당도와 신뢰도는 연구결과에서 얻은 정보가 아닌 기존 검사도구의 개발 시 보고된 특성을 서술한다. 측정절차는 도구를 사용하여 연구자가 정보를 얻은 절차를 측정한 순서에 의하여 서술한다. 측정도구와 검사도구의 특징을 설명하고 자세하게 기술하도록 한다.

연구가설은 연구의 목적을 구체화한 진술로서 연구의 중요도 순서에 따라 기술하는 것이 바람직하다. 연구가설은 일반적으로 대립가설이며 구체적으로 서술된 가설이어야 한다.

학위논문의 경우는 연구방법을 가능한 한 상세히 서술하여야 심사위원의 이해를 도울 수 있다. 반면 학회지에 게재되는 논문인 경우는 연구방법 부분을 요약하여 기술한다. 학술지는 전문성을 띠고 있으므로 일반적인 연구방법에 대해서는 독자들이 알고 있다고 가정하여 간단하게 서술하고, 특이한 연구방법이나 절차인 경우에만 상세하게 서술한다.

4 연구결과

연구결과 부분은 연구방법에 따라 얻은 연구의 결과를 기록하는 부분이다. 그러므로 연구가설에 따른 연구결과를 나열하기 전에 연구에 참여한 연구대상의 특성과 측정도구의 타당도와 신뢰도를 언급하여야 한다. 조사연구든, 실험연구든, 관찰연구든 연구에 참여한 연구대상들의 인적 정보를 서술하면 연구대상에 대한 이해를 높일 수 있다. 예를 들어, 조사연구에 참여한 연구대상들의 성별과 직업현황, 연령 등 연구의 관심이 될 수 있는 내용을 서술한다.

다음으로 연구에서 사용한 측정도구의 특징으로 타당도와 신뢰도에 대한 정보를 서술한다. 'III장 연구방법의 측정도구' 부분에서 측정도구의 특징을 서술하나 이는 연구를 진행하기 전에 측정도구가 지녔던 타당도와 신뢰도의 정보다. 이 정보는 해당 연구에 참여한 연구대상을 통하여 얻은 결과가 아니기 때문에 해당 연구결과에서 얻은 타당도와 신뢰도의 정보를 제공하여야 한다. 예를 들어, 연구에서 표준화 검사를 사용하였다면 표준화 검사가 지닌 타당도와 신뢰도가 해당 연구에서 얻은 신뢰도와 다를 수 있다. 이러한 경우 연구결과 부분에 측정 도구의 특징으로 측정도구의 타당도와 신뢰도가 보고되어야 한다. 만약 연구결과에서 얻은 측정도구의 타당도와 신뢰도가 낮다면 연구결과의 타당성을 확보할 수 없다. 그러므로 연구가설에 따른 분석결과를 서술하기 전에 연구에서 사용한 측정도구의 타당도와 신뢰도에 대한 분석결과를 서술하여야 한다. 관찰연구의 경우는 관찰자내 신뢰도와 관찰자간 신뢰도를 검증한 결과를 보고하여야 한다.

양적연구인 경우는 연구목적과 구체화된 가설에 따라 연구결과를 서술한다. 질적연구의 경우는 연구를 진행하면서 얻은 결과를 서술한다. 관찰연구의 경우 관찰한 내용을 체계적으로 기록한다. 양적연구는 체계화된 연구목적과 이를 구체화한 가설이 있으므로 가설에 따라 연구결과를 서술하는 것이 가장 과학적이다. 일반적으로 가설은 연구의 중요도에 따라 서술되므로 연구가설에 따라 연구결과를 서술하는 것이 바람직하며, 기술통계 및 추리통계 분석결과를 서술한다.

예를 들어, 세 교수법에 따른 수리점수의 차이를 비교하는 연구에서 교수법에 따라 수리점수에 차이가 있을 것이라는 연구가설이 있다면 이를 검증한 연구결과를 가지고 각 교수법을 처치한 집단의 수리점수의 기술통계로 평균, 표준편차 등을 기록하고 그에 대한 설명을 한다. 연구결과를 표나 그림으로 제시하면 명료하고 이해가 쉽다. 교수법에 따른 수리점수의 예에서 기술통계 결과는 〈표 18-1〉과 같이 기술할 수 있다.

표 18-1 교수법에 따른 수리점수의 기술통계

기술통계	전통적 교수법	멀티미디어 교수법	개인 교수법
평균			
표준편차			
최저점수			
최고점수			
사례 수			

이어서 제시된 〈표 18-1〉의 내용을 간단히 설명하는데, 〈표 18-1〉에 기록된 모든 내용을 서술할 필요는 없으며 각 집단의 평균과 표준편차 및 표의 내용 중 특이한 부분만을 서술하도록 한다. 다음으로 교수법에 따라 집단 간의 수리점수에 유의한 차이가 있는지를 분산분석으로 검증한 결과를 〈표 18-2〉와 같이 제시한다.

표 18-2 교수법에 따른 수리점수의 분산분석 결과

분산원	제곱합	자유도	제곱평균	F	유의확률
교수법					
오차					
합계					

제시된 분산분석표의 내용을 간단하게 기록하고 연구자가 설정한 유의수준에서 집단 간에 유의한 차이가 있는지를 밝힌다. 연구결과를 기록할 때는 연구를 통해 얻은 결과만을 객관적으로 서술한다. 이때 연구결과를 해석하거나 결론을 내릴 필요는 없다. 왜냐하면 연구결과에서는 연구결과만 보고하고 해석이나 **결론**은 제V장에서 논의하기 때문이다. 보다 섬세한 연구자는 집단 간의 차이가 있을 때 어느 집단 간에 차이가 있는지를 검증한 결과도 연구결과 부분에 서술하며 이 분석결과도 분산분석표 안에 기술한다. 연구결과를 〈표〉로 제시할 때 세로줄을 그어 칸을 구분하지 않는 것이 일반적인 경향이다.

연구가설에 따라 선택한 통계적 방법에 의해 분석한 결과를 보고하는 방법과 예는 제15장과 제16장에 제시하였다.

연구보고서의 연구결과를 작성할 때 연구자가 주의해야 할 점은 연구결과를 객관적으로 서술해야 한다는 점이다. 연구결과를 연구자가 의도하거나 기대하는 방향으로 서술할 경우 연구의 타당도를 잃게 된다. 또한 연구결과를 해석하는 것도 바람직하지 않다. 연구결과에 대한 해석은 연구자의 주관적 판단이 될 가능성이 있으므로 연구결과 부분에서는 객관적인 연구결과 내용만을 서술하는 것이 바람직하다. 연구결과에 대한 해석은 제V장 결론 및 논의 부분에서 서술한다.

5 결론 및 논의

제V장인 **결론 및 논의 부분**은 연구에서 얻은 결과에 기초하여 결론을 내리고, 연구결과를 다른 연구들과 비교하여 논의하며, 연구의 문제점 및 연구를 진행하는 과정에서 발생한 문제점, 그로 인한 연구의 제한점 등을 기록한다. 나아가 연구결과의 적용과 연구결과가 주는 시사점을 언급할 수 있다. 마지막으로 후속연구를 위한 아이디어를 제공하거나 연구방향을 제시한다.

연구의 결론은 연구결과에 근거하여 서술하며, 때로는 연구결과에 대한 해석이 필요한 경우도 있다. 그러나 결론의 논리적 비약이나 추리는 바람직하지 않다. 연구의 결론 부분에 연구결과 내용을 재정리하는 것도 바람직하지 않다. 그러므로 연구결론 부분에는 연구결과에서 얻은 수치를 서술하지 않는 것이 일반적이다. 가능하면 연구보고서는 간단 명료하게 서술하여야 하므로 같은 내용을 중복되게 서술하는 것을 피해야 한다. 어떤 논문은 연구결론 앞부분에 연구보고서의 요약된 내용을 기록하는 경우도 있으나 연구내용의 요약은 연구보고서의 제일 앞부분인 '요약' 혹은 '초록'에 서술되는 내용이므로 연구결론 부분에 포함시키지 않는다.

연구결론에 이어 다른 연구와의 비교분석을 통해 진행한 연구와 기존 연구들 간의 공통적 결론과 상이한 결론을 **논의**한다. 그리하여 진행한 연구가 발표된 연구결과들과 어떤 관계가 있는지를 알게 한다. 연구결론은 발표된 이론과 일치할 수도 있고 반대되는 결과가 나타날 수도 있다. 그러므로 어떤 이유에서 이런 결론이 나왔는지를 논의하도록 한다. 그에 따라 연구결과를 보다 심층적으로 해석할 수 있게 되고 연구결과가 미치는 영향도 재음미할 수 있게 된다.

연구가 반드시 연구계획서대로 또는 연구자가 의도하는 대로 진행되는 것은 아니다. 연구대상 선정뿐 아니라 실험 혹은 관찰 등에서 기대하지 않았던 일들이 발생한다. 이 같은 일들이 때로는 연구를 도와주기도 하지만, 연구를 어렵게 만들기도 한다. 연구에 어려움이 있으면 기대하지 않았던 연구결과를 얻게 되거나 보다 명확한 연구결과를 얻지 못하게 된다. 그러므로 연구보고서는 연구 중에 일어났던 문제점을 기록하여야 한다. 이는 후속 연구자를 위해서도 바람직할 뿐 아니라 연구내용을 자세히 설명하기 위해서도 필요하다. **연구의 제한점**은 형식적으로 기록하는 부분이 아니라 실질적으로 연구 도중 경험하였던 문제에 따른 한계점을 기록하도록 한다.

후속연구를 위한 제언에서는 해당연구를 바탕으로 새로운 연구에 대한 아이디어를 공유하며 연구방향을 제시할 수 있다. 논문을 읽는 독자들이 후속연구를 위한 제언에서 아이디어를 찾아 연구를 실행함으로써 새로운 이론이 창출될 수 있다.

6 기타

연구보고서의 구성에 있어서 서론, 이론적 배경, 연구방법, 결과, 결론 및 논의 이외에 첨부되어야 할 부분은 다음과 같다.

인사말
요약
참고문헌
부록

인사말과 **요약**은 연구보고서의 앞에 위치한다. 연구보고서가 학위논문일 경우 논문을 완성하기까지 도와준 사람에게 인사말로 감사를 표시한다. 학회지에 게재하는 논문인 경우 연구비 지원기관이나 연구를 도와준 사람, 게재를 위하여 조언이나 지적을 해 준 심사자에게 감사를 표한다. 이 경우 논문 앞 페이지 하단이나 논문 맨 뒤에 표기한다.

요약은 연구의 내용을 짧은 시간에 이해할 수 있도록 서술한 부분으로, 연구의 목적, 연구방법, 연구결과 그리고 연구결론을 간략히 서술한다. 가능하면 1페이지 이내로 독자들이 쉽게 알아볼 수 있도록 서술한다. 많은 연구자가 요약부분을 통하여 그들의 연구와 관련이 있는지를 판단하므로 간결하고 명확하게 서술하여야 한다.

참고문헌을 기록하는 형태는 각주와 후주가 있으나 후주가 일반적이다. **각주**는 참고문헌이 인용된 해당 페이지의 하단에 참고문헌의 정보를 기록하는 형태이고, **후주**는 모든 참고문헌의 내용을 논문 맨 뒤에 함께 기록하는 형태다. 각주는 해당 참고문헌을 해당 페이지에서 쉽게 볼 수 있다는 장점이 있으나 편집이 어려울 뿐 아니라 참고문헌이 많을 경우 서술이 불편하므로 후주로 서술하는 것이 일반적인 경향이다. 참고문헌을 후주로 기록할 때 연구를 위하여 인용된 모든 문헌을 기록한다. 일반적으로 참고문헌은 국내 문헌, 외국 문헌 순으로 기록하며, 가, 나, 다 혹은 a, b, c 순으로 배열한다. 참고문헌을 서술하는 형태는 참고문헌의 종류에 따라서 다소 차이가 있다. 참고문헌과 재인용한 참고문헌을 제시하는 방법은 각 대학의 논문작성 지침에 따르며 자세한 내용은 제21장에서 설명한다.

부록에는 연구에서 사용한 질문지, 실험도구나 그림, 사진 또는 분석 결과 자료 등 연구보고서의 본문 부분에 수록하기 곤란한 내용을 포함시킨다. 부록에 포함시킬 수 있는 내용의 대표적인 예로 조사연구 시의 질문지를 들 수 있다. 실험연구의 경우 실험도구 등에 대한 자세한 내용이 부록에 포함되면 연구에 대한 이해를 도울 수 있다. 부록에 포함할 내용은 연구에 대한 이해를 도울 수 있는 것으로 연구자가 결정하며, 연구대상의 응답결과 자료나 자료분석을 위한 통계 프로그램을 수록할 필요는 없다.

연습문제

01 다음 연구보고서의 각 부분에 어떤 내용을 기록하는지 설명하시오.

요약

서론

이론적 배경

연구방법

결과

결론

02 연구계획서와 연구보고서의 차이점을 설명하시오.

03 관심 있는 연구논문을 선택하여 서론, 이론적 배경, 연구방법, 결과, 결론의 내용을 평가하고 수정하시오.

Chapter

19 연구에 대한 평가와 논문 게재 및 발표

연구논문에 대한 평가는 학위논문의 경우 논문심사 통과 여부에, 학회에 제출한 논문일 경우 논문발표 여부에, 학회지에 보낸 논문일 경우 게재 여부에 의존한다고 볼 수 있으나 반드시 그런 것은 아니다. 학위논문이 논문심사위원회에서 통과되었다고 하여 그 논문이 반드시 우수한 논문이라고 할 수는 없으며, 그 이유로는 여러 가지가 있을 수 있다. 일반적으로 학회에서 발표된 논문이나 학회지에 게재된 논문을 우수한 논문이라고 평가할 수 있으나, 학회와 학회지의 수준에 따라 다른 평가를 내릴 수 있다. 논문을 평가할 수 있는 능력을 지닌 연구자는 본인의 연구에서 제한점이 되는 내용을 사전에 배제하여 우수한 논문을 쓸 수 있을 것이므로 여러 논문을 평가해 보는 기회를 가지는 것이 좋은 논문을 쓰는 데 도움이 된다. 그러므로 다음에 설명하는 평가기준에 따라 여러 논문을 평가해 보기 바란다.

1 연구논문의 타당도

연구논문의 타당도는 연구결과와 관련된다. 연구논문은 연구결과가 타당하면 좋은 논문으로 평가를 받고 연구결과가 타당하지 않으면 질이 낮은 논문으로 평가된다. 연구논문의 질은 매우 많은 요인에 대한 분석을 통해서 평가되어야 하지만, 연구논문의 질에 대한 평가에서 가장 관건이 되는 것은 내적타당도와 외적타당도다. 논문의 체제나 해석 및 결론 부분이 일목요연하게 정리되었다고 하더라도 이 두 가지 타당도가 결여되면 연구논문으로서의 가치를 상실한다.

1) 내적타당도

연구의 **내적타당도**(internal validity)란 연구의 진행과정이 얼마나 타당하게 이루어졌느냐 하는 것으로, 이는 곧 매개변수가 제대로 통제되었느냐의 문제다. 예를 들어서, 멀티미디어를 사용한 새로운 교수법과 전통적 교수법에 의한 학업성취도를 비교하는 연구를 수행한다고 할 때, 새로운 교수법이 투입된 실험집단과 전통적 교수법이 투입된 통제집단에 유사한 연구대상이 할당되었어야 학업성취도 비교가 가능하다. 만약 두 집단에 학업능력이나 지능이 다른 피험자들이 할당되었다면 집단 간 학업성취도를 비교할 때 학업능력이나 지능의 영향이 제거되었는지를 확인해야 한다. 그러므로 연구의 내적타당도를 보장받기 위해서는 연구실시 전에 집단 간의 출발단계(initial stage)가 동일하였는지와 매개변수가 제대로 통제되었는지를 확인하여야 한다. 매개변수에 대한 통제는 제12장 실험연구와 제15장 집단비교를 위한 통계방법에서 자세히 설명하였다.

연구결과에 근거하여 연구를 평가할 때 원인과 결과에 대한 해석이 타당성이 있으면 내적타당도가 있다고 할 수 있다. 즉, 인과성에 대한 추론의 가능성 정도를 나타내는 것이 내적타당도다. 연구에서 내적타당도를 저해하는 원인으로 특정 사건의 영향, 성숙효과, 시험효과, 검사도구효과, 통계적 회귀, 편향된 표본선정, 연구대상의 손실, 확산 혹은 모방효과 등을 들 수 있다. 각각의 저해 요인에 대해서는 제12장 실험연구에서 설명하였다. 특히 실험설계의 경우에는 내적타당도를 확보하기 위해서 보다 세심한 주의를 기울일 필요가 있다.

2) 외적타당도

외적타당도(external validity)는 연구의 결과를 일반화할 수 있느냐의 문제다. 이것은 표본의 모집단에 대한 대표성과 관련이 되며 연구대상으로 이용되는 표본이 모집단의 특성을 얼마나 잘 반영하는가에 따라서 결정된다.

예를 들어, 한국 아버지들의 유아에 대한 역할지각을 연구한다고 할 때, 유아를 가진 우리나라 모든 아버지의 유아에 대한 역할지각을 분석한다는 것은 불가능하다. 그러므로 유아기 자녀를 둔 아버지를 대표하는 일부의 아버지를 표집하여 역할지각에 대한 연구를 하게 된다. 이때 연구대상으로 추출된 아버지들이 한국 유아 아버지들을 잘 대표하였다면 이 연구결과를 유아기 자녀를 둔 한국의 모든 아버지들의 유아에 대한 역할지각으로 일반화시킬 수 있을 것이다. 하지만 연구대상으로 추출된 유아의 아버지들이 한정된 지역에서 추출되었거나, 특정한 사회경제적 배경을 가진 계층에서 추출되었다면 그들을 대상으로 한 연구결과로 한국의 모든 아버지들의 유아에 대한 역할지각을 설명할 수는 없을 것이다.

앞의 예에서 알 수 있듯이 연구대상으로 추출된 표본의 모집단 대표성은 연구의 외적타당도를 가늠하는 매우 중요한 준거다. 특히 사회조사방법을 이용한 연구에서는 표집의 타당성과 표집방법이 매우 중요하다. 외적타당도를 보장받기 위한 표집방법은 제6장에서 설명하였다.

2 평가요인

연구에 대한 평가는 주로 내적타당도와 외적타당도의 확보 여부로 가늠되지만, 연구를 수행하는 데 수반되는 모든 절차나 연구논문의 체제도 논문을 평가하는 중요한 요소다.

Cooper(1981)는 연구논문을 평가할 때 연구문제가 체계적으로 정립되었는가, 자료가 제대로 수집되었는가, 자료분석 및 해석이 제대로 되었는가, 결론 유도가 합당한가를 확인해야 한다고 하였다.

연구논문의 일반적인 평가기준은 다음과 같다.

첫째, 연구목적의 구체성
둘째, 연구를 위한 중요한 변수의 고려

셋째, 매개변수의 통제
넷째, 연구자의 편견
다섯째, 연구대상의 표집과 손실
여섯째, 측정도구의 질
일곱째, 관찰자내 신뢰도와 관찰자간 신뢰도
여덟째, 통계방법의 사용
아홉째, 통계분석의 해석
열째, 연구결과에 기초한 결론
열한째, 논문의 체제

첫째, 연구의 목적이 구체화되었는지를 확인해야 한다. 연구문제가 구체화되지 못했을 경우에는 연구의 시행이 어려울 뿐만 아니라 연구논문이 무엇을 말하고자 하는지를 알기도 어렵다. 연구목적이 분명하고 구체화되었을 때 연구가설의 설정이 용이해진다. 가설이 설정되면 독립변수와 종속변수가 규명되고 두 변수의 특성에 따라 분석방법도 쉽게 결정될 수 있다. 일반적으로 연구의 목적은 집단 간 상호비교와 변수들 간의 상호관계 규명으로 나누어진다. 이외에 사회현상을 설명하기 위한 모형을 찾는 것도 연구의 중요한 목적이 될 수 있다.

둘째, 연구에서 목적하고 있는 바를 달성하기 위해서 중요한 변수가 모두 고려되었는지를 확인하여야 한다. 사회나 자연 혹은 교육현상을 설명하기 위한 많은 변수들 중에서 중요한 변수가 고려되지 않았을 경우에는 현상을 제대로 설명할 수 없을 뿐만 아니라 때로는 설명이 잘못될 수도 있다. 예를 들어, 여학생의 취업포부 수준에 영향을 주는 변수에 대한 연구를 할 때, 어머니의 취업 여부, 직업 종류, 어머니의 학력, 가정의 경제적 배경 등을 변수로 포함시키고, 성적은 변수에 포함시키지 않는 경우가 있다. 이는 외국의 연구들이 학교 성적을 여학생의 취업포부에 영향을 주는 변수로 포함시키고 있지 않기 때문이다. 그러나 우리나라의 경우는 여학생의 취업포부 수준에 학업성적이 많은 영향을 준다는 연구결과(신옥희, 1989; 이선민, 1994)가 보고되었으므로 학업성적을 독립변수에 포함시켜야 한다. 더구나 우리나라의 여학생들은 대부분의 시간을 사실상 학교에서 보내고 있기 때문에 어머니와 같이 있을 수 있는 시간이 많지 않다. 따라서 어머니의 영향보다는 학업성적이 직업포부 수준에 영향을 주는 중요한 변수가 될 수 있다. 그러므로 연구에서 중요한 변수의 포함 여부는 문헌연구에 의한 이론적 배경과 연구자의 경험적 배경에 의존한다.

셋째, 매개변수가 통제되었는지를 확인한다. 매개변수의 통제는 연구의 내적타당도 확보와 관련되어 있으므로 매개변수에 대한 고려가 반드시 필요하다. 예를 들어, 서로 다른 교수법에 의한 어휘력의 차이를 연구한다고 할 때, 교수법 이외의 어휘력에 영향을 주는 변수의 영향을 제거하는 방법을 강구하여야 한다. 매개변수의 영향을 제거하는 방법을 구안하기 위해서는 매개변수가 무엇인지를 규명하는 작업이 선행될 필요가 있다.

앞에서 예로 든 연구의 매개변수로는 사전 어휘능력, 지능, 성별, 나이 등을 들 수 있다. 만약 매개변수들이 통제되지 않은 상태였다면, 교수법에 따라 어휘력에 차이가 있다는 결과를 얻는다고 하더라도 그와 같은 어휘력의 차이가 정말로 교수법의 영향에 의한 것이었는지를 확인할 수가 없다. 사전 어휘능력에 차이가 있는 집단들이기 때문에 어휘력의 차이가 있을 수도 있고, 지능 혹은 나이의 차이에 기인한 것일 수도 있다. 매개변수를 규명하고 통제하기 위해서는 사전 문헌연구에 충실하여야 한다.

넷째, 연구과정에서 연구자의 편견이 작용하였는지를 확인하여야 한다. 감정적 연구제목이나 연구자가 선호하는 방향으로 결론을 유도한 연구는 질이 떨어지는 연구가 된다. 예를 들어, '우리나라 대학 입시제도가 학교교육을 망친 이유 분석'이라는 논문제목은 연구에 연구자의 감정적이고 부정적이며 주관적인 관점이 개입되고 있음을 드러내고 있다. 이 논문은 제목에서 이미 연구결과가 우리나라 학교교육에 있어서 전인교육의 결여는 현행 대학 입시제도의 모순에서 기인된 것이라는 주장을 지지하는 것이 될 것임을 짐작할 수 있다. 연구제목은 가능한 한 가치 중립적이고 객관적으로 표현하는 것이 바람직하다. 위에서 예로 든 논문제목을 '우리나라 입시제도가 학교교육에 미친 영향 분석'이라고 고친다면 연구논문다운 제목이 될 것이다.

또한 연구를 진행하여 자료를 수집하고 분석하는 과정에서 연구자가 기대하는 방향으로 연구결과를 유도하는 연구가 있다. 연구결과가 연구자가 기대하는 결과와 일치하는 경우는 흔하지 않다. 그러므로 가치 중립적 입장에서 객관적으로 연구를 진행하고, 그렇게 얻어진 연구결과를 긍정적으로 분석하는 자세를 가져야 한다.

다섯째, 연구대상의 대표성을 확인한다. 이때 표집 및 연구대상의 손실 여부가 문제가 된다. 조사연구 시 모집단을 대표하는 표본을 추출할 때 연구자가 의도적으로 왜곡된 표집을 하면 연구의 외적타당도가 상실된다. 또한 연구대상이 모두 지원자(volunteer)일 때에도 연구의 질을 보장받을 수 없다.

설문지를 통한 연구를 실시할 때, 설문지 회수율이 저조하면 회수되지 않은 연구대상의 의견을 반영할 수가 없으므로 타당한 연구논문의 결론을 유도하기 어렵다. 그러므로 설문지 미회송자에게 회송을 요구하여 그 의견을 자료에 포함시키는 것이 바람직하다. 실험연구의 경우는 연구진행 과정에서 연구대상이 손실되는 경우가 발생한다. 연구대상인 학생이 전학을 가거나, 질병 및 기타의 사유로 연구를 계속할 수 없는 경우가 많을 때에는 연구에 결정적인 장애가 될 수 있다. 그러므로 연구자는 연구가 종료될 때까지 연구에 지속적으로 참여할 연구대상을 선정하도록 하여야 한다.

여섯째, 측정도구의 질을 분석한다. 경험과학은 연구의 결과를 수량화하여 결론을 유도하므로 수량화하기 위해서는 측정이 필수적이다. 가시적인 특성은 직접 측정이 가능하지만, 비가시적인 특성은 직접 측정이 불가능하므로 검사도구를 사용하여야 한다. 연구에서 측정하고자 하는 속성이 가시적이든 비가시적이든, 측정도구는 타당도와 신뢰도를 확보해야 한다. 타당도란 측정도구가 측정의 목적에 부합하느냐의 문제이며, 신뢰도란 측정의 일관성을 말한다. 예를 들어, 직업흥미를 측정하는 검사일 경우, 문항들이 다양한 직업에 대한 관심과 흥미를 측정하는 문항들로 구성되어 있을 때 이 검사는 타당도가 확보된 검사라고 할 수 있다. 그리고 직업흥미검사가 직업흥미를 반복 측정한다고 가정하였을 때 개인들의 직업흥미 점수가 지속적으로 안정적인 점수를 얻을 경우 신뢰도가 높다고 할 수 있다. 타당도와 신뢰도가 검증되지 않은 측정도구에 의한 연구결과는 의심의 대상이 된다. 따라서 실험연구든 사회조사연구든 측정도구를 사용할 때에는 반드시 측정도구의 타당도 및 신뢰도를 검증해야 한다.

일곱째, 관찰자내 신뢰도와 관찰자간 신뢰도의 검증이 필요하다. 관찰에 의하여 자료가 수집되는 연구에서 관찰자간 신뢰도와 관찰자내 신뢰도가 확보되지 않은 자료는 믿을 수 없는 자료이므로 그 자료에 의한 연구결과 역시 믿을 수 없게 된다. 관찰자간 신뢰도란 관찰자들 사이의 평정 혹은 관찰이 얼마나 유사한지를 밝히는 것이다. 예를 들어, 아이들의 행위를 여러 범주로 분류한다고 할 때, 연구대상의 행위에 대한 다수의 관찰자들의 분류결과가 유사한지를 검증하는 것이다. 만약 분류가 아니라 점수를 부여한다면 관찰자들이 부여한 점수들 간의 유사 정도를 말한다. 관찰자내 신뢰도란 관찰자 개인이 얼마나 일관성 있게 분류하는가 또는 얼마나 일관성 있게 점수를 부여하는가를 말한다.

여덟째, 통계적 방법 사용의 오류를 확인한다. 양적연구의 경우는 기술통계뿐만 아니라 추리통계를 사용한다. 평균, 표준편차, 최고값과 최저값을 설명하는 기술통계에서 연구자가 의도한 대로의 해석은 금물이며, 집단비교 및 인과관계 분석을 위한 통계적 검증에서도 올바른 통계적 방법을 선택해야 한다. 하지만 올바르지 않은 통계적 방법을 선택하여 결론을 유도한 연구들도 적지 않게 발견된다. 예를 들어, 세 집단의 비교 연구는 분산분석을 통해 검증해야 하지만 A집단과 B집단, B집단과 C집단, A집단과 C집단에 대해 t 검정을 세 번 실시하는 오류를 범한 연구를 발견할 수 있다. 이런 경우에는 일원분산분석을 실시하여 집단 간에 유의한 차이가 있다는 결과가 도출되면 어느 집단 간에 차이가 있는지를 사후검정 하는 것이 옳은 방법이다.

아홉째, 통계분석의 올바른 해석이다. 수집된 자료분석 결과에 대한 해석이 올바르지 않으면 잘못된 연구결론이 유도된다. 자료를 분석한 결과에 의미를 부여하고 그에 기초하여 해석을 해야 함에도 불구하고 많은 연구에서 임의적인 해석을 하는 경우를 볼 수 있다. 특히 유의수준에 대해 제대로 이해하고 있지 못한 연구들이 적지 않게 발견된다. 통계적 분석결과를 올바르게 이해하기 위해서는 통계의 기본개념 및 방법에 대한 이해가 선행되어야 하므로 통계분석 결과 해석 시 통계책을 참고하는 것이 바람직하다.

열째, 결론은 연구결과에 기초하여야 한다. 연구결론은 연구진행과정에서 수집된 자료와 그 해석에 따라 도출되어야 함에도 불구하고 비약적인 결론을 유도하는 경우가 있다. 이와 같은 경우, 연구의 과학성과 객관성이 결여되기 때문에 연구의 질이 떨어진다.

열한째, 논문의 체제다. 연구논문의 질을 위해서는 내용 못지않게 체제도 중요하다. 논문 구성체제는 연구분야별로, 연구목적별로 다소 상이하나 행동과학, 경험과학 등의 양적연구는 일반적으로 APA(American Psychology Association) 양식을 따른다. APA 양식은 논문을 5개의 장으로 나누어 I장은 서론, II장은 이론적 배경, III장은 연구방법, IV장은 결과, V장은 결론 및 논의를 서술하도록 하고 있다. 학회지에서는 이론적 배경을 서론에 포함하기도 한다. APA(2019)는 논문의 구성뿐 아니라 도표, 그림 등 논문집필에 관한 일반적 지침을 제시하고 있으며, 참고문헌 인용체제에 대해서도 자세히 설명하고 있다.

3 학회 논문 심사기준

연구논문은 여러 가지 기준에 의해서 연구의 질이 평가되는데, 그중에서 우수한 논문은 학회에서 발표되거나 학술지에 게재된다. 일반적으로 학회논문 발표나 학술지의 게재 여부는 심사기준에 따라 논문 심사위원이 결정한다. 미국 및 우리나라 학회의 논문 심사기준의 예는 다음과 같다.

1) 미국

미국의 논문 심사기준은 행동과학을 선호하는 학문적 경향으로 인하여 매우 구체화되어 있다. 미국 교육학회(AERA)가 매년 4월에 개최하는 연차 학술대회에서 발표되는 논문은 7개의 하위 항목에 대하여 [그림 19-1]과 같이 심사된다.

연구목적의 중요성, 이론적 배경의 명료성, 연구방법의 적절성, 연구자료의 적절성, 연구결과의 적절성, 해당 분야에의 학문적 기여도의 6개 항목에 대해 5단계 척도로 평가한다. 또한 해당 분과위원장과 논문 제출자를 대상으로 심사 의견을 작성하며 최종 게재 여부를 선택한다. 미국교육학회(AERA)에서 발표되는 논문의 경우는 익명의 심사자 3명이 평가 항목에 따라 각자 논문을 심사하고, 3명의 평가결과를 종합한 후 발표 여부를 최종적으로 결정한다. 일반적으로 3명 중 2명이 발표 가능하다고 판정하면 다음 해 학회에서 논문을 발표할 수 있는 기회를 얻게 된다. 연구계획서의 제출과 심사결과의 통보는 모두 온라인으로 이루어진다.

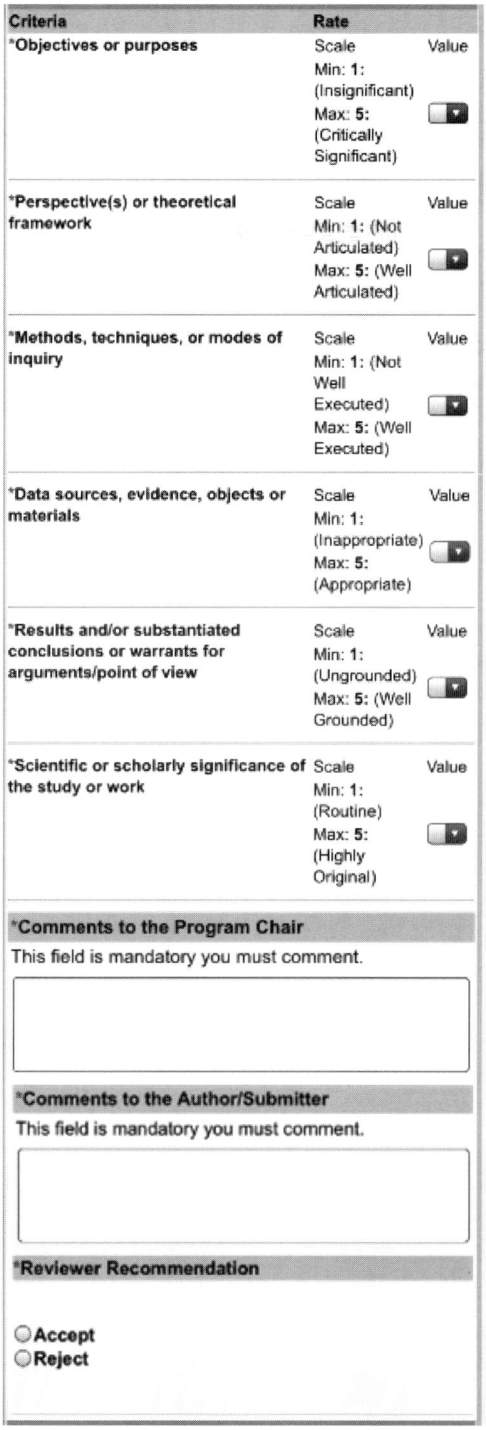

Criteria	Rate	
*Objectives or purposes	Scale Min: **1:** (Insignificant) Max: **5:** (Critically Significant)	Value
*Perspective(s) or theoretical framework	Scale Min: **1:** (Not Articulated) Max: **5:** (Well Articulated)	Value
*Methods, techniques, or modes of inquiry	Scale Min: **1:** (Not Well Executed) Max: **5:** (Well Executed)	Value
*Data sources, evidence, objects or materials	Scale Min: **1:** (Inappropriate) Max: **5:** (Appropriate)	Value
*Results and/or substantiated conclusions or warrants for arguments/point of view	Scale Min: **1:** (Ungrounded) Max: **5:** (Well Grounded)	Value
*Scientific or scholarly significance of the study or work	Scale Min: **1:** (Routine) Max: **5:** (Highly Original)	Value

***Comments to the Program Chair**

This field is mandatory you must comment.

***Comments to the Author/Submitter**

This field is mandatory you must comment.

***Reviewer Recommendation**

○**Accept**
○**Reject**

그림 19-1 AERA 연구계획서 심사기준

* 위 심사 항목은 미국교육학회 AERA 사이트(https://www.aera.net)의 심사자 REVIEW MENU에서 확인할 수 있다.

2) 우리나라

우리나라에서도 연구가 활성화되면서 많은 연구자가 학회 발표나 학술지 게재를 희망하게 되었으며, 그에 따라 연구의 질을 심사하는 기준도 체계화되어 가고 있다. 예전에는 논문을 '게재 가'와 '게재 불가' 혹은 '수정 · 보완 후 게재 가'로 종합적으로 심사하였으나 점차 항목별로 논문을 심사하는 형태로 바뀌어 가고 있다. 예를 들어, 한국교육학회 『교육학연구』의 논문심사 기준은 〈표 19-1〉과 같다.

표 19-1 한국교육학회 『교육학연구』 응모 논문 심사 기준

논문 제목

보내 드린 논문을 다음 기준에 따라 평가해 주시기 바랍니다(해당하는 것에 ✓표시)

	그렇다				그렇지 않다
1. 교육학연구에 게재하기에 주제가 적합하다	20	16	12	8	4
2. 연구주제(문제)가 독창적이고 명료하다.	20	16	12	8	4
3. 연구방법이 타당하다.	20	16	12	8	4
4. 학문발전에 대한 기여도가 높다.	20	16	12	8	4
5. 교육현장에 대한 적용가능성이 높다.	20	16	12	8	4
6. 논지에 일관성이 있고, 진술이 명확하다.	20	16	12	8	4
7. 초록의 질이 우수하고 소정의 논문 작성 양식을 잘 따르고 있다.	20	16	12	8	4
합계					점

▶ **최종심사의견**

□ 게재 가(80점 이상) □ 수정 후 재심사(60~79점) □ 게재 불가(60점 미만)

- 게재 가: 수정 없이 게재할 수 있다고 판단한 논문 혹은 수정 내용이 표현, 어휘의 선택, 제시 순서 등 핵심 내용과는 무관한 것이라고 판단한 논문
- 수정 후 재심사: 논문의 핵심 내용에서 문제가 있다고 판단한 논문
- 게재 불가: 논문의 핵심 내용에서 문제가 있고 그 문제를 해결하기 위해서는 상당한 기간이 필요하다고 판단한 논문

출처: 한국교육학회 사이트 (http://ekera.org/bbs/content.php?co_id=publication 2019.11.12. 검색)

연구주제의 적절성, 독창성과 명료성, 연구방법의 타당성, 학문발전의 기여도, 현장의 적용 가능성, 논지의 일관성 및 진술의 명확성, 논문 작성 양식의 7개의 평가 영역으로 구분하여 5단계 척도에 의하여 평가하고, 최종적으로 게재 여부를 결정한다.

연구의 평가요인과 논문 심사기준은 연구분야별로 다소 상이할 수 있다. 이상에서 설명한 평가 항목들 외에도 각 연구에서 평가되어야 할 요소들이 많이 있다. 그러므로 연구자 본인이 연구 진행절차와 논문의 서술이 제대로 되어 있는지를 스스로 평가하여 논문을 수정 · 보완하는 것이 연구의 질을 높이는 지름길이다. 왜냐하면 해당 연구에 대해서 가장 많이 아는 사람은 결국 연구자 자신이기 때문이다.

4 논문 게재

학회 논문 발표와 학회지 **논문 게재** 절차는 다소 차이가 있다. 학회에서 발표된 논문을 학회지에 게재하고자 하는 경우 미국에서는 학회지 편집인을 통하여 게재 심사를 받아야 한다. 그러므로 연구자는 연구논문이 어느 학회지의 성격과 특성에 부합하는지를 판단하여야 한다.

동일한 학문 영역이라도 이론 개발에 중점을 두는 학술지와 응용에 역점을 두는 학술지 또는 학교 현장의 문제를 다루는 학술지 등 학술지의 성격이 다르므로 연구자는 먼저 연구논문이 어느 학술지의 특성에 부합하는지를 판단하여야 한다. 그 후 선택한 학술지에서 요구하는 편집지침에 의하여 연구보고서를 작성한다. 연구논문의 페이지, 일련번호 부여, 표, 그림 등의 양식이 구체화되어 있으므로 이에 따라 논문을 작성한다.

학위논문을 학회지에 게재할 경우에는 논문의 많은 부분이 축약되어야 하므로 체계적으로 정리하여야 하고, 논문 제출 전에 다른 연구자들의 조언을 구하는 것도 바람직하다. 또한 편집지침에 의하여 체계적으로 작성된 논문이 논문 심사위원들의 관심을 끌 수 있으므로 편집지침에 따르는 것이 필수적이다.

논문을 학술지에 제출하면 논문 게재 여부를 심사하여 심사결과를 일정 기간 후 논문 제출자에게 통보한다. 이때 논문 게재 여부와 수정지시나 의문점 혹은 논문 게재 불가 사유를 적은 심사지가 동봉된다. 심사위원이나 편집인의 조언에 따라 논문을 수정하는 작업이 여러 번 이루어지는 경우도 있다. 모든 수정이 이루어지면 마지막으로 편집인이 논문 게재 호수와 일자를 통보한다.

연구자가 미처 생각하지 못했던 점이나 잘못된 점을 지적받을 수 있으므로 논문에 대한 심사위원들의 질문이나 조언은 매우 중요하다. 간혹 논문 심사위원의 조언이나 지적이 적절하지 않을 경우도 있으나, 논문에 대한 모든 지적을 고려하는 것이 연구자의 바람직한 자세다. 연구논문이 학술지에 게재되고 게재된 논문이 자주 인용되는 것은 연구자의 가장 큰 보람이다. 따라서 대학원생들에게 본인의 학위논문을 발전시켜 학술지에 게재하는 것을 권장한다.

5 논문 발표

논문 발표는 크게 두 가지로 구분된다. 학위논문 심사를 위하여 연구결과를 심사위원 앞에서 발표하는 경우와 학회에서 논문을 발표하는 경우가 있다.

1) 학위논문 심사를 위한 발표

석사학위나 박사학위를 취득하기 위해서는 학교에서 요구하는 수준의 학위논문을 작성하여야 한다. 학위논문을 작성하고 난 후에는 심사위원들 앞에서 연구논문의 내용을 발표하는 절차가 따른다. 일반적으로 심사위원들 앞에서 구두로 발표하므로 이를 **구두 심사**(oral defense)라고 한다. 석사학위 논문 심사일 경우는 일반적으로 3명의 심사위원이 참여하고 박사학위 논문일 경우는 5명의 심사위원이 참여한다. 학회에서 논문을 발표하는 경우와는 달리 많은 시간이 부여된다. 일반적으로 석사학위 논문 심사의 경우는 1시간, 박사학위 논문 심사의 경우는 2시간 정도가 소요된다.

연구자는 연구논문을 작성한 다음 연구에 대하여 충분히 이해를 한 후 발표하고 심사위원의 질문에 응답하여야 한다. 연구자는 연구내용을 체계적으로 발표하기 위한 준비를 하여야 하며, 연구의 동기와 목적, 연구방법, 연구를 통해 발견된 중요한 사실, 교육적 적용과 의미를 주어진 시간 내에 발표해야 한다. 일반적으로 2시간의 학위논문 심사일 경우 30분에서 1시간 정도의 발표시간이 주어지므로 발표시간을 확인한 후 발표시간에 맞추어 발표해야 한다. 즉, 중요하지 않은 내용으로 발표시간을 소비하지 말아야 한다. 또한 보다 효과적인 발표를 위해 빔프로젝터 등의 기자재를 사용하는 것도 바람직하다. 학위논문 발표를 끝내면 심사위원들의 질문이 이어진다. **심사위원들의 질문에 대해 취해야 할 태도**를 Wiersma(1995)는 다음과 같이 제안하고 있다.

첫째, 질문을 주의 깊게 듣고 답변한다. 학위취득 예정자들은 긴장하여 질문의 요지를 제대로 파악하지 못하고 질문에 부적절한 답변을 하는 경우가 많은데, 긴장하지 말고 심사위원의 질문을 정확히 이해하여 그에 적절한 답변을 하여야 한다.

둘째, 질문에 명확하고 완벽하게 답변한다. 연구와 관련된 질문일 경우 충분하고 자세하게 응답한다. 이를 통해 연구자의 연구에 대한 이해도를 가늠할 수 있다.

셋째, 질문을 이해하지 못하였을 경우 질문이 무엇인지 다시 묻고, 그래도 이해가 되지 않으면 보다 쉽게 설명해 달라고 부탁한다. 질문의 요지를 파악하지 못하고 답변을 하게 되면 심사위원들이 대답이 틀렸다고 판단하는 경우가 생기므로 재차 질문하여 보다 쉬운 형태로 질문을 이해하는 것이 중요하다. 간혹 연구의 내용과 거리가 있는 질문을 받을 수도 있다. 그래도 질문을 정확하게 파악하여 응답하여야 한다.

넷째, 만약 질문에 대한 답을 알지 못하였을 때는 모른다고 솔직하게 대답한다. 연구자라고 해서 모든 것을 다 알 수는 없다. 따라서 심사위원들이 어려운 질문을 할 경우에는 대답이 불가능할 수도 있다. 모르는 것은 모른다고 대답하고 배우는 것이 연구자의 바람직한 자세다. 알지 못하면서 아는 것처럼 대답할 경우 연구논문의 질에 대한 의문을 야기시킬 수 있다.

다섯째, 질문에 답할 때 정확한 단어를 사용한다. 성급하게 답하느라 정확한 단어를 사용하지 않으면 연구자가 용어를 제대로 알고 있는지에 대한 의문이 제기된다. 특히 연구에서 사용한 연구방법론에 대해서는 정확한 용어를 사용하여야 한다. 또한 해당 분야에 대한 전문 용어를 정확하게 사용해야 연구자가 정확한 지식을 가지고 있다고 평가받을 수 있다.

학위논문 심사를 위한 논문 발표 역시 학문을 하기 위한 훈련과정의 일환이다. 학위 논문 발표는 연구한 논문을 요약 · 발표하는 능력을 기르고 학회활동 중 논문 발표를 훌륭하게 하기 위한 훈련이므로 매우 중요한 의미가 있다.

2) 학회 논문 발표

학회 논문 발표는 학위 취득을 위한 논문과 연구한 내용을 발표한다는 점에서 동일하나, 몇 가지 다른 점이 있다. 학회 논문의 발표는 일단 다수의 청중들 앞에서 발표를 하고 발표 시간이 제한되어 있다. AERA나 NCME의 논문 발표는 15분 이내로 제한되어 있다. 두 학회는 매년 4월에 개최되며 그 전년도 8월에 연구계획서를 제출받아 심사를 한 후 11월경에 논문 발표 여부를 결정한다. 논문발표가 결정되면 연구논문 완성본을 사회자와 토론자에게 미리 보내야 한다. 일반적으로 학회 논문 발표는 연구전문가 집단이 경청한다. Wiersma(1995)는 **학회 논문 발표를 위하여 다음과 같은 제안**을 하고 있다.

첫째, 연구논문을 완성하여 준비한다.
둘째, 발표시간을 확인하고 발표시간 안에 논문을 발표한다.
셋째, 발표장소의 크기와 그에 따른 청중 수를 계산하여 충분한 복사본을 준비한다.
넷째, 연구내용을 충분히 숙지하여 청중과 쉽게 교감할 수 있도록 준비한다.
다섯째, 발표 전에 발표장소를 확인하고 필요한 기구, 좌석 등을 확인한다.
여섯째, 발표 10분 전에 도착하여 사회자 · 토론자와 인사를 한다.
일곱째, 발표 전에 논문을 배부하여 발표 도중 불필요하게 소요되는 시간이 없도록 사전에 조치한다.
여덟째, 발표 시 연구보고서를 읽지 않도록 한다. 꼭 읽어야 할 필요가 있을 경우에는 중요하지 않은 부분은 생략하고 청중에게 생략한 부분을 알려 준다.
아홉째, 배부하기 위해 준비한 논문이 부족한 경우에는 메모를 하여 차후에 논문을 보내 준다.

연구논문을 약속기간 내에 토론자에게 보내지 않았을 경우에는 토론을 할 수 없게 된다. 그러므로 연구자는 반드시 지정된 날짜 안에 사회자와 토론자에게 논문을 보내 주어야 한다.

학회에서 논문을 발표하는 것은 연구자 자신을 발표하는 것이나 다름없다. 그러므로 논문을 발표하기 전에 많은 연습을 하여 발표를 하는 것이 바람직하다. 특히 논문을 발표하는 시간을 철저히 지켜야 한다. 발표시간을 지켜야 논문 발표 진행이 원활히 이루어질 수 있으므로 발표시간이 지연되면 사회자의 제지를 받는다.

학회 논문 발표는 학술지 논문 게재보다 상대적으로 수월하다. 학회에서는 어디서도 발표되지 않은 다수의 논문이 발표되며 이 중 학술지에 게재되는 논문은 따로 제출하여 학술지 편집인과 심사위원들의 심사를 거쳐 학술지에 게재된다. 많은 학위논문이 학회에서 발표된다. 학회에서의 논문 발표 경험은 앞으로의 학문 활동에 중요한 역할을 하므로 학위논문을 학회에서 발표하는 것을 권장한다.

연습문제

01 다음 단어를 설명하시오.
내적타당도
외적타당도

02 Cooper(1981)가 제시한 논문 평가요인을 설명하시오.

03 학위논문 심사를 위한 연구자의 자세를 논하시오.

04 학위논문 심사 시 심사위원의 질문에 답하는 연구자의 자세를 설명하시오.

05 학회에서 논문을 발표하기 위한 자세를 설명하시오.

06 학위논문 심사를 위한 발표와 학회 논문 발표의 차이점을 논하시오.

07 학회 논문 발표를 참관하고 평가하시오.

Chapter

20 연구와 연구자의 윤리

연구의 목적이 훌륭하고, 그 절차와 방법이 타당하고 신뢰롭다 하더라도 그 과정이나 결과가 다른 사람에게 피해를 주거나 사회적인 문제를 초래해서는 안 된다. 따라서 연구자는 연구에 참여하는 연구대상을 다양한 피해 상황으로부터 보호할 수 있는 윤리적 기준과 법적 규제들을 고려하여야 한다. 현재까지 우리나라에서 연구를 통하여 보호받아야 할 연구대상에 대한 권리와 연구자의 윤리에 대해 구체적으로 명시하고 있는 규정이나 법적기준이 마련되고 있지 않아 이에 대한 대책이 요구된다. 이 장에서는 주요 연구단체에서 제시하고 있는 **연구윤리**를 기초로 연구자가 고려해야 할 윤리적 문제들에 대해 설명한다.

1 연구자의 윤리

Anderson(1998)은 연구자가 고려해야할 윤리적 문제로 연구참여자의 사전 동의를 구하는 문제, 연구대상의 선정과 관련된 문제, 지원자를 연구대상으로 활용하는 문제, 연구대상을 속이는 문제, 비밀보장 및 사생활 보호와 관련된 문제, 중도탈락의 권리, 연구에 따른 손실과 혜택에 대한 고려, 연구대상의 시간 소모에 대한 고려, 문화적 차이에 대한 고려 등을 제시하였다.

1) 사전동의를 구하는 문제

연구윤리에 있어 가장 기본이 되는 원칙은 연구에 참여하는 사람들에게 충분한 정보를 제공하고 동의를 구하는 것이다. 연구 참여자들에게 연구의 목적 및 특징, 위험성이나 이로운 점에 대한 정보를 충분히 제공하고 그들의 자발적인 동의를 얻는 과정이 공식적으로 이루어져야 한다. **연구대상자들로부터 동의를 얻을 때 제공되어야 하는 주요 요소**는 다음과 같다.

- 연구의 목적과 절차에 대한 설명
- 연구대상이 받을 수 있는 모든 종류의 불이익
- 연구대상이 받을 수 있는 모든 종류의 이익
- 다른 절차를 선택했을 때 받을 수 있는 이익
- 절차와 관련된 모든 종류의 질문에 대한 응답
- 연구 참여는 자발적인 것이며 원할 때는 언제든지 그만둘 수 있다는 진술

2) 연구대상의 선정과 제외의 문제

연구대상으로 연구에 참여할 때 입을 수 있는 손실의 정도는 성별, 연령, 지적 능력, 심리적 특성, 건강 상태, 문화적 배경 등에 따라 다양하게 나타난다. 따라서 연구자는 이러한 요인들을 고려하여 연구대상들을 연구에 참여시켜야 한다. 예를 들어, 수감자들이나 수용소에 격리되어 있는 사람들을 연구대상으로 할 때 이들의 자발적인 연구 참여가 보장되지 않는 경우가 많아 문제가 초래될 수 있으며, 여성이나 아동, 소수 인종 등 특정 집단이 연구에서 제외될 때에도 균형적인 연구결과를 얻을 수 없을 것이다. 따라서 연구자는 이를 염두에 두고 모집단을 대표할 수 있는 다양한 대상이 포함되도록 주의를 기울여야 한다.

3) 지원자의 활용과 관련된 문제

지원자들을 연구대상으로 하는 사회과학 연구들의 경우, 다음과 같은 **윤리적인 문제**가 발생할 수 있다. 첫째, 지원자들은 사회적으로 약자인 경향이 있다. 예를 들어, 연구대상이 학생이고 연구자가 교사인 경우 연구자는 연구대상들에게 영향을 미칠 수 있는 권력을 가지고 있다. 둘째, 연구대상들이 의무감을 느낄 수 있다. 연구비를 지원받는 경우 금전적인 혜택을 강조하면서 연구대상자에게 참여를 요구할 수 있으며, 이와 같은 압력과 기대가 강요로 작용할 수 있다. 셋째, 지원자들은 해당 연구가 그들에게 도움이 될 것이라는 기대를 가지고 연구에 참여하는 경향이 있다. 예를 들어, 약물의 알레르기 반응을 실험하는 연구에서 연구자가 은연 중에 참여자들에게 도움이 될 것이라는 말을 하였다면, 연구자의 이러한 태도가 도움을 원하는 연구대상들에게 영향을 미칠 것이다. 넷째, 연구대상들의 분류와 관련된 문제로서 연구대상들을 특정 개체나 결핍 요인을 지닌 대상으로 간주한다면 연구결과가 본의 아니게 그들의 인생에 영향을 미치게 될 것이다. 연구자는 이상에서 언급한 문제점들을 신중히 고려하여 연구를 진행하여야 한다.

4) 연구대상자를 속이는 문제

상황에 따라 연구의 목적이나 방법을 숨기거나 달리 말해야 하는 경우가 있다. 그러나 이로 인해 연구대상들이 조금이라도 피해를 입을 여지가 있다면 이는 허용될 수 없으며, 불가피하게 연구대상을 속일 수밖에 없었다면 연구가 끝난 이후에라도 그 이유에 대해 충분히 설명해야 한다. 사후 설명에서는 미리 알려졌을 때 결과에 영향을 미칠 수 있어 알리지 않았던 정보들에 대해 추가적으로 설명하여야 한다. 연구결과를 요약하여 연구대상들에게 제공하는 것도 바람직한 방법이다.

5) 비밀보장 및 사생활 보호의 권리

비밀보장 및 **사생활 보호**는 개인의 신상이 익명으로 처리되어 연구 과정에서 밝혀진 연구대상자의 신상, 개인적인 태도, 의견, 습관, 특이사항 등에 대한 정보가 외부로 유출되지 않는다는 것을 의미한다. 연구자로서 개인의 신상이나 사생활을 보호하는 것은 의무이며 사생활 보호는 기본적인 인권의 하나다.

연구목적상 한쪽 면만 보이는 거울이나 숨겨진 녹음장치와 같이 개인의 사생활을 위협하는 도구나 방법들이 불가피하게 사용될 수 있으나 이러한 도구나 방법들이 사용될 경우에는 연구대상자에게 분명히 알려 동의를 얻어야만 한다. 또한 개인 자료에 대한 사용은 그 자료가 일차적이든 이차적이든 윤리적, 법적으로 합당한 근거가 확보된 상태에서 이루어져야 한다. 학생 성적과 같은 데이터베이스를 사용하고자 할 때에는 이 정보가 기밀로 처리될 것과 어떤 개인에게도 피해를 입히지 않을 것을 보장해야 하며 가능하다면 개인들의 동의도 얻어야 한다. 현재와 같은 고도의 정보화사회에서 연구자들은 데이터베이스의 보안을 철저히 하고, 제한된 사람들만이 해당 정보를 사용할 수 있도록 노력하여야 한다. 자료처리과정의 초기부터 암호를 사용하는 것도 개인정보의 유출을 막기 위한 방법의 하나로 활용될 수 있다.

6) 중도탈락의 권리

연구대상이 원한다면 언제든지 연구에 참여하는 것을 중단할 수 있는 권리가 존중되어야 한다. 이는 윤리적 측면이 침해되고 있다고 느낄 때 연구대상 자신을 방어할 수 있도록 마련한 조치다. 설문지에 응답하지 않는 것도 이러한 권리에 기초한 것이라 볼 수 있다. 그러나 학교연구와 같이 집단을 대상으로 하는 연구에 참여하게 되면 이러한 권리를 행사하기 쉽지 않다. 연구자는 연구대상이 손실되는 것을 방지하려고 노력하기 때문에 연구자와 연구대상 사이에 갈등이 존재하기도 한다.

7) 연구에 따른 손실과 혜택의 고려

어떤 연구든 연구참여자가 겪는 손실이나 위험보다 더 많은 혜택이 연구참여자에게 돌아갈 수 있도록 하여야 한다. 의학 분야의 연구에서 위험 수위가 높은 실험도 허용될 수 있는 이유는 그 결과로 인해 훨씬 더 많은 사람이 도움을 받을 수 있기 때문이다. 그 가치를 따지기는 어렵겠지만 연구결과로부터 얻어지는 이익은 충분히 큰 것이어야 한다.

8) 연구대상의 시간소모에 대한 고려

연구윤리와 관련된 문헌에서 잘 다루어지지 않는 부분이지만, 연구대상의 시간을 허비하는 것도 비윤리적인 행위라 할 수 있다. 따라서 연구자는 연구와 직접적으로 관계가 없거나 의미 있는 결과를 도출하지 못할 질문을 함으로써 연구대상의 시간을 낭비하지 않도록 주의하여야 한다.

9) 문화적 차이의 고려

연구자는 연구참여자들의 문화적인 차이를 이해하고 연구자의 문화 혹은 특정 가치나 이념을 강요하지 않도록 주의해야 한다. 예를 들어, 특정 문화의 유물이나 사진, 종교 등이 연구에 포함되지 않도록 하여야 하며 정중한 태도로 상대방의 문화를 이해하고 존중해야 한다. 다른 나라에 대한 연구는 사회·경제적 지원이 어느 정도 뒷받침된 상태에서 이루어지는 경우가 많기 때문에 연구자는 의도적으로든, 무의식적으로든 연구 참여자들에게 강압적인 태도를 보이기 쉽다. 이때 다른 나라 사람을 공동 연구자로 포함시켜, 그 나라에 대한 규범을 배우면서 연구를 진행하게 되면 문화적 차이로 인해 직면하는 문제들을 최소화할 수 있다. 특히, 다양한 국적의 사람들이 연구대상으로 포함되는 경우 언어적 장벽이나 문화적 차이를 극복한 상태에서 연구에 대한 사전 설명이 충분히 이루어져야 하며 연구결과도 연구참여자들에게 보고해야 한다.

2 학회와 정부의 윤리강령

연구 상황에서 발생하는 윤리적 문제 및 딜레마를 해결하는 과정에는 가치 판단 및 도덕적 추론 능력의 깊이가 반영된다. 뿐만 아니라 전문 연구기관에서 정하고 있는 윤리규정에 대해 알고 있으면 보다 수월하게 해결될 것이다. 다양한 연구단체에서 구성원의 연구에 지침이 되는 **윤리기준**(ethical standards)을 마련하고 있다.

1) American Educational Research Association(AERA)

AERA(2011)의 **미국교육학회 윤리강령**(Ethical Standards of the American Educational Research Association)을 요약하면 다음과 같다.

1. 과학적 · 학문적 · 전문적 기준

교육연구자는 합리적이고, 책임감 있게 연구, 교육(teaching), 현장 연계 및 대내외 봉사활동 등을 수행할 수 있도록 윤리 기준을 엄격히 준수하고, 과학적 · 학문적 · 전문적 지식에 근거하여 정직하고 투명하게 수행한다.

2. 역량

(a) 교육연구자는 교육, 훈련, 지도 경험 또는 전문적 경험을 바탕으로 자신의 역량 범위 내에서 연구, 교육, 현장 연계 및 대내외 봉사활동 등을 수행한다.

(b) 교육연구자는 해당 분야에서의 전문적 역량을 보장하기 위해 합리적인 조치를 취한 후에 새로운 분야 또는 새로운 기술을 포함하는 연구, 교육, 현장 연계 및 대내외 봉사활동 등을 수행한다.

(c) 연구, 교육, 현장 연계 및 대내외 봉사활동에 종사하는 교육연구자들은 해당 분야의 현재 과학적 · 학문적 · 전문적 정보에 대해 파악하고 관련 기술에 대한 역량을 유지하기 위해 지속적으로 노력한다.

3. 전문적 지식의 사용 및 오용

(a) 전문적 판단을 내리거나 전문적 지식을 제시해야 하는 연구, 교육, 현장 연계 및 대내외 봉사활동 또는 기타 활동에서 교육연구자는 자신의 전문 분야와 전문성을 정확하고 공정하게 표현한다.

(b) 교육연구자는 본 윤리강령을 위반하게 될 소지가 있는 개인 또는 기관과의 연구 협약, 연구비 수주, 자문, 연구 과제 수행 등의 계약을 체결하지 않도록 한다. 본 윤리강령에 대한 위반 사실을 발견하고, 이를 시정하는 것이 불가능하다고 판단될 경우 해당 활동에 개입하지 않는다.

(c) 교육연구자의 과학적, 학술적, 전문적 판단과 행동은 타인의 삶에 영향을 미칠 수 있으므로 그들의 지식, 전문성 또는 영향력을 오용할 수 있는 개인적, 재정적, 사회적, 조직적 또는 정치적 요인에 대해 경각심을 갖고 경계한다.

(d) 교육연구자는 전문 지식의 오용이나 허위 보고에 대해 인지할 경우 이를 시정하기 위해 합당한 조치를 취하여야 한다.

4. 위조 · 변조 · 표절

교육연구자는 연구 제안, 수행, 검토, 결과 보고 시 위조, 변조 또는 표절 행위에 관여하지 않는다.

(a) 데이터, 데이터 출처, 결과, 주장, 증명 등을 위조하거나 변조하지 않는다.

(b) 타인의 저작물에서 데이터 또는 자료를 인용한 경우 출판 자료, 미출판 자료, 전자 저작물 등 모든 인용 자료에 대해 출처를 명확히 밝혀야 한다.

(c) 타인의 저작물을 그대로 옮기지 않고 다른 말로 바꾸어 썼더라도 출판 자료, 미출판 자료, 전자 저작물 등 모든 인용 자료에 대해 출처를 밝혀야 한다.

5. 피해 방지

교육연구자는 연구 수행 시 타인에게 피해를 주지 않기 위해 적절한 조치를 취해야 한다. 예상치 못한 부정적인 결과가 발생할 경우 필요 시 연구를 종료하는 등 피해를 최소화하기 위하여 즉각적으로 조치한다.

6. 차별 금지

교육연구자는 인종, 민족, 문화, 출신 국가, 성별, 성적 성향, 성 정체성, 나이, 종교, 언어, 장애, 건강, 사회경제적 지위, 결혼 여부, 가정환경, 기타 법적으로 금지된 다른 요인 등으로 차별하지 않는다.

7. 비영리

(a) 교육연구자는 학생, 지도학생, 피고용인 또는 연구 참여자와 같이 직 · 간접적으로 지도하거나 평가 권한을 가지고 있는 대상을 본인의 개인적 · 경제적 · 전문적 이익을 위해 이용하지 않는다.

(b) 교육연구자는 학생, 지도학생, 피고용인 또는 연구 참여자 등을 포함하여 정서적으로, 성적으로 이해관계를 가진 사람, 또는 가족관계에 있는 사람을 직접 지도하거나 평가 권한을 행사하지 않는다.

8. 괴롭힘

교육연구자는 인종, 민족, 문화, 출신 국가, 성별, 성적 성향, 성 정체성, 나이, 종교, 언어, 장애, 건강, 사회경제적 지위, 결혼 여부, 가정환경 등과 같은 요인들로 지도학생, 피고용인, 또는 연구 참여자를 괴롭히지 않아야 한다. 괴롭힘에는 단발적인 강도 높은 수준의 괴롭힘뿐만 아니라 적대적인 연구 및 교육환경을 조성하는 지속적인 부당한 요구, 욕설, 공격적 행동, 불필요하거나 과하게 부적절한 관심 또는 성희롱(성적 요구, 신체적 접근, 성적인 언어적 또는 비언어적 행동 등)이 포함된다.

9. 고용 결정

교육연구자는 직업을 구하거나 고용 관련 결정에 참여할 때, 또는 해당 직책에서 사임하고자 할 때 윤리 기준을 엄격히 준수해야 한다.

10. 이해 상충

교육연구자는 이해관계의 충돌을 피해야 하며, 피할 수 없으면 이를 공개하여 처리해야 한다. 이해관계의 충돌은 연구자의 개인적, 전문적, 재정적 이해관계가 업무를 공정하게 수행하는 것을 방해할 때 발생한다. 연구, 교육(teaching), 현장 연계 및 대내외 봉사활동 시 이해관계의 충돌을 초래할 수 있는 상황에 대해 경각심을 갖고 방지해야 하며, 이해관계의 충돌이 발생할 경우 이를 공개하고 처리하기 위해 적절한 조치를 취해야 한다.

11. 공적 커뮤니케이션

교육연구자는 자신의 전문적 봉사활동, 자격 증명, 전문 지식, 산출물 또는 출판물에 관한 학술 발표 등의 공적 커뮤니케이션에서 윤리 기준을 엄격히 준수하여야 한다.

12. 비밀 유지

교육연구자는 연구의 진실성과 연구 참여자와의 열린 의사소통을 담보하고, 연구, 교육(teaching), 현장 연계 및 대내외 봉사활동 등에서 수집한 민감한 정보를 보호하기 위해, 비밀 정보에 대한 보호를 보장하여야 한다. 연구대상에 대한 정보를 수집하는 경우, 연구자는 수집된 정보가 장기간에 걸쳐 사용될 가능성(수집 정보가 공공 아카이브나 다른 연구자에 의해 사용될 수도 있다는 점 등)에 대해 고려할 필요가 있다.

13. 사전 동의

사전 동의는 인간을 대상으로 하는 과학적 연구에서 기본적인 윤리 지침에 해당한다. 교육연구자는 연구 참여자나 참여자의 법적 대리인의 사전 동의 없이 연구에 참여시키지 않아야 한다. 연구자의 전문성이나 권한에서 파생될 수 있는 연구 참여자에 대한 부당한 영향이나 미묘한 압력이 발생할 가능성을 인식하고, 이를 감안하여 사전 동의 절차에 대해 계획을 수립하여야 한다.

14. 연구 계획, 수행, 배포

교육연구자는 지식을 발전시키고, 결과가 오도될 가능성을 최소화해야 하며, 연구 참여자들의 권리를 보호하기 위해 연구 계획, 수행 및 배포 시 연구의 진실성을 추구하고 연구윤리 기준을 엄격히 준수할 의무가 있다.

15. 저작권

(a) 연구 산출물에 실질적으로 기여를 한 모든 사람이 저자로 등재되도록 보장한다.

(b) 연구자는 실제로 수행하거나 기여한 산출물에 대해서만 책임과 저작권 등의 권한을 갖는다.

(c) 주저자, 저자 순서, 기타 출판 권한은 신분에 관계없이 개인의 과학적 또는 전문적 기여도에 근거하여 부여하여야 하며, 관련 기준은 집필 과정의 초기에 정해야 한다.

(d) 학생의 학위논문이나 해당 논문에서 파생된 다저자 출판물의 경우 대체로 학생을 주저자로 기재한다.

16. 연구저작물 발간 과정

저자 또는 편집자로서 출판 및 평가 과정에 참여할 때 역량에 대한 기준을 포함하여 윤리 기준을 엄격히 준수해야 한다.

17. 평가위원의 책무

출판, 보조금 지원, 또는 기타 평가 목적으로 평가위원으로 참여 시 역량에 대한 기준을 포함하여 윤리 기준을 엄격히 준수한다.

(a) 학술 논문 발간, 연구비 지원 과제, 또는 그 외 다양한 평가 목적으로 제출된 저작물에 대한 평가 시, 교육연구자는 프로세스에 대한 비밀을 유지하고 제출자의 정보에 대한 권리를 존중한다.

(b) 이해관계자의 산출물에 대한 평가 요청이 있을 시 이해관계에 대해 밝히거나 평가를 거부하여야 한다.

(c) 이전에 평가한 원고, 책 또는 제안서에 대한 평가 요청이 있을 시 재평가를 요청한 것이 확실하지 않다면 요청자(예: 편집위원, 프로그램 책임자)에게 이를 알린다.

18. 교육, 연구, 시행

교육연구자가 교사, 강사 또는 교육 훈련 프로그램의 관리자 역할을 수행할 경우 그들의 책무를 양심적으로 유능하고 성실하게 수행하여야 하며, 학생 및 교육 대상자가 연구윤리를 준수할 수 있도록 모범이 되어야 한다.

19. 멘토링

교육연구자가 멘토로서의 역할을 수행하는 경우 그들의 책무를 양심적으로, 능숙하고 성실하게 수행해야 하며, 멘티들이 연구윤리를 준수할 수 있도록 교육 연구자 스스로 모범이 되어야 한다.

(a) 교육연구자는 멘티들의 복지와 발전 및 요구에 부합하기 위해 최선을 다한다.
(b) 교육연구자는 멘티들이 과제 수행 시 고려하여야 할 윤리 지침을 이해하고 윤리적 기준을 준수할 수 있도록 지원한다.

20. 연구 지도

(a) 교육연구자는 학생, 지도학생, 피고용인에게 적절한 교육과 지도를 통해, 유능하고 윤리적으로 연구를 수행할 수 있도록 체계적으로 안내한다.
(b) 교육연구자는 교육 수준 및 연구 경험 등에 비추어 학생 스스로 또는 일정 수준의 지도를 통해 수행 능력을 갖추었다고 판단되는 학생, 지도학생, 피고용인에 한하여 책임을 부여한다.
(c) 교육연구자는 학생, 지도학생, 피고용인의 수행에 대해 공정하게 평가하고 평가 결과의 전반적인 내용에 대해 솔직하게 전달한다.

21. 연구협약 및 연구자문

(a) 교육연구자는 내용, 방법 및 기술에 대해 잘 알고 있거나 전문 지식을 적절하게 통합하기 위한 계획을 가지고 있는 경우에 한하여 연구비 지원 사업, 연구 협약 및 연구 자문 등을 수락한다.
(b) 연구비 지원 사업 또는 연구 협약 과제를 수행하거나 연구 자문을 제공하는 경우, 적절한 정보와 기술에 대한 전문적인 연구결과에 근거하여야 한다.
(c) 프로젝트에 대한 재정적 지원이 확정된 경우 일정에 맞게 업무를 완료하기 위해 합리적으로 노력하여야 한다.
(d) 연구비 지원 사업 또는 연구 협약 과제를 수행하거나 연구 자문을 제공하는 경우, 교육연구자는 연구 과정에 대해 정확하게 기록하고 보존한다.
(e) 연구협약이나 자문 등 연구 관련 계약을 수립하는 과정에서 교육연구자는 연구 초기 단계에서부터 가능한 범위 내에서 개인, 조직 및 기관 고객과의 관계에 대해 명확히 규정하도록 한다. 이는 수행해야 할 서비스의 성격, 제공 서비스의 사용 가능성, 향후 학술적 또는 출판 목적의 사용 가능성, 서비스 제공 일정, 보상 및 청구서에 대한 약정 등을 포함한다.

22. 미국교육학회 윤리강령 준수

교육연구자는 윤리적 쟁점에 직면하였을 때 본 윤리강령에 따라 대처하고 해결해야 할 의무가 있다.

* 출처: 미국교육학회 사이트(http://www.aera.net/Portals/38/docs/About_AERA/CodeOfEthics(1).pdf, 2019. 11. 12. 검색)

2) American Psychological Association(APA)

APA는 회원 및 각 주의 심리학위원회, 법원, 기타 기관에 지침이 될 수 있도록 1992년에 「Ethical Principles of Psychologists and Code of Conduct」를 발간하여 공포하고, 2017년에 일부 지침을 개정하여 발표하였다. 개정서에는 ① 윤리적 쟁점의 해결, ② 역량, ③ 인간관계, ④ 사생활 보호 및 비밀유지, ⑤ 광고 및 기타 공적 진술, ⑥ 기록의 보관 및 재정관리, ⑦ 교육 및 훈련, ⑧ 연구 및 출판, ⑨ 평가, ⑩ 치료와 관련된 내용들이 윤리적 기준으로 제시되어 있으며, 이 중 ①번 항목에 해당하는 윤리적 쟁점 해결의 내용은 다음과 같다.

1.01 연구결과의 오용

연구자가 연구결과를 오용하거나 잘못 발표했을 경우, 이로 인한 피해를 최소화할 수 있도록 적절한 조치를 취할 책임을 지닌다.

1.02 연구윤리와 법적 권한의 갈등

연구윤리가 법률, 규정 등 법적 권한에 위배되는 경우 연구자는 윤리위원회에 이 사실을 알리고, 윤리강령의 일반적 원칙과 기준에 근거하여 갈등을 해결하기 위해 적절한 절차를 거쳐야 한다. 그러나 어떤 상황에서도 권리를 침해하거나 권리침해를 정당화하기 위한 목적으로 이 윤리강령을 사용할 수 없다.

1.03 연구윤리와 관련 기관의 갈등

연구자가 소속되어 있거나 관계되어 있는 기관의 요구사항이 연구윤리에 위배되는 경우 연구자는 갈등의 본질을 명료화하고 윤리위원회에 알려 현실적인 합의점을 모색하고 윤리 규정이 허용할 수 있는 범위 내에서 문제를 해결해야 한다.

1.04 윤리성 침해에 대한 비공식적 해결

다른 연구자의 비윤리적 행위가 의심되는 경우 비공식적 해결이 적절하다고 판단되고 조정을 통해 비밀유지의 권리가 보장될 수 있다면 개인 수준에서 해결하도록 해야 한다.

1.05 윤리성 침해의 보고

윤리성 침해로 인해 피해 상황이 발생했으나 Standard 1.04 규정에 따라 비공식적 해결이 적절치 않은 경우, 혹은 그와 같은 조치로 해결되지 않은 경우 연구자는 주 혹은 국가 수준의 전문적인 윤리위원회 등 적절한 기관에 문제를 회부할 수 있다. 이 규정은 조정 및 개입 과정에서 비밀유지 권리가 위배되거나 연구자가 다른 연구자의 연구결과를 검토하는 과정에서 문제 상황을 발견한 경우는 적용되지 않는다.

1.06 윤리위원회에 대한 협조

연구자는 윤리적 쟁점 해결 시 초기 조사에서 결론 도출까지 모든 과정에 APA 혹은 자신이 속해 있는 주 단위 관련 연구협회의 요구에 협조해야 한다. 단, 조사 과정에서 비밀유지가 보장되어야 한다. 협조에 불응하는 것 자체가 윤리성 침해에 해당된다.

1.07 부적절한 고소

부주의로 인해 발생된 윤리성 침해에 대해서는 고소하지 않는다.

1.08 원고 혹은 피고에 대한 부당한 차별

연구자는 고용, 승진, 입학 허가의 결정 시 윤리적 쟁점으로 고소에 연루된 바 있다는 이유로 대상자를 차별하지 않는다. 이는 그러한 절차의 결과 혹은 관련 자료에 근거하여 기회를 박탈할 수 없음을 의미한다.

3) The Federal Government

미국 연방정부는 제2차 세계 대전 중에 초래된 독일 나치의 만행 이후 비윤리적 연구로부터 개인을 보호하는 데 관심을 기울여왔으며, 나치 의료인의 반인권적 행위를 관결한 후 이를 법적으로 규정하는 **뉘른베르크 강령**(Nuremberg Code)을 발표하였다. 여기에서는 연구의 내용을 이해한 후에 연구에 대한 참여를 결정하는 연구참여자의 권리를 보장하고 있다.

뉘른베르크 강령은 의료계의 윤리를 발전시키는 데 지대한 공헌을 하였으며, 사회과학자들과 국가 기관의 윤리 규정을 발전시키는 데에도 많은 영향을 주었다. 미국 정부는 1960년과 1970년대 초반 연방 정부로부터 연구비 수혜를 받는 모든 연구들에 적용할 수 있도록 윤리적 제도와 규정을 발표하였다. 이러한 제도 및 규정은 미국 정부의 Office for Protection from Research Risk(**OPRR**)가 연구 참여자의 보호를 위한 연방규정강령(Code of Federal Regulations for the Protection of Human Subjects)을 발표하면서 개정・보완되었다. 이 규정은 예방 차원의 법적 규제에 대한 공권력을 확장하고 미국 정부기관에서 관할하는 모든 연구기관에 **기관생명윤리위원회**(Institutional Review Board: IRB)를 설치하도록 추진하고 있다. IRB의 연구승인 준거는 다음과 같이 요약할 수 있다.

① 연구대상이 입을 수 있는 피해의 최소화를 위하여 건전한 연구 설계 혹은 불필요한 위험에 노출되지 않는 연구절차가 사용되었는가? 또한 진단 혹은 처치가 적절하게 이루어졌는가?
② 연구결과에 의해 창출되는 이익이 연구대상이 입을 수 있는 피해를 극복할 만큼 충분히 가치 있는 것인가?
③ 표집방법이 타당한가?
④ 연구대상이나 그 법적 대리인에게 연구에 대한 설명이 충분히 전달된 상태에서 연구참여에 대한 동의를 얻었는가?
⑤ 동의가 문서화되었는가?
⑥ 연구대상의 안전이 확보된 상태에서 자료가 수집되도록 연구가 계획되었는가?
⑦ 연구대상의 사생활 보호와 비밀보장을 위한 조치가 마련되어 있는가?
⑧ 아동, 수감자, 임산부, 정신 장애자, 경제적 혹은 교육적으로 불리한 사람들과 같이 강제적이거나 부당한 영향력에 취약한 집단의 권리와 복지를 보호하는 조치가 마련되어 있는가?

출처: Paragraph 46.111 of Protection of human subjects: Title 45, Code of Federal Regulations, Part 46 (GPO 1992 0-307-551). *OPRR Reports*, pp. 4-17. Office for Protection from Research Risks, Protection of Human Subjects. (1991, June 18).
* 이 규정을 포함한 연방규정강령은 https://www.ecfr.gov 에서 확인할 수 있다.

4) 공용기관생명윤리위원회

생명윤리의 중요성이 강조됨에 따라 정부에서는 2004년에 「생명윤리 및 안전에 관한 법률」을 제정하여 생명과학기술을 연구 · 개발 또는 이용하는 기관에 기관생명윤리심의위원회를 설치하도록 하였으며, 2012년에는 인간 및 인체유래물에 관한 연구에도 적용하도록 개정함으로써 생명윤리 인프라 확대를 위한 법적 근거를 강화하였다. 이에 따라 관련 연구를 수행하는 교육 · 연구 기관 또는 병원 등은 기관생명윤리위원회를 설치하여야 하며, 해당 위원회가 설치되지 않은 기관이나 개인 연구자의 연구를 심의 · 승인하거나 조사 · 감독하기 위해 보건복지부에서 공용기관생명윤리위원회를 설치 · 운영하고 있다. 공용기관생명윤리위원회에서 규정하고 있는 **기관생명윤리위원회**(이하 기관위원회)의 주요 특징을 제시하면 다음과 같다.

■ 주요 기능 및 업무

[심의]

- 연구계획서의 윤리적 · 과학적 타당성
- 연구대상자 등으로부터 적법한 절차에 따라 동의를 받았는지 여부
- 연구대상자 등의 안전에 관한 사항
- 연구대상자 등의 개인정보 보호 대책
- 그 밖에 기관에서의 생명윤리 및 안전에 관한 사항

[조사 · 감독]

- 해당 기관에서 수행 중인 연구의 진행 과정 및 결과에 대한 조사 · 감독

[기타 생명윤리 및 안전을 위한 활동]

- 해당 기관의 연구자 및 종사자 교육
- 취약한 연구대상자 등의 보호 대책 수립

■ 심의 대상

[인간대상연구]

- 중재연구: 연구대상자를 직접 조작하거나 연구대상자의 환경을 조작하여 자료를 얻는 연구
- 상호작용연구: 연구대상자의 행동관찰, 대면설문조사 등을 통해 자료를 얻는 연구
- 개인정보이용연구: 연구대상자를 직 · 간접적으로 식별할 수 있는 정보를 이용하는 연구

※ 국가나 지방자치단체가 공공복리나 서비스 프로그램을 검토 · 평가하기 위해 직접 또는 위탁하여 수행하는 연구, 「초 · 중등교육법」 제2조 및 「고등교육법」 제2조에 따른 학교와 보건복지부장관이 정하여 고시하는 교육기관에서 통상적인 교육실무와 관련하여 수행하는 연구는 인간대상연구에 포함되지 않음.

[인체유래물 연구]

- 인체로부터 수집하거나 채취한 조직 · 세포 · 혈액 · 체액 등 인체 구성물 또는 이들로부터 분리된 혈청, 혈장, 염색체, DNA, RNA, 단백질 등을 직접 조사 · 분석하는 연구

■ 심의 면제

연구대상자, 인체유래물 기증자 및 공공에 미치는 위험이 미미한 경우 보건복지부령으로 정한 기준에 부합하는 연구는 기관위원회 심의를 면제할 수 있음.

[인간대상연구]

연구대상자 등을 직접 조작하거나 그 환경을 조작하는 연구 중 다음에 해당하는 연구

- 약물투여, 혈액채취 등 침습적 행위를 하지 않는 연구
- 신체적 변화가 따르지 않는 단순 접촉 측정장비 또는 관찰장비만을 사용하는 연구
- 판매 등이 허용되는 식품 또는 식품 첨가물(「식품위생법 시행규칙」 제3조)을 이용하여 맛이나 질을 평가하는 연구
- 안전기준에 부합하는 화장품(「화장품법」 제8조)을 이용하여 사용감, 만족도 등을 조사하는 연구

[인체유래물 연구]

연구자가 개인정보를 수집 · 기록하지 않는 연구 중 다음의 연구

- 인체유래물 등을 제공한 인체유래물은행을 통하지 않으면 개인정보를 확인할 수 없는 연구
- 의료기관에서 치료 및 진단을 목적으로 사용하고 남은 인체유래물 등을 이용하여 정확도 검사 등 검사실 정도 관리 및 검사법 평가 등을 수행하는 연구
- 일반 대중이 이용할 수 있도록 분리 · 가공된 연구재료(병원체, 세포주 등을 포함)를 사용하는 연구
- 연구자가 인체유래물 기증자의 개인식별정보를 파악할 수 없고, 연구를 통해 얻어진 결과가 기증자 개인의 유전적 특징과 관계가 없는 연구(단, 배아줄기세포 이용 연구는 제외)

■ 심의 절차

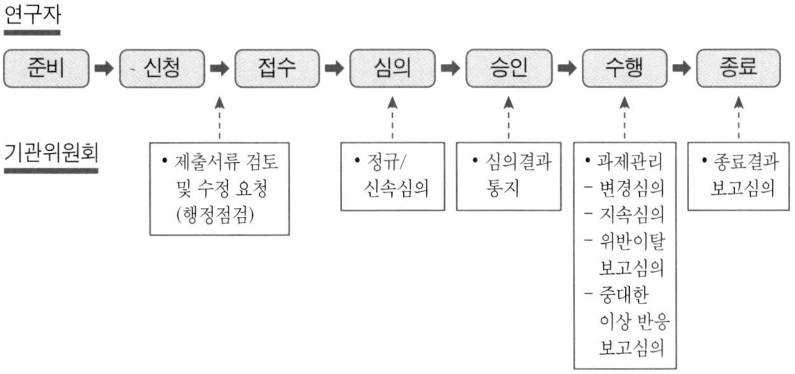

[사전심의] 연구자는 연구수행 전 기관위원회의 승인을 받아야 함.

- 정규심의: 연구 위험도가 최소위험을 넘는 경우, 정기적 대면회의에서 논의를 통

해 심의결과를 결정함.

- 신속심의: 연구 위험도가 최소위험 이하 수준일 경우, 전문성을 갖추고 경험이 많은 소수 위원에게 기관위원회의 심의 권한을 위임 · 심의함.
  ※ 최소위험: 연구에 의해 초래될 수 있는 위해, 불편함의 정도가 정상 건강인의 일상생활이나 일상적 신체검사, 심리검사보다 크지 않은 경우

[변경심의] 연구수행 과정에서 변경 사항(연구절차 변경, 연구대상자 추가, 연구자 교체 등) 발생 시 계획변경 심의를 신청하고 승인을 받은 후 변경 사항을 수행해야 함.

[지속심의] 연구기간 연장이 필요한 경우 승인유효기간(최대 1년)이 만료되기 전 기관위원회에 지속심의를 신청하여야 함.

[위반이탈 보고 심의] 연구계획서 미준수 및 관련 규정 위반 시 기관위원회에 보고해야 함.

[중대한 이상 반응 보고 심의] 연구참여가 대상자의 생명을 위협하는 경우, 입원 또는 입원기간의 연장을 초래하는 경우, 지속적인 장애나 기능 저하를 초래하는 경우, 기타 의학적 사건 등이 발생할 경우 기관위원회에 보고하여야 함.

[종료 보고 및 결과 보고] 연구자는 기관위원회에 연구 종료 및 결과에 대한 사항을 보고해야 함. 결과보고서는 논문, 학술대회 발표자료 등으로 대체할 수 있음.

[연구자료 보관] 연구자는 연구와 관련한 사항을 기록 · 보관하여야 함. 연구계획서, 기관위원회 심의결과, 서면동의서(또는 서면동의 면제 승인서), 개인정보의 수집 · 이용 및 제공 현황, 연구종료보고서는 연구종료 시점으로부터 3년간 보관하여야 함.

[개인정보 파기]

- 개인정보에 관한 사항은「개인정보보호법 시행령」제16조에 따라 파기하여야 함.
  1. 전자적 파일형태인 경우: 복원이 불가능한 방법으로 영구 삭제
  2. 기록물, 인쇄물, 서면, 그 밖의 기록매체인 경우: 파쇄 또는 소각
- 후속 연구, 기록 축적 등을 위해 개인정보에 관한 사항을 3년 이상 보관하고자 할 경우, 기관심의위원회의 심의를 거쳐 보관 기간을 연장할 수 있음.

[인체유래물의 보존 및 폐기]

- 연구자는 동의서에서 정한 기간이 지난 인체유래물을 폐기하여야 함.
- 인체유래물 보존 중 인체유래물 기증자가 보존기간의 변경 및 폐기를 요청한 경우 요청에 따라야 함.
- 그 밖의 폐기에 관한 사항은「생명윤리법」제39조에 따름.

- 인체유래물 연구자가 부득이한 사정으로 인하여 인체유래물을 보존할 수 없는 경우 기관위원회의 심의를 거쳐 처리 및 이관하여야 함.

■ 심의 신청 시 제출 서류
- 연구계획서
- 설명문 및 동의서*
- 연구대상자로부터 얻는 정보 목록(증례기록서, 실험일지, 연구노트, 기록카드 및 설문지 등)*
- 연구대상자 모집관련 문서*
- 위원회에서 요구하는 보고서나 그 외의 양식*
- 연구자 이력서
- 생명윤리 관련 교육 수료증
- 연구책임자의 생명윤리준수 서약서

  * 해당되는 경우만 제출

■ 이해상충 공개

연구자는 연구 시작 전에 연구결과에 영향을 미칠 수 있는 이해관계를 모두 공개해야 함.

※ 고려 사항
- 지원기관의 보조금 · 연구기기 · 자문 또는 사례금 형태로 상당한 금액 제공 여부
- 지원기관의 지분 이익이나 스톡옵션 등 경제적 이익에 대한 권리 제공 여부
- 지원기관에 대한 공식 · 비공식 직함 소지 여부
- 연구대상에 대한 지식재산권 소지 여부
- 본인 또는 배우자의 직계가족이 소속된 회사가 위에서 기술된 것과 같은 관계를 가지는지 여부

출처: 보건복지부지정 공용기관생명윤리위원회 e-IRB System. 연구자를 위한 윤리지침.pdf (http://public.irb.or.kr/Support/ArchivesList.aspx, 2019. 11. 13. 검색)

5) 한국조사연구학회

한국조사연구학회는 조사연구가 신뢰받을 수 있는 연구방법론으로 정착될 수 있도록 2000년에 조사윤리위원회를 구성하여 조사자가 지켜야 할 윤리강령을 제정하였으며 2005년에 일부 내용을 개정하였다. 이는 조사연구가 갖는 유용성에도 불구하고,

표집대상이나 표집방법을 포함한 조사과정의 불투명성과 부정확성, 개별 조사기법의 한계를 넘어서는 과다한 일반화 등으로 인하여 결과가 오도되거나 특정 개인 또는 집단에 유리하도록 자의적으로 해석될 수 있는 개연성을 포함하고 있다는 판단에 기초한 것이다. 2005년에 개정된 **조사윤리강령**의 내용은 다음과 같다.

사단법인 한국조사연구학회는 사회조사(이하 조사로 약칭)의 과학성을 제고하고 건전한 여론 형성에 기여하기 위하여 조사윤리강령을 제정한다. 본 강령은 조사자의 윤리적 의무를 규정하고, 조사연구의 윤리적 요소에 대한 일반인의 이해를 고취함을 목적으로 한다. 조사자는 조사과제 수행에서 그리고 조사의뢰자 및 일반인과의 관계에서 높은 수준의 전문성과 정직성을 유지한다. 또한 조사자는 본 강령에 명시된 원칙에 어긋나는 일체의 작업이나 조사과제를 거부한다.

제1조. 조사자는 조사결과의 타당성과 신뢰성을 확보하기 위하여 모든 합리적인 단계를 밟아 자료수집과 처리에 세심한 주의를 기울인다.

제2조. 조사자는 연구설계와 자료분석에 세심한 주의를 기울인다.

1. 조사자는 연구과제에 적합한 조사기법과 분석방법을 사용한다.
2. 조사자는 잘못된 결론에 이르게 하는 조사기법과 분석방법을 자의적으로 선택하지 않는다.
3. 조사자는 자료에 어긋나게 연구결과를 해석하지 않는다.

제3조. 조사자는 조사방법이나 조사결과를 조사의뢰자에게 보고하거나 일반인에게 공표할 때 다음 사항을 정확하게 밝힌다.

1. 조사자
2. 조사의뢰자
3. 조사목적
4. 조사시기
5. 조사장소
6. 모집단과 표집틀
7. 표본크기 및 산정방법
8. 표집방법
9. 조사방법(면접조사, 전화조사, 우편 조사, 인터넷조사 등)
10. 질문지(질문내용)
11. 재통화 · 재방문 · 재발송 횟수

12. 표본대체 규칙
13. 응답률
14. 표집오차
15. 가중치 부여 방식
16. 기타 조사 및 분석 절차에 관한 사항

제4조. 조사자는 조사결과가 일반인에게 잘못 해석되어 전달될 때 그것을 바로잡기 위하여 필요한 모든 관련 자료를 공개한다.

제5조. 조사의뢰자에 대한 책임

1. 조사자는 조사의뢰자의 사업정보 및 조사결과에 관한 정보를 비밀로 한다. 단, 조사의뢰자가 그 정보의 배포를 명시적으로 승인하였을 경우 또는 본 강령의 제7조에 의하여 배포가 불가피한 경우는 예외로 한다.
2. 조사자는 조사기법 · 인력 · 장비 등의 한계 내에서 완수할 수 있는 조사과제만 수용한다.

제6조. 조사대상자에 대한 책임

1. 조사자는 조사대상자에게 응답을 강요하지 않고, 그들을 기만하는 행위를 하지 않으며, 그들을 모욕하여 수치심을 유발하는 수단과 방법을 사용하지 않는다.
2. 조사자는 조사대상자의 사생활을 존중하고 익명성을 보장해 주어야 한다. 단 조사대상자가 허용하는 경우 대상자의 이름을 사용하거나 밝힐 수 있다.
3. 조사자는 조사대상자가 자유의사로 조사를 거절하거나 도중에 중단할 수 있는 권리를 존중한다.
4. 조사자는 연구를 가장해서 판매나 정치적 선거운동과 같은 다른 행위를 하거나 자신들의 연구를 거짓으로 기술해서는 안 된다.
5. 조사자는 적법한 절차에 의한 조사결과를 사용할 때도 조사대상자의 비밀을 보호하는 윤리적 의무를 준수해야 한다.

제7조. 회원 조사자는 본 학회의 조사윤리위원회가 본 강령의 위반 여부를 판단하기 위하여 공식적으로 자료를 요구할 경우 조사에 관한 정보를 제공하여야 한다.

출처: 한국조사연구학회 사이트(http://www.kasr.org/?c=1/6/28, 2019. 11. 12. 검색)

6) 경제 · 인문사회연구회

경제 · 인문사회연구회에서는 국책연구기관의 연구윤리 강화와 연구 부정행위를 방지하기 위하여 연구기관 정책보고서의 연구윤리 위반 유형들을 파악 · 유형화하여 연구윤리 위반 사례집을 발간하고 이를 기준으로 연구보고서에 대한 실사평가를 실시하고 있다. 경제 · 인문사회연구회에서는 위조, 변조, 표절, 부당한 저자 표기를 연구부정행위로, 중복게재를 연구부적절행위로 규정하고, 이에 근거하여 연구윤리 위반 여부를 판단한다. 경제 · 인문사회연구회(2018)에서 제시하고 있는 연구윤리 위반 유형 및 기준을 제시하면 다음과 같다.

제7조 (위조)

1. 인터뷰를 하지 않았으면서도 가상의 주제에 대한 설문지를 완성하여 연구결과를 허위로 제시하는 경우
2. 설문 조사, 실험 및 관찰 등에서 나타나지 않은 데이터를 실재하는 것처럼 제시하는 경우
3. 실험 등을 통해 얻은 자료의 통계학적인 유효성을 추가하기 위해 허구의 자료를 첨가하는 경우
4. 연구계획서에 합치한다는 점을 보여 주기 위해 연구 기록을 허위로 삽입하는 경우

제8조 (변조)

1. 연구자료를 의도적으로 실제와 다르게 변경하는 경우
2. 연구자료의 통계분석 결과 분명하지 않은 것을 고의 또는 중대한 과실로 그릇되게 설명하는 경우
3. 통계학적 근거 없이 연구자료들을 선택적으로 생략, 삭제, 은폐하는 경우
4. 연구자료를 과장, 축소 또는 변형함으로써 왜곡된 연구결과를 도출하는 경우

제9조 (표절)

1. 이미 발표(게재)된 타인의 저작물이나 독창적인 아이디어를 활용하면서 출처를 표기하지 않은 경우
2. 타인의 저작물을 번역하여 활용하였으면서도 출처를 표기하지 않은 경우
3. 재인용 표기를 해야 함에도 그렇게 하지 않고 직접 원문을 본 것처럼 1차 문헌에 대한 출처 표기를 한 경우
4. 출처 표기를 제대로 했음에도 불구하고 인용된 양 또는 질이 적절한 범위를 넘

어 피인용물과 인용물이 주종(主從)의 관계에 있는 경우
5. 타인(1인 또는 다수)의 저작물을 활용한 경우 그에 대해 모두 출처 표기를 해야 하지만 어느 일부에만 하는 경우
6. 타인의 저작물 상당 부분을 참조했다고 표기했지만, 실은 말바꿔쓰기를 하지 않았거나 요약하지 않고 그대로 가져다 쓴 경우

제10조 (부당한 저자 표기)

1. 저자로서 정당한 자격을 갖춘 사람에게 저자 자격을 부여하지 않는 경우
2. 저자로서 정당한 자격을 갖추지 않은 사람에게 저자 자격을 부여하는 경우

제11조 (중복게재)

1. 출처 표기를 하지 않고 자신의 이전 저작물을 활용한 경우
2. 활용한 자신의 이전 저작물 중 일부에만 또는 정확하지 않게 출처 표기를 한 경우
3. 출처 표기를 한 경우라 하더라도 해당 연구보고서에 인용된 내용이 양적으로나 질적으로 적절한 범위를 벗어난 경우

출처: 경제 · 인문사회연구회(2018). 국책연구기관 연구윤리 평가규정 및 사례. pp.185-186.

3 연구단계별 고려사항

Gall, Gall과 Borg(2003)는 연구계획과 설계, 연구방법, 연구결과의 보고 단계에서 연구자들이 고려해야 할 윤리적 쟁점들에 대해 제시하였다.

1) 연구계획과 설계

(1) 연구자의 자질

잘못된 연구 설계는 연구참여자에게 피해를 입힐 수 있으므로 연구자 자신이 능력 있고 균형 잡힌 시각을 지니는 것도 윤리적 쟁점이 될 수 있다. 특히 아동을 대상으로 하는 연구의 경우 아동들이 다룰 수 있는 수준의 문제들만을 연구주제로 삼아야 한다. 또한 연구를 수행하면서 동료들과 끊임없이 토론하고 상의하여 그들의 가치체계나 편견이 연구의 방향을 흐리거나 연구참여자의 복지에 해를 입히지 않는지 점검하여야 한다.

(2) 이해의 충돌

자료수집 기관이나 업체를 선정할 때 이해 충돌이 일어날 수 있다. 특히, 생명공학과 같이 막대한 재정적 지원이 요구되는 연구의 경우 연구자와 연구비 지원기관 간에 이해관계의 충돌이 발생할 수 있다.

(3) 중요한 주제의 간과

연구주제 자체도 연구윤리 부분에 포함되어야 한다. 예를 들어, Laosa(1991)는 연구결과를 모집단에 일반화시키는 과정에서 비윤리적인 상황이 발생할 수 있다고 언급하였다. 그는 아동의 지적 능력을 측정하는 도구인 Home Observation for Measurement of the Environment(HOME) Inventory 점수가 인종에 따라 차별적으로 기능하는 경향이 있음을 지적하였다. 한 연구는 HOME 점수로 백인과 African-American 표본의 능력은 매우 정확하게 측정할 수 있지만, 멕시코계의 능력은 정확하게 측정하지 못한다고 보고하였다. 이러한 점을 간과하고 HOME 점수를 연구에 사용한다면 결과를 일반화하는 데 치명적인 문제를 지니게 될 것이라 주장하였다.

뿐만 아니라 건강과 관련된 부분도 연구자가 지나쳐서는 안 될 주제다. 수년간 수천 개 학교의 교사와 행정직원을 대상으로 복사용지와 복사용액에 대한 실험이 행해졌다. 그러나 미국 보건복지부에서 발표된 Registry of Toxic Effects of Chemical Substances(1985~1986)에 따르면 복사용액의 주원료인 메탄올에 독성이 함유되어 있음이 밝혀졌다. 쥐를 대상으로 다섯 차례에 걸쳐 실험한 결과, 메탄올에 노출된 쥐는 생식 능력을 상실하는 것으로 나타났다. 그 후, 메탄올이 인간에게 미치는 영향에 대한 연구는 더 이상 수행되지 않았다.

2) 연구방법

(1) 속임 기법의 사용

속임 기법(deception)은 정보의 제공을 보류하거나, 친분이 있는 것처럼 가장하거나, 거짓말을 하거나, 공모자를 활용하여 연구대상의 반응을 얻어내는 행위를 의미한다. 속임 기법은 사회심리학 실험 연구에서 주로 사용된다. 예를 들어, 다른 학생이 시험에서 부정행위를 하는 것을 목격했을 때 학생들이 어떠한 반응을 나타내는지 알아보기 위하여, 연구자로부터 부정행위를 하도록 지시받은 공모자(accomplice 혹은 confederate)를 활용하면 이러한 상황을 인위적으로 연출함으로써 여러 학생들의 반응을 관찰하여 자료를 수집할 수 있을 것이다.

이는 문화기술지적 연구에도 적용된다. 앞의 예에서 연구자가 직접 관찰해서 얻는 정보에는 한계가 있다. 이때 친밀함을 가장하기 위해 학생 신분의 공모자를 투입하여 학생들 사이에서만 교류되는 은밀하고 사적인 정보를 수집할 수도 있다.

속임 기법에 대해 도덕적인 이유와 실질적인 이유로 반대하는 학자들이 있는 반면, 어떤 학자들은 **위험 대비 유용성**(risk-benefit ratio) 측면에서 이득이 더 많고 속임 기법을 사용한 이후에 **사후해명**(debriefing)만 제대로 이루어진다면 합법적이라고 할 수 있다고 주장하는 학자들도 있다. 사후해명 절차에는 사실보고와 탈감화의 두 가지가 있다.

사실보고(dehoaxing)는 연구 과정에서 속임을 당한 연구대상들에게 사실을 알려 거짓 정보로 인한 연구대상들의 피해를 최소화시키는 것이다. 예를 들어, 포부수준에 따른 점수 차이를 연구하기 위해 거짓 시험을 치른 참여자들에게 연구자는 실험이 끝난 후 이 점수가 그들의 실제 능력을 정확히 측정한 것이 아니라는 설명을 해 주어야 한다. 연구대상들이 이 점수가 올바른 것이라고 계속 믿게 된다면, 연구 참여자들의 자아존중감이나 학업적 포부에 장기적인 피해를 줄 수도 있다.

단순히 실험이 거짓이었다고 말하는 것으로 연구 참여자들의 오해를 풀기 어려운 경우도 있다. 이 경우 **탈감화**(desensitization)의 방법을 통해 연구 참여자들이 거짓 실험을 통해 받을 수 있는 부정적인 영향을 최소화할 수 있다. 학교의 사회적 규범에 대한 연구에서 타인이 부적절한 행동을 할 때 이들을 따라 부적절한 행동을 보이는 학생들이 있다고 가정해 보자. 공모자가 수업시간에 신문을 읽으면, 이를 목격한 몇몇 학생들은 자신들도 따라서 교수를 무시하고 수업과 관련 없는 행동을 취할 것이다. 이러한 연구는 학생들로 하여금 수업시간에는 학습내용 및 활동에 집중해야 한다는 규범에 이의를 제기하도록 하는 결과를 초래한다. Holmes(1976)는 탈감화에 대한 두 가지 접근방법을 제안했다. 한 가지는 연구대상의 행동이 실험 상황으로 인해 나온 것이며 그들의 본래 성격이나 인성에 기인한 것이 아니라고 설명하는 것이다. 다른 한 가지는 연구대상의 행동이 비정상적이거나 이상한 것이 아니라고 설명하는 것이다. 이러한 접근은 연구참여자가 본래 지니고 있었던 나름의 자아상(self-perception)이나 도덕적 규범으로 인한 내적 갈등을 합리적으로 해소할 수 있도록 돕는다. 그러나 연구참여자를 이러한 위험에 노출시키는 것이 윤리적인 행위인가에 대해서는 여전히 논란의 여지가 있다.

(2) 통제집단

실험연구에서 연구대상은 각기 다른 처치를 받게 된다. 일반적으로 실험집단은 특별한 훈련이나 혁신적인 프로그램에 참여할 수 있는 기회를 얻게 된다. 그러나 통제집단에게는 아무런 조치도 취해지지 않고 전통적인 프로그램이 투입된다. 이와 같이 통제집단이 다르게 취급받는 것에 대한 윤리적 문제가 나타날 수 있다. 예를 들어, Evertson(1989)은 처치집단 교사들의 경우 연구수행을 설명하는 워크숍에 대한 참석률이 높지만, 통제집단의 교사들은 그렇지 않다고 보고하였다. 이와 같이 통제집단의 교사들이 워크숍에 불참함에 따라 효과적인 연구 수행에 지장을 받을 수 있을 뿐 아니라 교사 자신들이 받을 수 있는 이익에 대한 정보도 얻지 못하게 된다. 이를 해결하기 위해서는 자료 수집이 끝난 후 통제집단에도 동일한 처치를 투입하는 절차가 필요하다.

(3) 연구의 종료

연구계획상의 종료 시점과 연구대상이 기대하는 종료 시점이 항상 일치하지는 않는다. 특별히 연구대상과 친밀한 관계를 형성했다거나 단일 피험자 연구를 수행했다면, 연구를 종료하는 것이 쉽지 않다. 연구대상에게 미치는 부정적인 영향을 최소화하기 위해서는 종료 시점을 미리 공지하여 실험이 종료된 이후 연구대상이 받는 충격이나 피해가 없도록 세심하게 고려해야 한다.

(4) 검사의 사용

검사를 실시하는 과정에서 윤리적 문제가 제기될 수 있다. 예를 들어, 지적인 능력을 측정하기 위한 검사를 치를 때 불안을 느끼는 사람들이 많으므로 이들로부터 최대의 수행을 이끌어내기 위해서는 검사 불안을 최소화하는 방안을 강구해야 한다.

한편, 성격검사나 태도검사와 같은 자기보고식 측정도구들은 연구대상의 특성을 표출시키도록 하기 때문에 또 다른 측면의 윤리적 쟁점을 지닌다. 연구대상에게 익명성의 보장 및 자료의 비밀유지에 대한 확신을 제공함으로써 자기노출에 의한 위협이 최소화되도록 배려하여야 타당한 응답을 이끌어낼 수 있다.

최근 컴퓨터화 검사에서도 검사 환경과 관련된 새로운 윤리적 문제가 제기되고 있다. 컴퓨터의 사용에 익숙한 사람과 그렇지 않은 사람은 능력과 무관하게 컴퓨터화 검사 점수에서 차이가 나타날 수 있다. 컴퓨터에 익숙하지 않은 경우 컴퓨터로 검사를 치르는 것에 불편함을 느끼게 될 것이며, 이때 얻은 검사 점수를 어느 정도 신뢰할 수 있을지에 대해 의문을 제기할 수 있다. 뿐만 아니라 검사 점수가 컴퓨터에 자동으로 저장되는 것도 사생활 침해의 측면에서 문제시될 수 있는 부분이다.

(5) 자료수집과 분석

자료를 수집하고 분석하는 것은 연구의 핵심이다. 그러나 이 과정에서도 자료나 통계 결과를 위조하거나 연구가설을 지지하지 않는 결과들을 보고하지 않는 등 윤리적 기준에 어긋나는 일들이 초래될 수 있다. 이러한 비윤리적인 행위에 의해 잘못 유포된 지식은 연구결과에 영향을 받는 모든 사람들에게 피해를 주게 된다.

자료를 수집, 분석하는 과정을 제3자가 지켜보고 이러한 행위가 나타나지 않는지 모니터링하거나, 연구윤리 기준을 확인해 줄 수 있는 기관의 구성원들과 함께 작업함으로써 비윤리적 행위로 인한 불미스러운 일을 미연에 방지할 수 있다. 그러나 연구자 스스로 전문성을 신장시키고, 윤리적 측면에 대한 인식을 갖춤으로써 자료 및 결과를 위조하는 일이 발생하지 않도록 노력하는 것이 무엇보다 중요하다.

3) 연구결과의 보고

(1) 부분 출판과 이중 출판

연구결과를 보고하는 과정에서도 비윤리적인 행위에 의해 동료나 전문성에 해를 입히는 경우들이 있다. 대표적 예로 부분 출판과 이중 출판을 들 수 있다. **부분 출판**(partial publication)은 수행된 연구 전체를 보고하는 것이 아니라 연구를 '출판 가능한 최소 단위'로 쪼개어 발표하는 것을 의미한다. 연구에서 다루는 변수들이 다양할 때 이러한 상황이 발생될 수 있다. 예를 들어, 학생의 인종과 교수방법에 따른 인지적, 정의적 학습 결과를 실험한 연구가 있을 때 연구자가 한 학회지에는 인지적 영역의 결과를 게재하고, 다른 학회지에는 정의적 영역의 결과만을 게재하고, 또 다른 학회지에는 인종에 따른 차이의 결과만을 게재한다면 이를 부분 출판이라고 할 수 있다. 윤리적으로 더욱 심각한 문제는 같은 연구결과를 두 개 이상의 논문으로 출판하는 **이중 출판**(dual publication)이다.

이러한 관행이 계속된다면 동일한 주제에 대해 다양한 시각으로 다루는 문헌들을 구별하고 이해하는 것이 복잡하고 어려워질 뿐 아니라 학회지의 지면과 학회 발표 시간을 낭비하게 하여 다른 연구를 보고할 기회를 축소시키는 결과를 초래할 것이다. 더 심각한 문제는 부분 출판 혹은 이중 출판의 방법을 이용한 연구자들이 마치 다양한 연구를 수행한 것처럼 높은 업적 평가를 받고 승진에 유리한 기회를 얻는다는 점이다.

(2) 표절

Levin과 Marshall(1993)은 최근 떠오르는 윤리적 쟁점 중의 하나로 표절을 지적하였다. **표절**(plagiarism)은 타인의 출판물 중 일부를 그대로 도용하는 것으로 부분 출판이나 이중 출판보다도 동료와 전문성에 더 심각한 피해를 주는 행위다. 바꾸어 쓰기 역시 표절만큼 심각한 문제다. **바꾸어 쓰기**는 타인이 이미 언급했던 단어나 개념, 글의 전개 방식 등을 일대일 대응이 되는 방식으로 자신의 글에 사용하는 것을 의미한다. 그들은 이러한 문제를 피하기 위해 원문의 단어나 개념, 구조를 인용하는 방법과 출처를 펼쳐 둔 채 말을 바꾸어 가며 쓰는 것이 아닌, '책을 덮은 상태에서' 쓰는 방법을 제안하고 있다. 이때 참고문헌으로 수록하는 것 또한 잊지 말아야 한다.

또한 타인의 저작물 도용뿐 아니라, 연구자의 이전 저작물을 적절한 출처 표시 없이 인용하는 것 역시 표절에 해당하며 이를 자기표절(self plagiarism)이라 부른다. 연구자가 직접 연구한 결과물이라 할지라도 인용 원칙을 지키지 않거나 출처를 표시하지 않은 채 그 일부 혹은 전체를 후속 연구에 사용하는 것은 자기표절에 해당한다. 따라서 이전 저작물을 바탕으로 발전 · 보완된 연구를 진행할 경우 명확한 출처 제시를 통하여 후속 연구의 결과물과 구분해야 하며, 현 연구에서 새롭게 작성된 저작물인 것처럼 게재해서는 안 된다.

표절을 피하기 위하여, 연구에서 인용한 자료들은 모두 정확한 출처의 제시 및 인용 원칙을 준수해야 한다. 본문에서 각주 및 인용 표시를 통하여 출처를 제시하는 것은 물론 참고문헌에서도 활용한 해당 저작물을 밝혀야 한다. 본문에서는 활용 자료의 출처를 제시하였지만 참고문헌에서 누락한 경우나, 반대로 참고문헌에 제시하였으나 본문에서 출처를 누락한 경우 모두 고의성이 확인되면 표절에 해당한다. 또한 부정확한 출처의 인용을 반복적으로 사용하거나 본문과 참고문헌에서 모두 출처를 제시하였으나, 인용한 부분에 대한 구체적인 페이지를 밝히지 않는 것도 정확한 출처 제시 방법이 아니다. 특정 내용에 대하여 말을 바꾸어 쓰거나 번역, 요약한 경우에도 반드시 출처 표시가 필요하다.

연구자는 어떠한 경우 표절이 되는지에 대하여 정확히 숙지한 후 보고서를 작성해야 한다.

(3) 저작권

연구보고서의 저자나 공동저자가 누구인지에 대해 여러 가지 윤리적 쟁점들이 발생할 수 있다. 예를 들어, 통계분석을 설계하고 담당하였으나 최종 보고서를 작성하지 않았을 때 그를 공동저자로 포함시켜야 할 것인가? 어떤 연구의 주저자가 한 곳에서는 공동저자를 수록하여 출간하고, 다른 곳에서는 수록하지 않고 출간했다면 이는 윤리적인 행위라고 할 수 있는가? 여러 명의 연구자들이 하나의 연구를 수행해 공동저자로 보고서를 작성한 후, 이들 중 한 명이 학회지에 나름의 해석을 덧붙인 논문을 게재하고자 한다면 모든 연구자들을 공동저자로 포함시켜야 하는가? 여러 명의 공동저자가 있다면 이들의 순서는 어떻게 하는 것이 윤리적인가? 등과 같은 문제들이 제기될 수 있다.

이러한 문제를 해결하기 위해서는 AERA의 지적 소유권과 관련된 윤리기준을 따르는 것이 바람직하다. AERA의 윤리기준에 의하면 지적 소유권은 지적 창작의 산물에 대한 권리를 인정하는 것으로 단순히 노력이 투입되었다 하여 지적 소유권을 인정할 수는 없으며, 지위를 막론하고 지적 결과물 산출에 기여한 모든 사람은 그 연구물의 저자로 명시되어야 한다고 밝히고 있다. 공동저자들과 상의하여 조금이라도 석연치 않은 점이 있다면, 예를 들어 통계분석가로부터 연구결과에 아주 중요한 부분을 시사받았다면, 그를 공동저자에 포함시키는 것이 바람직하다. 저자의 순서는 명성이나 연령순이 아닌 연구에 기여한 정도에 따라 정해야 한다.

연습문제

01 다음 단어를 설명하시오.
뉘른베르크 강령(Nuremberg Code)
속임 기법(deception)
사실 보고(dehoaxing)
탈감화(desensitization)
이중 출판(dual publication)
표절(plagiarism)

02 AERA(2011)에서 제시한 미국 교육학회 윤리강령을 서술하시오.

03 IRB에서 제시한 연구승인준거를 서술하시오.

04 연구자가 지녀야 할 연구결과 보고에 대한 기본 윤리를 논하시오.

Chapter

21 논문의 체제 및 작성법

우리나라를 비롯한 세계 여러 나라 사회과학분야의 대학원이나 학회에서는 학위논문이나 학회지에 제출하는 논문의 체제에 대해 APA 양식을 따르도록 요구하고 있다. APA 양식은 미국심리학회(American Psychological Association)의 편집위원회에서 논문 작성자들에게 도움을 주기 위하여 제작한 출판지침서(publication manual)에 제시되어 있는 일정한 기준을 의미한다. **APA 출판지침서**는 1944년 초판을 발행한 이래 2019년에 제7판을 출판하였다. 제7판은 총 12개의 장으로 구성되어 있으며, 각 장의 구성을 살펴보면, 제1장은 학문적 집필과 출간 원칙, 제2장은 논문의 구성 요소와 형식, 제3장은 학회지 논문 작성 기준, 제4장은 집필 양식과 문법, 제5장은 비편파적 언어 사용을 위한 가이드라인, 제6장은 형식적 양식, 제7장은 표와 그림, 제8장은 본문에서의 저작물 인용, 제9장은 참고문헌 목록, 제10장은 참고문헌 예시, 제11장은 법 관련 참고문헌, 제12장은 출판과정으로 이루어져 있다.

이 장에서는 APA에서 출간한 출판지침서와 국내 학회지 논문 작성지침을 참고하여 학위논문의 작성 및 편집과 관련된 서술방법, 편집양식, 참고문헌, 부록 작성에 대해 설명한다.

1 서술

1) 일반원칙

APA(2019)의 출판지침서는 논문 서술을 위한 원칙으로 글의 연속성과 흐름(continuity and flow), 간결성과 명료성(conciseness and clarity)을 제시하고 있다. **연속성**은 글의 논리성 및 일관성, **흐름**은 단어와 문장의 자연스러운 연결, **간결성**은 장황하고 중복적인 서술의 지양, **명료성**은 연구자가 의도한 바를 정확히 전달하기 위한 적절한 단어와 문장 구조의 선택과 관련된다. 논문 서술 시 유의해야 할 사항은 다음과 같다.

☑ 연속성과 흐름

글의 연속성과 흐름을 확보하기 위해서는 서론에서부터 결론까지 개념, 주제, 아이디어 간의 관계를 명확히 하고 논리적으로 일관성을 유지해야 하며, 단어와 문장을 매끄럽게 연결하여 독자들이 의미를 쉽게 파악할 수 있도록 자연스럽게 서술해야 한다. 특히 명사와 접속사의 사용이 글의 흐름에 영향을 미칠 수 있음에 유의할 필요가 있다. 예를 들어, 특정 개념을 설명할 때 여러 개의 명사를 연속적으로 나열하여 수식할 경우 글의 흐름을 방해하여 의미를 파악하기 쉽지 않으므로 이를 풀어서 설명할 필요가 있다. 또한 개념, 문장, 문단 사이에 접속사, 대명사, 구두점 등을 적절히 사용할 경우 논리적 연계성을 높이는 데 도움이 된다.

☑ 간결성과 명료성

글의 가독성을 높이기 위해서는 꼭 필요한 내용으로 구성하여 글이 산만해지지 않도록 하여야 한다. 따라서 장황한 설명이나 반복적인 표현, 은유적인 표현은 피해야 한다. 문장과 문단의 길이는 맥락에 따라 다양하게 구성하되, 의미가 명확히 전달되도록 간단하고 일반적인 단어를 사용하여 직접적으로 표현한다. 글의 톤(tone)도 명료성에 영향을 미친다. 연구 논문은 문학 작품 등의 창의적 글과 성격이 다르므로 독자들에게 혼란을 주지 않도록 예상치 않은 내용을 포함하거나 기대한 내용을 생략하지 않아야 하며, 주제나 대상의 갑작스러운 변화 등도 지양해야 한다. 비공식적 인상을 줄 수 있는 단어의 축약과 일상적인 대화와 글쓰기에 사용되는 구어체, 의인법(Anthropomorphism)의 사용도 피하도록 한다. 또한 연구자의 아이디어나 연구 결과를 설득력 있게 전달하기 위해서는 소수의 전문가에게만 익숙한 속어(jargon)의 사용을 피하고 논쟁적이지 않은 톤을 유지할 필요가 있다. 개념 비교 시 핵심적인 단어를 빠뜨리거나 어법이 일치하지 않는 문장 구조를 사용하게 될 경우 의미가 명확히 전달되지 않을 수 있으므로 단어와 문장 구조 선택에 신중을 기해야 한다.

2) 시제의 표기

논문 작성에서 **시제**는 현재형과 과거형을 주로 사용하지만, 연구가설이나 제언을 진술할 때에는 미래형을 사용할 수 있다. 또한 문장의 태와 관련하여 APA 출판지침서에서는 수동태 문장보다는 능동태 문장을 권장한다.

(1) 과거형을 사용하는 경우

연구기간 중 구체적으로 명시된 시간에 일어난 행위나 연구결과를 서술할 때, 선행연구결과를 인용하거나 연구결과를 선행연구의 결과와 비추어 논의할 때에는 과거형으로 진술한다.

☑ 연구방법과 결과를 서술할 때의 예

- 본 연구에서는 『한국학교명감』(한국학교명감편찬위원회, 1999)에서 소재지와 학교유형별로 분류되어 있는 '전국 고등학교 목록'을 표집틀로 다단계 비율층화군집 표집방법을 사용하여 총 41개 학교를 표집하였다.
- 자기주도성 수준에 따라 학습만족도에 차이가 있는지 알아보기 위해 일원분산분석을 실시한 결과, 자기주도성이 높은 집단의 학습만족도 평균은 3.40, 자기주도성 수준이 낮은 집단의 학습만족도 평균은 2.81이었으며 유의수준 .01에서 통계적으로 유의하였다($F=45.79$, $p<.01$).

☑ 선행연구 결과를 인용할 때의 예

- Bandura(1993)는 피드백을 주었을 때, 피험자의 자신감, 분석적 사고, 수행이 모두 높아졌음을 밝혔다.

(2) 현재형을 사용하는 경우

용어의 정의, 일반적 연구결과, 연구목적의 서술, 연구자의 의견을 제시할 때 현재형을 사용한다.

☑ 용어 정의의 예

Bandura(1993)는 창의성을 독창성, 유창성, 융통성으로 구성된 확산적 사고능력이라 정의한다.

☑ 일반적인 연구결과의 예

Holland(1985a)에 의하면 개인은 자기와 유사한 성격유형을 가진 사람들이 취업하고 있는 직업을 선택하려는 성향이 있다고 한다.

☑ 연구목적 서술의 예

본 연구의 목적은 교수 · 학습과정에 따른 학습자 개개인의 변화와 성장 정도를 정확히 측정하여 개별 학습자의 성장가능성을 예측하고 그에 적절한 교수 · 학습방법을 제공해 줌으로써 개인의 잠재력을 최대한 신장시킬 수 있는 평가방안을 모색하는 데 있다.

☑ 연구자 의견 제시의 예

이는 학생의 동기수준이 교사의 기대수준에 영향을 받은 결과라 해석할 수 있다.

3) 인칭의 표기

(1) 인칭은 일반적으로 3인칭을 사용한다

객관적인 진술을 위해 '나' 혹은 '우리'보다는 '저자', '연구자', '필자'와 같은 3인칭으로 표현한다.

(2) 존칭어, 경어 등은 사용하지 않는다

"○○○ 씨는 그의 논문에서 …… 라 주장하였습니다." 식의 표현 대신에 "○○○는 그의 논문에서 …… 주장하였다."라고 쓴다. 또한 "○○○ 교수(박사)에 따르면 ……"과 같이 직위나 학위명을 언급하는 경우에도 '교수님, 박사님'과 같은 존칭어를 사용하지 않도록 한다.

2 편집양식

1) 목차의 표기

(1) 내용 목차

내용 목차는 논문의 내용과 구성의 논리성을 평가할 수 있는 하나의 지표가 되므로 전체적인 구성이 일관성과 논리성을 유지하도록 하여야 한다. 논문의 목차에 번호를 부여하는 방법은 여러 가지가 있으며, 목차의 기호를 표기하는 방식의 예는 다음과 같다.

연구논문 목차의 목차기호 예시

〈예 1〉	〈예 2〉	〈예 3〉	〈예 4〉
I.	I.	제1장	제1장
A.	1.	제1절	제1절
1.	1.1	Ⅰ.	1.
a.	1.1.1	1.	가.
(1)	1.1.1.1	1)	(1)
(a)		(1)	(가)
①		①	①
ⓐ			

(2) 표 목차

표는 일반적으로 열과 행으로 구성되어 있다. 논문에서 제시하는 표는 연구의 내용이나 결과를 한눈에 파악할 수 있게 하므로 불필요한 설명을 생략하여 지면을 절약할 수 있다. 그러므로 표는 독자들이 쉽게 볼 수 있도록 구성하여야 한다.

① 일반 원칙

표의 제목은 간결 · 명료하게 제시하여야 하고 표 안의 항목명은 자료의 구조 및 구성원칙을 파악할 수 있는 단어나 용어로 표기하여야 한다. 기술통계나 추리통계 결과를 보고하는 표는 독자들의 시각적 편의를 위하여 세로줄을 긋지 않는다.

② 표 점검 내용

표를 제시할 때 다음 내용을 점검하는 것이 바람직하다. 첫째, 꼭 필요한 표인가? 둘째, 제목과 항목명은 표의 전체적인 내용을 함축하고 있는가? 셋째, 모든 표가 일관성 있게 제시되었는가? 넷째, 제목이 간결 · 명료하게 제시되었는가? 다섯째, 표 안의 항목명이 제대로 표기되었는가? 여섯째, 약어, 기호, 이탤릭체, 괄호, 특수기호가 제대로 표기되었는가? 일곱째, 표에서 세로줄을 제거하였는가? 여덟째, 표가 본문에서 인용되었는가?

③ 표 번호

논문에서 표의 수가 3개 이상 될 경우 표 목차를 따로 만들어 제시해야 한다. 표의 일련번호는 순서에 의하여 번호를 부여하나 표가 많을 경우 아래의 〈예〉와 같이 해당

장과 번호를 동시에 부여할 수 있다. 표 목차에 제시되는 표의 번호와 제목은 본문 속에서 제시된 표의 번호와 제목과 일치해야 하고 표가 제시되어 있는 본문의 페이지를 제시하여야 한다. APA(2019)는 표 번호를 제시할 때 〈 〉를 하지 않고 '표 X' 형태로 표기하도록 하고 있으나 국내 많은 학회지는 〈 〉를 사용하고 있다. 표 제시 방법에 대해서는 APA(2019, pp. 199-224)를 참고하라.

〈예〉

〈표 목차〉

(3) 그림 목차

표나 글이 아닌 묘사 형태의 자료를 그림으로 나타낸다. 그림은 연구의 내용이나 결과를 알아보기 쉽게 시각적으로 도식하여야 하며 단순하고 명료하여야 한다.

① 일반 원칙

그림에는 차트, 그래프, 사진, 실물 그림 등이 포함된다. 차트나 그래프를 통해 자료의 분석결과를 시각적으로 일목요연하게 이해할 수 있다. 그러나 표로 제시하는 것이 가능한 그림은 APA 양식의 서술 원칙 중의 하나인 경제성을 고려하여 표로 제시하는 것이 바람직하다. 그림의 종류는 그래프, 차트, 지도, 드로잉, 사진 등이 있다. 최근에는 연구에서 현상을 설명하기 위한 구조방정식 모형이나 영상 등의 그림이 다루어지고 있다.

좋은 그림은 단순하고 명료하며 연속성을 지녀야 한다. 그러므로 서술내용이 중복되지 않고, 중요한 사실을 전달할 수 있도록 불필요한 부분을 삭제하고 인쇄 양식을 단순화하여 이해하기 쉽게 그려야 한다. 또한 한 논문 안에서 크기, 글자체, 선의 굵기 등이 일관성 있게 제시되도록 하여야 한다. 구체적이고 세부적인 사항은 APA(2019, pp. 225-250)를 참조하라.

② 그림 점검 내용

좋은 그림인지를 점검하기 위하여, 첫째, 꼭 필요한 그림인가? 둘째, 그림이 정보를 공유하기 위한 가장 좋은 방법인가? 셋째, 단순 명료하고 깨끗하게 제시되었는가? 넷째, 자료가 정확히 제시되었는가? 다섯째, 눈금은 정확한 비율과 크기로 그려져 있는가? 여섯째, 글자의 크기와 진하기가 읽기 편하게 되어 있는가? 일곱째, 철자와 약어, 기호, 부호가 제대로 표기되었는가? 여덟째, 일련번호가 제시되었는가? 아홉째, 모든 그림들이 논문 안에서 언급되었는가? 등을 점검한다.

③ 그림 번호

논문에서 여러 개의 그림이 제시될 경우 그림 목차를 따로 만들어 제시해야 하며, 그림의 번호, 제목, 그림이 삽입되어 있는 본문의 페이지를 순서대로 정리하여 목차로 제시하여야 한다.

국내 논문은 그림을 제시할 때 [ ]를 사용하여 식별이 용이하게 하나 APA(2019)는 '그림 X'로 표기한다.

〈예〉

〈그림 목차〉

[그림 1] Nadler와 Lawler의 행동의 기대이론

[그림 2] 초등교원보수의 1인당 GDP 대비 비율의 변화: 1965-1997

2) 문장부호의 사용

(1) 마침표(.)

한 문장이 끝나는 경우, 약어, 인용, 숫자, 참고문헌 등의 표기에서 마침표를 사용하며, 제목에는 마침표를 쓰지 않는다.

(2) 쉼표(,)

① 세 가지 이상의 항목이 연속적으로 열거되는 경우 사용한다.

〈예〉 불안감, 우울증, 수줍음은…

② 문장 첫머리의 접속이나 연결을 나타내는 말 다음에 사용한다.

〈예〉 첫째, 본 연구는…

③ 1,000 이상의 숫자를 표기할 때에 세 숫자를 한 단위로 하고 쉼표를 사용한다.

〈예〉 연구대상은 총 1,742명으로…

④ 소괄호로 참고문헌을 간접 인용하는 경우 연도 앞에 쉼표를 사용한다.

〈예〉 (Cohen, 2003)

(3) 세미콜론(;)

① 본문에서 여러 개의 참고문헌을 나열할 때에 각 문헌을 구분하기 위해 사용한다.

〈예〉 (Bandura, 1982; Ames & Archer, 1988; Pintrich & Degroot, 1990)

② 쉼표로 열거된 구나 절을 구별할 때 사용한다.

〈예〉 인과연구, 실험연구, 준실험연구; 사례연구, 역사연구, 문화기술적 연구

(4) 콜론(:)

① 포함되는 종류를 열거하거나 이미 서술한 내용의 예를 열거할 때 사용한다.

〈예〉 선택형 문항의 종류: 진위형, 선다형, 연결형, 배열형

② 제목에 부제를 붙일 경우 콜론을 사용한다.

〈예〉 Experimental Design: Procedures for the Behavioral Sciences

③ 비율을 표시할 때 콜론을 사용한다.

〈예〉 남녀의 비율은 3 : 4였다.

④ 참고문헌의 출판지역과 출판사 사이에 콜론을 사용한다.

〈예〉 서울: 학지사
NJ: Lawrence Erlbaum Associates

(5) 인용부호

① 큰따옴표(“ ”)

- 글 가운데서 직접 대화를 표시할 때 사용한다.

〈예〉 교사는 “다 함께 폐쇄체제의 예를 생각해 보세요.”라고 말했다.

- 원자료에서 직접 인용 시에는 반드시 큰따옴표(“ ”)를 사용한다.

〈예〉 Thorndike(1918)는 “존재하는 것은 무엇이나 양적으로 존재하며, 무엇을 완전히 안다는 것은 그것의 질뿐 아니라 양까지도 안다는 것이다.”라고 주장하였다.

② 작은따옴표(‘ ’)

- 큰따옴표로 인용한 인용문 내에서 또 인용부호를 사용해야 할 경우 사용한다.

〈예〉 “학생들에게 ‘하던 것을 멈추고 주목하세요.’라고 말하자 곧 조용해졌어요.”

• 문장에서 중요한 부분을 두드러지게 하기 위해 사용할 수 있다.

〈예〉 어떤 교수들은 지식을 '전달'하거나 '주입'하는 어떤 것으로 인식한다.

• 속어, 은어, 풍자적 표현, 새로 만들어진 용어를 표기할 때 사용할 수 있다. 단, 이러한 용어를 처음 소개할 때에만 인용부호를 쓰고 그 이후에는 사용하지 않는다.

〈예〉 한국형 재벌은 독특한 모습을 띠기 때문에 이전의 용어들로 설명할 수 없어 아예 'chaebol'이라는 조어가 사용되기도 한다.

〈예〉 '사회경제적 지위' 변수는…… 여기서 사회경제적 지위는

(6) 소괄호(( ))

① 독립된 요소를 묶을 때 사용한다. 이때 문장 전체를 괄호로 묶을 때는 마침표를 괄호 안에 찍고, 문장의 일부분만 괄호로 묶을 때에는 마침표를 괄호 밖에 찍는다.

〈예〉 성별에 따른 수학성취도의 차이는 통계적으로 유의하였다(표 7 참조).

② 참고문헌을 인용할 때 사용한다.

〈예 1〉 Linn과 Kessel(1995)은 일반적으로 여성이 남성보다 더 높은 학급 성적을 받는다고 설명하였다.

〈예 2〉 일반적으로 여성이 남성보다 더 높은 학급 성적을 받는다(Linn & Kessel, 1995).

③ 약어를 제시할 때 사용하며, 처음 소개할 때는 원래 용어로 풀어 써 주고 그 이후부터는 약어만 사용한다.

〈예〉 Mental Measurement Yearbook(MMY)은 표준화검사를 수록한 참고문헌이다.

④ 간접 또는 직접 인용한 페이지를 표기할 때 사용한다.

〈예〉 Thorndike(1918)는 "존재하는 것은 무엇이나 양적으로 존재하며, 무엇을 완전히 안다는 것은 그것의 질뿐 아니라 양까지도 안다는 것이다."(p. 16)라고 주장하였다.

⑤ 통계값 또는 자유도를 표기하고자 할 때 사용한다.

〈예 1〉 성별에 따른 수학성취도의 차이가 유의한 것으로 나타났다($p<.05$).

〈예 2〉 $F(2, 116) = 3.71$

(7) 대괄호([ ])

① 신뢰구간을 명시할 때 사용한다.

〈예〉 [95% 신뢰구간]

② 소괄호 안의 문장에서 다시 괄호로 묶어야 할 경우 사용한다.

〈예〉 (남자집단[n=102]과 여자집단[n=114]의 영역별 성취도는 다음과 같다.)

3) 외래어의 표기

외래어는 번역어로 표현하는 것이 좋으나 측정도구명이나 단체명과 같이 번역이 필요하지 않은 고유명사나, 아직 번역된 말이 통일되지 않은 용어의 경우 표기에 주의를 기울여야 한다.

(1) 전문적 용어

① 사용이 빈번하지 않은 특수 용어를 번역하여 쓰는 경우 의미의 혼동을 피하기 위해 원어를 ( ) 속에 표기한다.

〈예〉 차별기능 문항(differential item function)

② 적절한 번역어가 없거나 공통된 번역어를 발견하기 어려운 외래어는 원어의 발음을 한글로 표기하고 ( ) 속에 원어를 제시해 준다. 한글 표기는 교육부 제정 '외래어 표기법'을 따른다.

〈예〉 유비쿼터스(ubiquitous)

(2) 영문에서 대문자의 사용

① 측정도구명, 단체명, 기관명을 약어로 표기하는 경우

〈예〉 Wechsler Adult Intelligence Scale → WAIS
The American Psychological Association → APA

② 영문 제목을 표현할 때에는 전치사와 접속사를 제외한 모든 단어의 첫 글자를 대문자로 시작한다.

〈예〉 Taxonomy of Educational Objective

(3) 약어

① APA 양식은 Webster 사전에 나와 있는 약어의 사용을 인정하므로 이에 해당하는 약어들을 본문에서 따로 설명할 필요가 없다.

〈예〉 AIDS, ESP, HIV, IQ, NADP, REM 등

② 사전에 나와 있지는 않지만 학회지 등에서 자주 쓰이는 약어들이 있으며, 이러한 약어들은 처음 한 번은 생략하지 않은 전체 명칭을 표기하고, 이후부터는 약어를 사용한다.

〈예〉 Scholastic Aptitude Test(SAT)
Minnesota Multiphasic Personality Inventory(MMPI)
conditional stimulus(CS)
conditional avoidance(CA)
consonant-vowel-consonant(CVC)
intertrial interval(ITI)
short-term memory(STM)
reaction teime(RT)

③ 다음의 표준화된 라틴계 약어들은 소괄호 안에서만 사용하며, 소괄호가 없으면 영어로 표기한다.

라틴계 약어	영어
cf.	compare
e.g.,	for example,
, etc.	, and so forth
i.e.,	that is,
viz.,	namely,
vs.	versus, against

④ 약어와 마침표의 사용

- 마침표를 사용하는 경우

이름의 첫 글자만 쓸 때 (J. R. Smith)
연구 참여자의 신분을 감추기 위한 별칭(F. I. M)
라틴어 약어(a.m., cf., i.e., vs.)
참고문헌 약어(p.123, Vol.1, 2nd ed.)

- 마침표를 사용하지 않는 경우

미국 주 이름의 약어(NY, Washington, DC)
대문자로 표기된 약어(APA, NIMH, IQ)
측정단위(cd, cm, ft, hr, km, kg, min, ml, s)

⑤ 영문에서 행이 바뀔 때

영문단어의 중간에서 행이 바뀌게 되면 한 음절이 끝나는 곳에서 하이픈(-)을 표시한 후 다음 행에서 계속 표기한다.

〈예〉 Validity refers to the degree to which evidence …… support the interpretations of test scores entailed by proposed uses of tests.

⑥ 한자와 외래어를 동시에 표기할 때

한자와 외래어는 소괄호를 사용하여 표기하고, 한자와 외래어를 동시에 표기하고자 할 경우에는 한자를 먼저 쓰고 쉼표를 한 다음에 외국어를 제시한다.

〈예〉 구인(構因, construct)

4) 숫자의 표기

논문에 사용될 수 있는 숫자 체계로는 아라비아 숫자, 로마 숫자, 한문 숫자, 순수한 우리말 수사(數詞) 등이 있으며 어느 체계를 사용하든 일관성을 가지고 사용해야 한다. 수를 표기하는 기본원칙은 10 이상의 경우에는 아라비아 숫자로 표기하고, 10 미만의 한 자리 숫자인 경우에는 문자로 표기한다. 숫자표기는 APA(2019)를 참고하여 다음과 같이 설명한다.

(1) 아라비아 숫자를 사용하는 경우

① 측정단위, 백분율, 비율, 분수

〈예〉 10kg
전체 집단의 60%
1:5의 비율로 구성되어 있다.
2/3

② 날짜, 시간, 연도, 표집 크기, 척도점수, 돈의 액수

〈예〉 약 200년 전
2시간 15분
2003년 4월 30일
50명의 실험 참여자
6점 척도에서 2점
1인당 60,000원 지급

(2) 문자로 수를 표기하는 경우

정확한 측정값을 나타내지 않거나, 10 이상의 수와 비교하지 않는 경우의 수

〈예〉 두 시간, 네 단어, 두 페이지, 다섯 가지 응답, 이원분산분석

(3) 아라비아 숫자와 문자를 함께 표기하는 경우

① 너무 큰 숫자인 경우 숫자와 문자를 함께 표기한다.

〈예〉 이러한 이유로, 1945년 5월에 1,590만 명이었던 남한 인구가…

② 연속적인 수식어로 사용될 경우 숫자와 문자를 함께 표기한다.

〈예〉 첫 번째 10개 항목들은

(4) 소수 표기법

① 문자와 단위를 함께 나타낼 경우 소수점은 숫자 옆에 찍고, 1 미만의 수에는 0을 사용한다. 그러나 통계와 관련된 상관계수, 비율, 유의수준, 유의확률 등과 같이 최대값이 1.0 이하일 경우에는 0을 사용하지 않는다.

〈예 1〉 0.7km, 0.43초, 0.5세

〈예 2〉 $r=-.35$, $p<.05$

② 상관이나 비율, t, F, χ^2과 같은 통계값들은 보통 소수 둘째 자리까지 표시한다. 그러나 Bonferroni 검정과 같이 정확한 판단이 요구될 때에는 소수점 자리를 더 많이 표시하기도 한다.

(5) 숫자에서 쉼표를 표기하는 경우

① 1,000 이상의 수에서는 세 자리마다 쉼표를 사용한다.

〈예〉 123,456,789

② 1,000 이상의 수라도 다음의 경우에는 쉼표를 사용하지 않는다.

〈예〉 페이지 수(1156페이지)
일련번호(123567)
자유도 F(34, 1021)=17.21
이진수(110101)
주파수 1830 Hz
온도 1127 ℉

5) 통계와 관련된 표기

(1) 참고문헌 및 공식

널리 사용되고 있는 통계와 관련된 공식이나 통계값에 대한 참고문헌은 제시하지 않는다. 그러나 새롭거나 흔히 사용되지 않는 통계값이나 논란이 제기될 수 있는 경우, 예를 들어 자료가 통계의 기본가정을 충족시키지 못할 때, 통계적 유의성 검정을 정당화하기 위해서 참고문헌을 제시한다.

(2) 추리통계

추리통계값을 제시할 때는 연구결과를 얻기 위하여 실시한 분석방법이나 결과해석을 독자가 충분히 이해할 수 있도록 정보를 제공하여야 한다.

〈예 1〉 성별에 따른 사전읽기점수의 두 독립표본 t 검정 결과, 유의수준 .05에서 남자의 사전읽기점수(M=76.31, SD=21.26)와 여자의 사전읽기점수(M=81.30, SD=20.05)의 평균에 유의한 차이가 있는 것으로 나타났다(t=-2.09, p=.037).

〈예 2〉 사후읽기점수에 있어 초과시험시간의 주 효과는 F(3, 299)=6.45, p<.01로 통계적으로 유의함이 밝혀졌다.

(3) 통계적 기호

① 서술적으로 통계적 용어를 사용할 때 기호나 약어보다는 일반적 용어를 서술한다.

② 모집단을 대표하는 모수치는 그리스 문자로 표기하며, 표본의 통계치, 즉 추정치는 일반적으로 이탤릭체 라틴어로 표기한다.

③ 대문자 N은 전체 참여자 수를 의미하고, 소문자 n은 연구 내의 소집단의 참여자 수를 의미한다.

④ % 기호는 앞에 숫자가 있을 때만 사용하여야 하나, 표, 그림의 제목에서는 숫자가 없더라도 사용할 수 있다. 숫자를 사용하지 않고 한글로 표기하기 위해서는 퍼센트라고 표시해야 한다.

〈예 1〉 전체 참여자 중 21%가 긍정적인 태도를 보이는 것으로 나타났다.

〈예 2〉 전체 참여자 중 긍정적인 태도를 보이는 사람들의 퍼센트를 알아보면 다음과 같다.

(4) 글씨체

통계 기호와 수리적 기호는 보통 글씨체, 진한 글씨체, 이탤릭체의 세 가지 글씨체를 사용하며, 본문, 표 또는 그림에서 기호는 동일한 글씨체를 사용한다.

① 그리스 문자, 아래첨자, 위첨자, 약어(예, sin, log)들은 보통 글씨체를 사용한다.

〈예〉 μ_{girls}, α, ε, β

② 벡터 기호는 진한 글씨체로 표기한다.

〈예〉 **V**, $\boldsymbol{\Sigma}$

③ 기타 통계 기호들은 이탤릭체로 표기한다.

〈예〉 *N*, *M*, *df*, *p*, SS_b, *SE*, *MSE*, *t*, *F*

(5) 통계적 약어와 기호

통계적 방법을 나타내는 약어 및 통계의 의미를 나타내는 기호 중 자주 사용되는 것을 제시하면 다음과 같다. 설명하지 않은 약어와 기호는 APA(2019, pp. 183-186)를 참조하라.

약어/기호	내용	약어/기호	내용
ANCOVA	공분산분석	*N*	표본의 전체 사례 수
ANOVA	분산분석	*ns*	유의하지 않음
df	자유도	*p*	확률
f	빈도	*P*	퍼센테이지, 백분율
F	Fisher의 F비	*r*	단순적률상관계수
H_0	영가설	*R*	중다상관계수
H_A	대립가설	R^2	결정계수
KR-20	Kuder-Richardson 공식	*SD*	표준편차
LR	우도비	*SEM*	측정의 표준오차
M	평균	*SS*	제곱합
MANOVA	다변량 분석	α	알파. 1종 오류의 확률
Mdn	중앙값	β	베타. 2종 오류의 확률
n	하위집단의 사례 수		

6) 인용 방법

(1) 문장의 직접 인용

연구자나 다른 연구자의 글, 측정도구의 문항, 검사의 지시문 등은 있는 그대로 직접 **인용**하는 것이 보통이다. 직접 인용할 때에는 철자 및 부호 등을 원문 그대로 옮겨야 한다.

① 짧은 인용문은 큰따옴표(" ")를 붙여서 인용하고 소괄호 안에 저자, 출판년도, 페이지를 명기해야 한다. 인용문의 쪽 수 표시는 '1995, p. 25' 또는 '1995: 25' 중 어느 방식을 택해도 무방하다.

〈예 1〉 "존재하는 것은 무엇이나 양적으로 존재하며, 무엇을 완전히 안다는 것은 그것의 질뿐 아니라 양까지도 안다는 것이다."(Thorndike, 1918, p. 16)는 주장은 널리 알려져 있다.

〈예 2〉 "존재하는 것은 무엇이나 양적으로 존재하며, 무엇을 완전히 안다는 것은 그것의 질뿐 아니라 양까지도 안다는 것이다."(Thorndike, 1918: 16)는 주장은 널리 알려져 있다.

② 긴 인용문이나, 한 문단 전체를 인용할 경우에는 본문과 위·아래 한 줄씩 간격을 두고 별도의 문단으로 작성한다. 이때 인용문단의 좌우는 본문의 좌우에서 3글자 정도 들어가도록 하고, 각 문단의 첫 줄 역시 3글자 정도 들여쓰기 한다. 본문과 구별되도록 글자 크기를 한 포인트 작게 하거나 글씨체를 달리 할 수도 있다. 인용문장의 뒤에는 괄호를 하고 출처 등 참고사항을 기록한다.

〈예〉 우리나라의 교육목표는 교육기본법 제2조에 명기되어 있으며 다음과 같다.

교육은 홍익인간의 이념 아래 모든 국민으로 하여금 인격을 도야하고 민주적 생활 능력과 민주시민으로서 필요한 자질을 갖추게 하여 인간다운 삶을 영위하게 하고 민주국가의 발전과 인류공영의 이상을 실현하는 데 이바지하게 함을 목적으로 한다(교육법전편찬위원회, 1999).

③ 인용문 중 일부를 생략할 때에는 세 점 생략부호(…)를 사용하고, 두 문장 사이의 문장을 생략할 때에는 네 점 생략부호(….)를 사용한다.

④ 원문에 표기나 철자법이 틀린 경우에는 그대로 인용한 뒤 바로 뒷부분에 [sic] 또는 [원문 그대로]라는 표시를 한다.

〈예〉 이러한 견해에 따르면 회기분석[원문 그대로]은…

⑤ 인용된 원문의 오류를 수정하거나, 인용문에서 원문에 없는 내용을 첨가하여 설명하고자 할 경우에는 대괄호([ ])를 사용한다.

〈예〉 이러한 견해에 따르면 회기분석[회귀분석의 오기: 필자 주]은…

⑥ 인용문 중 일부를 강조하고자 하는 경우 해당 부분에 밑줄을 긋고 (밑줄: 필자)와 같이 인용자가 그렇게 했다는 사실을 밝혀야 한다. 영문의 경우 해당부분에 밑줄을 긋거나 이탤릭체로 쓰고 [italics added]와 같이 표시한다.

(2) 문장의 간접 인용

간접 인용이란 다른 연구자의 저술내용을 그대로 옮기는 것이 아니라 문장작성자의 말로 바꾸어 표현하는 것이다. 논문 작성자는 원문의 논지를 충분히 이해하여 원문의 내용과 원저자가 전달하고자 하는 내용이 그릇되지 않도록 주의해야 하며 출처를 반드시 밝혀야 한다(문수백, 2003).

(3) 참조 인용

참조 인용 방법은 다음과 같다.

① 단일저자의 자료

저자의 이름이 원문에 나타나 있는 경우 괄호 안에 발행연도(가능하다면 페이지도 포함)를 표시하고, 인용하는 저서 및 논문의 저자명이 원문에 표기되지 않는 경우 관계되는 내용의 끝부분에 괄호를 하고 저자명, 발행연도, 페이지를 표시한다. 인용한 정보를 자세히 알려 주기 위하여 예와 같이 페이지를 밝히는 것이 바람직하다.

〈저서의 예〉 성태제(2005, p. 29)는 …

〈논문의 예〉 한 연구(김선희, 2005, p. 45)에서는…

② 공동저자의 자료

저자가 2명인 경우에는 저자의 이름을 모두 적고 연도를 표시한다. 본문에서 인용할 때는 두 연구자를 '와'나 '과'로 연결하고, 문장 밖의 ( )에 제시할 때는 국내문헌의 경우 , 또는 · 로 연결하며, 외국문헌의 경우 &를 사용한다.

저자가 3명 이상인 경우에는 주저자의 이름만 기입하고 국내문헌의 경우 '외'라고 표기하고, 외국문헌의 경우 'et al.'이라 표기한다. 그러나 동일 연도에 집필한 저서나 논문이 여러 편이어서 주저자만으로 구별이 어려운 경우 저자를 구별할 수 있을 때까지 저자명을 표기한다(APA, 2019).

〈예1〉 Gronlund와 Linn(1990, p. 95)에 따르면…

〈예2〉 전공적성 척도의 기계-기술 분야는 Holland의 흥미유형 중 탐구형 및 현실형과 상관이 높은 것으로 나타났다(성태제, 시기자, 2002).

〈예3〉 수업평가는 판단의 근거에 따라 교수능력평가, 교수수행평가, 교수효과성평가로 분류되기도 한다(Medley et al., 1982).

〈예4〉 Kappor, Bloom, Montez 외(2017)에 의하면…
Kappor, Bloom, Zucker 외(2017)에 의하면…

APA(2019, p. 266)에서는 저자 유형에 따른 인용 방법을 다음과 같이 제시하고 있다.

저자 유형	괄호 안 인용	문장 내 인용
단독 저자일 경우	(Luna, 2020)	Luna (2020)
저자가 2인일 경우	(Sales & D'Agostino, 2020)	Sales and D'Agostino (2020)
저자가 3인 이상일 경우	(Martine et al., 2020)	Martine et al. (2020)
단체 연구일 경우(약어 사용 시) - 첫 번째 인용 시 - 연속 인용 시	 (National Institute of Mental Health[NIMH], 2020) (NIMH, 2020)	 National Institute of Mental Health (NIMH, 2020) NIMH (2020)
단체 연구일 경우(약어 미사용 시)	(Stanford University, 2020)	Stanford University (2020)

③ 한 저자의 두 개 이상의 자료

한 저자의 참고문헌이 2개 이상일 경우 발행연도가 다르면 발행연도 순으로 서술한다. 만약 한 해에 둘 이상인 경우에는 연도 뒤에 a, b, c로 표기한다.

〈예〉 Holland(1985a)는 개인은 자기와 유사한 성격유형을 가진 사람들이 취업하고 있는 직업을 선택하려는 성향이 있음을 주장하고, 후속연구(1985b)에서 직업적 성격 이론의 기초를 완성하였다.

④ 여러 저자의 각각 다른 연구가 동일한 연구결과를 가져와 동시에 인용하였을 경우 인용된 연구를 전부 표시한다. 국내 문헌이 인용되었을 경우 국내 문헌을 앞에 제시하며 연구자의 성에 따라 가, 나, 다 순으로 배열하고 그다음에 외국 문헌 연구자의 성에 따라 a, b, c 순으로 나열한다.

〈예〉 결과타당도가 제기되면서 결과타당도를 타당도의 범주 안에 포함하는가에 대한 논쟁이 제기되었다(성태제, 1999; Linn, 1997; Mehrens, 1997; Popham, 1997; Shepard, 1997).

(4) 기관 또는 단체 연구의 인용

기관에 의하여 실행된 연구를 인용할 경우 공식적 기관명을 정확히 밝혀야 한다. 외국기관의 경우 처음 인용 시에는 완전한 기관명을 표기하고 그 이후에는 생략된 약어를 표기한다. 그러나 약어로 표현하면 이해하기가 어렵거나 이름이 짧은 경우에는 정식 명칭을 사용한다.

① 완전하게 표기

〈예〉 본문에서 인용 시: (한국교육과정평가원, 2005).
참고문헌 목록 적을 때: 한국교육과정평가원(2005).

② 약자로 표기

〈예〉 처음 인용 시: (American Educational Research Association: AERA, 2005)
두 번째 이후 인용: (AERA, 2005)
참고문헌 표기 시: American Educational Research Association(2005).

(5) 익명의 연구자

① 국내문헌의 경우

〈예〉 (익명, 2005)

② 외국문헌의 경우

〈예〉 (Anonymous, 2005)

(6) 재인용

인용은 원자료인 1차 자료(primary source)에서 하는 것이 원칙이나 원자료를 구할 수 없는 경우 부득이 2차 자료(second source)를 이용할 수밖에 없다. 재인용은 본문에서 인용할 경우 다른 연구의 인용방법과 같다. 국내문헌이나 외국문헌 모두 인용 연구논문의 연도 뒤에 쉼표(,)를 하고 '**재인용**'이라고 표시한다. 참고문헌에서는 '재인용' 이라는 표기 없이 재인용한 연구나 저서를 그대로 기록한다.

〈예〉 성태제(1999, 재인용)는 …고 하였다.
(성태제, 1999, 재인용).

(7) 인용 허가

출판하기 위한 논문에 저작권이 설정된 문헌의 내용을 인용하고자 한다면 저작권자로부터 서면승인을 받아야 한다. 허가를 받기 위한 조건은 저작권자마다 다르며, 저작권자로부터 허가를 받을 것인지의 여부는 연구자의 책임이다. APA의 경우 APA가 저작권을 가지고 있는 학회지의 내용을 단일문헌에서 400단어 미만, 여러 문헌에서 800단어 미만으로 발췌할 경우 공식적인 인용허가를 받지 않아도 인용할 수 있다고 제시하고 있으며, 저작권자가 공정한 사용으로 인정할 수 없는 논문은 출판할 수 없다.

(8) 구체적인 출처 제시

본문에서 인용된 자료의 출처를 제시하는 형태는 인용한 자료가 인쇄물인지, 전자형태의 자료인지에 따라 달라진다. 인용한 문헌을 구체적으로 제시하고자 할 때에는 본문의 페이지 번호, 장, 그림, 표, 공식을 적는다. 특정 페이지는 p., 여러 페이지는 pp., 장은 chap.로 줄여서 표시한다. 그러나 전자형태의 자료들은 대체로 PDF의 형태가 아닌 경우 페이지 번호를 제공하지 않는다. 따라서 문단번호가 있으면 페이지 번호 대신 문단번호를 사용한다. 이때 ¶ 기호나 약어 para.를 사용한다.

〈예 1〉 (김철수, 2002, p. 30), (이민수, 1999, chap.2), (김일우, 2003, pp. 12-23)

〈예 2〉 As Myers(2000, ¶5) aptly phrased it,

(9) 개인적인 통신

개인적인 통신(personal communication)이란 편지, 메모, e-mail, 개인 면담, 전화 등을 통하여 의견을 교환한 것을 말한다. 개인적인 연락에 의한 것은 자료를 제공하는 것이 쉽지 않으므로 참고문헌의 목록에는 포함시키지 않고 본문에서만 인용한다. 통신을 한 사람의 이름과 날짜를 정확히 기록한다.

〈예〉 박선영(개인적 통신, 2005. 8. 7)
(김수정, 개인적 통신, 2002. 3. 24)
T. K. Lutes(personal communication, April 18, 2001)

7) 주(notes)와 각주(footnote)

주(註)는 본문의 내용을 보충 설명하거나 인용의 출처를 밝히기 위한 것으로서 특별히 관련이 없는 경우에는 주를 달 필요가 없으며, 논의에 도움이 되는 경우에만 달도록 한다. 주를 작성하는 방법은 학문분야나 대학, 학회, 출판사 등에 따라 차이가 있으므로 논문작성자는 논문을 제출하는 기관의 양식에 맞게 작성해야 한다.

주는 내용과 목적에 따라 **참조주**(reference content notes)와 **내용주**(content notes)로 나뉘고, 제시하는 위치에 따라 **각주**(footnotes)와 **후주**(endnotes)로 나뉜다(이종승, 2004).

(1) 참조주

- 인용한 자료의 출처를 명확히 밝혀 자료의 정확성과 객관성, 연구의 타당성을 입증한다.
- 연구에서 인용한 이론, 자료, 연구결과 등을 창출한 원저자의 학문적 공적을 인정하고 독자에게 자료의 확인, 검색을 안내한다.

(2) 내용주

- 본문 내용을 부연 설명하거나 (예: 특수한 용어나 공식) 필자의 소속기관, 직위, 연락처, 약력 및 감사인사 등을 표현하고자 할 때 사용한다.

(3) 각주

- 본문의 해당 페이지 맨 아래에 제시한다.
- 독자가 주의 내용을 바로 확인할 수 있다는 장점을 지니나 논문체제를 복잡하게 만드는 단점이 있다.
- 미국심리학회(APA) 양식을 따르는 학문분야나 기관에서는 각주의 사용을 허용하지 않는다.

(4) 후주(미주)

- 장(章)이나 절(節)의 끝부분 혹은 논문의 맨 뒤에 제시한다.

(5) 주의 표기양식

① 표나 그림에서 주의 표기법

〈예〉 주: 위의 표에서 카이제곱(χ^2)의 기본가정을 만족하지 않는 경우는 통계값을 생략하였음.

② 저자의 인적사항을 나타내는 주의 표기법

〈예〉 Send requests for reprints or further information to Terry A. Ackerman, ACT, P.O. Box 168, Iowa City IA 52243, U.S.A.

③ 주의 번호

주를 달고자 하는 내용이 끝나는 부분에 위첨자의 형태로 본문보다 한 포인트 작은 크기의 아라비아 숫자로 주 번호를 단다. 주 번호는 반괄호로 표기하며 마침표를 찍지 아니한다. 주의 개수가 작은 경우(3개 이하) 번호 대신 별표(*, **, ***)를 사용할 수도 있다.

〈예〉 성태제의 연구[1)]에서…

성별에 따른 태도점수에는 유의한 차이가 없었다.*

④ 주의 위치와 글자 크기

각주는 본문에서 각주번호가 나타난 해당 페이지의 하단에 원고 폭의 1/4 정도 되는 가로선을 긋고 본문에 표기한 각주번호와 동일한 번호를 붙인 후 내용을 기술한다. 주의 내용 역시 본문보다 한 포인트 작게 하며 하나의 주 번호 아래 둘 이상의 내용을 적는 경우에는 줄을 바꾸지 않고 세미콜론(;)으로 구분하여 이어 적는다.

〈예〉 1) 성태제(2019), 현대교육평가(서울: 학지사)

2) 남학생의 평균은 2.35; 여학생의 평균은 2.37로 나타났다.

후주의 경우 논문의 말미나 각 장, 절의 끝에 본문과 동일한 후주 번호를 붙이고 내용을 기술한다.

3 참고문헌

논문의 참고문헌은 연구에서 인용한 문헌의 정보를 제공하고, 인용된 문헌들을 되찾아볼 수 있게 한다. 그러므로 참고문헌에 제시된 정보는 매우 구체적이고 자세하며 정확한 내용이 기재되어야 한다.

참고문헌을 통해서 독자는 연구자가 참고한 문헌의 출판 연도와 연구에 대한 내용과 연구의 동향 및 의의 등을 간접적으로 파악할 수 있다. 따라서 연구자는 논문에서 인용한 논문이나 저서, 자료 등을 하나도 빠짐없이 자세하고 정확하게 기록하여야 한다. 참고문헌의 기록 방법은 학회나 논문발행 기관의 편집지침에 따라야 한다.

참고문헌의 형태는 크게 '참고문헌(reference)'과 '서지목록(bibliography)'으로 구분된다. 참고문헌은 본문에서 인용한 자료를 제시하는 것이고, 서지목록은 본문에서 인용한 자료뿐만 아니라 연구를 하는 데 있어서 간접적으로 사용한 보충자료와 독자의 이해를 돕기 위해 추천하는 자료를 포함하는 것으로 reference보다는 광범위한 개념이라고 할 수 있다. 논문에서 참고문헌이라고 하면 일반적으로 reference를 의미한다.

1) 참고문헌의 제시 순서

참고문헌은 크게 저자명, 도서명, 출판사항의 세 부분으로 나뉘며 이들은 마침표(.)로 구분된다. APA 양식을 토대로 참고문헌 작성법을 소개하면 다음과 같다.

APA 양식 → 저자명(발행연도). 도서명. 출판지명: 출판사명.

- 참고문헌은 기본적으로 저자명을 기준으로 국내문헌, 동양권 문헌(중국, 일본), 서양문헌의 순서가 되도록 구성한다. 국내문헌은 가, 나, 다 순으로, 해외문헌은 a, b, c 순으로 한다.
- 두 줄 이상으로 계속 이어질 때에는 첫째 줄 글자를 기준으로 둘째 줄부터는 5칸 정도 들여쓰기를 한다.

2) 참고문헌 표기 시 사용하는 약어

외국문헌의 경우에는 약어가 많이 쓰이는데 그 내용은 다음과 같다.

약어	원어
chap.	chapter: 장
ed.	edition: 판
rev. ed.	revised edition : 개정판
2nd ed.	second edition : 제2판
Ed. (Eds.)	Editor (Editors) : 편집자
Trans.	Translator (s) : 역자
p. (pp.)	page (pages) : 페이지 번호
Vol.(vols.)	Volume(volumes) : 권
No.	Number : 호
Pt.	Part : 부
Tech, Rep.	Technical Report: 기술보고서
Suppl.	Supplement : 보충 자료

3) 참고문헌 제시양식

참고문헌을 제시함에 있어 단행본과 정기간행물은 달리 제시하며 단행본과 정기간행물이 참고문헌 목록으로 제시되는 경우 순서, 방법 및 내용은 다음과 같다.

(1) 단행본

- 저자의 성명: 성과 이름을 쓰되 서양 인명은 성을 먼저 쓰고 쉼표(,)를 찍으며 이름은 첫 글자를 쓰고 마침표(.)를 찍는다.
- 출판사명: 출판지역과 출판사 이름을 기록한다.
- 페이지: 밝혀야 할 필요성이 있는 경우에 한하며 한 페이지일 경우에는 p. 두 페이지 이상일 경우에는 pp.라고 표시하고 해당 페이지를 기록한다.
- 개정판일 경우 개정판수를 기록한다.
- 편집한 책의 경우: 저자명의 위치에 편집자명을 쓴 다음 ( ) 속에 '편'이라고 표

기한다. 양서의 경우에는 편집자명을 적고 한 사람이 편역했을 때에는 ( ) 속에 'Ed.', 여러 사람이 편역했을 때는 ( ) 속에 'Eds.'라고 표기한다.

- 번역서의 경우: 원서의 책명이 표시되어 있는 번역서의 경우 원저자명, 번역서의 발행연도, 원서의 제목을 쓰고, 그 뒤에 번역자명을 쓴 다음 ( ) 속에 '역'이라고 적는다. 그 뒤에 번역서명과 출판사항을 기재한다. 반면, 원서의 책명이 표시되어 있지 않은 번역서의 경우 원저자의 이름을 먼저 쓰나, 그 밖의 출판사항에 관한 정보는 번역서의 것을 적는다. 한편, 원래의 저자명과 도서명이 분명하지 않거나, 원서보다는 번역서 자체에 중점을 두어 참고문헌을 표기하고자 할 경우에는 저자명을 쓰는 위치에 번역자명을 쓴 다음 ( ) 속에 '역'이라 표기하고 그 이하는 다른 단행본 표기와 동일하게 한다.

〈예 1〉 국내단행본

박정(2001). **다분 문항반응이론 모형**. 서울: 교육과학사.

성태제(2019). **현대교육평가(5판)**. 서울: 학지사.

성태제(2011, 역). **준거설정**. 서울: 학지사.

〈예 2〉 외국단행본

Ebel, R. L., & Frisble, D. A. (1991). *Essentials of Educational Measurement*. NJ: Prentice-Hall.

Gall, M. D., Gall, J. P., & Borg, W. R. (2003). *Educational Research* (7th ed.). New York: Longman.

(2) 학술지(정기간행물)

- 필자 성명: 서양 인명은 성을 먼저 쓰고 쉼표(,)를 하고 이름은 첫 글자만 쓰고 마침표(.)를 찍는다.
- 출판 연도: 괄호를 묶어서 제시할 수도 있고 잡지명 뒤에 제시할 수 있다.
- 간행물의 이름: 구별을 위해 『 』, 밑줄 또는 활자를 진하게 하여 표기하고 양서인 경우에는 이탤릭체로 표기한다.
- 해당되는 경우에는 권, 호수를 기록한다.
- 출판사 명: 출판지역과 출판사 이름을 기록한다.
- 페이지: 밝혀야 할 필요성이 있는 경우에 한하며 한 페이지일 경우에는 p. 두 페이지 이상일 경우에는 pp.라고 표시하고 해당 페이지를 기록한다.

〈예 1〉 국내간행물

박경미, 최승현(2002). 학업성취도 비교 연구(PISA)에 나타난 수학적 소양의 성별 차이에 따른 고찰. **한국수학교육학회 시리즈 A 〈수학교육〉, 41**(3), 319-328.

손원숙(2002). 차별기능 문항 기법의 응용: 교육 및 심리검사의 번안과정에서. **교육평가연구, 15**(1), 207-225.

〈예 2〉 외국간행물

Ben-Shakhar, M., & Sinai, Y.(1991). Gender differences in multiple-choice tests: The role of differential guessing tendencies. *Journal of Educational Measurement*, *28*, 22-35.

Seong, Tae-Je(1990). Sensitivity of Marginal Maximum Likelihood estimation of Item and Ability Parameters to the Characteristics of the Priority Ability Distributions, *Applied Psychological Measurement*, *14*, 299-311.

〈예 3〉 기관 단행본 및 간행물은 기관명이 저자를 대신한다.

한국교육평가학회(2004). **교육평가 용어사전**. 서울: 학지사.

(3) 학위논문의 경우

① 미출판 학위논문

남명호(1995). 수행평가의 타당성 연구. 고려대학교 대학원 박사학위논문.

Wifley, D. E. (1989). *Interpersonal analysis of bulimia: Normal-weight and obese*. Unpublished doctorial dissertation, University of Missouri, Columbia.

② 출판 학위논문

Ross, D. F. (1990). Unconscious transference and mistaken identity: When a witness misidentifies a familiar but innocent person from a lineup(Doctorial dissertation, Cornell University, 1990). *Dissertation Abstracts International*, *51*, 417.

(4) 신문, 잡지의 경우

① 이름을 밝힌 경우

김경은(2005. 8. 16). "사이버 독립운동가들이 뛴다". **경향신문**, p. 12.

이연성(2004). "논술고사가 지향해야 할 방향". **교육사상**, 제15권 제2호, pp. 12-20.

② 이름을 밝히지 않은 경우

"TV 독서프로그램 활용하기". (2005. 8. 7). **세계일보**, p. 7.

"Public or Private School? In Campaign, It's Personal". (2005. August 18). The New York Times, p. 5.

(5) 저자가 알려지지 않은 경우

저자가 알려지지 않은 경우에는 연구자의 이름 대신에 제목을 적고, 제목의 첫 의미 있는 단어의 가, 나, 다 순(영문의 경우 a, b, c 순)으로 제시한다.

〈예〉 교과교육학 총론(2003). 국민출판.

Education past and present.(1975). Los Angeles: LA Press.

(6) 기타

연구기관의 연구보고서나 심포지엄의 발표, 전자문헌 등 기타 자료는 다음과 같이 제시한다.

① 연구보고서

박정, 정은영, 김경희, 한경혜(2004). 수학 · 과학 성취도 추이변화 국제비교 연구: TIMSS 2003 결과 보고서(연구보고 RRE 2004-3-2). 서울: 한국교육과정평가원.

② 학술대회 및 심포지엄의 발표자료

남현우(2004). 대입전형의 공정성을 높이기 위한 내신등급 산출방안. 한국교육평가학회 추계 정기 학술대회 발표 자료집(pp. 21-26). 서울: 한국교육과정평가원.

Wise, S. L. (1997, April). *Examinees issues in CAT.* Paper presented at the annual meeting of National Council on Measurement in Education. Chicago, IL. (ERIC Document Reproduction Service No. Ed 408 329).

Linchastein, K. L., John, R. S., Womack, T. D., Dean, J. E., & Chiders, C. K. (1990, June). Relaxation therapy for polypharmarcy use in elderly insomniacs and noninsomniacs. In T. L. Rosenthal(Chair), *Reducing medication in geriatric populations*. Symposium conducted at the meeting of the First International Congress of Behavioral Medicine, Uppsala, Sweeden.

③ 인터넷을 이용한 전자문헌

VandenBos, G., Knapp, S., & Doe, J. (2001). Role of reference elements in the selection of resources by psychology undergraduate. *Journal of Bibliographic Research*, *5*, 117-123. Retrieved October 13, 2001, from http://jbr.org/article.html.

④ 컴퓨터소프트웨어 및 매뉴얼

에버케이션(2000). Test Wizard: 컴퓨터화 검사제작 프로그램. 서울: 에버케이션.

Schwarzer, R. (1989). Statistics software for meta-analysis[Computer software and manual). Retrieved from http://www. yotku. ca/faculty/academic/jbr.org/Schwarzemeta_e.htm.

⑤ 데이터 파일

Department of Health and Human Services, National Center for health Statistics. (1991). *National Health Provider Inventory: Home health agencies and hospices*, 1991 [Data file]. Available from National Technical Service Web site, http://www.ntis.gov.

4 부록

부록은 두 가지 목적을 갖는다. 첫째, 연구와 관련된 자세한 정보를 부록에 제시함으로써 논문 전체를 읽고 이해하는 데 방해가 되는 점을 줄이려고 한다. 둘째, 논문의 편집양식이나 형태가 다른 자료나 정보를 수록하는 데 사용된다. 그러므로 부록은 독자로 하여금 연구의 이해를 돕기 위해 본문에 넣지 못하는 연구 내용이나, 자료 등을 수록하는 부분이다. 부록에 제시되는 순서는 본문의 내용 순서에 따르며 부록에 제시할 수 있는 내용은 다음과 같다.

- 수학적 증명
- 큰 표와 단어 목록
- 설문지 및 검사지
- 실험도구
- 컴퓨터 프로그램
- 세부적 통계자료

부록이 2개 이상일 경우가 대부분이므로 번호 부여는 [부록 A], [부록 B]의 형태로 기술한다. 표를 부록에 게재할 경우 표를 제시하는 일반적 원칙에 따르며 설문지나 검사지는 연구에서 실제로 사용한 것을 첨부하는 것이 바람직하다. 만약 다른 연구자가 사용한 설문지나 검사지를 부록에 첨부하고자 할 경우 원저자의 동의를 얻어야 할 것이다. 특히 상업적으로 판매되는 설문지나 검사지의 경우 허가를 받아야 하지만 회사로부터 허락을 받기가 쉽지 않다.

5 APA 출판 점검 내용

이 장에서 설명한 논문이나 보고서 작성법에 의하여 작성된 논문이나 연구보고서가 출판되기 위해서는 학회지 편집위원회나 해당기관의 논문 편집과 인쇄기준에 부합하여야 한다. 학위 논문을 작성하는 연구자는 학위 수여기관이 정하는 논문 편집과 인쇄지침에 따르는 것이 바람직하다. 학회지에 논문을 게재하고자 하는 연구자는 학회지 편집지침에 따라야 한다. APA(2010, pp. 241-243)에서 발간한 출판지침서는 원고 제출 시 점검해야 할 항목들을 다음과 같이 제시하고 있다.

점검 항목	점검 내용
Format	• 제출문 형식에 대한 학회지의 지침을 확인했는지? • 출력될 용지의 크기에 맞게 작성되었는지? • 전체 자간과 줄간격은 보기 좋게 정리되었는지? • 출력 용지로부터 1인치(2.54cm) 정도 여유가 있도록 작성되었는지? • 제목, 초록, 참고문헌, 주, 각주, 표, 그림이 모두 포함되어 있는지? • 그림과 그림 제목이 같은 페이지에 위치하는지? • 각 항목이 진술된 순서대로 제시되어 있는지? • 페이지 수가 제대로 정렬되었는지?
제목과 초록	• 제목이 10~12단어 이내인지? • 초록이 150 ~250단어 내외로 작성되었는지? • 필자란에 소속 기관이나 연구수행 기관이 명시되어 있는지?
문단과 소제목	• 한 문단의 길이가 한 문장보다 길고, 한 페이지보다는 짧은지? • 각 소제목의 수준이 논문의 체계를 정확하게 반영하고 있는지? • 동일 수준의 소제목들이 동일한 형식으로 제시되어 있는지?
약어	• 불필요한 약어가 사용되거나 필요한 설명이 누락되지는 않았는지? • 표나 그림의 약어는 모두 주에서 명시되었는지?

수학 및 통계적 기호	• 그리스 문자와 특수한 수학식 기호의 의미가 명시되어 있는지? • 통계용어나 수학식 용어 가운데 그리스 문자가 아닌 것은 모두 이탤릭체로 표기되었는지?
측정단위	• 모든 측정단위가 국제표준에 맞게 보고되었는지? • 모든 측정단위가 국제표준 약어에 따라 표기되었는지?
참고문헌	• 참고문헌이 본문과 참고문헌 목록에 모두 기재되었는지? • 본문에서 언급된 문헌과 참고문헌 목록에 기재된 문헌 저자, 문헌명의 철자 및 연도가 일치하는지? 올바르게 되었는지? • 참고문헌의 제목이 모두 기록되었는지? • 참고문헌 목록이 저자의 알파벳 순으로 정리되어 있는지? • 참조한 페이지를 기록하였는지? • 참고문헌 가운데 메타연구에는 별도의 표시(*)가 되어 있는지?
주와 각주	• 저자의 인적사항과 소속기관이 주석(author notes)에 정확히 명시되어 있는지? • 논문의 특이사항(예: 학회에서 발표된 논문, 종단연구 등)이 언급되어 있는지? • 본문에 모든 각주가 제시되고, 각주의 번호가 순서대로 되어 있는지?
표와 그림	• 모든 표의 열 상단에 내용을 대표하는 항목명이 표기되었는지? • 표의 내용들이 행을 기준으로 정렬되어 있는지? (horizontal rules) • 그림이 축소되어야 하는 경우에도 읽기에 지장이 없는지? • 그림에 표기된 글자의 크기가 8 point 이상, 14 point 이하인지? • 출력상태가 양호한지? • 그림은 해당 학회지에서 출력 가능한 파일 형식인지? • 모든 표와 그림이 논문에 언급되었으며 순서에 따라 번호가 제대로 부여되었는지?
저작권과 인용	• 이미 출간된 문헌의 자료를 인용하는 경우 정식 허가를 받았는지? • 인용된 모든 문헌의 참조 페이지가 정확하게 제시되었는지?
제출 및 원고	• 저자의 이름과 주소가 현재의 정보인지? • cover letter에 저자의 주소, E-mail, 전화번호, fax 번호 등이 제대로 명시되어 있으며, 제출한 추가 자료에 대한 언급이 포함되어 있는지? • 해당 원고가 이전에 출판되었거나 다른 학술지에 제출되지 않았다는 것에 대한 진술이 포함되어 있는지?

연습문제

01 다음 단어를 설명하시오.

APA 양식

각주

후주

참고문헌

서지목록

02 다음에 있는 참고문헌의 예를 들고 양식에 맞게 보고하시오.

학회지에 게재된 논문

참고 서적

편집된 서적 안에 있는 특정 저자에 의하여 기록된 부분

재인용한 참고문헌

신문

03 학술지에 게재된 논문을 APA 양식에 의하여 점검하고 잘못된 부분을 수정하시오.

부록

부록 1 난수표

10 09 73 25 33	76 52 01 35 86	34 67 35 48 76	80 95 90 91 17	39 29 27 49 45
37 54 20 48 05	64 89 47 42 96	24 80 52 40 37	20 63 61 04 02	00 82 29 16 65
08 42 26 89 53	19 64 50 93 03	23 20 90 25 60	15 95 33 47 64	35 08 03 36 06
99 01 90 25 29	09 37 67 07 15	38 31 13 11 65	88 67 67 48 97	04 43 62 76 59
12 80 79 99 70	80 15 73 61 47	64 03 23 66 53	98 95 11 68 77	12 17 17 68 33
66 06 57 47 17	34 07 27 68 50	36 69 73 61 70	65 81 33 98 85	11 19 92 91 70
31 06 01 08 05	45 57 18 24 06	35 30 34 26 14	86 79 90 74 39	23 40 40 97 32
85 26 97 76 02	02 05 16 56 92	68 66 57 48 18	73 05 38 52 47	18 62 38 85 79
63 57 33 21 35	05 32 54 70 48	90 55 35 75 48	28 46 82 87 09	83 49 12 56 24
73 79 64 57 53	03 52 96 47 78	35 80 83 42 82	60 93 52 03 44	35 27 38 84 35
98 52 01 77 67	14 90 56 86 07	22 10 94 05 58	60 97 09 34 33	50 50 07 39 98
11 80 50 54 31	39 80 82 77 32	50 72 56 82 48	29 40 52 42 01	52 77 56 78 51
83 45 29 96 34	06 28 89 80 83	13 74 67 00 78	18 47 54 06 10	68 71 17 78 17
88 63 54 02 00	86 50 75 84 01	36 76 66 79 51	90 36 47 64 93	29 60 91 10 62
99 59 46 73 48	87 51 76 49 69	91 82 60 89 28	93 78 56 13 68	23 47 83 41 13
65 48 11 76 74	17 46 85 09 50	58 04 77 69 74	73 03 95 71 86	40 21 81 65 44
80 12 43 56 35	17 72 70 80 15	45 31 82 23 74	21 11 57 82 53	14 38 55 37 63
74 35 09 98 17	77 40 27 72 14	43 23 60 02 10	45 52 16 42 37	96 28 60 26 55
69 91 62 68 03	66 25 22 91 48	36 93 68 72 03	76 62 11 39 90	94 40 05 64 18
09 89 32 05 05	14 22 56 85 14	46 42 75 67 88	96 29 77 88 22	54 38 21 45 98
91 49 91 45 23	68 47 92 76 86	46 16 28 35 54	94 75 08 99 23	37 08 92 00 48
80 33 69 45 98	26 94 03 68 58	70 29 73 41 35	53 14 03 33 40	42 05 08 23 41
44 10 48 19 49	85 15 74 79 54	32 97 92 65 75	57 60 04 08 81	22 22 20 64 13
12 55 07 37 42	11 10 00 20 40	12 86 07 46 97	96 64 48 94 39	28 70 72 58 15
63 60 64 93 29	16 50 53 44 84	40 21 95 25 63	43 65 17 70 82	07 20 73 17 90

부록 2-1 SPSS를 이용한 단순무선표집의 예

■ '케이스 선택' 프로시저를 이용하는 방법

단계 1: [데이터 보기] 창에서 표집목록, 즉 모집단에 대한 정보를 입력한다.

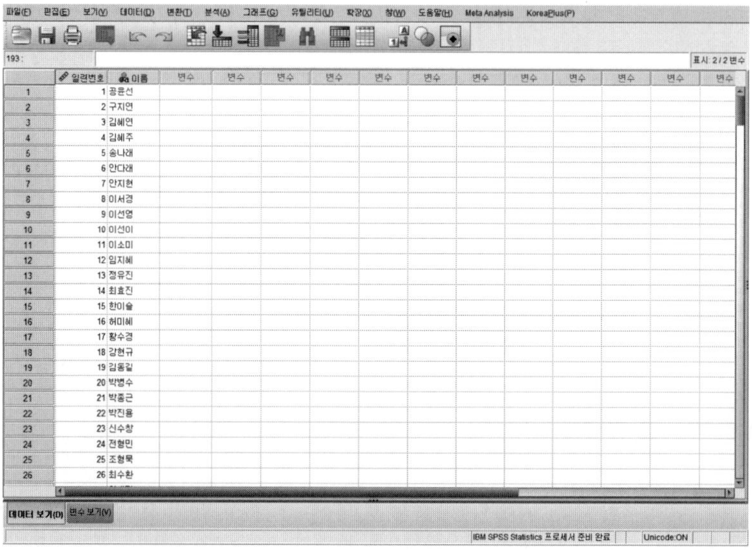

단계 2: 데이터 → 케이스선택 을 누른다.

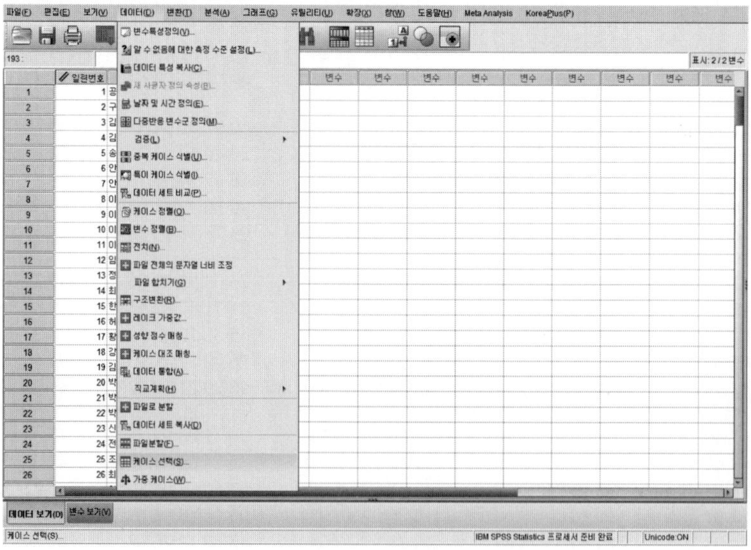

단계 3: 단순무선표집을 위해서는 '케이스의 무작위 표본추출'을 선택하고, 원하는 표본의 크기를 정한다.

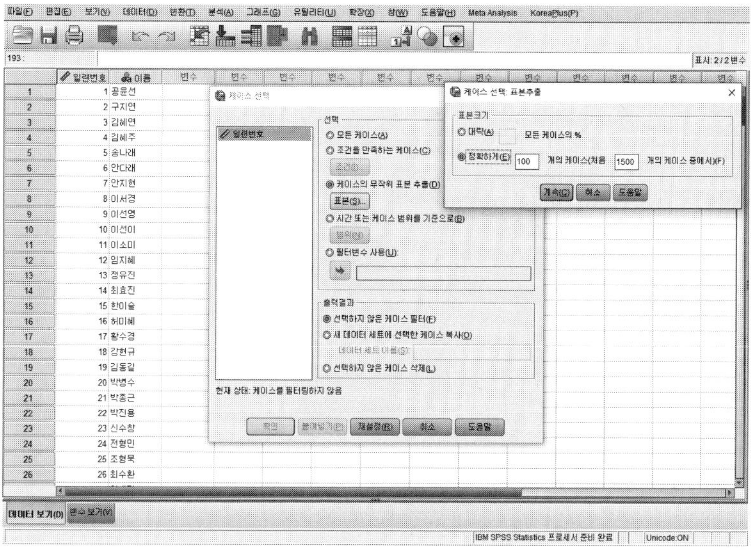

전체 모집단의 10%에 해당하는 150명을 표집하고자 한다면 '대략'을 선택하여 원하는 비율인 10을 입력하고, 원하는 표본의 크기를 숫자로 입력하기를 원한다면 '정확하게'를 선택하여 모집단의 크기인 '1500'과 원하는 표본크기 '100'을 입력한다.

단계 4: 표본으로 선정된 케이스를 확인한다.

[fiter_$]부분에서 '0'이라 표기된 케이스는 표본에 포함되지 않는 대상이며 '1'이라 표기된 케이스는 표본에 포함되는 대상이다. 1,500명의 신입사원 중 / 표시가 되지 않은 않은 1번 공윤선, 2번 구지연, 3번 김혜연, 4번 김혜주, 5번 송나래, … 등이 프로그램에 의해 무선적으로 선정된 신입사원들이다.

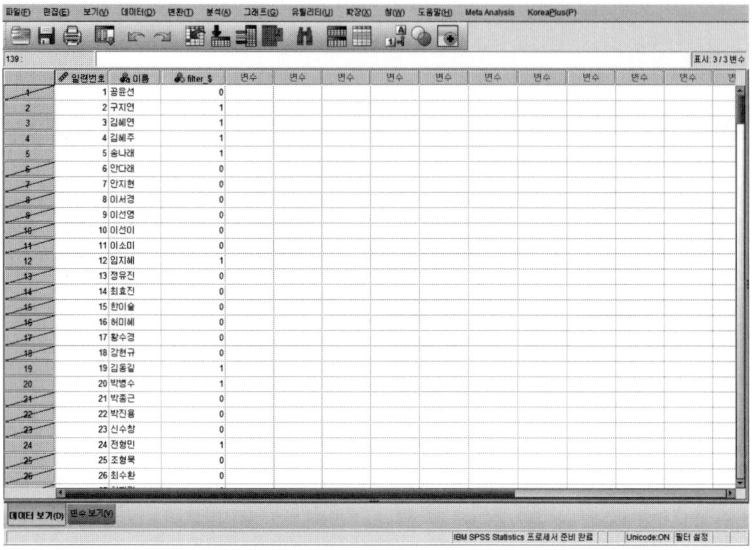

■ '변수계산' 프로시저를 이용하는 방법

단계 1: [데이터보기] 창에서 추출하고자 하는 표본의 수(n=150)만큼 일련번호를 입력한다.

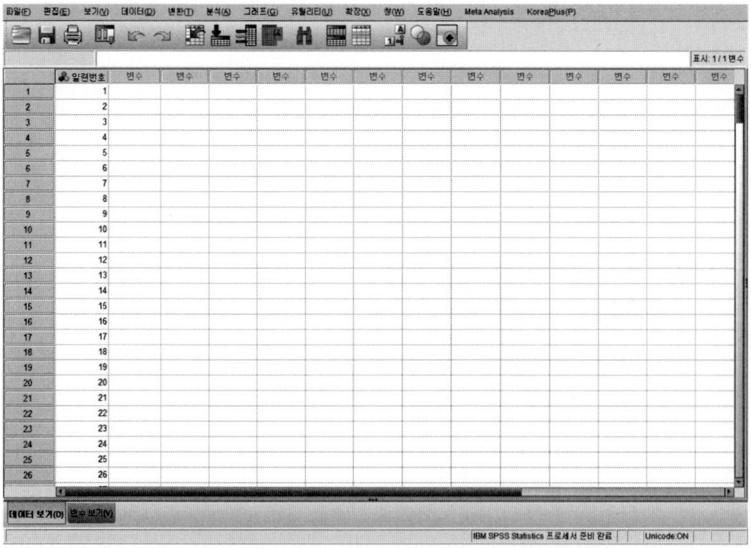

단계 2: 변환 → 변수계산 을 선택한다.

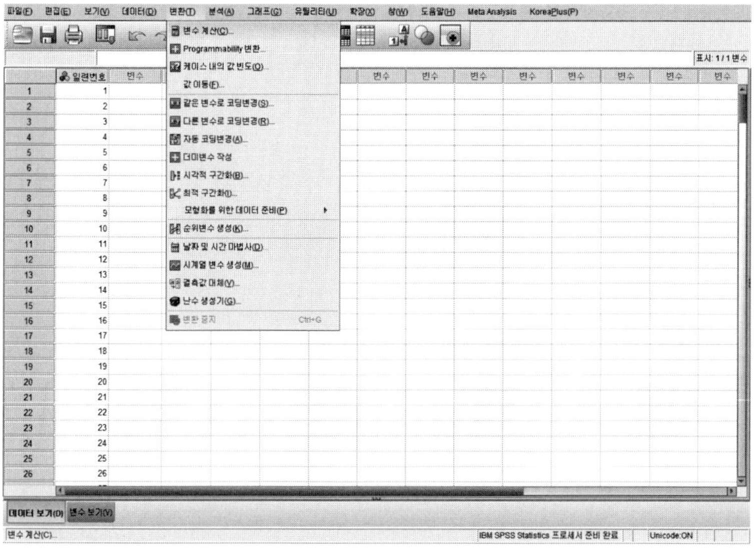

단계 3: 표본으로 선정될 난수의 추출을 위한 공식을 입력한다.

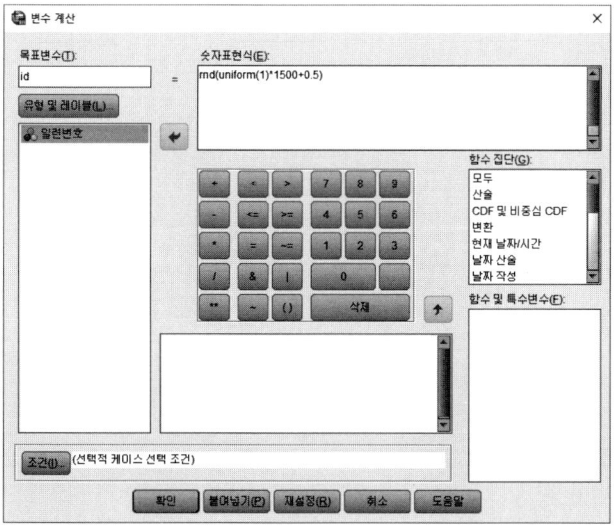

$$id = rnd(uniform(1) * N + 0.5)$$

id : 표본으로 선정될 케이스의 번호

N : 모집단의 사례 수

단계 4: 표본으로 추출된 케이스의 번호를 확인한다.

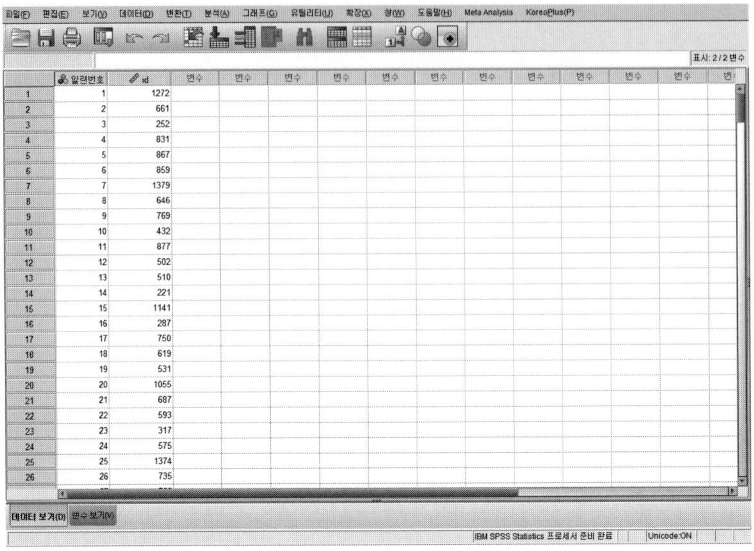

	일련번호	id
1	1	1272
2	2	661
3	3	252
4	4	831
5	5	867
6	6	859
7	7	1379
8	8	646
9	9	769
10	10	432
11	11	877
12	12	502
13	13	510
14	14	221
15	15	1141
16	16	287
17	17	750
18	18	619
19	19	531
20	20	1055
21	21	687
22	22	593
23	23	317
24	24	575
25	25	1374
26	26	735

부록 2-2 jamovi를 이용한 단순무선표집의 예

■ 'Filter' 프로시저를 이용하는 방법

단계1: 데이터시트 창에서 표집목록, 즉 모집단에 대한 정보를 입력한다.

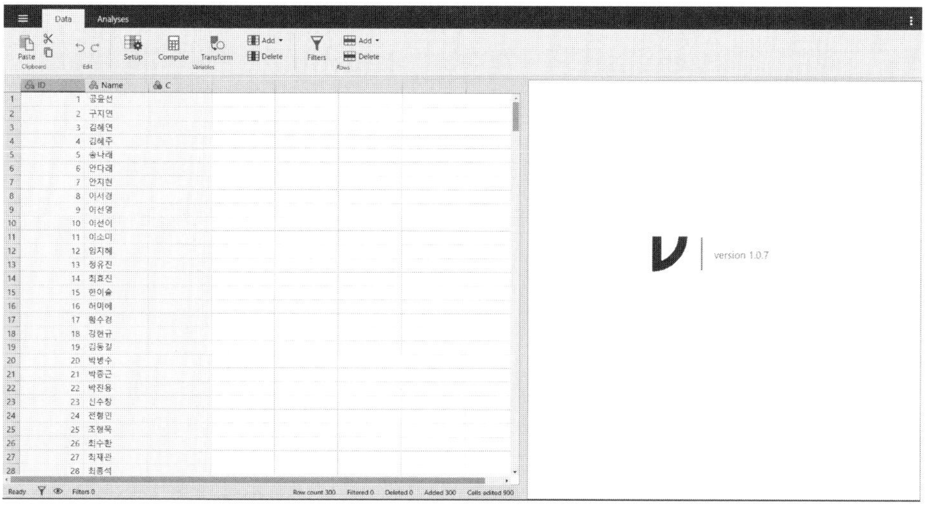

단계2: Data ➜ Filters 를 누른다.

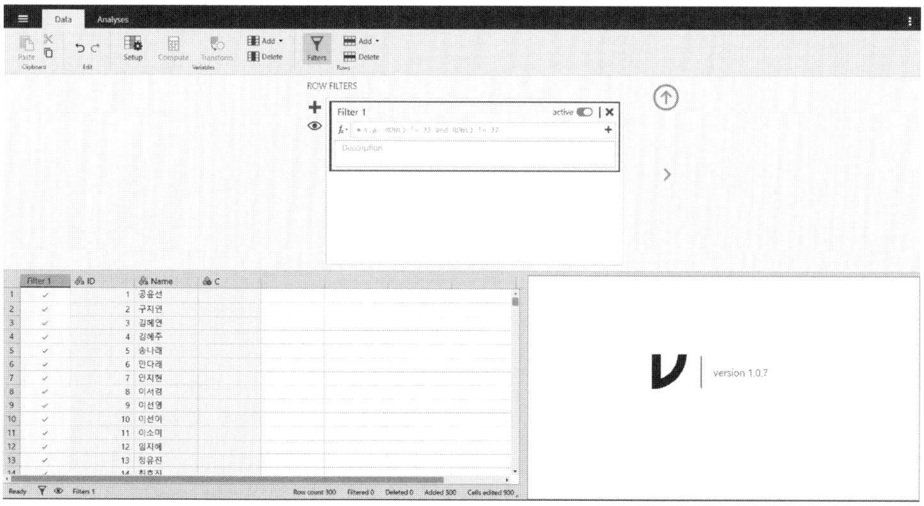

단계3: 단순무선표집을 위해서는 'Filter1'을 계산하는 함수식 *fx*에 직접 수식을 입력하여 결과를 얻는다. 먼저 *fx*를 선택하고 'Functions'에서 'Simulation'의 'UNIF'를 두 번 클릭하여 수식 창에 원하는 표집 비율을 직접 입력한다. 예를 들어, 전체 사례 수의 30%를 추출하려고 한다면 'UNIF() < 0.3'을 수식 창에 입력한 뒤 엔터를 누른다. 새로 생성된 'Filter1'열에서 *V*로 표시된 것이 표집 결과다. 정확하게 30%에 해당하는 사례 수만큼 추출하기를 원한다면 정확한 값이 나올 때까지 반복 시행한다.

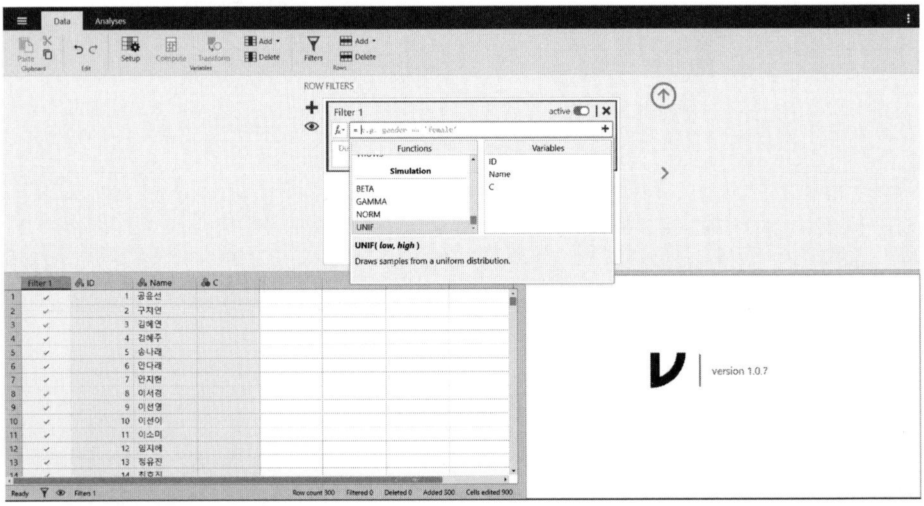

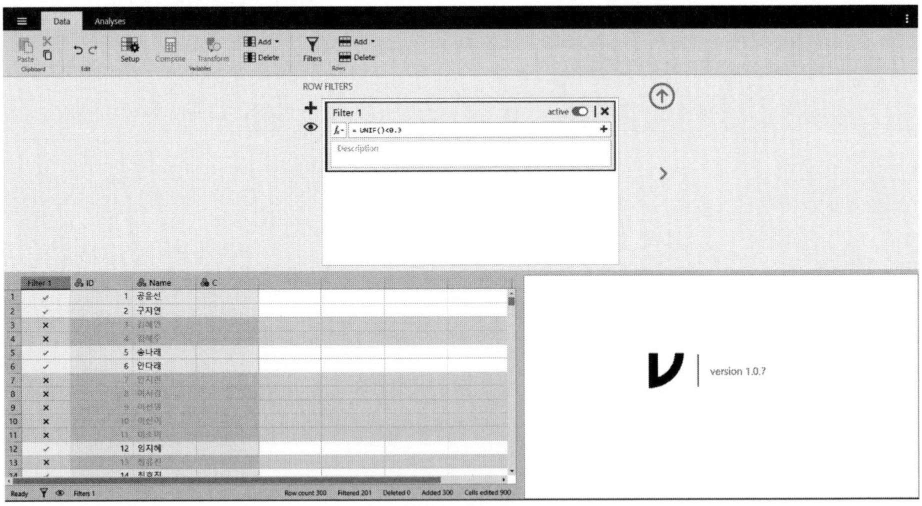

■ 'Compute' 프로시저를 이용하는 방법

'추출표본 케이스 변수=UNIF()*N+0.5'를 이용한다. N은 모집단의 사례 수다.

단계1: 데이터시트 창에 추출하고자 하는 표본의 수(n=150)만큼 일련번호를 ID열에 입력한다.

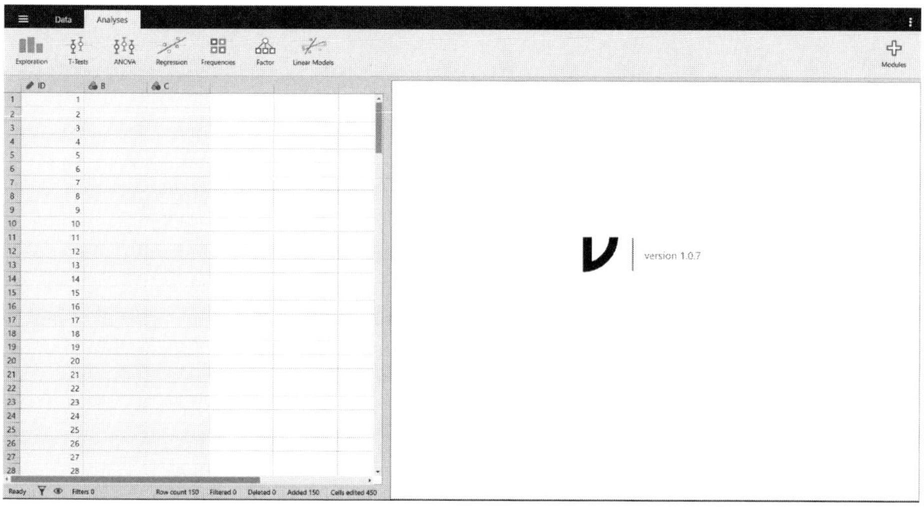

단계2: 'Compute'를 누르면 변수를 계산할 대화상자가 나타난다. 다음 예시에서는 계산될 변수 'C(2)'가 생성되었으며, 앞에서와 마찬가지로 f_x를 선택하고 'Functions'에서 'Simulation'의 'UNIF'를 두 번 클릭하여 수식창에 입력한다.

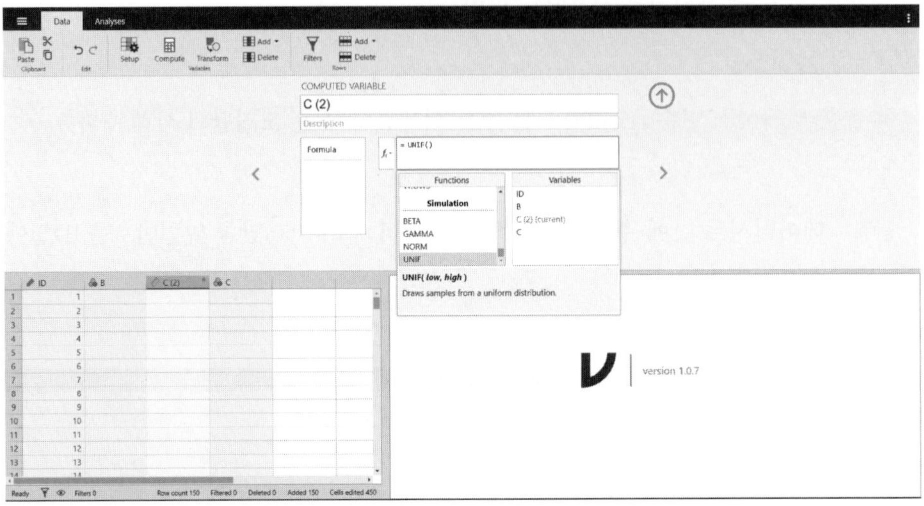

그다음, 나머지는 직접 입력하여 'UNIF()*1500+0.5'를 완성하고 엔터키를 누른다.

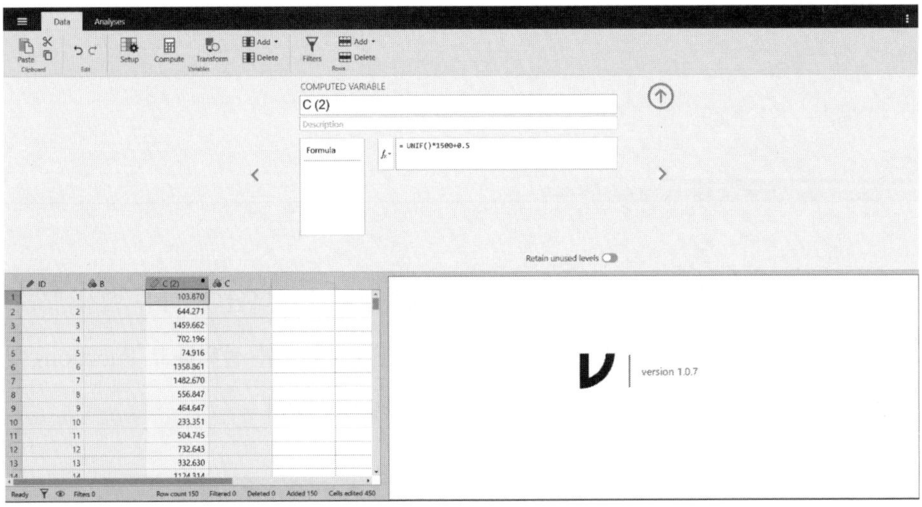

계산으로 생성된 'C(2)'열은 데이터의 유형을 조정할 수 없으므로 'C(2)'열을 마우스 오른쪽 클릭으로 선택 · 복사하고 'B'변수 열에 붙여넣기 한다. 그다음 'B'변수의 'Data type'을 'integer'로 설정하고 전체 1,500명 중에 표본으로 추출된 케이스의 번호를 확인한다.

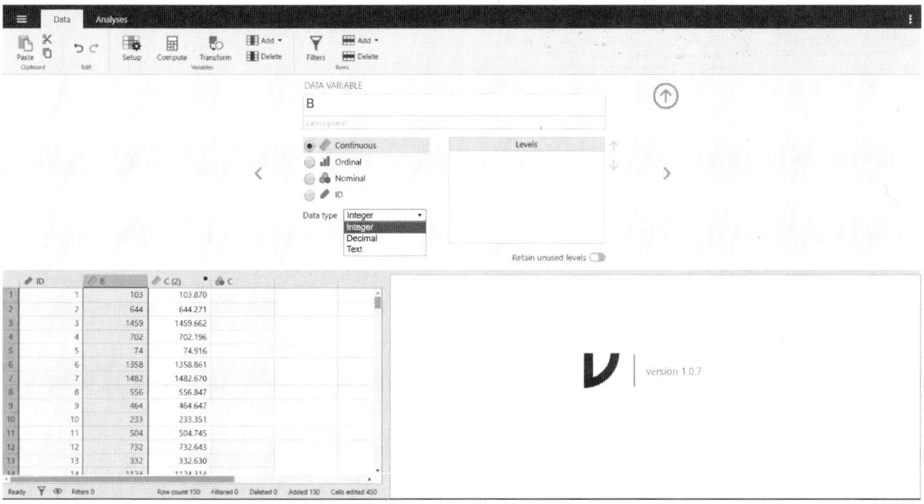
Data
Analyses
Paste
Setup
Compute
Transform
Add
Delete
Filters
DATA VARIABLE
B
Continuous
Ordinal
Nominal
ID
Levels
Data type
Integer
Decimal
Text
Retain unused levels
version 1.0.7
Ready
Filters 0
Row count 150
Filtered 0
Deleted 0
Added 150
Cells edited 450

부록 3 표준정규분포표

z	$P(z)$	z	$P(z)$ $\alpha=1-P(z)$	z	$P(z)$ $\alpha=1-P(z)$	z	$P(z)$ $\alpha=1-P(z)$
.00	.5000000	.47	.6808225	.94	.8263912	1.41	.9207302
.01	.5039894	.48	.6843863	.95	.8289439	1.42	.9221962
.02	.5079783	.49	.6879331	.96	.8314724	1.43	.9236415
.03	.5119665	.50	.6914625	.97	.8339768	1.44	.9250663
.04	.5159534	.51	.6949743	.98	.8364569	1.45	.9264707
.05	.5199388	.52	.6984682	.99	.8389129	1.46	.9278550
.06	.5239222	.53	.7019440	1.00	.8413447	1.47	.9292191
.07	.5279032	.54	.7054015	1.01	.8437524	1.48	.9305634
.08	.5318814	.55	.7088403	1.02	.8461358	1.49	.9318879
.09	.5358564	.56	.7122603	1.03	.8484950	1.50	.9331928
.10	.5398278	.57	.7156612	1.04	.8508300	1.51	.9344783
.11	.5437953	.58	.7190427	1.05	.8531409	1.52	.9357445
.12	.5477584	.59	.7224047	1.06	.8554277	1.53	.9369916
.13	.5517168	.60	.7257469	1.07	.8576903	1.54	.9382198
.14	.5556700	.61	.7290691	1.08	.8599289	1.55	.9394292
.15	.5596177	.62	.7323711	1.09	.8621434	1.56	.9406201
.16	.5635595	.63	.7356527	1.10	.8643339	1.57	.9417924
.17	.5674949	.64	.7389137	1.11	.8665005	1.58	.9429466
.18	.5714237	.65	.7421539	1.12	.8686431	1.59	.9440826
.19	.5753454	.66	.7453731	1.13	.8707619	1.60	.9452007
.20	.5792597	.67	.7485711	1.14	.8728568	1.61	.9463011
.21	.5831662	.68	.7517478	1.15	.8749281	1.62	.9473839
.22	.5870604	.69	.7549029	1.16	.8769756	1.63	.9484493
.23	.5909541	.70	.7580363	1.17	.8789995	1.64	.9494974
.24	.5948349	.71	.7611479	1.18	.8809999	1.65	.9505285
.25	.5987063	.72	.7642375	1.19	.8829768	1.66	.9515428
.26	.6025681	.73	.7673049	1.20	.8849303	1.67	.9525403
.27	.6064199	.74	.7703500	1.21	.8868606	1.68	.9535213
.28	.6102612	.75	.7733726	1.22	.8887676	1.69	.9544860
.29	.6140919	.76	.7763727	1.23	.8906514	1.70	.9554345
.30	.6179114	.77	.7793501	1.24	.8925123	1.71	.9563671
.31	.6217195	.78	.7823046	1.25	.8943502	1.72	.9572838
.32	.6255158	.79	.7852361	1.26	.8961653	1.73	.9581849
.33	.6293000	.80	.7881446	1.27	.8979577	1.74	.9590705
.34	.6330717	.81	.7910299	1.28	.8997274	1.75	.9599408
.35	.6368307	.82	.7938919	1.29	.9014747	1.76	.9607961
.36	.6405764	.83	.7967306	1.30	.9031995	1.77	.9616364
.37	.6443088	.84	.7995458	1.31	.9049021	1.78	.9624620
.38	.6480273	.85	.8023375	1.32	.9065825	1.79	.9632730
.39	.6517317	.86	.8051055	1.33	.9082409	1.80	.9640697
.40	.6554217	.87	.8078498	1.34	.9098773	1.81	.9648521
.41	.6590970	.88	.8105703	1.35	.9114920	1.82	.9656205
.42	.6627573	.89	.8132671	1.36	.9130850	1.83	.9663750
.43	.6664022	.90	.8159399	1.37	.9146565	1.84	.9671159
.44	.6700314	.91	.8185887	1.38	.9162067	1.85	.9678432
.45	.6736448	.92	.8212136	1.39	.9177356	1.86	.9685572
.46	.6772419	.93	.8238145	1.40	.9192433	1.87	.9692581

z	$P(z)$	z	$P(z)$ $\alpha=1-P(z)$	z	$P(z)$ $\alpha=1-P(z)$	z	$P(z)$ $\alpha=1-P(z)$
1.88	.9699460	2.09	.9816911	2.30	.9892759	2.51	.9939634
1.89	.9706210	2.10	.9821356	2.31	.9895559	2.52	.9941323
1.90	.9712834	2.11	.9825708	2.32	.9898296	2.53	.9942969
1.91	.9719334	2.12	.9829970	2.33	.9900969	2.54	.9944574
1.92	.9725711	2.13	.9834142	2.34	.9903581	2.55	.9946139
1.93	.9731966	2.14	.9838226	2.35	.9906133	2.56	.9947664
1.94	.9738102	2.15	.9842224	2.36	.9908625	2.57	.9949151
1.95	.9744119	2.16	.9846137	2.37	.9911060	2.58	.9950600
1.96	.9750021	2.17	.9849966	2.38	.9913437	2.59	.9952012
1.97	.9755808	2.18	.9853713	2.39	.9915758	2.60	.9953388
1.98	.9761482	2.19	.9857379	2.40	.9918025	2.70	.9965330
1.99	.9767045	2.20	.9860966	2.41	.9920237	2.80	.9974449
2.00	.9772499	2.21	.9864474	2.42	.9922397	2.90	.9981342
2.01	.9777844	2.22	.9867906	2.43	.9924506	3.00	.9986501
2.02	.9783083	2.23	.9871263	2.44	.9926564	3.20	.9993129
2.03	.9788217	2.24	.9874545	2.45	.9928572	3.40	.9996631
2.04	.9793248	2.25	.9877755	2.46	.9930531	3.60	.9998409
2.05	.9798178	2.26	.9880894	2.47	.9932443	3.80	.9999277
2.06	.9803007	2.27	.9883962	2.48	.9934309	4.00	.9999683
2.07	.9807738	2.28	.9886962	2.49	.9936128	4.50	.9999966
2.08	.9812372	2.29	.9889893	2.50	.9937903	5.00	.9999997
						5.50	.9999999

부록 4-1 SPSS를 이용한 자료분석절차

SPSS(version 26)를 실행하기 위해서는 Windows 작업표시줄의 [시작]을 누른 다음 [프로그램]을 가리킨 후 [IBM SPSS Statistics 26]을 클릭하면 된다. SPSS가 기동되면 자동으로 데이터편집기가 열리고, SPSS에서 데이터의 입력과 편집은 이 데이터 편집기에서 이루어진다. [그림 1]의 데이터 편집기에서 각 행은 한 케이스, 즉 한 사람의 응답을 나타내고, 각 열은 단일 변수에 해당하며, 각 셀은 해당 변수에 대한 응답을 나타낸다. 예를 들어, 설문 조사에서 각 사람은 케이스가 되고, 각 질문은 변수가 되며, 응답번호는 변수값이 된다.

1. 변수 정의

응답자들의 응답을 입력하기 전에 데이터 편집기 창의 하단에 있는 변수 보기 창에서 변수의 이름과 특성에 대해 규명한다.

[이름]에서 변수의 이름을 직접 입력할 수 있으며 SPSS에서는 한글은 32자, 영문은 64자까지 입력할 수 있다. 변수의 이름을 입력할 때는 다음과 같은 점들을 유의하여야 한다.

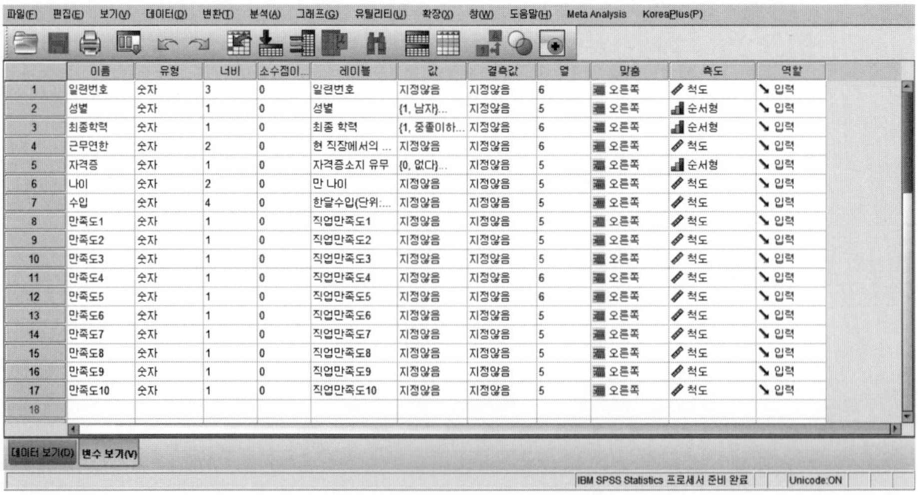

	이름	유형	너비	소수점이...	레이블	값	결측값	열	맞춤	측도	역할
1	일련번호	숫자	3	0	일련번호	지정않음	지정않음	6	오른쪽	척도	입력
2	성별	숫자	1	0	성별	{1, 남자}...	지정않음	5	오른쪽	순서형	입력
3	최종학력	숫자	1	0	최종 학력	{1, 중졸이하...	지정않음	6	오른쪽	순서형	입력
4	근무연한	숫자	2	0	현 직장에서의 ...	지정않음	지정않음	6	오른쪽	척도	입력
5	자격증	숫자	1	0	자격증소지 유무	{0, 없다}...	지정않음	5	오른쪽	순서형	입력
6	나이	숫자	2	0	만 나이	지정않음	지정않음	5	오른쪽	척도	입력
7	수입	숫자	4	0	한달수입(단위:...	지정않음	지정않음	5	오른쪽	척도	입력
8	만족도1	숫자	1	0	직업만족도1	지정않음	지정않음	5	오른쪽	척도	입력
9	만족도2	숫자	1	0	직업만족도2	지정않음	지정않음	5	오른쪽	척도	입력
10	만족도3	숫자	1	0	직업만족도3	지정않음	지정않음	5	오른쪽	척도	입력
11	만족도4	숫자	1	0	직업만족도4	지정않음	지정않음	6	오른쪽	척도	입력
12	만족도5	숫자	1	0	직업만족도5	지정않음	지정않음	6	오른쪽	척도	입력
13	만족도6	숫자	1	0	직업만족도6	지정않음	지정않음	5	오른쪽	척도	입력
14	만족도7	숫자	1	0	직업만족도7	지정않음	지정않음	5	오른쪽	척도	입력
15	만족도8	숫자	1	0	직업만족도8	지정않음	지정않음	5	오른쪽	척도	입력
16	만족도9	숫자	1	0	직업만족도9	지정않음	지정않음	5	오른쪽	척도	입력
17	만족도10	숫자	1	0	직업만족도10	지정않음	지정않음	5	오른쪽	척도	입력
18											

[그림 1] SPSS 데이터 편집기의 변수보기 창

- 동일한 이름을 여러 번 사용하여서는 안 된다.
- 공란(space)이나 & ! ? / % ^ 등과 같은 특수문자를 사용할 수 없다.
- 예약 키워드(예: ALL, AND, BY, EQ, GE, GT, LE, LT, NE, NOT, OR, THRU, TO, WITH 등)를 사용하여서는 안 된다.
- 숫자로 시작할 수 없다(예: 1번 문항 → 문항 1과 같은 형식으로 입력).

변수의 이름을 입력한 후에는 변수보기 창에서 [유형]을 클릭하여 변수의 특성에 대해 규명한다.

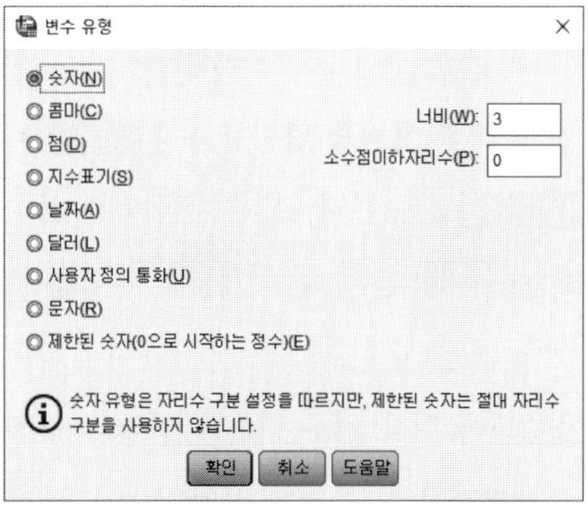

변수의 값을 숫자로 입력할 경우에는 [숫자]를, 사람의 이름과 같이 문자로 입력하여야 하는 경우에는 [문자]를 선택한다. [너비]와 [소수점이하자리 수]에서 데이터 보기 창에서 보여지는 소수점 이하 자리수와 변수가 차지하는 자리 수를 입력한다.

[이름]에서 입력한 변수의 내용에 대한 보충 설명이 필요하면 [레이블]을 클릭하여 변수의 구체적인 내용에 대해 기술할 수 있다. 설명을 기술했을 경우 분석결과에서는 변수이름이 아닌 설명에 기록되어 있는 내용으로 제시되므로 분석내용을 파악하는 데 도움이 된다.

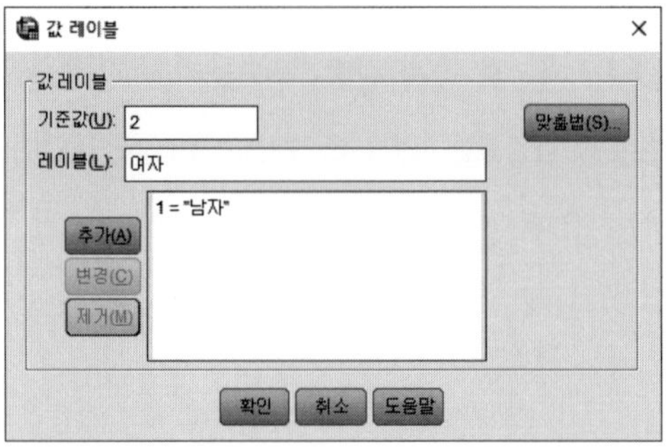

범주 변수의 경우에는 변수보기 창에서 [값]을 클릭하여 변수값 설명 대화상자가 열리면 변수 값과 설명을 제시해 준다.

예를 들어, 남자와 여자를 각각 1과 2로 할당하려면 [기준값]에서 데이터 값을 입력하고 [설명]에서 부여한 값에 대한 설명을 입력한 후 추가(A) 를 누른다. 모든 범주에 대한 입력이 완료되면 확인 을 누른다. 이와 같이 범주 변수에 대한 설명을 제시하였을 경우 SPSS의 결과표에서는 각 값에 대한 기술적 설명을 보여 주므로 결과를 이해하는데 도움이 된다.

데이터에 무응답이 포함되어 있을 경우 다른 응답들과 구별하기 위하여 [결측값]을 이용하여 응답 범주에 포함되지 않는 특별한 값(예: 9, 99)을 부여할 수 있지만 일반적으로 무응답은 빈칸으로 처리한다. [열]에서는 '데이터 보기' 창에서 변수가 차지하는 column의 수를 지정해 주고 [맞춤]에서는 '데이터 보기' 창에서 보여지는 변수의 정렬 형태(왼쪽, 오른쪽, 가운데)를 지정해 주며 [측도]에서는 변수의 특성(척도: 등간척도, 순서: 서열척도, 명목: 명명척도)에 대해 정의한다.

2. 자료의 입력 및 저장

변수 보기에서 변수의 이름과 특성을 다 규명한 후에는 [그림 2]와 같이 데이터 보기를 이용하여 각 문항에 대한 응답을 입력한다.

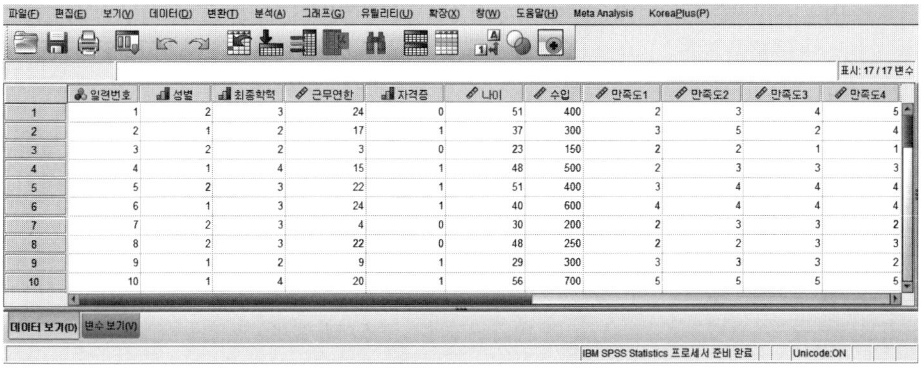

[그림 2] SPSS 데이터 편집기의 데이터 보기 창

자료파일을 다 입력한 후에는 메뉴에서 파일 ➜ 저장 또는 도구모음에서 [저장 아이콘]를 누르거나 메뉴에서 파일 ➜ 다른 이름으로 저장 을 누른 후 파일 이름을 입력하여 저장(S) 을 누른다.

3. 자료 분석

1) 자료파일 가져오기

자료 분석을 하기 위해서는 먼저 분석할 자료파일을 불러와야 한다. 이미 만들어 놓은 SPSS 자료 파일(*.sav)를 열려면 메뉴에서 파일 ➜ 열기 ➜ 데이터 또는 도구모음에서 [열기 아이콘]를 선택한 후 파일 열기 대화상자에서 가져올 파일의 이름을 선택한 후 열기(O) 를 누르면 된다. 한편, 워드프로세서나 다른 편집기(예: DOS의 EDIT, WINDOWS의 메모장, Wordpad 등)에서 작성한 텍스트 파일을 읽을 때는 메뉴에서 파일 ➜ 데이터 가져오기 ➜ 텍스트 데이터 를 선택하여 저장된 파일의 위치를 지정하고 원하는 파일을 선택한 다음 열기(O) 를 누르면 된다. 엑셀과 같이 스프레드시트 형식으로 저장된 파일을 가져오기 위해서는 [파일] ➜ [열기] ➜ [데이터] 또는 도구모음에서 를 선택한 후 파일 유형(T)에서 가져올 파일의 유형(예: excel(*.xls, *.xlsx, *.xlsm))을 선택하면 된다.

2) 자료 분석 수행하기

자료 분석은 자료 파일이 열린 상태에서 가능하며 [그림 3]과 같이 분석 메뉴에서 원하는 분석 프로시저를 선택하면 된다.

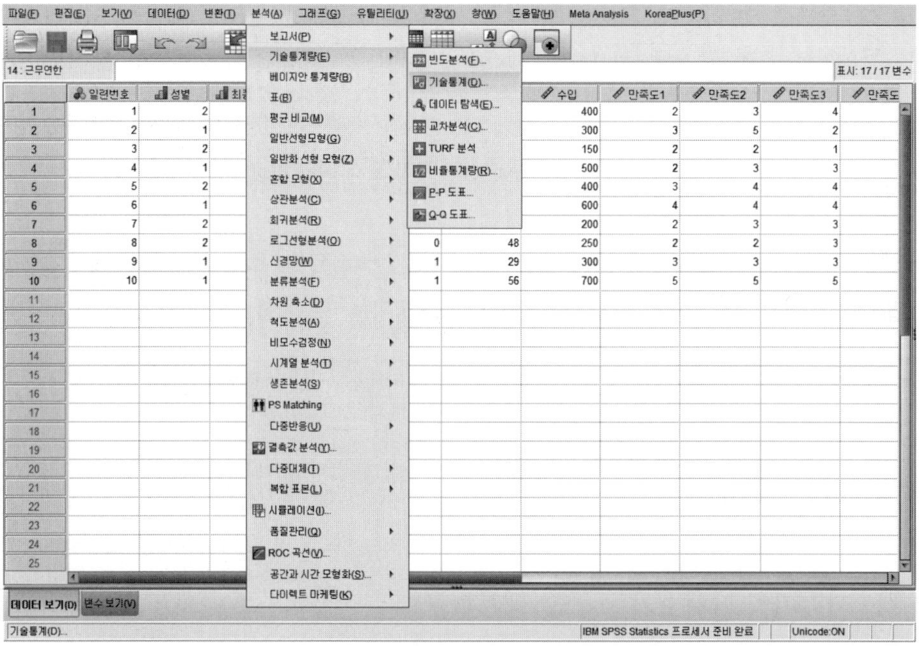

[그림 3] SPSS의 분석 프로시저

기술통계 분석 프로시저 대화상자의 변수목록에서 분석할 변수를 선택하고 [옵션(O)...]을 눌러 필요한 기술통계값들을 선택 후 [계속]을 누른다.

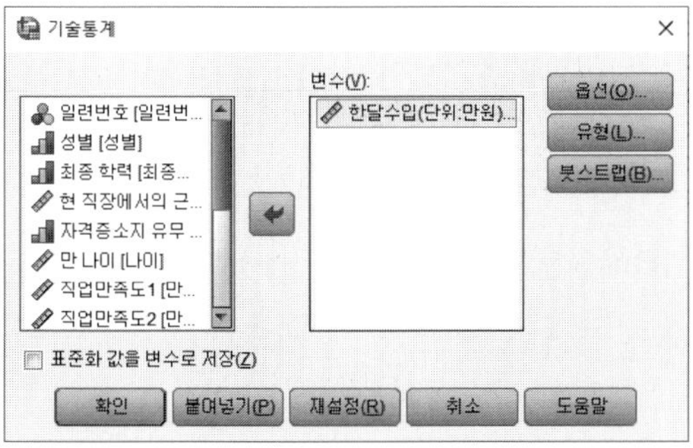

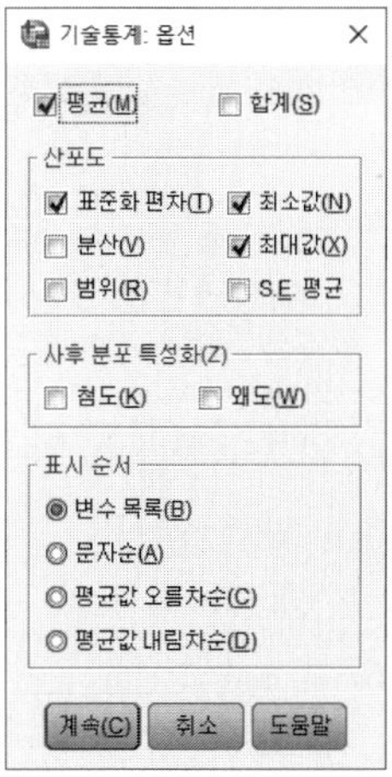

3) 분석결과 내보내기

SPSS의 분석 프로시저를 수행하면 그 결과가 [그림 4]와 같이 SPSS 뷰어 창에 표시된다. SPSS 출력결과에 제시된 특정한 피벗표나 도표를 다른 응용프로그램(예:한글 2002)에 삽입하기 위해 [편집] ➜ [복사]를 선택하거나, 마우스 오른쪽 단추를 눌러서 팝업 메뉴에서 [복사]를 선택해도 된다.

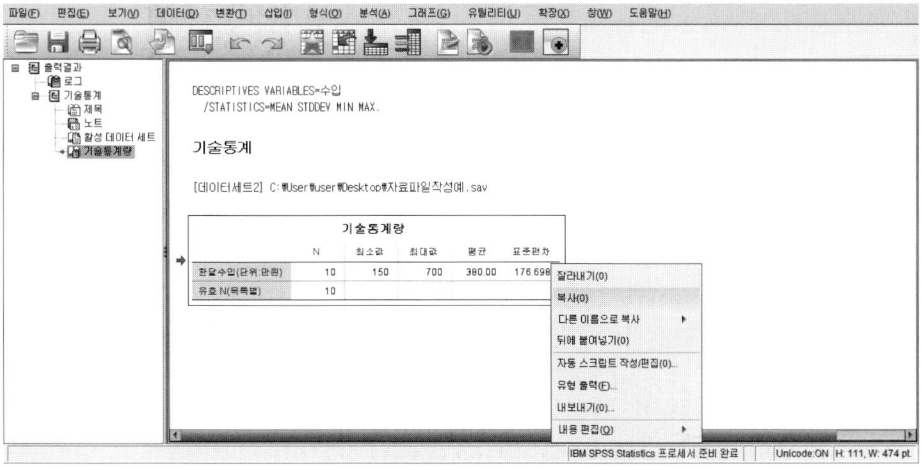

[그림 4] SPSS의 분석결과 뷰어

부록 4-2 jamovi를 이용한 자료분석절차

1. jamovi 프로그램 내려받기

https://www.jamovi.org에서 사용자의 컴퓨터 사용환경에 맞는 설치 프로그램을 내려받는다.

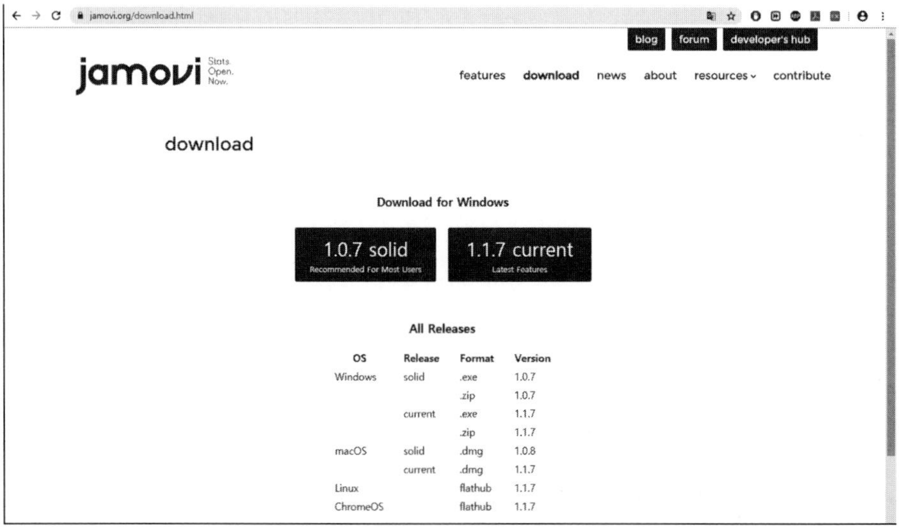

2. 자료의 입력 및 저장

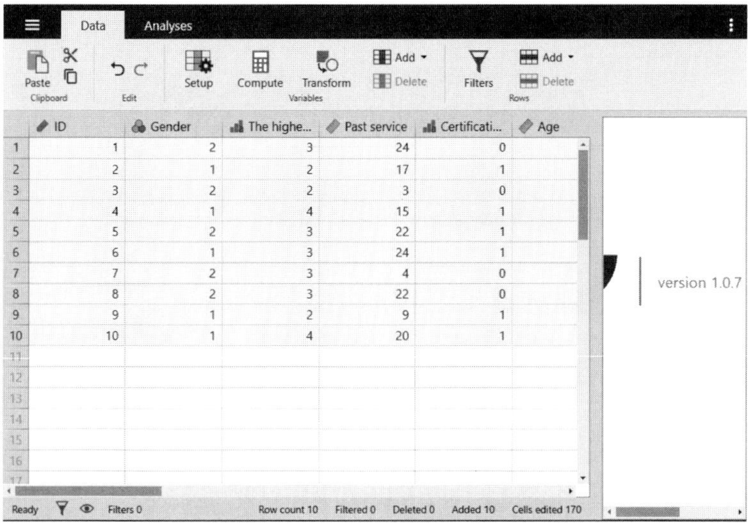

자료 분석을 위한 데이터는 위와 같이 jamovi 프로그램의 데이터 창에 직접 입력하거나 Excel이나 SPSS, SAS, Stata 등과 같은 프로그램에서 입력한 것을 불러올 수도 있다. jamovi 프로그램에서 불러오기 가능한 파일은 jamovi의 '*.omv, *.omt', Excel의 '*.csv, *.txt', SPSS의 '*.sav', R data files, Stata files, SAS files, JASP files 등이다. 따라서 자료를 저장할 때는 앞의 확장자를 지정한다.

3. 변수 정의

jamovi는 한글을 지원하지 않으므로 오류 발생을 방지하기 위해 변수명은 반드시 영문으로 작성하고 자료 안의 문자도 되도록 영문으로 작성한다.

데이터 창의 변수명을 두 번 클릭하면 변수에 대한 정보를 확인할 수 있다. 성별 변수 'Gender'를 예로 들면 다음과 같다.

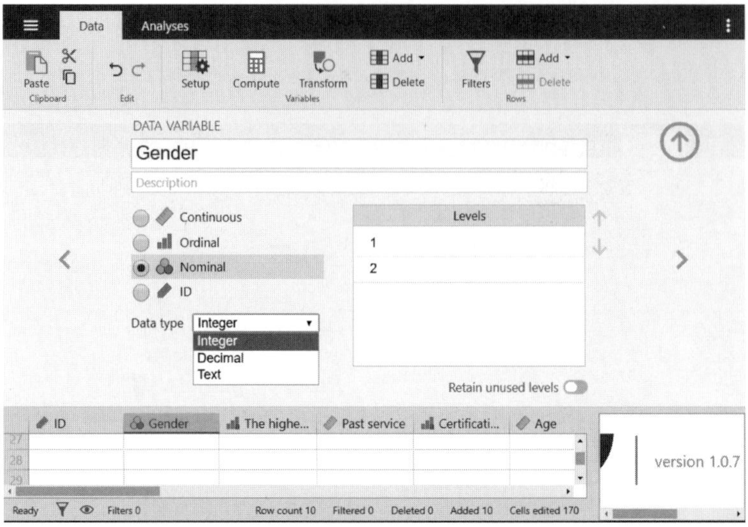

성별 변수인 'Gender'의 경우 명목변수(Norminal)이며, 수준(Level)은 1, 2의 두 수준이고, 데이터 유형(Data type)은 정수(Integer)로 되어 있다. 변수의 성질에 따라 데이터의 유형을 정수, 소수, 텍스트로 지정할 수 있다. 만약 변수에 대해 보충설명이 필요하다면 'Description'에서 부연설명을 추가하고, 'Levels'에서 1수준과 2수준에 대한 설명을 입력한다.

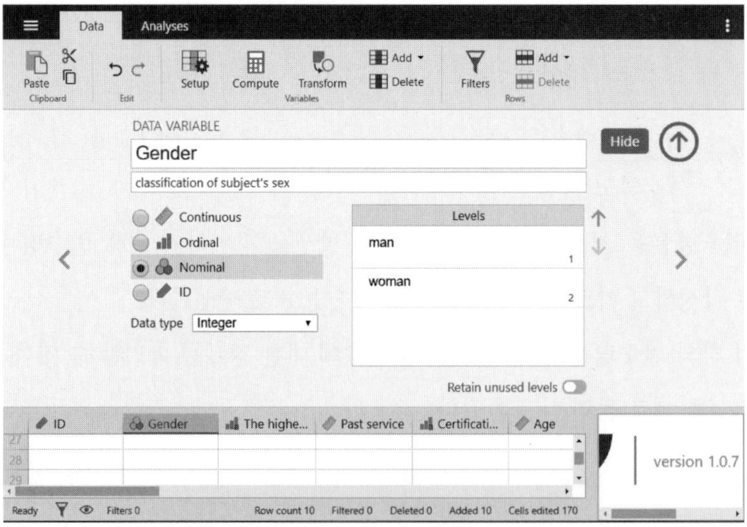

오른쪽 상단의 위쪽 화살표를 누르면 변수설명 창이 사라지고 변수의 수준에 입력한 내용들이 데이터시트에 반영되었음을 확인할 수 있다.

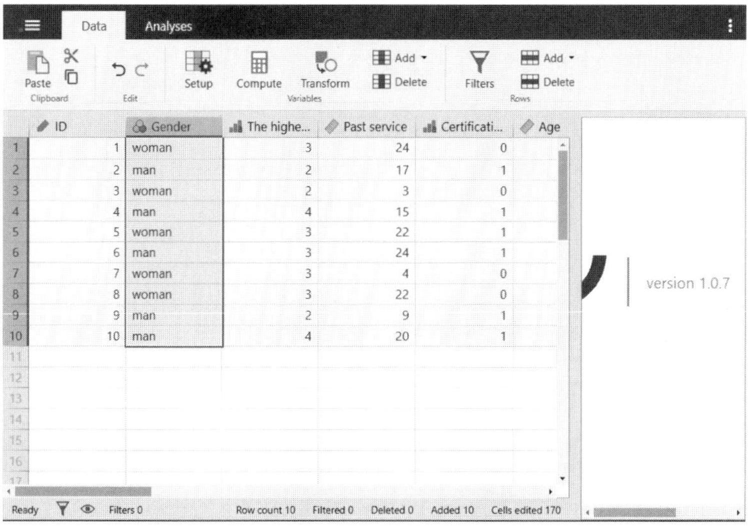

4. 자료 분석

1) 자료파일 가져오기

다른 프로그램에서 작업한 파일을 불러오기 위해서는 왼쪽 상단의 '⋮≡'을 누르고 Open → This PC → Browse 를 누르면 파일탐색기가 나타난다. 불러올 파일의 저장 위치를 선택하고 파일 이름과 파일의 확장자를 선택하면 jamovi 데이터 창에서 파일이 열린다.

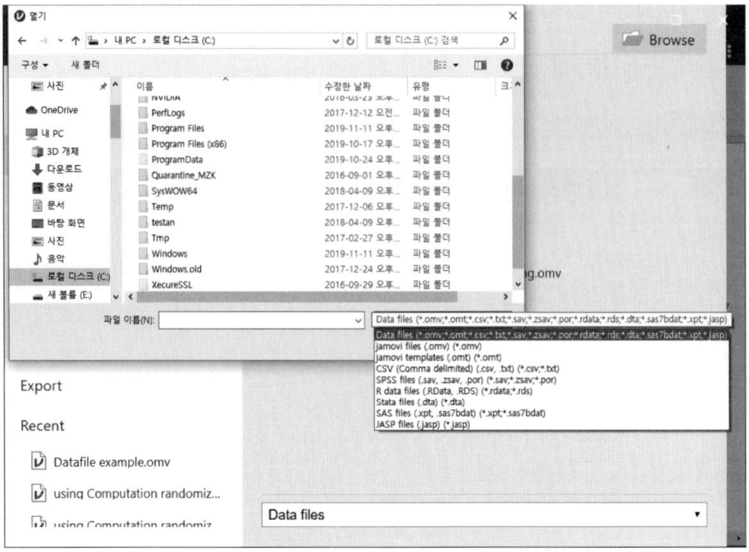
Browse
Data files (*.omv;*.omt;*.csv;*.txt;*.sav;*.zsav;*.por;*.rdata;*.rds;*.dta;*.sas7bdat;*.xpt;*.jasp)
jamovi files (.omv) (*.omv)
jamovi templates (.omt) (*.omt)
CSV (Comma delimited) (.csv, .txt) (*.csv;*.txt)
SPSS files (.sav, .zsav, .por) (*.sav;*.zsav;*.por)
R data files (.RData, .RDS) (*.rdata;*.rds)
Stata files (.dta) (*.dta)
SAS files (.xpt, .sas7bdat) (*.xpt;*.sas7bdat)
JASP files (.jasp) (*.jasp)
Export
Recent
Datafile example.omv
using Computation randomiz...
Data files

2) 자료 분석 수행하기

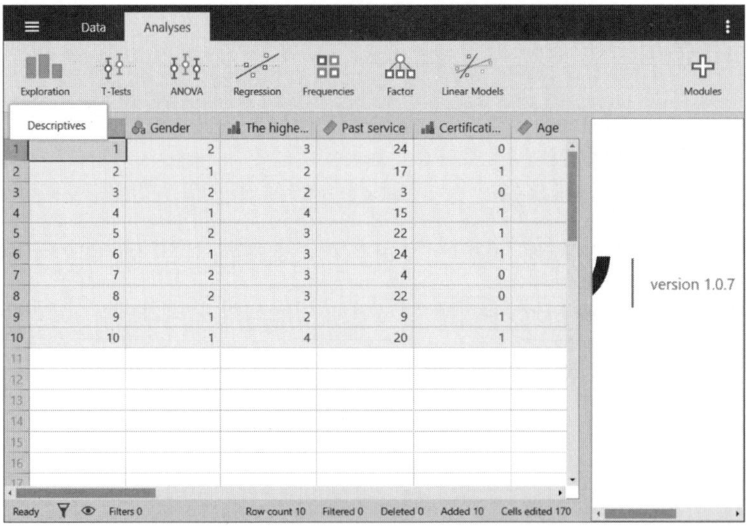
Data
Analyses
Exploration
T-Tests
ANOVA
Regression
Frequencies
Factor
Linear Models
Modules
Descriptives
Gender
The highe...
Past service
Certificati...
Age
version 1.0.7
Ready
Filters 0
Row count 10
Filtered 0
Deleted 0
Added 10
Cells edited 170

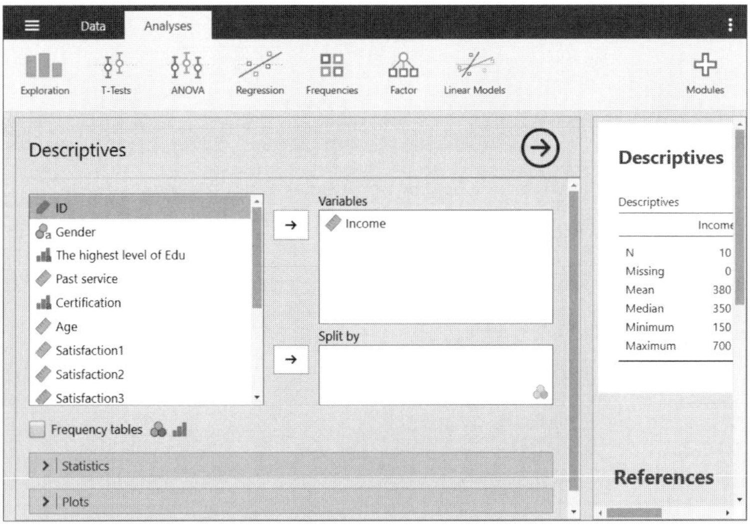

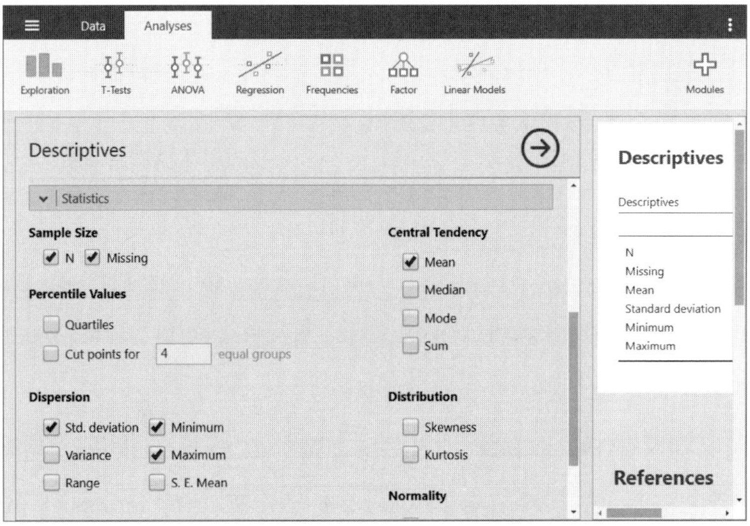

3) 분석결과 저장 및 내보내기

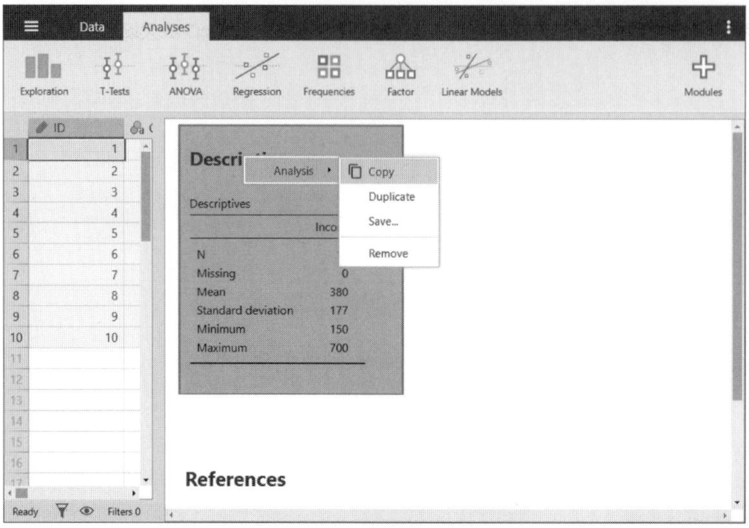

분석한 결과를 저장하거나 내보내는 방법은 다음과 같다.

첫째, 해당 분석결과에서 마우스 오른쪽을 클릭하여 'Copy'를 선택하고 Excel이나 Ward 프로세서에 붙여넣기하여 저장할 수 있다.

둘째, 왼쪽 상단의 '≡'을 누르고 [Open] ➜ [Save as] ➜ [This PC] ➜ [Browse]를 통해 원하는 위치에 데이터와 결과 파일을 모두 저장할 수 있다. 이 때 저장되는 파일의 형식은 jamovi 프로그램의 '*.omv'파일이다.

셋째, 해당 분석결과에서 마우스 오른쪽을 클릭한 후 'Save results'를 선택하거나 왼쪽 상단의 '≡'을 누르고 [Open] ➜ [Export] ➜ [This PC] ➜ [Browse]를 통해 원하는 위치에 결과 파일을 저장할 수 있다. 이 경우 저장 파일의 형식은 '파일 형식(T)'에서 'PDF'파일이나 'HTML(*.html, *htm)'로 저장된다.

참고문헌

강봉규(2001). 심리검사의 이론과 기법(개정판). 서울: 동문사.

경제인문사회연구회(2018). 국책연구기관 연구윤리 평가규정 및 사례. pp.185-186.

과학기술정보통신부(2017). 대한민국정부, 2017년 국가정보화에 관한 연차보고서. 과학기술정보통신부.

교육부 · 한국교육과정평가원(2019). OECD 국제학업성취도평가연구(PISA 2018) 결과 발표. 교육부 · 한국교육과정평가원 보도자료(2019. 12. 3.).

교육평가연구회(1995). 교육측정, 평가, 연구, 통계 용어사전. 서울: 중앙교육진흥연구소.

김경희(1993). 문항 수, 문항 난이도, 문항 변별도 변화에 따른 신뢰도 계수와 검사정보함수의 변화. 이화여자대학교 대학원 석사학위논문.

김경희 외(2003). 국가수준 교육성취도 평가 점수체제 개발연구(연구보고서 RRE 2003-17). 서울: 한국교육과정평가원.

김계수(2004). AMOS 구조방정식 모형분석. 서울: SPSS 아카데미.

김나라, 이지연, 장현진, 이윤진, 김인형, 김성남(2013). 직업흥미검사(H). 한국직업능력개발원 커리어넷.

김두연, 최갑근, 송기웅, 이은환, 윤형찬, 이조연, 김진숙(2018). 나이스 연계 교육문제 현안 해결 가능성 탐색 연구. 한국교육학술정보원 연구보고 RR 2018-6.

김성숙, 김양분(1993). 일반화가능도 이론-연구설계와 분석-. 교육평가연구회 세미나.

김성숙, 김양분(2001). 일반화가능도 이론. 서울: 교육과학사.

김수진, 동효관, 박지현, 김지영, 진의남, 전경희, 서지희, 김민정(2013b). 수학 · 과학 성취도 추이변화 국제비교 연구: TIMSS 2015 평가 기반 구축(연구보고 RRE 2013-7-3). 한국교육과정평가원.
김아영, 김세영(2003). 명시적 부정문항과 암묵적 부정문항이 심리척도의 요인구조에 미치는 영향. 교육평가연구, 16권 1호, 39-52.
김영종(1999). 사회복지 조사방법론. 서울: 학지사.
김정택, 김영준, 심혜숙 공역(2001). Strong 직업흥미검사. 서울: 한국심리검사연구소.
김정택, 심혜숙(1990). MBTI 성격유형검사. 서울: 한국심리검사연구소.
김현철(1999). 표본의 추출과 분석. 교육, 심리, 사회 연구방법론 총서 시리즈 연구방법 2. 서울: 교육과학사.
남궁지영, 김혜자, 박경호, 송승원, 김양분, 이규민, 정민주, 최유리(2018). 2018 한국교육종단연구 한국교육종단연구2013(VI): 조사개요보고서(기술보고 TR 2018-137). 한국교육개발원.
문수백(2003). 학위논문작성을 위한 연구방법의 실제. 서울: 학지사.
박도순(2001). 교육연구방법론(개정판). 서울: 문음사.
박도순(2004). 질문지 작성 방법론. 교육, 심리, 사회 연구방법론 총서 시리즈 연구방법 4. 서울: 교육과학사.
박병관(2000). 학습효율성검사. 서울: 한국심리검사연구소.
변창진(1998). 학습기술검사. 서울: 중앙교육진흥연구소.
보건복지부 지정 공용연구윤리위원회(2018). 연구자를 위한 윤리 지침. 국가생명윤리정책원.
서울대학교 교육연구소(2004). 교육학 용어사전. 서울: 하우동설.
서울대학교 사범대학 교육연구소 편(1997). 한국교육 심리검사 총람: 교육・심리검사의 체계적 집대성. 서울: 프레스빌.
서유정, 김나라, 류지영, 이진솔, 박봉남, 안중석, 김하늬(2018). 직업적성검사. 한국직업능력개발원 커리어넷.
성태제(1989). 체육계 실기고사의 합리적 방법과 문제점에 대한 토론. 교육평가연구, 제3권 제2호, 126-130.
성태제(1995a). 현대 기초통계학의 이해와 적용. 서울: 양서원.
성태제(1995b). 타당도와 신뢰도. 서울: 양서원.
성태제(1999). 교육평가방법의 변화와 결과타당도. 교육학연구, 제37권 제1호, 197-218.
성태제(2000). 타당도의 새로운 개념 변화. 교육평가연구, 제13권 제2호, 1-11.
성태제(2002). 타당도와 신뢰도(개정판). 서울: 학지사.
성태제(2003). 검사나 평가활동에 대한 메타평가적 관점에서의 결과타당도. 교육학연구, 제41권 제1호, pp. 91-110.

성태제(2004). 문항제작 및 분석의 이론과 실제(개정판). 서울: 학지사.
성태제(2019a). 현대교육평가(5판). 서울: 학지사.
성태제(2019b). 현대 기초통계학-이해와 적용(8판). 서울: 학지사.
송인섭(1998). 인간의 자아개념 탐구. 서울: 학지사.
신옥희(1989). 고등학교 여학생들의 직업선택에 대한 연구. 이화여자대학교 박사학위논문.
안창규, 안현의(2003). 홀랜드 고 3용 적성탐색검사. 서울: 한국가이던스.
염태호, 김정규(2003). 다요인 인성검사. 서울: 한국가이던스.
이군희(2001). 사회과학연구방법론(수정판). 서울: 법문사.
이동혁, 황매향(2013). Holland's SDS 진로탐색검사. 한국가이던스.
이선민(1994). 대학생의 취업포부와 취업전략분석. 이화여자대학교 대학원 석사학위논문.
이영조, 김형주, 이동수, 손소영, 조광현, 이재진(2013). 국가 빅데이터연구센터 설립에 관한 연구. 한림연구보고서 92. 한국과학기술한림원.
이종범, 이건남(2013). CDI 진로발달검사. 한국가이던스.
이종성 편(1988). 일반화가능도 이론. 서울: 연세대학교 출판부.
이종승(1984). 교육연구법. 서울: 배영사.
이종승(1987). 표준화심리검사의 양호도 분석. 교육평가연구, 제2권 제2호, pp. 81-106.
이종승(2004). 연구논문 작성. 교육, 심리, 사회 연구방법론 총서 시리즈 연구방법 1. 서울: 교육과학사.
임언, 윤형한, 이지연(2004). 진로개발준비도검사. 한국직업능력개발원 커리어넷.
임인재(1980). 심리측정의 원리. 교육과학신서 제5권. 서울: 배영사.
임인재(1998). 직업가치관 검사. 서울: 중앙교육진흥연구소.
임인재(2003). 중앙적성검사. 서울: 중앙교육진흥연구소.
임호찬(2003). Raven 지능발달검사. 한국가이던스.
장석우(1987). 학력검사의 발전과제와 전망. 교육평가연구, 제2권 제2호, pp. 63-76.
장지영(2002). 집단따돌림 피해 학생 판별도구 개발. 이화여자대학교 대학원 석사학위논문.
전진수, 김완석(2001). 직업상담을 위한 심리검사. 서울: 학지사.
정제영, 강태훈, 박주형, 이선복, 선미숙(2018). 빅데이터를 활용한 학업중단 학생 대응 모델 연구. 한국교육학술정보원 연구보고 RR 2018-10.
한국사회적성개발원(1999). KAD인성직무적성검사. 서울: 한국사회적성개발원.
한국조사연구학회(2005. 12. 31). 조사연구윤리강령. 한국조사연구학회 소식, pp. 5-6.
한국행동과학연구소(1995). KPDI 성격진단검사. 서울: 한국행동과학연구소.
한글학회(1992). 우리말큰사전. 서울: 어문각.
한덕웅, 이장호, 전겸구 (2000). STAI-KYZ 상태-특성불안검사(YZ형). 인싸이트.

허명회(2004a). 설문지 조사의 기본과 실제. SPSS Korea Workshop 자료집.

허명회(2004b). 조사표본 가중값과 결측값 대체. SPSS Korea Workshop 자료집.

홍세희(2001). 임상심리학 이론의 경험적 검증을 위한 최신 연구방법론: 구조 방정식 모형을 이용한 매개 모형과 잠재평균 모형의 분석. 한국 임상심리학회 Workshop 자료집.

황정규(1966). 사회-심리집단의 전쟁-민주주의-일본인 혁명에 대한 태도의 차이에 관한 연구. 숙대논문집, 제6집, 1-134.

AERA, APA, NCME (2014). *Standards for Educational and Psychological Testing*. Washington DC: American Psychological Association.

Aiken, R. L. (1997). *Questionnaires and inventories: Surveying opinions and assessing personality*. New York: John Wiley & Sons, Inc.

American Educational Research Association(1992). Ethical standards of the American Educational Research Association. *Educational Researcher, 21*(7), 23-26.

American Educational Research Association (2004). *Encyclopedia of educational research* (7th ed.). Gale Group.

American Educational Research Association, American Psychological Association, & National Council on Measurement in Education (1966). *Standards for educational and psychological testing*. Washington, DC: American Psychological Association.

American Educational Research Association, American Psychological Association, & National Council on Measurement in Education (1974). *Standards for educational and psychological testing*. Washington, DC: American Psychological Association.

American Educational Research Association, American Psychological Association, & National Council on Measurement in Education (1985). *Standards for educational and psychological testing*. Washington, DC: American Psychological Association.

American Educational Research Association, American Psychological Association, & National Council on Measurement in Education (1999). *Standards for educational and psychological testing*. Washington, DC: American Psychological Association.

American Psychological Association (1954). *Technical recommendation for psychological tests and diagnostic techniques*. Washington, DC: American Psychological Association.

American Psychological Association (1966). *Publication manual of the American Psychological Association* (2th ed.). Washington, DC. American Psychological

Association.

American Psychological Association (1985). *Publication manual of the American Psychological Association* (3th ed.). Washington, DC. American Psychological Association.

American Psychological Association (1999). *Publication manual of the American Psychological Association* (4th ed.). Washington, DC. American Psychological Association.

American Psychological Association (2001). *Publication manual of the American Psychological Association* (5th ed.). Washington, DC. American Psychological Association.

American Psychological Association. (2002). Ethical principles of psychologists and code of conduct. American Psychological Association.

American Psychological Association (2010). *Publication manual of the American Psychological Association* (6th ed.). Washington, DC. American Psychological Association.

American Psychological Association (2019). *Publication manual of the American Psychological Association* (7th ed.). Washington, DC. American Psychological Association.

Anastasi, A. (1954). *Psychological testing*. New York: Macmillan.

Anastasi, A. (1961). *Psychological testing* (2nd ed.). New York: Macmillan.

Anastasi, A. (1968). *Psychological testing* (3rd ed.). New York: Macmillan.

Anastasi, A. (1976). *Psychological testing* (4th ed.). New York: Macmillan.

Anastasi, A. (1982). *Psychological testing* (5th ed.). New York: Macmillan.

Anastasi, A. (1988). *Psychological testing* (6th ed.). New York: Macmillan.

Anderson, G. (1998). *Fundamentals of educational research* (2nd ed.). Routledge Falmer, Taylor & Francis Inc.

Bentler, P. M. (1990). Comparative fit indexes in structural models. *Psychological Bulletin, 107*, 238-246.

Bentler, P. M., & Bonett, D. G. (1980). Significance tests and goodness of fit in the analysis of covariance structures. *Psychological Bulletin, 88*, 588-606.

Bentzen, W. R. (1997). *Seeing young children: A guide to observing and recoding behavior* (3rd ed.). New York: Delmar Publishers.

Best, J. W. (1981). *Research in education* (4th ed.). New Jersey: Prentice-Hall.

Best, J. W., & Kahn, J. V. (1989). *Research in education* (6th ed.). New Jersey: Prentice-Hall.

Borg, W. R., & Gall, M. D. (1983). *Educational research: an introduction* (4th ed.). New York: Longman.

Borg, W., & Gall, M. D. (1989). *Educational Research* (5th ed.). New York: Longman.

Brennan, R. L. (1983). *Elements of generalizability theory*. Iowa: ACT Publications.

Brown, W. (1910). Some experimental results in the correlation of mental abilities. British Journal of Psychology, 3, 296-322.

Campbell, D. T., & Stanley, J. C. (1963). *Experimental and quasi-experimental designs for research*. Chicago: Rand McNally.

Code of Federal Regulations Title 45, Department of Health and Human Services, National Institutes of Health, Office for Protection from Research Risks, Part 46, Protection of human Subjects, June 18, 1991.

Cohen, J. (1960). A coefficient of agreement for nominal scales. *Educational and psychological measurement, 20*, pp. 37-46.

Cronbach, L. J. (1949). *Essentials of psychological testing*. New York: Harper & Row.

Cronbach, L. J. (1951). Coefficient alpha and the internal structure of test. *Psychometrika, 16*, pp. 297-334.

Cronbach, L. J. (1960). *Essentials of psychological testing* (2th ed.). New York: Harper & Row.

Cronbach, L. J. (1970). *Essentials of psychological testing* (3rd ed.). New York: Harper & Row.

Cronbach, L. J. (1971). Test validation. In R. L. Thorndike (Ed.) *Educational measurement*. Washington, DC. American Council on Education.

Cronbach, L. J. (1984). *Essentials of psychological testing* (4th ed.). New York: Harper & Row.

Cronbach, L. J. (1990). *Essentials of psychological testing* (5th ed.). New York: Harper & Row.

Cronbach, L. J., Gleser, G. C., Nanda, H., & Rajaratnam, N. (1972). *The dependability of behavioral measurement: Theory of generalizability for scores and profiles*. NY: Wiley.

Cronbach, L. J., Rajaratnam, N., & Gleser, G. C. (1963). Theory of generalizability: A liberalization of reliability theory. *British Journal of Statistical Psychology, 16,*

137-163.

Crowl, T. K. (1996). *Fundamentals of educational research*. Madison, Wis.: Brown & Benchmark.

Cureton, E. E. (1951). Validity. In E. F., Lindquist (Ed.), *Educational measurement*. Washington, DC: American Council on Education.

Dampier, W. C. (1961). *A history of science and its relation with philosophy and religion* (4th ed.). Cambridge, England: Cambridge University Press.

Ebel, R. L., & Frisble, D. A. (1991). *Essential of educational measurement* (4th ed.). Englewood Cliffs, NJ: Prentice-Hall.

Einstein, A. (1940). Considerations concerning the fundamentals of theocratical physics. *Science*, *91*, pp. 487-492.

Evertson, C. M. (1989). Improving elementary classroom management: A School-based training program for beginning the year. *Journal of Educational Research*, *83*, 82-90.

Fisher, R. A. (1948). *Statistical methods for research workers* (10th ed.). Edinburg: Oliver & Boys, Ltd.

Gall, M. D., Gall, J. P., & Borg, W. (2003). *Educational research* (7th ed.). New York: Longman.

Gardner, H. (2001). *Intelligence reframed: Multiple intelligences for the 21st century* (문용린 역). 다중지능 인간 지능의 새로운 이해. 서울: 김영사. (원서출판 2000).

Glaser, G. C., Cronbach, L. J., & Rajartnam, N. (1965). Generalizability of scores influenced by multiple source of variance. *Psychometrika*, *30*, 395-418.

Gronlund, N. E., & Linn, R. L. (1990). *Measurement and evaluation in teaching* (6th ed.). New York: MacMillan, 48-50.

Good, C. V. (1959). *Dictionary of education*. New York: McGraw-Hill Inc.

Guba, E. G., & Lincdn, Y. S. (1989). *Fourth generation evaluation*. Thousand Oaks, CA: Sage.

Guilford, J. P. (1954). Psychometric methods(2nd ed.), p278. New York: McGraw-Hill.

Guttman, L. (1944). A basis for scaling qualitative data. *American Sociological Review*, *9*.

Hair, J. F., Anderson, R. E., Tatham, R. L., & Black, W. C. (1995). *Multivariate data analysis* (4th ed.). Englewood Cliffs, New Jersey: Prentice-Hall.

Holmes, D. S. (1976). Debriefing after psychological experiments: *Effectiveness of postdeception dehoaxing*. *American Psychologist*, *31*, 868-875.

Hopkins, K. D., Stanley, J. C., & Hopkins, B. R. (1990). *Educational and psychological measurement and evaluation. Boston*: Allyn & Bacon.

Hox, J. (2002), *Multilevel Analysis: Techniques and Applicaions*, Mahwah, NJ: Lawrence Erlbaum Associates.

Hoyle, R. H., & Panter, A. T. (1995). *Writing about structural equation models.* In Hoyle, R. H. (Ed.), *Structural equation modeling: Concepts, issues, and applications* (pp. 56-77). Thousand Oaks, CA: Sage.

Irwin, D. M., & Bushnell, M. M. (1980). *Observational strategies for child study.* New York. Holt, Rinehart and Winston.

Jaeger, R. M. (1997). Survey research methods in education. *Complementary methods for research in education* (2nd ed.). Washington, DC: American Educational Research Association.

Jöreskog, K. G., & Sörbom, D. (1996). LISREL 8: User's reference guide. Chicago: Scientific Software International.

Kerlinger, F. N. (1973). *Foundations of behavioral research* (2nd ed.). New York: Holt, Rinehart & Winston.

Kerlinger, F. N. (1986). *Foundations of behavioral research* (3rd ed.). New York: Holt, Rinehart & Winston.

Keyser, D. J., & Sweetland, R. C. (2005). *Test Critiques* (Vol. XI). Austin: Pro-Ed.

Kirk, R. E. (1982). *Experimental design* (2nd ed.). CA: Brook/Cole Publishing Company.

Kirk, R. E. (1995). *Experimental design* (3rd ed.). CA: Brook/Cole Publishing Company.

Kubiszyn, T., & Borich, G. (1993). *Educational testing and measurement.* New York: HarperCollins College Pub.

Laosa, L. M. (1991). The cultural context of construct validity and the ethics of generalizability. *Early Childhood Research Quarterly*, *6*, 313-321.

Levin, J. R., & Marshall, H. H. (1993). Publishing in the *Journal of Educational Psychology*: Reflections at midstream. *Journal of Educational Psychology, 85,* 3-6.

Likert, R. (1932). A technique for the measurement of attitudes. *Archives of Psychology, No. 140.*

Linn, R. L. (1997). Evaluating the validity of assessments: The consequences of use. *Educational Measurement: Issue and Practice*, *16*(2), 14-15.

Linn, R. L., & Gronlund, N. E. (2000). *Measurement and assessment in teaching* (8th ed.). Upper Saddle river, NJ: Prentice-Hall.

Lord, F. M. (1962). Estimating norms by item-sampling. Educational and Psychological Measurement, 22, 259-267.

Lord, F. M., & Novick, M. R. (1968). *Statistical theories of mental test scores.* MA: Addison Wesley.

Marasuilo, L. A., & Serlin, R. C. (1988). *Statistical methods for the social and behavioral sciences.* W. H. Freeman and Company.

Marsh, H. W., Balla, J. R., & Hau, K. (1996). *An evaluation of incremental fit indices: A clarification of mathematical and empirical properties.* In G. A. Marcoulides and R. E. Schumacker (Ed.), Advanced structural equation modeling: Issues and techniques (pp. 315-353). Mahwah, NJ: Erlbaum.

MacMillan, J. H., & Schumacher, S. (1989). *Research in education: A conceptual introduction* (2nd ed.). Glenview, IL: Scott, Foresman.

Mehrens, W. A. (1997). The Consequences of consequential validity. *Educational Measurement: Issue and Practice, 16*(2), 16-18.

Mehrens, W. A., & Lehmann, I. J. (1975). *Measurement and education in education and psychology.* NY: Holt, Rinehat, & Winston.

Messick, S. (1989). Validity, In R. L. Linn (Ed.). *Educational Measurement* (3rd ed.). Washington, DC: American Council on Measurement in Education, 13-103.

Miller, D. C., & Salkind, N. J. (2002). *Handbook of research design and social measurement* (6th ed.). CA: Sage Pub Inc.

Morgan, C. D., & Murray, H. A. (1935). A method for investigating fantasies: The thematic apperception Test, *Archives of Necrology and Personality, 34.*

Murphy, L. L., Conoley, J. C., & Impara, J. C. (1994). *Supplement to the eleventh mental measurements yearbook.* vol. 11. Nebraska: Buros Institute of Mental Measurement.

Nachmias, D., & Nachmias, C. (1981). *Research methods in the social sciences* (2nd ed.). New York: St. Martins's Press.

Nash, L. K. (1963). *The nature of the natural sciences.* Boston: Little Brown and Company.

National Council on Measurement in Education (1966 to date). *Educational measurement: Issues and practice.* Washington, DC: National Council on Measurement in Education.

National Council on Measurement in Education (1985 to date). *Journal of Educational Measurement.* Washington, DC: National Council on Measurement in Education.

National Council on Measurement in Education (1999 to date). *Applied Measurement in Education.* Washington, DC: National Council on Measurement in Education.

Neufeldt, V. (1988). Webster's new world dictionary of American English. New York: Webster's New World.

Neufeldt, V., & Guralnik, D. B. (Eds.) (1988). *Webster's new world dictionary* (2nd). Simon & Schuster, Inc.

Nunnally, J. C. (1978). *Psychometric theory* (2nd ed.). New York : McGraw-Hill.

Osgood, C. E. (1957). The measurement of the meaning. *Psychological Bulletin, 49,* 197-237.

Pearson, K. (1896). Mathematical contributions to the theory of evolution: III. Regression, heredity and panmixia. *Philosophical Transactions, A*(187), 253-318.

Pillotte, W. J. (1991). The impact of mixed item stems on the responses of high school students to a computer anxiety scale. Doctorial Dissertation, University of Conneticut.

Popham, W. J. (1997). Consequential validity: right concern-wrong concept. *Educational Measurement: Issue and Practice, 16*(2), 9-13.

Raudenbush, S. W., & Bryk, A. S. (2002). *Hierarchical Linear Models: Applications and Data Analysis Methods*, Second Edition, Newbury Park, CA: Sage.

Rosenthal, R. (1966). Experimenter effects in behavioral research. NY: Appleton-Century-Crofts.

Rosenthal, R., & Rosnow, F. L. (1975). *The volunteer subject.* New York: Wiley.

Shepard, L. A. (1997). The centrality of test use of consequences for test validity. *Educational Measurement: Issue and Practice, 16*(2), 5-8.

Spearman, C. (1910). Correlation calculated from faulty data. British Journal of Psychology, 3, 271-295.

Spector, P. E. (1992). *Summated rating scale construction: An introduction.* Newbury, Park, California: Sage Publication Inc.

Spies, R. A., Plake, B. S., & Murphy, L. L. (Eds.) (2010). *The eighteenth mental measurements yearbook.* University of Nebraska Press.

Steiger, J. H., & Lind, J. M. (1980). *Statistically based tests for the number of common factors.* Paper presented at the annual meeting of the Psychometric Society, Iowa

City, IA.

Tashakkori, A., & Teddlie, C. (1998). *Mixed methodology: Combining qualitative and quantitative approaches*. Sage Publications, Inc.

Tashakkori, A., & Teddlie, C. (2001). *Mixed methodology: Combining qualitative and quantitative approaches* (염시창 역). 통합연구방법론-질적 · 양적 접근방법의 통합-. 서울:학지사. (원서출판 1998).

Tepper, B. J., & Tepper, K. (1993). The effects of method variance within measure. *Journal of Psychology, 127* (3), 293-302.

Thurstone, L. L. (1938). *Primary mental abilities*. Chicago: University of Chicago Press.

Thurstone, L. L., & Chave, E. J. (1929). *The measurement of attitude*. Chicago: University of Chicago Press.

Wiersma, W. (1995). *Research methods in Education* (6th ed.). Boston: Allyn and Bacon.

Wright, S. (1934). The method of path colefficient. *Annals of Mathematics, 5*, pp. 161-215.

찾아보기

인명

내용

〈저자 소개〉

성태제(Seong, Taeje)

E-mail: tjseong@ewha.ac.kr
Homepage: http://home.ewha.ac.kr/~tjseong

〈약력〉

고려대학교 사범대학 교육학과
Univ. of Wisconsin—Madison 대학원 M.S.
Univ. of Wisconsin—Madison 대학원 Ph.D.
Univ. of Wisconsin—Madison Lab of Experimental Design: Consultant
이화여자대학교 교육학과 교수
이화여자대학교 사범대학 교육학과장
대학수학능력시험 평가부위원장
이화여자대학교 입학처장
입학처장협의회 회장
이화여자대학교 교무처장
한국교육평가학회 회장
정부업무평가위원
경제 · 인문사회연구회 기획평가위원장/연구기관평가단장
MARQUIS『Who's who』세계인명사전 등재(2008~현재)
홍조근정 훈장 수훈
한국대학교육협의회 사무총장
한국교육과정평가원장
경제 · 인문사회연구회 우수기관장상 수상
육군사관학교 자문위원

〈저서 및 역서〉

문항반응이론 입문(양서원, 1991; 학지사, 2019 번역)
현대 기초통계학-이해와 적용(양서원, 1995; 교육과학사, 2001, 2007; 학지사, 2011, 2014, 2019)
타당도와 신뢰도(학지사, 1995, 2002)
문항제작 및 분석의 이론과 실제(학지사, 1996, 2004)
교육연구방법의 이해(학지사, 1998, 2005, 2015, 2016, 2020)
문항반응이론의 이해와 적용(교육과학사, 2001, 2016)
현대교육평가(학지사, 2002, 2005, 2010, 2014, 2019)
수행평가의 이론과 실제(이대출판부, 2003, 공저)
연구방법론(학지사, 2006, 2014, 공저)
알기 쉬운 통계분석(학지사, 2007, 2014, 2019)
최신 교육학개론(학지사, 2007, 2012, 2018, 공저)
교육평가의 기초(학지사, 2009, 2012, 2019)
한국교육, 어디로 가야 하나?(푸른역사, 2010, 공저)
준거설정(학지사, 2011, 번역)
2020 한국 초 · 중등교육의 향방과 과제(학지사, 2013, 공저)
교육단상(학지사, 2015)
교수 · 학습과 하나되는 형성평가(학지사, 2015, 공저)
실험설계분석(학지사, 2018)

E-mail : skj@kice.re.kr

시기자(Si, Kija)

〈약력〉
이화여자대학교 사범대학 교육학과 졸업
이화여자대학교 대학원 교육학과 석사, 박사
이화여자대학교 교육학과 연구교수
현재 한국교육과정평가원 선임연구위원

〈저서〉
연구방법론(학지사, 2006, 공저)
2020 한국 초 · 중등교육의 향방과 과제(학지사, 2013, 공저)

〈검사 개발〉
CACV 종합진로직업적성검사(중학생용)(인싸이트, 2016, 공동)
CACV 종합진로직업적성검사(고등학생용)(인싸이트, 2016, 공동)

연구방법론(3판)

Research Methodology (3rd ed.)

2006년 2월 15일 1판 1쇄 발행
2013년 8월 20일 1판 14쇄 발행
2014년 3월 10일 2판 1쇄 발행
2019년 8월 30일 2판 12쇄 발행
2020년 3월 10일 3판 1쇄 발행
2022년 2월 10일 3판 5쇄 발행

지은이 • 성태제 · 시기자
펴낸이 • 김 진 환
펴낸곳 • (주) 학 지 사
04031 서울특별시 마포구 양화로 15길 20 마인드월드빌딩 5층
대표전화 • 02) 330-5114 팩스 • 02) 324-2345
등록번호 • 제313-2006-000265호
홈페이지 • http://www.hakjisa.co.kr
페이스북 • https://www.facebook.com/hakjisabook

ISBN 978-89-997-2038-3 93370

정가 24,000원

이 도서의 국립중앙도서관 출판시도서목록(CIP)은 서지정보유통지원시스템 홈페이지(http://seoji.nl.go.kr)와 국가자료공동목록시스템(http://www.nl.go.kr/kolisnet)에서 이용하실 수 있습니다.
(CIP제어번호: CIP2020005189)

부록 자료(1. TestWizard, 2. TestAn, 3. RaschAn, 4. BayesiAn 프로그램)는 학지사 홈페이지 내 도서자료실에서 내려 받을 수 있습니다(TestWizard 실행 사용자 코드: admin000, Password: 1/ TestWizard로 제작된 검사 시행 Password: 1).